Inhaltsverzeichnis

6 So arbeitest du mit diesem Buch

1. Von Menschen, der Zeit und der Geschichte

8   **Auftaktseite**

10 **Leben in der Zeit und in geschichtlichen Räumen**
11 Die Zeit vergeht …
14 Familien haben Geschichte
16 „Früher" – wann war das?
18 Geschichte und ihre Quellen

20 **Methode:** Informationen sammeln in einer Bibliothek

22 Mein Ort hat Geschichte – das Beispiel Hannover
24 Mein Ort gehört zu einer Region
25 **Methode:** Eine Erkundung durchführen
26 Wir leben im Land Niedersachsen
28 Deutschland – mehr als ein Bund von Ländern?
30 Wir leben in Europa
31 Kompetenz-Check

32 **Zusammenfassung**

2. Menschen in vorgeschichtlicher Zeit

34 **Auftaktseite**

36 **Leben in der Altsteinzeit**
37 Die Suche nach Adam und Eva
38 Der Junge vom Turkanasee – ein Urmensch
40 Stationen in der Entwicklung des Menschen

42 **Methode:** Ausgrabung – Geschichtsforschung mit Maurerkelle und Computer

44 Von Afrika ins kühle Europa
45 **Methode:** Einen Sachbuchtext erschließen
46 Die ältesten Speere der Welt
48 Die Urmenschen von Bilzingsleben
50 Kultur in der Altsteinzeit?
52 **Werkstatt:** Felsmalerei
53 Kompetenz-Check

54 **Leben in der Jungsteinzeit**
55 Leben in Europa in der Jungsteinzeit
58 Die frühbäuerliche Gesellschaft
60 Kultur und Wissenschaft in der Jungsteinzeit?

62 Der Mann aus dem Eis – ein Fund
64 **Werkstatt:** Begegnung von Jägern und Sesshaften – ein Rollenspiel
66 Wohlstand durch Metalle?
68 **Methode:** Ein Museum besuchen – das Archäologische Zentrum Hitzacker
70 **Werkstatt:** Eine Zeitleiste herstellen
71 Kompetenz-Check
72 **Zusammenfassung**

3. Ägypten – eine frühe Hochkultur

74 **Auftaktseite**

76 **Lebenswelt altes Ägypten**
77 Auf der Spur der Pharaonen
78 Das Niltal wird besiedelt
80 Der Aufbau der ägyptischen Gesellschaft
82 Leben und Arbeiten im alten Ägypten
84 Frauen in der ägyptischen Gesellschaft

86 Methode: Ein Bild als Quelle

88 Am Tor zum Jenseits
90 Die Religion der alten Ägypter

92 Methode: Das Internet nutzen

94 Mumien – Körper für die Ewigkeit
95 Technischer Fortschritt – eine Fabrik im alten Ägypten
96 Schrift und Schreiber in Ägypten

98 Werkstatt: Schreiben – auf Stein oder Papier

99 Kompetenz-Check

100 **Zusammenfassung**

4. Das antike Griechenland

102 **Auftaktseite**

104 **Die Welt der frühen Griechen**
105 Die griechische Polis
106 Das frühe Griechenland – Spurensuche
108 Die griechische Kolonisation

110 Methode: Mit Geschichtskarten arbeiten

112 Gesellschaft und Wirtschaft
114 Krieg gegen das Großreich Persien

115 Methode: Schriftliche Quellen entschlüsseln

116 Die Olympischen Spiele
118 Die Griechen deuten ihre Welt

120 Methode: Kunstwerke entschlüsseln

122 Werkstatt: Kindheit in der griechischen Antike

123 Kompetenz-Check

124 **Athenische Demokratie und hellenistische Welt**

125 Methode: Informationen präsentieren

126 Demokratie in Athen
128 Das Zeitalter des Perikles

129 Methode: Schaubilder verstehen

130 Die Gesellschaft in Athen
132 Wirtschaft und Arbeit in Athen
134 Sparta – ein Gegenmodell zu Athen

136 Werkstatt: Ein Griechenland-Quartett

138 Das Reich Alexanders
139 Hellenismus – die Welt wird griechisch
140 Das hellenistische Alexandria
141 Kompetenz-Check

142 **Zusammenfassung**

5. Das Römische Reich

144	**Auftaktseite**	166	Lebenswelt Imperium Romanum
		167	Octavian – der Erbe Caesars wird „Augustus"
146	Rom – vom Stadtstaat zur Weltmacht	168	Herrschaft im Zeitalter des Augustus
147	Rom wird besiedelt	170	Spiele – ein Mittel kaiserlicher Politik?
148	Rom – Mythos einer Stadtgründung	171	Werkstatt: Eine Abendgesellschaft in Rom
150	Ist eine „familia" eine „Familie"?	172	Rom im Kaiserreich
152	Gesellschaft und Herrschaft in der Republik	174	Arbeit und Berufe
154	Die römische Vorherrschaft in Italien	176	Römische Wasserbaukunst – zum Wohle aller?
156	Expansion im Mittelmeerraum	178	Frieden nach Art der Römer
158	Gibt es einen gerechten Krieg?	180	Die „Romanisierung" der Provinzen
159	Die Expansion verändert die Gesellschaft	182	Leben im römischen Rheinland
160	Krise und Reformversuche	184	Norddeutschland in der Römerzeit – das Wurtendorf Feddersen Wierde
162	Bürgerkrieg und Untergang der Republik	186	Die Ausbreitung des Christentums im Römischen Reich
164	Methode: Einen historischen Sachverhalt aus verschiedenen Perspektiven betrachten	188	Warum ging das Römische Reich unter?
		190	Römische Antike und europäische Gegenwart
165	Kompetenz-Check	192	Methode: Eine Mindmap entwerfen
		193	Kompetenz-Check
		194	**Zusammenfassung**

6. Von der Antike zum Mittelalter

196	**Auftaktseite**	216	Der Adel – Verwandtschaft und Herrschaft
		218	Was war das Lehnswesen?
198	Vom Frankenreich zum Deutschen Reich	220	Der Wandel des Lehnswesens
199	Die Dreiteilung der Mittelmeerwelt	221	Methode: Symbole und Gesten deuten
200	Die Franken – vom Stamm zum Großreich	222	Die Grundherrschaft
202	Frauen im Reich der Merowinger	224	Die Auflösung des fränkischen Großreiches
203	Die Karolinger kommen an die Macht	226	Die Entstehung des Deutschen Reiches
204	Christliche Missionare im Frankenreich	228	Wie die Könige regierten
206	Methode: Eine Sachquelle untersuchen	230	Die Kaiserpfalz in Goslar
208	Karl: Ein König wird Kaiser	232	Krönung eines Kaisers
210	Wie wurde das Frankenreich verwaltet?	234	Die mittelalterliche Gesellschaft
212	Karl der Große fördert Bildung und Kunst	235	Kompetenz-Check
214	Die Sachsenkriege Karls des Großen	236	**Zusammenfassung**

Anhang

238	Operatoren: Erläuterungen und Beispiele	240	Lexikon	244	Register

So arbeitest du mit diesem Buch

Liebe Schülerin, lieber Schüler!

Vor dir liegt Band 5/6 von **Forum Geschichte**, mit dem du in der nächsten Zeit arbeiten wirst. Die Verfasserinnen und Verfasser des Buches haben für dich viele Quellen und Informationen zusammengestellt. Diese geben Auskunft darüber, was Menschen vor langer Zeit bewegt hat und womit sie sich heute noch beschäftigen.

Auftaktseiten
Jedes Kapitel beginnt mit einer Auftaktdoppelseite. Bilder und Leitfragen geben dir eine erste Vorstellung von den Themen und Fragen, um die es in den folgenden Geschichtsstunden gehen wird.

Kompetenz-Seiten

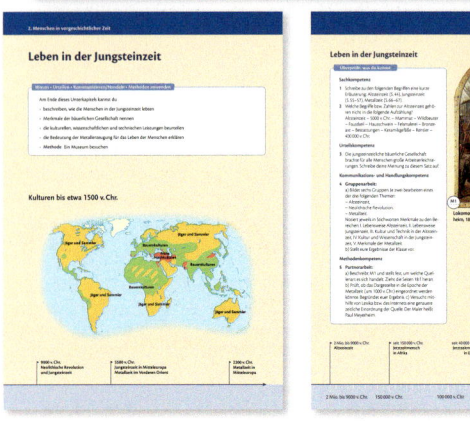

Jedes Kapitel teilt sich in Themenabschnitte, die mit einer **Orientierungsseite** beginnen. Du findest hier eine Übersicht über die Fähigkeiten („Kompetenzen"), die du in diesem Abschnitt erwerben und anwenden kannst.
Der Themenabschnitt endet mit der **Kompetenz-Check-seite**, auf der du deine Fähigkeiten überprüfen kannst.

Themenseiten

Die Themenseiten bilden den Kern des Kapitels. Meistens kannst du auf einer Doppelseite eine Themeneinheit zu einem wichtigen Problem aus der Geschichte erarbeiten. Dazu findest du Materialien wie schriftliche Quellen, Bilder, Karten, Schaubilder und Tabellen, die du mithilfe von Arbeitsaufträgen befragst und auswertest. Der Darstellungstext am Beginn der Themeneinheit vermittelt dir einen Überblick über das Thema. Er gibt dir einen roten Faden in die Hand, der dich durch die Arbeit mit den Materialien leitet.

Alle **Textmaterialien** sind hellblau unterlegt. Sie haben einen blauen Materialpunkt.

So arbeitest du mit diesem Buch

Methoden- und Werkstattseiten

In den Kapiteln findest du Werkstatt- und Methodenseiten. Auf den **Methodenseiten** kannst du lernen, mit welchem „Handwerkszeug" du aus den Materialien Erkenntnisse und Urteile gewinnst. Du findest hier Arbeitsschritte, mit deren Hilfe du zum Beispiel ein Bild, eine Karte oder eine schriftliche Quelle auswertest.

Auf den **Werkstattseiten** kannst du immer etwas selbst machen.

Zusammenfassung

Am Ende des Kapitels kannst du dir mithilfe eines längeren Textes und eines Schaubildes noch einmal die wichtigsten historischen Zusammenhänge verdeutlichen.

Anhang

– **Operatoren**
  Hier findest du Erläuterungen und Beispiele, die dir bei der Bearbeitung von Arbeitsaufträgen helfen.

– **Lexikon**
  Auf den Themenseiten sind manche Wörter mit einem * gekennzeichnet. Diese Begriffe werden im Lexikon erklärt.

– **Register**
  Das alphabetische Register am Ende des Buches hilft dir, Informationen über Personen, Ereignisse und wichtige Begriffe im Buch schnell zu finden.

Die **Kästen**, die mit einem blauen Balken gekennzeichnet sind, informieren dich über wichtige Personen, Begriffe oder Ereignisse. Sie geben dir aber auch Tipps für Bücher oder Internetseiten.

Die **Arbeitsaufträge** erkennst du an einer blauen Zahl. Wie die Materialien sind sie innerhalb einer Themeneinheit durchnummeriert. Einige Themen könnt ihr zu zweit oder in Gruppen erarbeiten. Darauf wirst du an entsprechender Stelle hingewiesen.

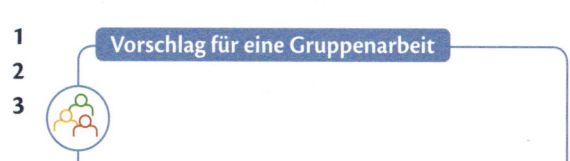

1. Von Menschen, der Zeit und der Geschichte

Geschichte, dein neues Fach, hat etwas mit der Vergangenheit zu tun. In diesem Fach geht es um das Leben der Menschen in früheren Jahrhunderten und Jahrtausenden.
In Geschichte werden wir untersuchen, wie die Menschen gewohnt, gearbeitet und ihr Leben gestaltet haben, aber auch, worüber sie gestritten, gelacht und geweint haben. Dabei wird dir vieles anders und fremd vorkommen, weil du es nicht kennst oder nicht gewohnt bist.
Im Vergleich mit unserer Gegenwart kannst du etwas über uns und unsere Zeit herausfinden und daraus für die Zukunft lernen. Dazu müssen wir aber zunächst erarbeiten, wie wir etwas über die Vergangenheit erfahren und wie wir das, was früher war, zeitlich einordnen können.
Die Abbildungen auf dieser Doppelseite zeigen den Tempel zu Ehren der Göttin Athene auf der Akropolis in Athen, erbaut 448–438 v. Chr. (oben); das Brandenburger Tor in Berlin, erbaut 1789–1791 (Mitte); das Leineschloss in Hannover, heute Sitz des Niedersächsischen Landtages, erbaut 1817–1842 (unten).
Wenn du sie genau betrachtest, wirst du bemerken, dass sie etwas gemeinsam haben. Auch das Foto von Schülerinnen und Schülern aus verschiedenen Ländern hat etwas damit zu tun.

Folgende Fragen leiten dich durch das Kapitel:

- *Wie haben Menschen in der Geschichte die Zeit wahrgenommen und dargestellt?*
- *Woher wissen wir etwas aus der Geschichte?*
- *Wie können wir uns in unseren geschichtlichen Raum einordnen?*

---

1 Beschreibt die abgebildeten Gebäude, vergleicht sie und stellt einen Bezug zum Foto ganz unten her.

1. Von Menschen, der Zeit und der Geschichte

Leben in der Zeit und in geschichtlichen Räumen

Wissen • Urteilen • Kommunizieren/Handeln • Methoden anwenden

Am Ende dieses Unterkapitels kannst du

- beschreiben, wie Menschen die Zeit wahrnehmen, messen und darstellen
- dich in dein geschichtliches Umfeld einordnen
- die Einteilung der Geschichte in Abschnitte (Epochen) erklären
- verschiedene historische Quellen benennen und erläutern
- **Methode** Informationen sammeln in einer Bibliothek
- **Methode** Eine Erkundung durchführen

Die Geschichte des Lebens auf der Erde

Leben in der Zeit und in geschichtlichen Räumen

Die Zeit vergeht …

Die Zeit wahrnehmen, messen und darstellen

Zeit wird in unserer Gegenwart wie ein knappes, kostbares Gut betrachtet: Ich habe keine Zeit. Verschwende keine Zeit dafür. Die Zeit kannst du dir sparen. Hätte ich doch nur mehr Zeit. Solche und ähnliche Aussagen zeigen unser Verständnis von Zeit. Offensichtlich ist uns bewusst, dass wir „in der Zeit leben" und unser Leben von der Zeit begrenzt ist. Wir gehen sparsam oder auch verschwenderisch mit der Zeit um und sind ihr doch unterworfen. Denn sie vergeht, ohne dass wir Einfluss auf sie nehmen können.

Die Zeit spielt aber nicht nur im Leben des Einzelnen eine wichtige Rolle, auch das Leben von Völkern und Staaten wird von der Zeit beeinflusst. Hier sind nicht nur einzelne Lebensläufe, sondern längere Zeiträume von Jahrzehnten oder Jahrhunderten von Bedeutung.

Blicken wir auf die gesamte Erdgeschichte (siehe Abb. linke Seite), so wird die Zeitspanne eines Menschenlebens nahezu unbedeutend. Die Behauptung von Naturwissenschaftlern, unser Sonnensystem sei vor etwa fünf bis sechs Milliarden Jahren entstanden, bringt uns in größte Schwierigkeiten, diesen riesigen Zeitraum zu erfassen oder sich gar in diese Zeit „zurückzudenken". Das Bewusstsein von der Zeit reicht bei einem einzelnen Menschen zunächst nur in die Jahre des eigenen Erlebens zurück und dann auch nur so weit, wie er sich selbst an etwas erinnern kann. Allerdings lernt er schon in seiner frühen Kindheit, dass „die Zeit vergeht" – vom Hellwerden bis zur Dunkelheit, in der Regelmäßigkeit des Tages- und Jahresablaufs bis zu den „Zwängen" der Zeit in der Schul- und Berufsausbildung. Er lernt, die Zeit einzuteilen, mit der Zeit zu planen und sie für sich zu nutzen.

Sich in der Zeit zu orientieren, haben die Menschen vermutlich schon sehr lange versucht. Die frühesten Versuche, die Zeit einzuteilen, sie zu messen, gingen von astronomischen Beobachtungen aus. Nach dem Lauf der Gestirne Sonne und Mond wurden Kalender aufgestellt, nach denen sich zum Beispiel sesshafte Völker bei der Aussaat richten konnten. Vieles über die Gründe und die Bedeutung solcher Anlagen wie der von Lanyon Quoit Stonehenge in England bleibt aber noch im Dunkeln.

> **Begriffe und Daten**
>
> ### Kalender
> Der Kalender (lateinisch calendae: erster Tag des Monats, auch: Monat) ist eine Methode zur Zeiteinteilung. Wahrscheinlich gab es schon vor der Erfindung der ersten Schrift- und Ziffernsysteme (vor etwa 5000 Jahren) Versuche, die Zeit zu messen. Grundeinteilungen sind die Jahresgliederung, die Tagesgliederung und die Zählung der Jahre im Lauf der Geschichte.

Sonnenuhr an einer Hauswand im Bauernhofmuseum Illerbeuren, Foto, 2002

M1

1 Erarbeite anhand des Darstellungstextes die Bedeutung der Zeit a) für einzelne Menschen, b) für Völker und c) in der Erdgeschichte.

2 Wenn wir die Erdgeschichte auf einem Zifferblatt mit 12 Stunden darstellen, taucht der Mensch etwa 8 Sekunden vor 12 Uhr auf. Zwölf Stunden sollen den Zeitraum der Erdgeschichte darstellen (Abb. linke Seite): Zeichne in dein Geschichtsheft das Zifferblatt einer Uhr und trage darauf ein, seit wann es Menschen gibt.

11

Leben in der Zeit und in geschichtlichen Räumen

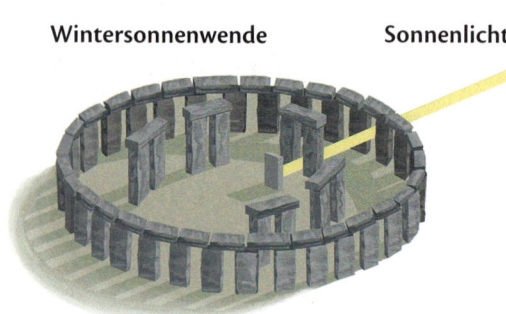

M2

Zeitmessung. Die Steinkreise von Stonehenge in Südengland (errichtet 3100 bis 1500 v. Chr.) waren vermutlich eine Art Kalender. In ihnen liegen fünf hufeisenförmig angeordnete, jeweils aus drei Steinen gebildete Bögen. Der mittlere ist so ausgerichtet, dass er zum Sommeranfang am 21.6. auf den Punkt am Horizont zeigt, wo die Sonne aufgeht, und zum Winteranfang am 22.12. in die Richtung weist, wo die Sonne untergeht. Ein kleinerer Stein, der „Heelstein", liegt nordöstlich außerhalb der Hauptkreise. Zur Sommersonnenwende geht die Sonne genau hinter ihm auf, wenn man ihn durch den mittleren Steinbogen betrachtet. Zur Wintersonnenwende (siehe Zeichnung) geht die Sonne an der gegenüberliegenden Stelle unter.

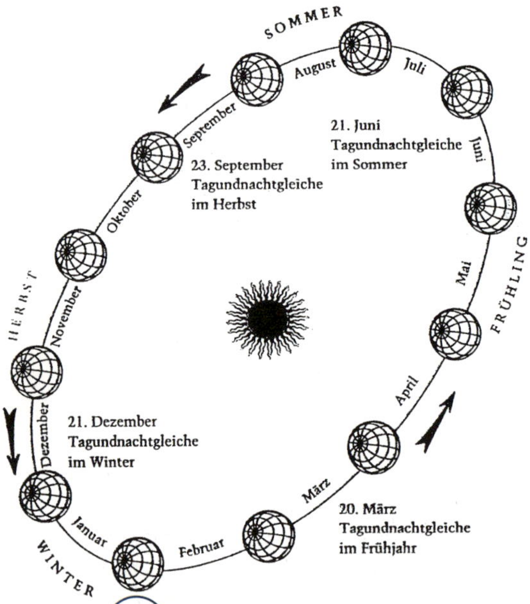

M3 „Jahreszeitenuhr"

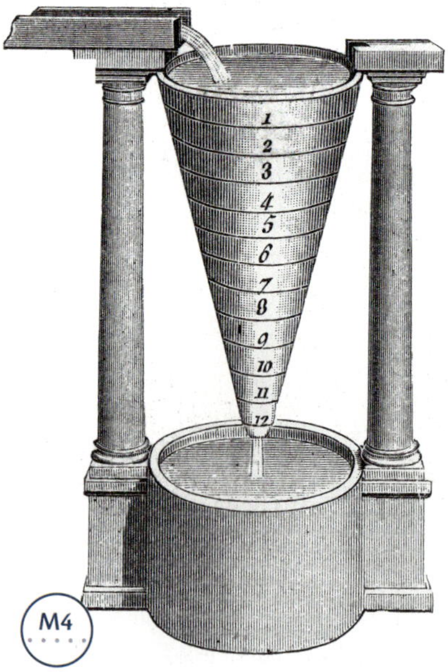

M4 Wasseruhr

M5 Sanduhr

Leben in der Zeit und in geschichtlichen Räumen

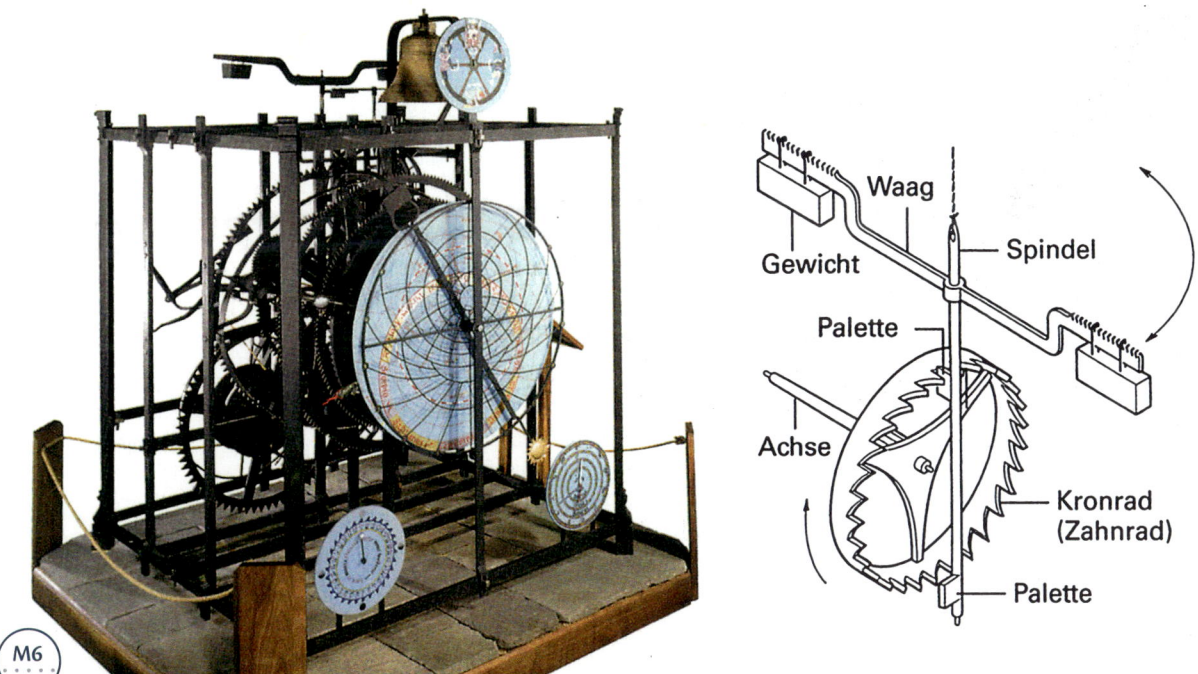

M6 Mechanische Uhr aus dem englischen Kloster St. Albans, 14. Jh. Sie half den Mönchen, ihre alltäglichen Pflichten pünktlich zu erledigen.

M7 Atomuhr in der Physikalisch-Technischen-Bundesanstalt in Braunschweig, Foto, 1996. Absolut erschütterungsfrei steht der mehrere hundert Kilo schwere Koloss in einer Halle, die mit Kupferplatten gegen äußere elektromagnetische Felder abgeschirmt ist. Eine Atomuhr kann die Zeit bis auf die 14. Stelle hinter dem Komma der Sekundenanzeige bestimmen. Abweichungen betragen in 5 Millionen Jahren höchstens eine Sekunde.

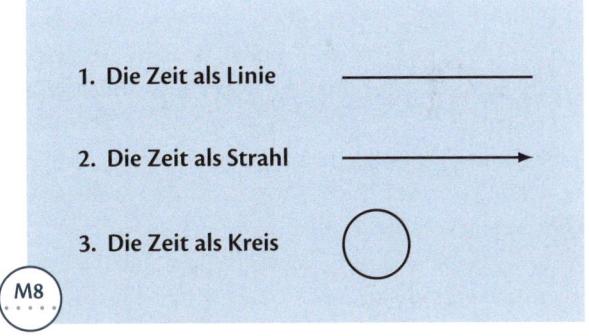

1. Die Zeit als Linie
2. Die Zeit als Strahl
3. Die Zeit als Kreis

M8 Darstellungen der Zeit

3 Gruppenarbeit: Erläutert anhand von M1 bis M7, wie Menschen die Zeit gemessen haben bzw. messen. Zieht zur Erklärung der Funktion ggf. weitere Informationen heran (Lexikon) und stellt eure Ergebnisse in der Klasse vor.

4 Vergleicht im Gespräch a) die Arten der Zeitmessung und b) Auswirkungen auf das tägliche Leben der Menschen.

5 Bewertet in einer Diskussionsrunde die Darstellung der Zeit in M8. Beachtet die Darstellung auf Seite 10.

Leben in der Zeit und in geschichtlichen Räumen

Familien haben Geschichte

Familie, Foto, 1916

Familie, Foto, 2001

Die Familie als Folge von Generationen

Geschichte beginnt eigentlich mit uns selbst. Dein Leben ist bereits ein kurzer Abschnitt aus der Geschichte. Das Leben deiner Eltern ist schon länger und das deiner Großeltern reicht hinter den Lebenszeitraum deiner Eltern zurück. Vielleicht hast du noch Urgroßeltern oder einen Urgroßelternteil. Sie könnten aus ihrem langen Leben und von der Kindheit deiner Großeltern erzählen. Sie alle gehören zur Familie, der kleinsten Einheit in unserer Gesellschaft.

Eine Familie bestand früher zumeist aus Vater, Mutter und Kindern, manchmal lebten auch die Großeltern oder andere Verwandte mit in der Gemeinschaft. Schon früher gab es alleinerziehende Mütter und Väter – ebenso Wohngemeinschaften, in denen mehrere Familien zusammenlebten. Auch Lebensgemeinschaften, in denen Frauen und Männer unverheiratet mit Kindern leben, sind Familien. „Großfamilien" mit Großeltern, Eltern und Kindern unter einem Dach, wie sie meist auf den Bauernhöfen lebten, sind heute eher selten anzutreffen.

Alle Menschen, die in einem bestimmten Zeitabschnitt leben, werden als Generation bezeichnet. Bekommen sie Kinder, entsteht eine neue Generation. Diese Zeitspanne umfasst etwa 25 bis 30 Jahre. Generationenfolgen, wie zum Beispiel die Geschichte einer Familie, lassen sich auf einer Zeitleiste (einem Zeitstrahl) darstellen (siehe M3).

Die Familiengeschichte wird mithilfe der Genealogie, der Lehre von den Abstammungsverhältnissen einer Familie, erforscht. Ihre Ergebnisse werden in Ahnen-(Vorfahren-)Tafeln dargestellt. Die Lebensbeschreibung eines einzelnen Menschen wird Biografie genannt.

Beispiel einer Familien-Zeitleiste zum 20. Jahrhundert

■ 1910   ■ 1920   ■ 1930   ■ 1940   ■ 1950

Leben in der Zeit und in geschichtlichen Räumen

Drei-Generationen-Familie, Foto, 2003

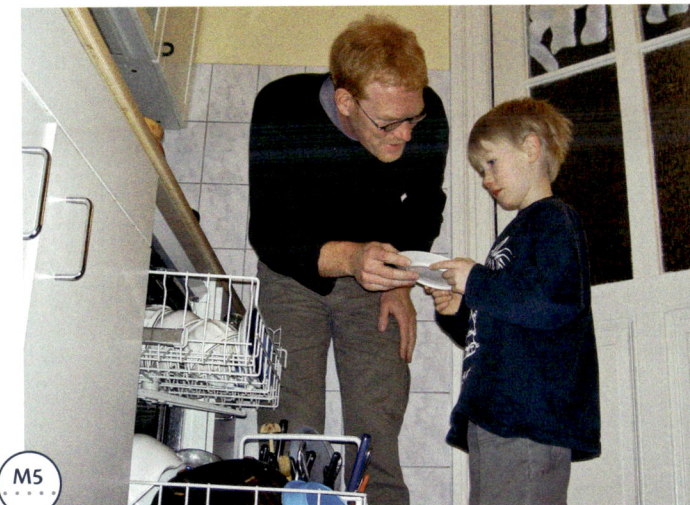

Vater mit Kind, Foto, 2004

Arbeitsanleitung

Familiengeschichte erforschen
a) Frage zu Hause nach alten Fotos, Urkunden, Familienstammbüchern und alten Gegenständen. Notiere wichtige Ereignisse und Jahreszahlen.
b) Bitte deine Eltern, Großeltern oder Freunde der Eltern, dass sie dir etwas aus der Zeit erzählen, als sie in deinem Alter waren.
c) Ordne das Material und gestalte daraus eine Familiengeschichte: Schreibe Texte, male Bilder und fertige Fotokopien von Fotos usw. an.
d) Fragt nach alten Filmen über eure Familie und berichtet darüber.

1 Beschreibe M1, M2, M4 und M5 und vergleiche.
2 Kläre die Begriffe „Familie" und „Generation".
3 Erläutert in Partnerarbeit die Zeitleiste (M3). Versucht herauszufinden, welche allgemeinen Ereignisse dargestellt sein könnten und wie die Menschen damals davon betroffen waren.
4 Trage die Jahreszahlen der Zeitleiste (M3) in deine Geschichtsmappe ein. Notiere dein Geburtsdatum, das deiner Eltern und Großeltern, vielleicht auch Urgroßeltern.
5 Frage zu Hause nach Fotos und anderen Erinnerungsstücken und ordne sie auf deiner Zeitleiste ein. Berichte in der Klasse darüber.
6 Auf der Feier zum 85. Geburtstag des Großvaters Fritz Wille im Jahre 2004 gratulieren die Kinder Hermann, 59, Gertrud, 52, und Gisela, 49, ebenso die Enkel Anja, 35, Karsten, 25, und Peter, 18. Wann sind die Mitglieder der Familie geboren? Wer hat den Bau der Mauer in Berlin (1961) schon erlebt?

■ 1960   ■ 1970   ■ 1980   ■ 1990   ■ 2000

 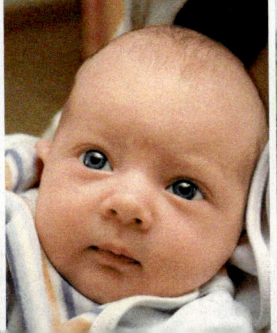   

Leben in der Zeit und in geschichtlichen Räumen

Freilegung eines Grabes aus der Vorgeschichte, Foto, 1997

Funde antiker Gefäße, Foto, 1998

„Früher" – wann war das?

Von Jahreszahlen und Epochen

Wer sich mit der Geschichte beschäftigt, muss das, was „früher" war, genau ordnen. Die wichtigsten Ordnungshilfen sind Jahreszahlen und Epochen (= Zeitabschnitte).

Im christlichen Europa stellt die Geburt von Jesus Christus den Festpunkt dar, von dem aus gezählt wird: Wir rechnen in Jahren „vor Christi Geburt" (v. Chr.) und „nach Christi Geburt" (n. Chr.). Andere Kulturen* haben andere Festpunkte. Der jüdische Kalender beginnt mit der Weltschöpfung, die nach unserer Zeitrechnung in das Jahr 3761 v. Chr. gelegt wird. Im Islam beginnt die Zeitrechnung mit der Flucht Mohammeds aus Mekka 622 n. Chr.

Auf der Grundlage des christlichen Zählsystems haben die Geschichtsforscher die Geschichte in vier große Epochen eingeteilt: Vorgeschichte, Antike, Mittelalter, Neuzeit. Die Millionen Jahre bis zum Auftauchen erster schriftlicher Zeugnisse – in Ägypten zum Beispiel um 3000 v. Chr. – nennen wir „Vor"-geschichte. Die Vorgeschichtsforschung stützt sich vor allem auf Bodenfunde wie Grabanlagen, Siedlungen und Höhlen.

Leben in der Zeit und in geschichtlichen Räumen

Blick in eine mittelalterliche Küche, Miniaturmalerei, um 1500

Arbeit in einer Maschinenbaufabrik, Stahlstich, 1849

Die Altstadt von Celle, Luftbild, 2001

Mit dem Elektronenmikroskop das Unsichtbare sichtbar machen, Foto, 2003. Am Max-Planck-Institut für biophysikalische Chemie in Göttingen werden Moleküle in ihrem Aufbau, ihrer Funktion und ihrer Wechselwirkung untersucht.

1 Beschreibe M1 bis M6 und ordne die Abbildungen den verschiedenen Zeitaltern im Zeitstrahl S. 16 zu. Zeichne den Zeitstrahl in dein Geschichtsheft und notiere die Nummern der Materialien zeitlich an der richtigen Stelle.

2 Stelle in einer Tabelle zusammen, welche Erkenntnisse sich aus den historischen Quellen M1 bis M4 gewinnen lassen.

3 Suche in deinem Wohnort nach Überresten (z. B. Gebäude, Stadtmauer, Denkmäler). Stelle deren Alter fest und ordne sie den Zeitaltern zu (siehe Zeitstrahl). Hilfe kannst du im Museum finden.

Leben in der Zeit und in geschichtlichen Räumen

Geschichte und ihre Quellen

Geschichte – ein Streitgespräch

„Hey, Klara, schau mal, das alte Bild da vorne mit der Schulklasse!", sagt der zwölfjährige Selim zu seiner Mitschülerin und macht schnell ein Foto. „Scheint ja damals ein strenger Unterricht gewesen zu sein."
Klara interessiert das Schulmuseum, das sie heute mit der Klasse besuchen, überhaupt nicht. Auch geht ihr Selim mit seinem Fotografieren auf die Nerven. „Mein Großvater hat mir etwas ganz anderes erzählt", erwidert sie. „Er und sein Freund hätten den Lehrern immer Streiche gespielt, und viele Hausaufgaben hätte es auch nicht gegeben. Außerdem, sagt mein Großvater, wäre er meist von jungen Lehrerinnen unterrichtet worden."
Klara und Selim können sich über ihre Ansichten zum Unterricht in früheren Zeiten nicht einigen. Wieder zurück in der Schule, diskutieren sie ihre Fragen in der Klasse. Sie kommen überein, dass sie sich nach dem Museumsbesuch ein Buch besorgen werden, in dem Forscherinnen und -forscher Genaueres über die Geschichte der Schule geschrieben haben. Forscher, so erklärt die Geschichtslehrerin, suchen, sammeln und werten viele Quellen aus, bevor sie ihre Ergebnisse niederschreiben.

Geschichte und ihre Quellen

Die Überlieferungen, aus denen wir historische Erkenntnisse gewinnen, werden „historische Quellen" oder kurz „Quellen" genannt, wie zum Beispiel Gemälde, Fotos oder Urkunden, aber auch mündliche Überlieferungen wie die Erinnerungen von Klaras Großvater.
Wir sind überall von Quellen umgeben, nicht nur im Gespräch mit älteren Menschen oder im Museum. Rathäuser, Denkmäler, Familienfotos – alle diese Quellen sind Spuren aus der Vergangenheit.
Allerdings „verraten" uns Quellen nur dann etwas, wenn wir Fragen an sie stellen: Was „sagen" uns zum Beispiel die Materialien M1 bis M4 über Kinder in den vergangenen 150 Jahren?
Ohne Quellen gibt es kein sicheres Wissen über die Geschichte. Doch auch bei der Arbeit mit Quellen müssen wir wie ein Detektiv ständig auf der Hut sein. Zum einen, weil jede Quelle nur einen Ausschnitt aus der Vergangenheit vermittelt; das Foto M4 sagt uns nicht, wie der Junge und der Mann wohnten. Zum anderen, weil Quellen unterschiedliche Zeitpunkte beleuchten: Das Gemälde M1 sagt etwas über Schule vor über hundertfünfzig Jahren, während die Erlebnisse von Klaras Großvater nur etwa fünfzig Jahre zurückliegen.

Unterricht in einer Dorfschule 1848, Gemälde von Albert Anker, 1896

M1

M2

Puppenküche, erbaut um 1890

Leben in der Zeit und in geschichtlichen Räumen

M3 Lebenserinnerungen

Die Bäuerin Anna Wimschneider aus dem Landkreis Rottal-Inn musste nach dem Tod ihrer Mutter als Achtjährige Haus und Hof versorgen. Sie erzählt im Jahr 1984 über ihre Kindheit um 1927:

Ich habe Feuer gemacht und die Milch gekocht, in die Schüssel gegeben, ein wenig Salz dazu und dann Brot eingebrockt ... Ich ... musste ... die Kleinsten aus dem Bett holen ... sie anziehen und
5 füttern ... Ich konnte mich erst dann zur Schule fertig machen, wenn der Vater von der Stallarbeit hereinkam. Nun lief ich so schnell ich konnte die vier Kilometer zur Schule ..., und oft kam ich erst an, wenn die erste Pause war. Da lachten mich die
10 anderen Kinder aus.

Anna Wimschneider, Herbstmilch, München (R. Piper) 1984, S. 10.

M4 Ein Junge hilft beim Pflügen, Foto, um 1900

▶ Vergangenheit   ▶ Gegenwart
                     ▶ Zukunft

1840   1900   1950   2000

M5 Zeitstrahl

Begriffe und Daten

Quelle

Geschichtliche (historische) Quellen sind Überlieferungen, aus denen wir Kenntnisse über das Vergangene gewinnen können. Es werden verschiedene Arten von Quellen unterschieden:
- Überreste, z. B. Gebäude, Schmuck, Werkzeuge
- schriftliche Quellen, z. B. Urkunden, Akten, Rechtssammlungen, Briefe, Großmutters Kochbuch
- mündliche Quellen, z. B. erzählte Lebenserinnerungen, Sagen, Volkslieder
- Bildquellen, z. B. Gemälde, Zeichnungen, Drucke, Fotos, Filme, Videos, CD-ROM
- Traditionen, z. B. religiöse Feste, Volksfeste, Bräuche

1. Kläre mithilfe der Darstellungstexte und des Grundwissenskastens, wie du Erkenntnisse über die Vergangenheit gewinnen kannst.
2. Ordne M1 bis M4 den im Grundwissenkasten genannten Quellenarten zu. Begründe deine Entscheidung.
3. Zeichne einen Zeitstrahl nach dem Muster M5 in dein Geschichtsheft und trage die Quellen zeitlich richtig ein. Notiere zu jeder Quelle in Stichworten, was du über die Menschen und ihre Zeit erfahren kannst.
4. Ergänze deinen Zeitstrahl durch weitere Quellenarten, die du zu Hause findest.
5. Sammle Quellen zu einem Thema, das dich interessiert, z. B. die Geschichte der Verkehrsmittel (Eisenbahn, Auto, Flugzeug) oder der Mode (Kleidung, Möbel). Schreibe auf, welche Erkenntnisse dir deine Materialien liefern. Nimm für deine Materialsuche die Methodenseiten 20/21 zu Hilfe.

Methode

Informationen sammeln in einer Bibliothek

Mehr Wissen ...

Im ersten Kapitel hast du einen kurzen Einblick darüber bekommen, welche Bedeutung die Zeit in der Geschichte hat und wie wir aus Quellen etwas über die Geschichte erfahren. Wenn du mehr darüber wissen möchtest, musst du dir weitere Informationen selbst beschaffen.

Informationen findest du am besten in Büchern. Du kannst sie in Büchereien einsehen oder ausleihen. In allen Schulen gibt es eine Schülerbibliothek und in den meisten Städten eine Stadtbibliothek.

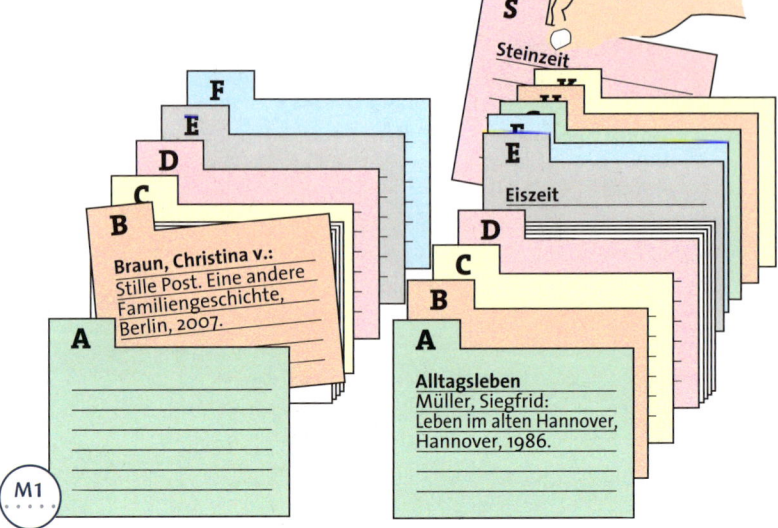

M1 **Kataloge zur Suche von Buchtiteln in einer Bibliothek.** Alphabetischer Autorenkatalog (links) und Schlagwortkatalog (rechts)

Arbeitsschritte

1. Schritt: Besuch vereinbaren
Am besten sprecht ihr eine Führung ab. Dabei werden häufig auch Übungen zur Benutzung der Kataloge und Ausleihe der Bücher angeboten.

2. Schritt: Katalog suchen
Der „Katalog" ist ein Verzeichnis, in dem alle Bücher der Bibliothek aufgezeichnet sind. Meist sind es Schränke, in denen in vielen Schubladen Tausende von Karteikarten stecken. Sie enthalten alle Angaben zu den Büchern, die auch zur Ausleihe nötig sind. Inzwischen ist die Suche nach Buchtiteln in den meisten Bibliotheken auch mit dem Computer möglich. Ein Beispiel zur Literatursuche in einer Stadtbücherei findest du auf Seite 21.

3. Schritt: Katalog benutzen
Es gibt immer einen Autoren- und einen Schlagwortkatalog. Der Autorenkatalog hilft, wenn euch der Autor des Buches bekannt ist. Der Schlagwortkatalog erleichtert den Einstieg in ein Thema – zum Beispiel Familie, Alltagsleben.

4. Schritt: Informationen festhalten
Bücher müsst ihr nach einer bestimmten Zeit zurückgeben. Notizen aus den Büchern, Fotokopien, Skizzen usw. solltet ihr deshalb nach Stichwörtern ordnen und zum Beispiel in einem Hefter sammeln.

M2 **In der Bibliothek,** Foto, 1995. Schülerinnen und Schüler suchen Bücher im alphabetischen Autorenkatalog.

1 Erkundige dich nach Büchereien und Bibliotheken in deinem Wohn- oder Schulort. Sammle Adressen und Telefonnummern. Suche zunächst nach Büchern zu deinem Stichwort, z. B. Familiengeschichte, und notiere die Titel. Entscheide, welche Bücher du ausleihen möchtest.

2 Veranstaltet in eurer Klasse eine Informations- und Lesestunde zu euren ausgewählten Themen aus Aufgabe 5, S 19.

Literatursuche im Onlinekatalog der Bibliothek

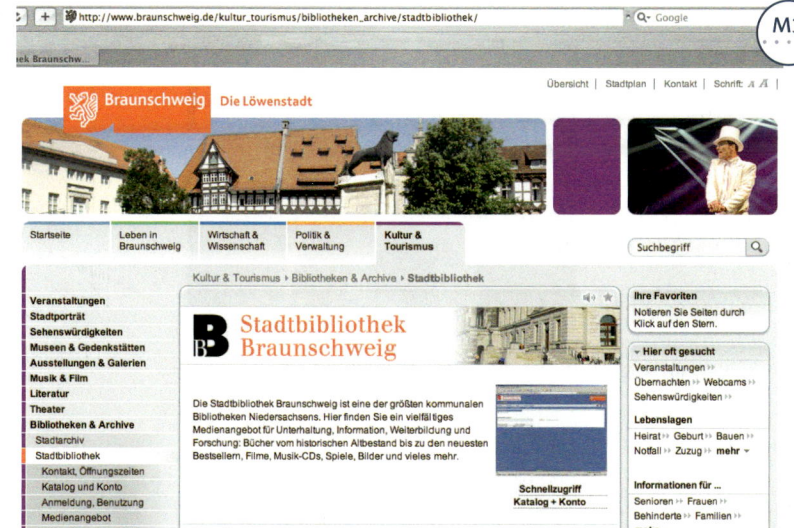

Homepage der Stadtbücherei Braunschweig

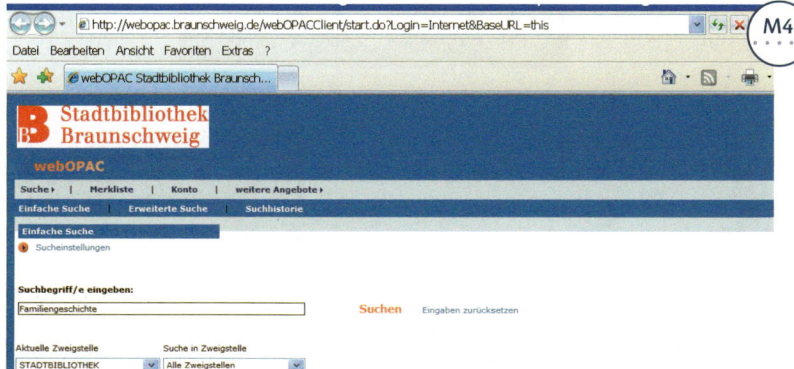

Suchmaske zur Recherche über den Namen des Autors, einen Begriff im Titel des Buches oder ein Schlagwort, z. B. Familiengeschichte

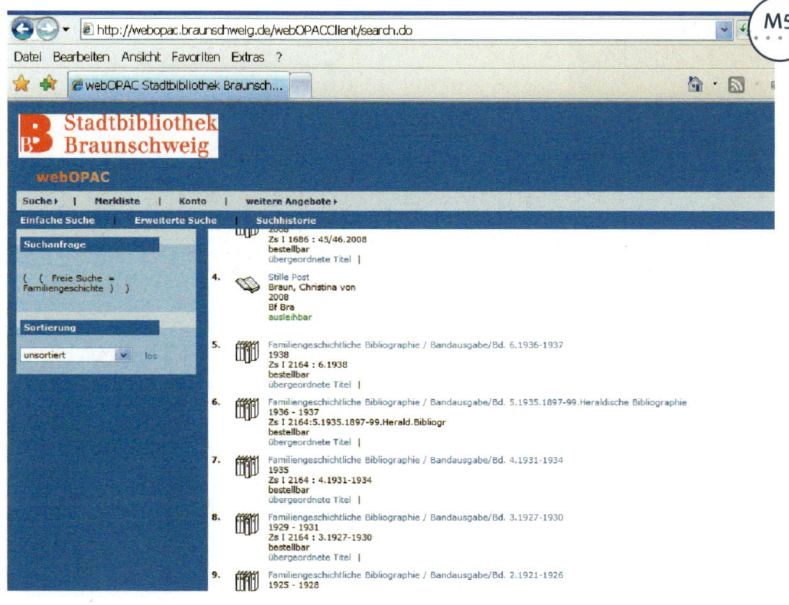

Vollanzeige eines Buchtitels zum Schlagwort Familiengeschichte

Mein Ort hat Geschichte – das Beispiel Hannover

Orte wandeln sich

Falls deine Eltern oder Großeltern schon länger an einem Ort wohnen, hast du sicherlich von ihnen manchmal Äußerungen gehört wie: Früher konnte man noch Reste der Stadtmauer sehen. – Auch der Bahnhof war noch in Betrieb. – Die alte Maschinenfabrik wurde schon vor 30 Jahren abgerissen. – Im alten Rathaus ist jetzt nur noch das Standesamt untergebracht. – Die Leute aus der alten Weberei arbeiten heute in der Chipfabrik. – Richtig einkaufen kann man ja nur noch auf der grünen Wiese in der Kreisstadt. Was kannst du an solchen Aussagen erkennen? Die Dörfer und Städte haben sich immer wieder verändert und wandeln sich auch heute noch: die Anlage und das Aussehen, die Gebäude, die Wirtschaftsbetriebe, die Arbeitsplätze, die Wohngebäude. Am Beispiel der Großstadt Hannover kannst du diesen Wandel erarbeiten und selbst die Geschichte deines Wohnortes untersuchen.

Werbeplakat der Firma Continental in Hannover, 1912/13

Altes Rathaus und Marktkirche in Hannover, Foto, 1988. Das Rathaus wurde zwischen dem 13. und 19. Jh. baulich verändert. Die Kirche stammt aus dem 14. Jh. (Wiederaufbau 1946–52).

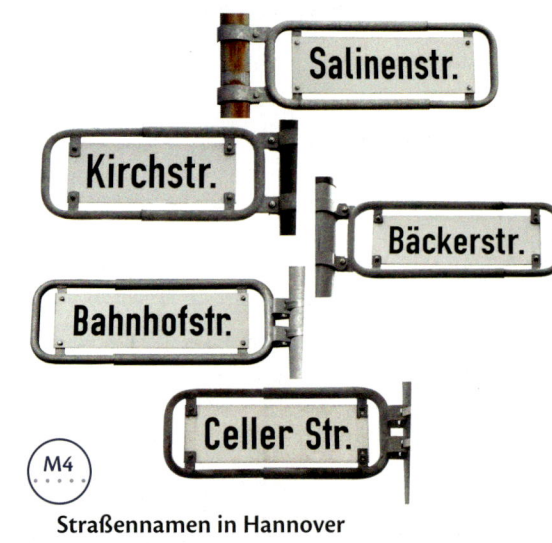

Straßennamen in Hannover

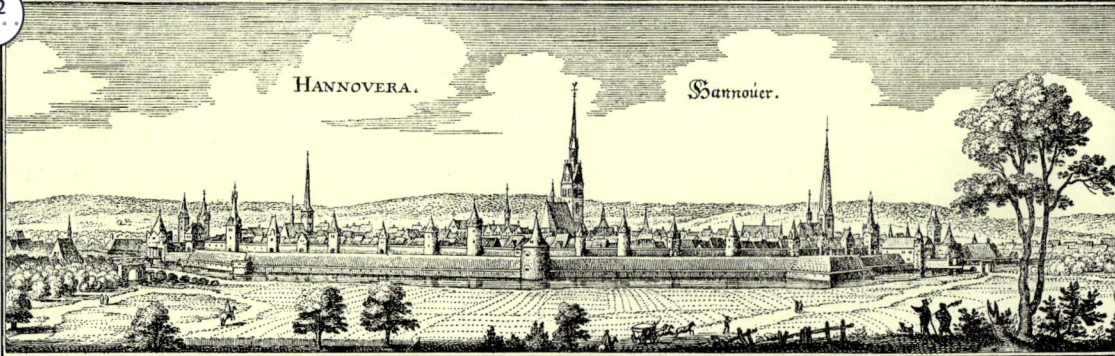

Hannover – von Osten gesehen, Kupferstich von Matthäus Merian, 1650

Leben in der Zeit und in geschichtlichen Räumen

M5 Fleckenputzerei der Färberei und chemischen Waschanstalt der Firma Stichweh bei Hannover, Foto, um 1912

Begriffe und Daten

Aus der Geschichte Hannovers

Um 5000 v. Chr. leben im heutigen Raum Hannover steinzeitliche Wildbeuter (Jäger und Sammlerinnen).
Um 2000 v. Chr. siedeln Waldbauern in der Gegend.
Um 500 n. Chr. leben Rodungsbauern in der Region.
1022 Hannover („to den hogen overen" = Hohes Ufer) wird erstmals als Siedlung an einer wichtigen Leinefurt (Leineübergang) erwähnt.
Heinrich der Löwe (Herzog von 1142 bis 1180) gliedert die Stadt in seinen Herrschaftsbereich ein.
1241 Der Marktflecken Hannover darf sich Stadt nennen.
1636 Hannover wird Hauptstadt des welfischen Fürstentums Calenberg.
1814 wird Hannover Königreich.
1866 wird das Land Provinz (Landesteil) des Königreichs Preußen.
Nach 1870 Hannover wird neben dem Verwaltungszentrum zur Industriestadt, vor allem mit Metall- und Maschinenbauindustrie, Fahrzeugherstellung sowie elektrotechnischer und chemischer Industrie.
1946 Hannover wird im Zweiten Weltkrieg (1939–1945) durch Bombenangriffe stark zerstört.
1946 wird Hannover Hauptstadt des neu gegründeten Landes Niedersachsen (1946).

Vorschlag für eine Gruppenarbeit

Die Geschichte des Wohnortes erforschen – Vorschlag für eine Gruppenarbeit

Sammelt Materialien zur Geschichte eures Wohnortes und stellt eure Ergebnisse in der Klasse vor. Beschafft euch Bücher, Karten, Fotos usw. Fragt im Museum nach. Ihr könnt die Arbeit in Gruppen aufteilen, die jeweils ein Thema bearbeiten. Themenvorschläge:

1. Ankommen: Wie sind die Menschen früher in die Stadt gekommen? (Fluss, Wege, Straßen, Bahn)
2. Wohnen: Wie wohnten die Menschen? Wo stehen bzw. standen die ältesten Häuser? Straßennamen?
3. Wirtschaften und Arbeiten: Welche Betriebe (Handwerke, Fabriken) gab es? Wie arbeiteten die Menschen?
4. Versorgen: Wie wurde die Stadt versorgt? Was wurde selbst hergestellt? Gab es Märkte?
5. Leben: Wie lebten die Menschen? Was haben sie gegessen, getrunken? Wie haben sie gefeiert?

1 Beschreibe M2 und stelle fest, wie sich heutige Städte von dem Aussehen im 17. Jahrhundert unterscheiden. Ziehe M5, S. 16 / 17 mit heran.
2 Überlege, warum es schwierig ist, die Gebäude in M1 einem bestimmten Datum zuzuordnen.
3 Erläutere den Ursprung der Straßennamen in M4.
4 Erarbeite anhand von M3 und M5, was du über die alte Industrie in Hannover erkennen kannst.
5 Fertige mithilfe des Kastens eine Zeitleiste zur Geschichte Hannovers an.
6 Ordne die Materialien auf dieser Doppelseite den Quellenarten zu (Grundwissenskasten, S. 19).

Leben in der Zeit und in geschichtlichen Räumen

Mein Ort gehört zu einer Region

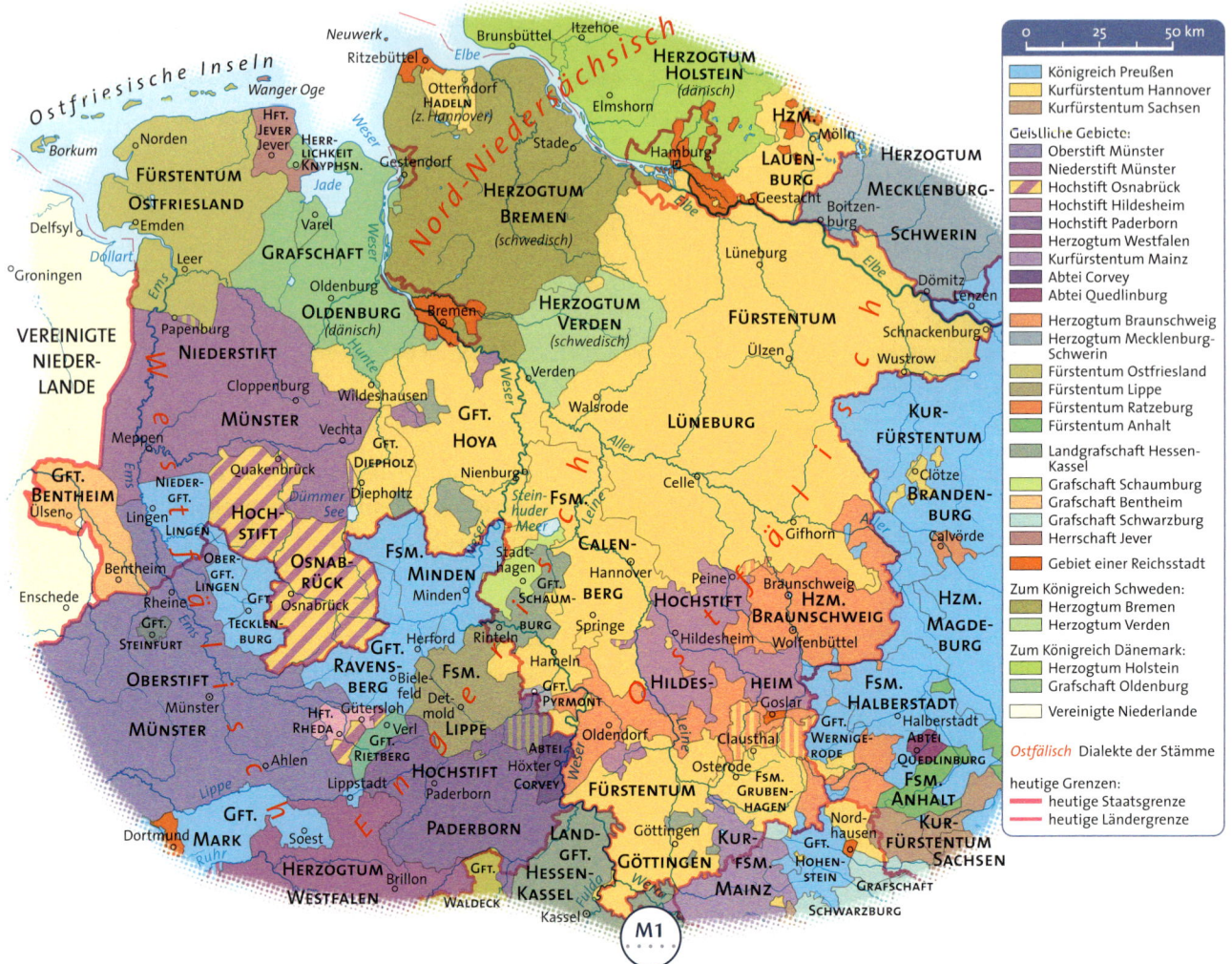

Der Raum des heutigen Niedersachsen im Jahre 1714

„Oldenburger" wohnten nicht alle in Oldenburg

„Oldenburger", „Hannoveraner", „Braunschweiger" – damit waren früher nicht nur die Bewohner der großen Städte gemeint, sondern die Menschen, die in der jeweiligen Region lebten, die zum Herrschaftsgebiet der Herzöge, z. B. des Großherzogs von Oldenburg, gehörten. Ein „Land Niedersachsen" gibt es erst seit etwa 60 Jahren (siehe S. 23 und 26). Die Menschen wohnten in unterschiedlich großen Territorien. Das waren Staaten mit einem Landesherrn an der Spitze. M1 zeigt, wie die staatliche Gliederung im heutigen Niedersachsen vor etwa 290 Jahren aussah. Die Sprache und die Mundarten (Dialekte), die Feste und Bräuche der Menschen waren aber nicht durch die Landesgrenzen bestimmt, sondern umfassten meistens größere Räume.

1 Stelle anhand von M1 fest, in welchem Territorium dein Wohnort 1714 lag.

2 Frage zu Hause nach der Bedeutung von Begriffen wie Hannoveraner, Braunschweiger, Oldenburger. Notiere die Antworten und vergleicht sie in der Klasse.

3 Versucht, mithilfe der Methodenseite 25 mehr über Bräuche, Feste, Trachten, Mundarten und typische Speisen und Getränke in eurer Region herauszufinden. Arbeitet am besten in Gruppen.

Methode

Eine Erkundung durchführen

Hinweise zur Erkundung

Ob ihr im Raum der „Oldenburger", „Hannoveraner" oder „Braunschweiger" wohnt, könnt ihr leicht mithilfe einer Karte feststellen. Schwieriger wird es, wenn ihr erfahren wollt, welche Kleidung die Menschen früher trugen, welche Sprache (Mundarten) sie gesprochen haben und welche Bräuche verbreitet waren. Hier könnt ihr mit einer Erkundung weiterkommen. Sie ist kein allgemeiner Museumsbesuch (siehe S. 68/69), sondern wird gezielt und mit vorbereiteten Fragen durchgeführt. Hilfe für die Vorbereitung einer Erkundung findet ihr auf dieser Seite.

Um Genaueres über eure Region zu erfahren, bieten sich Erkundungen im Museum oder im Archiv an. In vielen Orten gibt es einen Ortsheimatpfleger oder eine Ortsheimatpflegerin. Fragt bei der Gemeinde- oder Stadtverwaltung nach.

M1 **Bäuerin und Bauer aus Bortfeld bei Braunschweig,** kolorierter Holzstich von Bernhard Plockhorst (1825–1907)

Arbeitsschritte

1. Schritt: Erkundung vorbereiten
- Anschriften ermitteln und telefonisch oder persönlich Kontakt aufnehmen.
- Termin für den Besuch vereinbaren.
- Arbeitsmittel zusammenstellen (z. B. Fotoapparat, Kassettenrekorder, Notizblock usw.)
- Fragen sammeln, ordnen und einen Fragebogen zusammenstellen.
- Aufgaben verteilen.

2. Schritt: Erkundung durchführen
- Begrüßung und Vorstellen eurer Erkundungsziele.
- Alle notierten Fragen stellen.
- Antworten und weitere Beobachtungen notieren.
- Skizzen oder Fotos machen; eventuell Fotokopien erbitten.

3. Schritt: Antworten auswerten und Ergebnisse präsentieren
- Fragebogen (Antworten) in Gruppen auswerten.
- Ergebnisse dokumentieren, z. B. Antworten ordnen und – mit Fotos ergänzt – als Wandzeitung gestalten.
- Die Ergebnisse mit weiteren Bildern, Grafiken und Texten ergänzen und zu einem Beitrag für die Schülerzeitung oder die Lokalzeitung eures Wohnortes ausarbeiten.

Tipp: Ein Exemplar an eure „Informationsquelle" (Museum, Archiv, „Heimatexperte") schicken!

Anregungen für die Erkundung eurer Region

1. Zu welcher Region (z. B. Oldenburger Land, Friesland) gehört mein Wohnort?
2. In welchem „alten" Staat (Territorium) liegt der Ort?
3. Welcher Dialekt (welche Mundart) wurde früher hier gesprochen? Gibt es heute noch Menschen, die eine Mundart sprechen können?
4. Welche Trachten (für Frauen, Männer, Kinder) wurden in deiner Region getragen?
5. Welche Bräuche und Feste werden gefeiert? Zum Beispiel kirchliche Feste, Osterfeuer, Schützenfeste.
6. Gibt es spezielle Speisen und Getränke in deiner Region?

Leben in der Zeit und in geschichtlichen Räumen

Wir leben im Land Niedersachsen

Das Herzogtum Sachsen um 1000 n. Chr.

Niedersachsen – eine „neue Heimat"?

Niedersachsen – das ist heute ein Land der Bundesrepublik Deutschland. Gegründet wurde es nach dem Zweiten Weltkrieg am 1. November 1946. Das Wort „Niedersachsen" ist aber viel älter. Es wurde zuerst vor etwa 430 Jahren in einer Urkunde erwähnt als „nidern Sachsen". Zum Siedlungsgebiet der Sachsen wurde Niedersachsen aber schon vor etwa 2000 Jahren. Die Friesen, von denen die Ostfriesen heute zu Niedersachsen gehören, behaupteten jahrhundertelang ihre Selbstständigkeit gegenüber den Sachsen.

Die Menschen im niedersächsischen Raum verstanden sich nicht als „Niedersachsen", denn es gab keinen „Staat Niedersachsen", an den sie sich gebunden fühlen konnten. Sie empfanden sich eher als „Hannoveraner", „Oldenburger", „Braunschweiger" usw. Das Zusammengehörigkeitsgefühl wurde aber im Laufe des 19. Jahrhunderts größer – durch die gemeinsame niederdeutsche Sprache, die ähnlichen Mundarten und die gemeinsame bäuerlich-dörfliche Lebensweise mit ihren Bräuchen (z. B. Erntedankfesten, Hochzeitsfeiern, Osterfeuer). Wichtig blieben aber auch immer die Eigenheiten in den einzelnen Regionen.

Mit der Gründung des Landes Niedersachsen wurde wohl weniger ein „altes Heimatgefühl" verbunden, sondern nach dem Zusammenbruch des nationalsozialistischen Deutschlands (1945) stärker das Ziel, in einem künftigen demokratischen Deutschland eine „neue Heimat" zu begründen.

M2 Eine Verfassung für Niedersachsen

Aus der niedersächsischen Verfassung vom 13. Mai 1993, die die vorläufige Verfassung von 1951 abgelöst hat:

Artikel 1 (2) Das Land Niedersachsen ist ein freiheitlicher, republikanischer, demokratischer, sozialer und dem Schutz der natürlichen Lebensgrundlagen verpflichteter Rechtsstaat in der Bundesrepublik Deutschland und ein Teil der europäischen Völkergemeinschaft.

Niedersächsische Landeszentrale für politische Bildung (Hg.), Grundgesetz für die Bundesrepublik und niedersächsische Verfassung, Hannover, 2000, S. 125.

Leben in der Zeit und in geschichtlichen Räumen

M3 Politische Gliederung Niedersachsens seit 2005

Gesamtfläche:	47 624 Quadratkilometer
Anteil an der Gesamtfläche Deutschlands:	13,3 %
Einwohner:	7,97 Millionen
Einwohner je Quadratkilometer:	167
Anteil ausländischer Mitbürgerinnen und Mitbürger:	6,6 %

M4 **Informationen zum Land Niedersachsen** (Stand: 2007)

Begriffe und Daten

Aus der Geschichte Niedersachsens

Ab 3. Jh. n. Chr. Die Sachsen lassen sich im Zuge der Völkerwanderung, über die untere Elbe kommend, im heutigen Niedersachsen nieder.

772–804 Krieg Karls des Großen gegen die Sachsen, die in das Frankenreich eingegliedert und christianisiert werden (siehe S. 214 f.).

1142–1156 Heinrich der Löwe ist Herzog von Sachsen und Bayern.

1714–1837 Die hannoverschen Kurfürsten sind zugleich Könige von Großbritannien.

1815 Hannover wird Königreich.

1866 Das Königreich Hannover wird von Preußen erobert und zu einer preußischen Provinz gemacht.

1918 Die Fürsten von Oldenburg, Braunschweig und Schaumburg-Lippe müssen abdanken. Die Gebiete werden zu selbstständigen Ländern bzw. Freistaaten der Weimarer Republik, der ersten Demokratie in Deutschland von 1918 bis 1933.

1946 Das Land Niedersachsen wird gegründet – durch Zusammenschluss der Länder Hannover, Braunschweig, Oldenburg und Schaumburg-Lippe. Das springende Pferd wird Landeswappen (siehe M3).

1. Stelle fest, in welchem Stadt- oder Landkreis du wohnst und zu welchem Regierungsbezirk dein Kreis gehört (M3).
2. Vergleiche die Ausdehnung des heutigen Niedersachsen mit dem Herzogtum Sachsen vor etwa 1000 Jahren (M1).
3. Erkläre die Veränderungen der Grenzen beider Territorien (M1, M3). Nimm den Faktenkasten zu Hilfe.
4. Vergleiche mithilfe eines Lexikons die Daten zum Land Niedersachsen (M4) mit anderen Bundesländern. Wähle einige Länder aus und lege eine Tabelle an.
5. Untersuche, welche Rolle die Begriffe Niedersachsen, Bundesrepublik Deutschland und Europa in M2 spielen. Kläre: Verfassung.
6. Schreibe anhand des Darstellungstextes S. 26 mit eigenen Worten auf, was du dort zum Begriff „Niedersachsen" findest.

Leben in der Zeit und in geschichtlichen Räumen

Deutschland – mehr als ein Bund von Ländern?

M1 Die Bundesrepublik Deutschland seit 1990

Leben in der Zeit und in geschichtlichen Räumen

„Deutschland" – ein Staat in Europa

„Deutschland" – das ist geschichtlich gesehen viele Jahrhunderte lang kein einheitlicher Staat gewesen, sondern es war der Begriff für das Siedlungs- und Sprachgebiet der Deutschen in Mitteleuropa. Erst mit der Gründung des Deutschen Reiches 1871 unter der Führung Preußens wurde Deutschland ein Staat, der mit der Kriegsniederlage 1945 endete. Deutschland wurde durch die Siegermächte aufgeteilt: Es entstanden die Bundesrepublik Deutschland und die Deutsche Demokratische Republik (DDR). Nach dem Zusammenbruch des sogenannten Ostblocks* wurde 1990 die deutsche Einheit mit Zustimmung der Siegermächte wieder hergestellt, indem die ehemaligen Länder auf dem Gebiet der DDR (siehe M1) der Bundesrepublik Deutschland beitraten. Berlin wurde wieder die Hauptstadt des geeinten Deutschlands.

M3 **Olympische Sommerspiele in Peking,** Foto, 2008. Alexander Grimm gewinnt im Kajak Wildwasser die erste Goldmedaille für das deutsche Team.

M2 Deutschland: Einigkeit, Recht, Freiheit

Aus dem „Lied der Deutschen" des Dichters August Heinrich Hoffmann von Fallersleben (1841). Diese dritte Strophe ist die Nationalhymne Deutschlands:

Einigkeit und Recht und Freiheit
Für das deutsche Vaterland,
Danach lasst uns alle streben
Brüderlich mit Herz und Hand!
5 Einigkeit und Recht und Freiheit
Sind des Glückes Unterpfand:
Blüh im Glanze dieses Glückes,
Blühe, deutsches Vaterland!

Zit. nach Peter Longerich (Hg.), „Was ist des Deutschen Vaterland?" München (R. Piper) 1990, S. 68.

M4 **Fußballweltmeister Deutschland 1954,** Foto. Der 3:2-Sieg über die ungarische Nationalmannschaft wird vor allem als Auslöser für ein „neues" Nationalgefühl der Deutschen gesehen – nach der Zeit der Verbrechen unter dem Nationalsozialismus und der vernichtenden Kriegsniederlage Deutschlands 1945.

1 Beschreibe die politische Gliederung der Bundesrepublik Deutschland nach M1 und nenne die Nachbarländer Deutschlands.
2 Erarbeite anhand des Darstellungstextes, was „Deutschland" in der Geschichte und in der Gegenwart bedeutete bzw. bedeutet.
3 Untersuche an M3, M4 und M5, worin sich ein Gemeinschaftsgefühl der Deutschen zeigt.
4 Versuche zu erklären, warum der Dichter des Textes von M2 von Einigkeit, Recht und Freiheit spricht.
5 In M2 wird von „Vaterland" gesprochen. Überlege, was „Muttersprache" bedeuten könnte, und schreibe zu beiden Begriffen deine Meinung auf.

M5 **DDR-Bürger werden nach dem Fall der Mauer im Westen begrüßt,** Berlin, Foto, 10. November 1989

Leben in der Zeit und in geschichtlichen Räumen

Wir leben in Europa

Warum ist Europa auf dem Weg zur Einheit?

Europa war über viele Jahrhunderte ein Kontinent mit vielen Kriegen. Auch mühsam erarbeiteter Besitz und etwas Wohlstand wurden immer wieder vernichtet.
Die beiden Weltkriege im vorigen Jahrhundert haben bei den Menschen den Wunsch verstärkt, ein vereintes, friedliches Europa zu schaffen. Das gelang erst nach dem Zweiten Weltkrieg. Den Anfang bildeten 1951 sechs westeuropäische Staaten mit einer Wirtschaftsgemeinschaft. Im Laufe der nächsten Jahrzehnte traten immer mehr westeuropäische Staaten der Europäischen Gemeinschaft (EG) bei. Nach dem Umbruch in Osteuropa 1989/90 kamen auch osteuropäische Länder dazu. Die Mitgliedsstaaten der Europäischen Union (EU) – so nennt sie sich seit 1993 – versprechen sich von dem Zusammenschluss vor allem ein friedliches Europa und bessere Lebensbedingungen. Die EU-Bürger und -Bürgerinnen wählen alle fünf Jahre das Europäische Parlament, das die Europapolitik neben der EU-Kommission (der „Regierung" der EU) und den Einzelstaaten mitbestimmt. In unserer Zeit richtet sich der Blick auch auf die gemeinsame europäische Kultur und Tradition. Einige dieser „europäischen Wurzeln" wirst du in den Kapiteln über die Griechen, die Römer und das Mittelalter in diesem Buch finden.

M2 „Es hängt immer von beiden Seiten ab"
Meinungen von polnischen und deutschen Schülerinnen und Schülern der Europaschule in Guben (2002):

Katarzyna: Am Anfang des Schuljahres kannten wir die deutschen Schüler nicht und hatten alle etwas Angst. In den Kursen haben wir uns daher mit deutschen Mitschülern zusammengesetzt.
5 **Andy:** Ich habe nicht den Eindruck, dass hier jetzt plötzlich die große Völkerfreundschaft entsteht. Es gibt Schüler, die sagen, dass sie nichts mit Polen zu tun haben wollen.
Daniela: Ich denke schon, dass sich bis zur Stufe
10 13 ein engerer Kontakt zu einigen polnischen Mitschülern entwickeln wird. Auch wenn ich die polnischen Mitschüler noch nicht näher kenne, heißt das nicht, dass ich etwas gegen sie habe.
Alexander: Es gibt hier und da Gruppen mit
15 deutschen und polnischen Schülern. Wenn man will, kann man viele Projekte zusammen machen, zum Beispiel in Sport und Bio.
Katarzyna: Im Chor sind viele polnische Schüler. Dort haben sich Freundschaften entwickelt. Oft
20 passiert das halt erst in der Freizeit.
Andy: Es gibt deutsche und polnische Schüler, die sich abschotten. Es hängt immer von beiden Seiten ab.
Malgorzata: Manchmal werden wir ausgelacht, wenn wir beim Sprechen Fehler machen.
fluter, hg. von der Bundeszentrale für politische Bildung, Nr. 4, Sept. 2002, S. 8 f., gekürzt.

Die Europäische Union 2008

1 Erarbeite, welche Meinungen die Schülerinnen und Schüler äußern, und nimm dazu Stellung (M2). Internetadresse: www.europaschule-guben.com
2 Frage nach, ob deine Schule eine Schulpartnerschaft mit einer anderen Schule in Europa hat. Berichte über die Aktivitäten.
3 Erkunde, welche Städtepartnerschaften in deinem Wohnort bestehen.
4 Finde heraus, welche sechs Staaten die Europäische Wirtschaftsgemeinschaft (EWG) gegründet haben (Lexikon, Internet).
5 Nenne mithilfe von M1 a) die ersten EU-Länder, b) die neuen Beitrittsländer von 2004 und 2007.
6 Beantworte die Frage in der Überschrift des Darstellungstextes.

Kompetenz-Check

Leben in der Zeit und in geschichtlichen Räumen

Überprüfe, was du kannst

Sachkompetenz

1. Beschreibe die Abbildungen und ordne sie den Bildunterschriften a bis i zu (M1).
2. Übertrage die Tabelle (M2) in dein Heft. Ordne die Abbildungen (M1) Niedersachsen, Deutschland und Europa zu und trage sie in die richtige Epoche ein. Nimm ein Lexikon zu Hilfe.
3. Zwei Begriffe aus den beiden Wortreihen gehören jeweils zusammen. Schreibe sie paarweise auf und erläutere sie kurz (M3).

Urteilskompetenz

4. Diskutiert die folgende Frage: Kann ich Niedersachse, Deutscher und Europäer zugleich sein?

1

2

3

4

5

6

7

8

9

M1

Niedersachsen:
a. Hannover nach Kriegsende
b. Kloster Wienhausen
c. Fund aus der Antike

Deutschland:
d. Kölner Dom
e. Porta Nigra in Trier
f. Olympiastadion München

Europa:
g. Europaparlament in Straßburg
h. Prager Burg (Hradschin)
i. Kolosseum in Rom

M2

Niedersachsen			
Deutschland			
Europa			
	Antike	Mittelalter	Neuzeit
	3000 v. Chr.	500 n. Chr.	1500 n. Chr.

M3 Was gehört zusammen?

mündliche Quelle	Zeitmessung	Festpunkt der Zeitmessung	Ostfalen	Niedersachsen	Polen	Währung	Steinkreise
Atomuhr	Euro	Stonehenge	Christi Geburt	Volksstamm in Sachsen	Bundesland	EU-Staat	Volkslied

Zusammenfassung

Von Menschen, der Zeit und der Geschichte

Die Menschen leben in der Zeit

Die Zeit spielt im Leben des einzelnen Menschen und von Völkern eine wichtige Rolle. Geht es beim Einzelnen um Jahre oder Jahrzehnte, so umfasst das „Gedächtnis" von Völkern meist Jahrhunderte oder gar Jahrtausende. Die Erinnerungen an frühere Ereignisse, wie Kriege, Königreiche und Naturkatastrophen, bleiben oft über lange Zeiträume lebendig.

In der Erdgeschichte nimmt die Geschichte der Menschheit eine sehr kurze Zeitspanne ein.

Sehr lange schon haben Menschen versucht, die Zeit einzuteilen, zu messen und darzustellen. Über die Beobachtung der Sonne, des Mondes und der Sterne entwickelten sie Kalender. Die Zeitmessungen mit Uhren, anfänglich mit Sonnen- und Sanduhren, wurden immer mehr verfeinert – bis zur sehr exakten Zeitmessung mit der Atomuhr in unserer Zeit.

Geschichte wird zeitlich gegliedert

Die unendliche Menge von überlieferten Quellen wird von Historikerinnen und Historikern mithilfe von Zeitrechnungen geordnet. Die wichtigsten Ordnungshilfen sind Jahreszahlen und Epochen (= Zeitabschnitte).

Die Geschichte der Menschen teilen sie ein in die Vorgeschichte von den Anfängen der Menschheit bis zu den ersten Funden schriftlicher Überlieferungen (um ca. 3000 v. Chr.). Dann folgt die Antike (bis etwa 500 n. Chr.). Sie umfasst vor allem die griechische und die römische Geschichte. Das Mittelalter steht zwischen Antike und Neuzeit (ca. 500 bis 1500 n. Chr.). Die Neuzeit beginnt um 1500 und reicht bis in die Gegenwart. Ohne die Quellen, die Spuren aus der Vergangenheit, gibt es kein gesichertes geschichtliches Wissen. Quellen erklären aber nicht von sich aus die Geschichte. Vielmehr müssen sie „befragt" werden, um zusammen mit anderen Quellen Antworten zu geben. Auch liefern Quellen nur einen Ausschnitt aus der Geschichte.

Wir leben in geschichtlichen Räumen

Der Anfang des Wissens von Geschichte kann bei uns selbst, aber auch bei der Familie beginnen. Das eigene Geburtsjahr, die Geburtsjahre der Eltern und Großeltern reichen Jahre oder Jahrzehnte zurück. In der vergangenen Zeit hat sich vieles ereignet, was erzählt werden kann.

Ebenso hat der eigene Wohn- oder Schulort „seine" Geschichte und auch die Region, zu der der Ort gehört. Schließlich hat auch ein Bundesland, wie zum Beispiel Niedersachsen, seine Geschichte. Aus dieser Zugehörigkeit entwickelt sich häufig eine Bindung der Menschen an die Geschichte eines Raumes. Sie sagen vielleicht: Ich lebe gern hier und fühle mich hier verwurzelt.

So entstehen im Laufe eines Lebens unterschiedliche Zugehörigkeiten: zur Familie, zu einem Wohn- oder Arbeitsort, zu Region und Land, aber auch zu dem Staat, in dem jemand lebt – vielleicht bis hin zu dem Gefühl, „Europäer" oder „Europäerin" zu sein.

Der Mensch der Vorzeit beobachtete vermutlich an einem Stamm das Wandern des Sonnenschattens. Vielleicht steckte er auch schon einen Stock in die Erde?

Zusammenfassung

Von Menschen, der Zeit und der Geschichte

2. Menschen in vorgeschichtlicher Zeit

Die Wissenschaftlerin beugt sich vorsichtig über die Fußspuren. Wieder und wieder sieht sie sich an, was sie mit ihren Kolleginnen und Kollegen in Laetoli in Ostafrika ausgegraben hat: Fußabdrücke in erkalteter Vulkanasche von Vorfahren des Menschen, die vor fast 4 Millionen Jahren gelebt haben. Wer war hier entlanggegangen? Der Faustkeil, wie du ihn auf dem kleinen Bild siehst, war das erste Werkzeug der Menschen in der Altsteinzeit, die vor etwa 2 Millionen Jahren im Vorderen Orient begann.
Die Begegnung mit Spuren und Überresten von Leben, das vor uns stattgefunden hat, macht uns neugierig und wir wollen möglichst viel darüber erfahren.

Folgende Fragen leiten dich durch das Kapitel:

— *Woher kamen die ersten Menschen?*
— *Wie haben sie in früheren Zeiten gelebt?*
— *Welche Werkzeuge und Techniken hatten sie?*
— *Wie sind sie mit der Natur und ihrer Umwelt umgegangen?*

1 Beschreibt die Abbildungen dieser Doppelseite und tragt eure Kenntnisse über die Geschichte der ersten Menschen zusammen.

2. Menschen in vorgeschichtlicher Zeit

Leben in der Altsteinzeit

Wissen • Urteilen • Kommunizieren/Handeln • Methoden anwenden

Am Ende dieses Unterkapitels kannst du

- darstellen, woher die ersten Menschen kamen und wie sie sich auf der Erde verbreiteten
- Stationen in der Entwicklung des Menschen unterscheiden
- beschreiben, wie die Menschen in der Altsteinzeit lebten
- die kulturellen und technischen Leistungen der Menschen in der Altsteinzeit beurteilen
- **Methode** Ausgrabung – Geschichtsforschung mit Maurerkelle und Computer
- **Methode** Einen Sachbuchtext erschließen

Ursprung und Verbreitung des Menschen vor 40 000 bis 11 000 Jahren

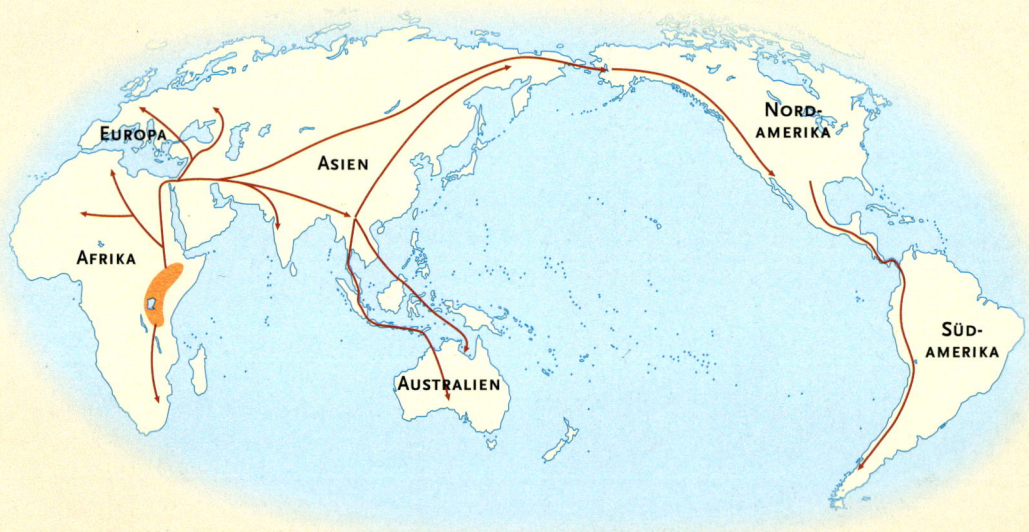

2 Mio bis 9000 v. Chr.
Altsteinzeit

2 Mio v. Chr.　　1 Mio v. Chr.　　　　　　　　　　　1000 v. Chr.

Leben in der Altsteinzeit

Die Suche nach Adam und Eva

Woher kommen die Menschen? – Unterschiedliche Erklärungen

Irina, Cemal, Julian und Hannah diskutieren über die Frage der Entstehung der Menschen:
Irina: Die Menschen wurden von Gott erschaffen, zuerst Adam und dann Eva. Die Schöpfung der Erde hat sieben Tage gedauert. Das steht so in der Bibel.
Cemal: Also, die alten Griechen erklärten sich die Sache anders: Der Gott Prometheus schuf gegen den Willen des obersten Gottes Zeus die Menschen aus Lehm. Später brachte er ihnen das Feuer.
Julian: Das sind doch nur Erzählungen! Die Menschen stammen vom Affen ab. Das sieht man doch: Wenn Affen wollen, können sie aufrecht gehen – wie wir.
Hannah: Nein, gestern gab es eine Fernsehsendung darüber. Unsere Vorfahren waren menschenaffenartige Tiere, von denen sich ein Teil zu Menschen entwickelte und ein anderer Teil zu modernen Menschenaffen, also zu Gorillas, Orang-Utans und Schimpansen. Das war vor vielen Millionen Jahren.

Mythos und Wissenschaft

Menschen haben immer wieder über die Entstehung der Welt und ihre eigene Herkunft nachgedacht. Darüber sind aus verschiedenen Kulturen und Religionen viele Geschichten überliefert, die „Mythen" genannt werden. Mythen werden von Generation zu Generation weitergegeben. Sie erzählen zum Beispiel von der Entstehung der Welt, von Göttern und ihrer Macht, ihren Taten und Schöpfungen. In vielen Religionen (Christentum, Judentum, Islam, Naturreligionen) gibt es Schöpfungsgeschichten, die versuchen, die Entstehung der Erde und des Menschen zu erklären. Meistens wird die Schöpfung als das Werk eines Gottes gesehen, der die Erde und die Lebewesen formt oder die Entstehung der Erde durch seine Worte bewirkt („Es werde Licht"). Aus der Sicht der Wissenschaft werden Mythen als „Geschichten" betrachtet, die nicht beweisbar sind. Für die Menschen in der Geschichte hatten sie aber durchaus große Bedeutung. Mit ihrer Hilfe konnten sie sich die Welt besser erklären und waren sich sicher, von bestimmten Göttern beschützt zu werden.

M1 „Das Paradies", Gemälde von Lucas Cranach dem Älteren, um 1530

M2 Erschaffung des Menschen in der Bibel

In der Schöpfungsgeschichte der Bibel (1. Buch Mose, Kap. 1 u. 2) heißt es:
Am Anfang schuf Gott Himmel und Erde. Und die Erde war wüst und leer und es war finster auf der Tiefe; und der Geist Gottes schwebte auf dem Wasser …
5 Und alle die Sträucher auf dem Felde waren noch nicht auf Erden und all das Kraut auf dem Felde war noch nicht gewachsen; denn Gott der Herr hatte noch nicht regnen lassen auf Erden und kein Mensch war da, der das Land bebaute; aber ein
10 Nebel stieg auf von der Erde und feuchtete alles Land. Da machte Gott der Herr den Menschen aus Erde vom Acker und blies ihm den Odem [Hauch] des Lebens in seine Nase. Und so ward der Mensch ein lebendiges Wesen.
Württembergische Bibelanstalt (Hg.), Die Bibel, Stuttgart, 1965.

1 Stelle fest, wie Irina, Cemal, Julian und Hannah den Ursprung der Menschen erklären. Vergleicht.
2 Partnerarbeit: Klärt: Mythos, Schöpfung, wissenschaftliche Erklärung (Darstellungstext, M1, M2).

Der Junge vom Turkanasee – ein Urmensch

Millionen Jahre alten Menschen auf der Spur

Einmal das vollständige Skelett eines Millionen Jahre alten Menschen zu finden, davon träumen zum Beispiel die Archäologen Richard und Meave Leakey. Was wie ein spannendes Abenteuer aussieht, ist aber auch ein Stück harte Arbeit. Denn bei manchen Grabungsexpeditionen wie etwa in Afrika müssen die Wissenschaftlerinnen und Wissenschaftler auf die Annehmlichkeiten eines bequemen Lebens verzichten. Weit entfernt von ihrem eigentlichen Arbeitsplatz mit einem gut ausgestatteten Labor, suchen sie nach Überresten – immer bestrebt, eine Antwort auf die Frage zu finden: Auf welche Weise sind die Menschen zu dem geworden, was sie heute sind? Die Archäologen Richard und Meave Leakey hatten Glück – 1984 machten sie in Kenia einen Aufsehen erregenden Fund: die Überreste eines männlichen Urmenschen, der als „Junge vom Turkanasee" bekannt geworden ist.

Urmenschen: Leben mit Feuer und Faustkeil

Der Urmensch (= Homo erectus), zu dessen ältesten Vertretern der Junge vom Turkanasee zählt, nutzte bereits das Feuer. Das bezeugen Funde von Ascheresten. Mit dem Feuer konnte er heizen und Speisen kochen. In der Dunkelheit spendete das Feuer Licht und hielt wilde Tiere ab. Aus der Notwendigkeit, das Feuer zu erhalten und zu kontrollieren, schließen Forscher, dass die Urmenschen in Gruppen lebten.

Aus Funden von Steinwerkzeugen, Schnittspuren und Abfällen ziehen sie weitere Schlüsse: Die Menschen gingen zur Jagd und erbeuteten auch Großwild. Mit Steinwerkzeugen zerlegten sie die Beute und teilten sie an festen Rastplätzen auf. Der fein bearbeitete Faustkeil, der durch Abschlagen von Splittern scharfe Kanten erhielt, war ihr wichtigstes Werkzeug (siehe S. 35).

> **Begriffe und Daten**
>
> ### Archäologie
> Die Archäologie (griech. Altertumskunde) ist eine Wissenschaft, die sich mit Überresten aus Ausgrabungen beschäftigt. Da wir erst seit etwa 5000 Jahren schriftliche Quellen haben, umfasst der Forschungszeitraum für die Archäologie den größten Teil der menschlichen Geschichte. In der Archäologie werden die Forschungserkenntnisse auch mithilfe naturwissenschaftlicher Methoden und moderner Technik gewonnen.

M1 Sortieren von Knochenfunden, Foto, 1984. Meave Leakey mit Schädeln vom Homo sapiens und vom Schimpansen.

Leben in der Altsteinzeit

M2 Der Fund am Turkanasee

Richard Leakey schrieb 1997 in seinem Buch „Die ersten Spuren":

Im Spätsommer 1984 … erlebten meine Kollegen und ich, wie jener Traum [von der Entdeckung eines vollständigen Skeletts] allmählich Gestalt annahm … Am 23. August erspähte Kamoya Kimeu, mein ältester Freund und Kollege, ein kleines Fragment[1] eines alten Schädels zwischen Kieseln auf einem Abhang in der Nähe der schmalen Rinne, die in der Regenzeit Wasser führte. Sorgfältig begannen wir mit der Suche nach weiteren Bruchstücken des Schädels und fanden bald mehr, als wir zu hoffen gewagt hatten … Wir entdeckten, was sich schließlich als das praktisch vollständige Skelett eines Individuums[2] herausstellte, das am Ufer des alten Sees vor über 1,5 Millionen Jahren gestorben war. Von uns auf den Namen Turkanaknabe getauft, war es zum Zeitpunkt des Todes knapp neun Jahre alt; die Ursache des Todes bleibt im Dunkeln … Noch nie war aus der Vorzeit des Neandertalers [s. S. 40] … etwas so Vollständiges wie dieses fossilierte[3] Skelett gefunden worden.

Richard Leakey, Die ersten Spuren, München (Bertelsmann) 1997, S. 12.

[1] Bruchstück
[2] Individuum: Einzelner
[3] Fossil: versteinerter Überrest aus der Frühgeschichte der Pflanzen, Tiere und Menschen

M4 Ein Vorgänger des modernen Menschen

Richard Leakey schrieb 1997 über die Einordnung des Turkanasee-Jungen in die Menschheitsgeschichte:

Der Turkanaknabe gehörte zur Art Homo erectus[1] – einer Art, die in der Geschichte der menschlichen Evolution[2] eine entscheidende Rolle gespielt hat. Aufgrund von Belegen … wissen wir, dass sich die erste menschliche Art vor etwa sieben Millionen Jahren entwickelt hat. Als Homo erectus vor fast zwei Millionen Jahren die Bühne betrat, war die Vorgeschichte der Menschheit schon ziemlich weit gediehen. Die menschliche Vorgeschichte nahm vor zwei Millionen Jahren offenbar eine entscheidende Wendung. Homo erectus war die erste menschliche Spezies[3], die Feuer benutzte; die erste, welche die Nahrungsbeschaffung zu einem wesentlichen Teil durch die Jagd bestritt; die erste, deren Vertreter wie heutige Menschen laufen konnten und nach einem bestimmten gedanklichen Modell Steinwerkzeuge herstellten … Wir können erkennen, dass der frühe Homo erectus hoch gewachsen war … knapp 1,80 Meter groß …, athletisch und sehr muskulös. Selbst der stärkste Berufsringer von heute hätte gegen einen durchschnittlichen männlichen Homo erectus wenig ausrichten können.

Richard Leakey, Die ersten Spuren, München (Bertelsmann) 1997, S. 14 f. und 114 f.

[1] „der aufrecht gehende Mensch"
[2] Entwicklung, kontinuierliche Veränderung
[3] Begriff aus der Biologie: Art, Gruppe gleicher Lebewesen

M3 Feuer entzünden wie die Urmenschen, Foto, 1989. Noch heute beherrschen einige Ureinwohner Australiens die Technik des Feuermachens mit einfachen Mitteln.

1 Berichte anhand von M2 über die Bedingungen, unter denen der Fund vom Turkanasee gemacht wurde.
2 Schlage in einem Atlas nach, wo der Turkanasee liegt, und beschreibe seine Lage. Beachte, dass er früher Rudolfsee genannt wurde.
3 Stelle fest, worin Leakey die „entscheidende Wendung" in der menschlichen Entwicklung sieht (M4).
4 Richard und Meave Leakey wollen ihren Freunden von dem Fund berichten. Schreibe einen Brief. Ziehe M1 mit heran.
5 Feuer und Faustkeil: Fasse ihre Bedeutung für die Urmenschen zusammen (M3, M4 und Darstellungstext).

Stationen in der Entwicklung des Menschen

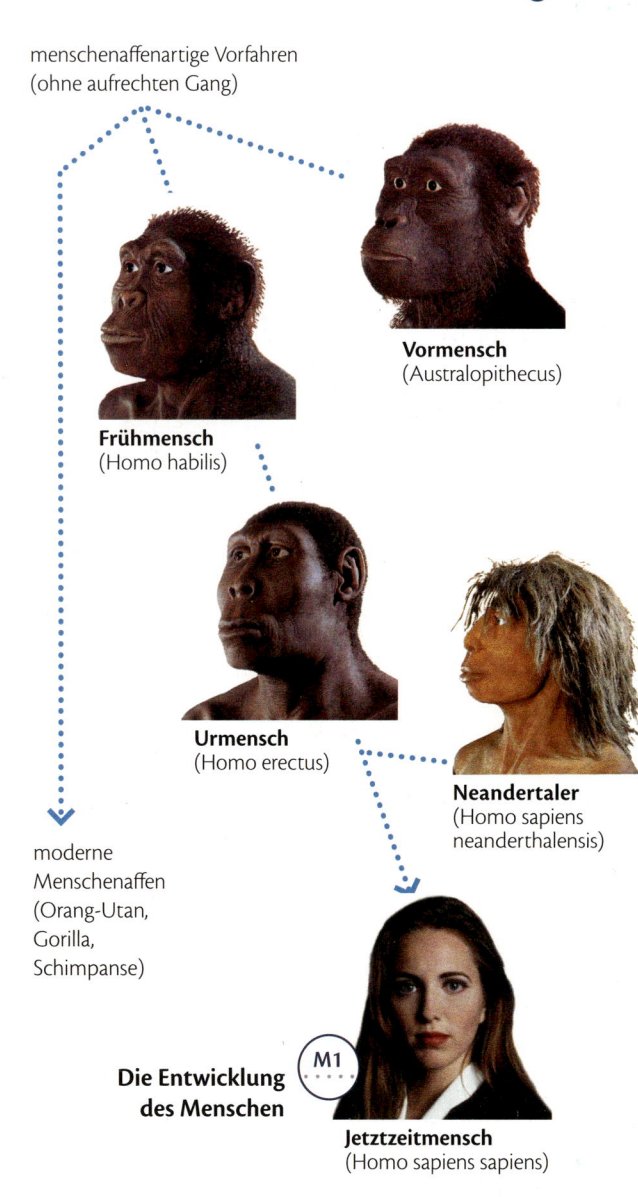

Die Entwicklung des Menschen (M1)

- menschenaffenartige Vorfahren (ohne aufrechten Gang)
- Vormensch (Australopithecus)
- Frühmensch (Homo habilis)
- moderne Menschenaffen (Orang-Utan, Gorilla, Schimpanse)
- Urmensch (Homo erectus)
- Neandertaler (Homo sapiens neanderthalensis)
- Jetztzeitmensch (Homo sapiens sapiens)

Vormensch = Australopithecus
Lebte vor 4,5 bis 1 Million Jahren in Afrika; aufrechter Gang (siehe Fußspuren S. 34/35), aber die Einordnung als Mensch ist wegen seines kleinen Gehirns umstritten; Größe 120–150 cm; stellte keine Werkzeuge her; ernährte sich vor allem von Pflanzen; „Australopithecus" heißt „Südaffe".

Frühmensch = Homo habilis
Lebte vor 2,5 bis 1,5 Millionen Jahren in Afrika; Größe 120–150 cm; stellte einfache Werkzeuge her, daher der Artname „habilis" (= geschickt); ernährte sich von Pflanzen und Tieren.

Urmensch = Homo erectus
Lebte vor 2 Millionen bis 40 000 Jahren, erst in Afrika, später in Asien und Europa; Größe 160–180 cm; stellte fein bearbeitete Faustkeile her, nutzte das Feuer und jagte; ernährte sich von Pflanzen und Tieren; der Beiname „erectus" (= aufrecht) stammt aus der älteren Forschung, die die aufrecht gehenden Vor- und Frühmenschen noch nicht kannte.

Neandertaler = Homo sapiens neanderthalensis
Lebte vor 130 000 bis 30 000 Jahren in Europa; seitdem ausgestorben; Größe etwa 160 cm; stellte zahlreiche Steinwerkzeuge her; verwendete Farbstoffe; die Annahme einer regelmäßigen Bestattung der Toten und der Beilage von Grabbeigaben ist in der Forschung umstritten; lateinisch „sapiens" = wissend.

Jetztzeitmensch = Homo sapiens sapiens
Entwickelte sich vor 150 000 bis 100 000 Jahren in Ostafrika; von dort aus weltweite Besiedlung; Größe etwa 180 cm; stellte Werkzeuge und Waffen aus Stein, Holz und Knochen her; glaubte an göttliche Mächte; weitere Funde: Schmuck, Höhlenmalereien, kleine Figuren, Nähnadeln. Europa mit seinem kühlen Klima erreichte der Jetztzeitmensch vor ca. 40 000 Jahren.

---

1 Lege eine Tabelle an: Trage in die obere Zeile die verschiedenen Menschenarten ein, die auf dieser Seite genannt werden. Schreibe zu jeder Art, was du über Lebenszeiten, Verbreitung, Größe, Fähigkeiten und Ernährung jeweils auf dieser Seite findest.

Leben in der Altsteinzeit

Afrika – Wiege des heutigen Menschen?

„Eva war Afrikanerin", hieß es 1987 in den Medien. Archäologen hatten in Ostafrika weibliche Knochenreste entdeckt und herausgefunden: Nicht nur der Ur-, auch der Jetztzeitmensch (= Homo sapiens sapiens) stammt aus dem warmen Klima Afrikas. Er hatte sich dort vor 150 000 Jahren entwickelt und in der Welt ausgebreitet. Diese Vermutung (= Hypothese) wird „Out-of-Africa"-Hypothese genannt.

Zwar stimmt gegenwärtig die Mehrheit der Forscher der Annahme zu, dass der Jetztzeitmensch ebenso wie die verschiedenen Formen der Vor-, Früh- und Urmenschen in Afrika entstanden seien. Unbestritten ist diese Behauptung aber nicht, denn andere Forscher sind vom „multiregionalen (multi = vielfach) Modell" überzeugt. Danach hätten sich die einzelnen Völker der verschiedenen Erdteile jeweils in ihren Regionen aus viel älteren, dort bereits lebenden Menschenformen entwickelt – die aber in ganz früher Zeit alle aus Afrika gekommen sein müssen.

Trotz aller Wissenslücken zweifeln jedoch die meisten Forscher nicht ernsthaft daran, dass die Entstehung des Menschen aus einem Evolutionsprozess (= Enwicklungsprozess von niederen zu höheren Lebewesen) hervorgegangen ist.

Allerdings verlief dieser Weg nicht in kurzer Zeit, sondern über einen für uns schwer vorstellbaren Zeitraum von Jahrmillionen.

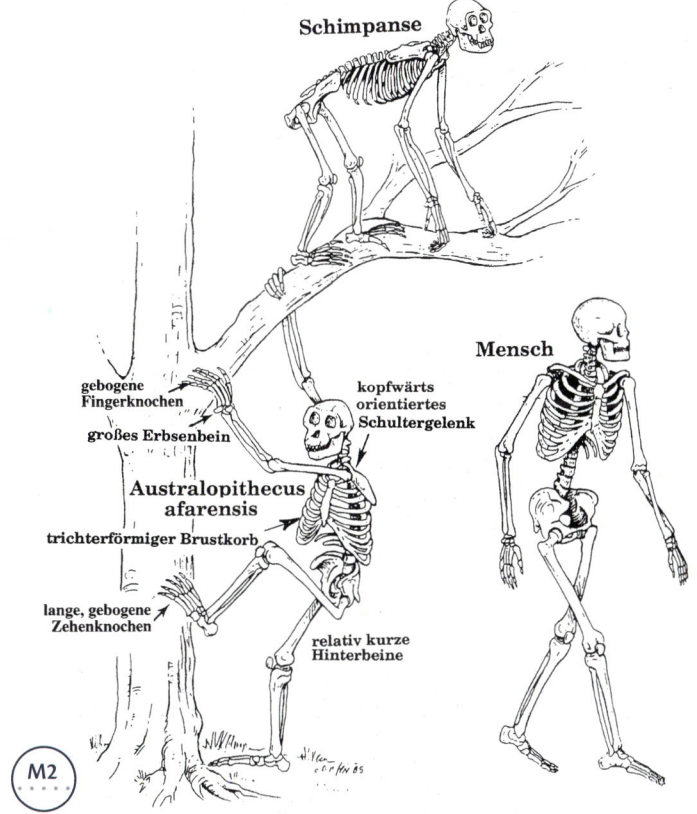

M2 Konstruktionsmerkmale des Skeletts des Vormenschen (Australopithecus afarensis) als Bindeglied zwischen Menschenaffen und dem Jetztzeitmenschen.

2 Du hast den Jungen vom Turkanasee kennen gelernt (S. 38 f.). Zu welchem Menschentyp gehört er? Begründe deine Zuordnung.

3 Erarbeite, was sich der Abb. M2 über die Entstehung des Menschen entnehmen lässt.

4 Die Vermutung über die Herkunft des Jetztzeitmenschen wird „Out-of-Africa"-Hypothese genannt. Erläutere die Diskussion darüber mithilfe der Informationen dieser Doppelseite.

5 Schau dir M3 an. Was wollte Searcy mit ihrer Verwandlung wohl zeigen?

Der moderne Mensch, Fotos, 1993. Die Afroindianerin Andrea Searcy verwandelte sich mithilfe von Perücke, Make-up und Kontaktlinsen in Angehörige verschiedener moderner Völker.

M3

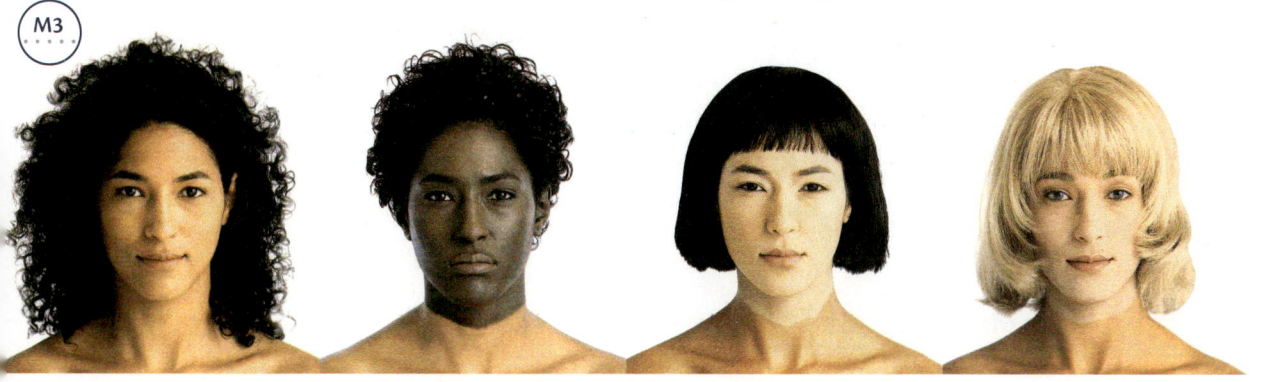

Methode

Ausgrabung – Geschichtsforschung mit Maurerkelle und Computer

Archäologen bei der Arbeit

„Bau der Straßenbahntrasse zunächst gestoppt! Ausgrabungen haben Vorrang!" So oder ähnlich lauten oftmals Schlagzeilen in den Tageszeitungen. Manchmal heißt es aber auch: „Archäologen kamen zu spät! Bagger war schneller!"

Immer geht es dabei um die Arbeit der Archäologie. Ursprünglich stand in dieser Wissenschaft die Erforschung der Antike im Vordergrund. Heute suchen Archäologinnen und Archäologen auch nach Überresten aus der Vorgeschichte. An ihre Untersuchungsgegenstände gelangen sie vor allem durch Ausgrabungen. Aber: Woher sollen sie wissen, an welchen Stellen Überreste verborgen sind? Häufig ergänzen sich zufällige Entdeckungen und systematisches, detektivisches Suchen.

1 Beschreibe anhand von M1 bis M4 die unterschiedlichen Möglichkeiten der Archäologie. Bei welcher archäologischen „Aktion" würdest du gerne mitmachen?

2 Erläutere die Möglichkeiten der Luftbildarchäologie (M1).

3 Erkundigt euch bei der Gemeindeverwaltung und im Museum nach Ausgrabungen und Funden in der Umgebung. Berichtet darüber.

Luftbildarchäologie. Der unterschiedliche Bewuchs des Feldes verrät Mauerreste einer Gebäudeanlage im Boden, Möckenlohe, Foto, 1993.

M2 Wie bestimmen Archäologen das Alter von Fundstücken?

Archäologen bestimmen das Alter von Fundstücken unter anderem mit naturwissenschaftlichen Methoden. Zu den wichtigsten Verfahren zählen:

Thermolumineszenz-Methode
Einige Minerale [Baustoff aller Gesteine] speichern die von radioaktiven Elementen und der kosmischen Strahlung ausgehende Energie. Je älter das
5 Mineral ist, desto mehr Energie wird … eingelagert … Bei der Untersuchung einer Probe wird diese … einer Temperatur von über 500 °C ausgesetzt. Die gespeicherte Energie wird dabei in Form eines Wärmeleuchtens (= Thermolumineszenz) abge-
10 geben und gemessen, woraus sich das Alter der Probe bestimmen lässt.

14C – Die Radiocarbonmethode
Das in der Atmosphäre [gasförmige Hülle der Erde] vorkommende Kohlenstoffisotop 14C wird
15 von allen lebenden Organismen aufgenommen. Sterben sie, endet dieser Prozess der Aufnahme, und das radioaktive 14C beginnt zu zerfallen. Bei organischen Resten kann man daher über die Messung des noch vorhandenen 14C … das Alter
20 feststellen. Je geringer die Konzentration von 14C ist, umso älter ist die Probe. Die Radiocarbonmethode ist anwendbar bei Proben mit einem Alter zwischen 3000 und 50 000 Jahren.

Dendrochronologie – Kalender aus Holz
25 Der jährliche Wandel der Witterung schlägt sich beim Wachstum der Bäume in unterschiedlich breiten Jahrringen nieder … Die so entstehenden Jahrringmuster verschieden alter Holzproben werden verglichen … und in eine kalendarische Folge
30 gebracht. Für die absolute [genaue] Datierung ist eine ununterbrochene Abfolge von Jahrringen bis in die Gegenwart nötig. Eine entsprechende Sequenz wurde für Mittel- und Westeuropa an Eichen erstellt, deren Jahrringe besonders deutlich
35 ausgeprägt sind und die bis in das 18. Jahrhundert bevorzugt als Baumaterial verwendet wurden.

Zit. nach Menschen – Zeiten – Räume. Eine Ausstellung in der Kunst- und Ausstellungshalle Bonn, 2003. Texte der Wandtafeln 4 und 8. Im Internet unter http://www.kah-bonn.de/ausstellungen/archaeologie/wandtexte.pdf. Stand: Februar 2008.

Methode

Maurerkelle – ein Allzweckwerkzeug

Pinsel zum Säubern der Objekte

Maßstab für das Fotografieren kleiner Objekte

Digitalkamera

Bandmaß zum Vermessen von Grabungsstätten

M3 Archäologinnen und Archäologen bei einer Ausgrabung, Foto, 1989

Spitzhacke – ein wichtiges Grabwerkzeug

Zahnarztinstrumente für feine Arbeiten

Notebook

Senkblei

M4 Werkzeuge in der Archäologie

Arbeitsschritte

1. Schritt: Suchen und finden
Zunächst muss die Fundstelle festgestellt und beschrieben werden. Häufig geben Zufallsfunde beim Haus- oder Straßenbau erste Hinweise. Eine Ausgrabung wird dann systematisch vorbereitet (Personal, Werkzeuge usw.).

2. Schritt: Graben
Die Ausgrabung muss sehr vorsichtig durchgeführt werden: Grabungsgelände vermessen, Schicht für Schicht den Boden abtragen, vermessen, fotografieren, genaue Lage von Gegenständen eintragen (Grabungstagebuch, Fundprotokoll führen).

3. Schritt: Auswerten
Beschreiben, datieren, Funktion der Funde klären; eventuell Biologen, Geologen, Kunsthistoriker heranziehen.

4. Schritt: Bewahren und ausstellen
Funde reinigen, restaurieren, ergänzen; für Besichtigung (Ausstellung) vorbereiten.

Leben in der Altsteinzeit

Von Afrika ins kühle Europa

Die ersten Menschen in Europa

Der Urmensch (= Homo erectus), den wir in Form des afrikanischen „Turkanasee-Jungen" kennen gelernt haben, ist der erste Menschentyp, der Afrika in Richtung Norden verlassen hat. Aber erst vor 1,2 Millionen Jahren ist er in Südeuropa (Spanien) aufgetaucht, im östlichen Europa (Tschechien) vor 650 000 Jahren. Das war in der Epoche der Altsteinzeit, die von rund 2 Millionen Jahren bis um 9000 v. Chr. dauerte.

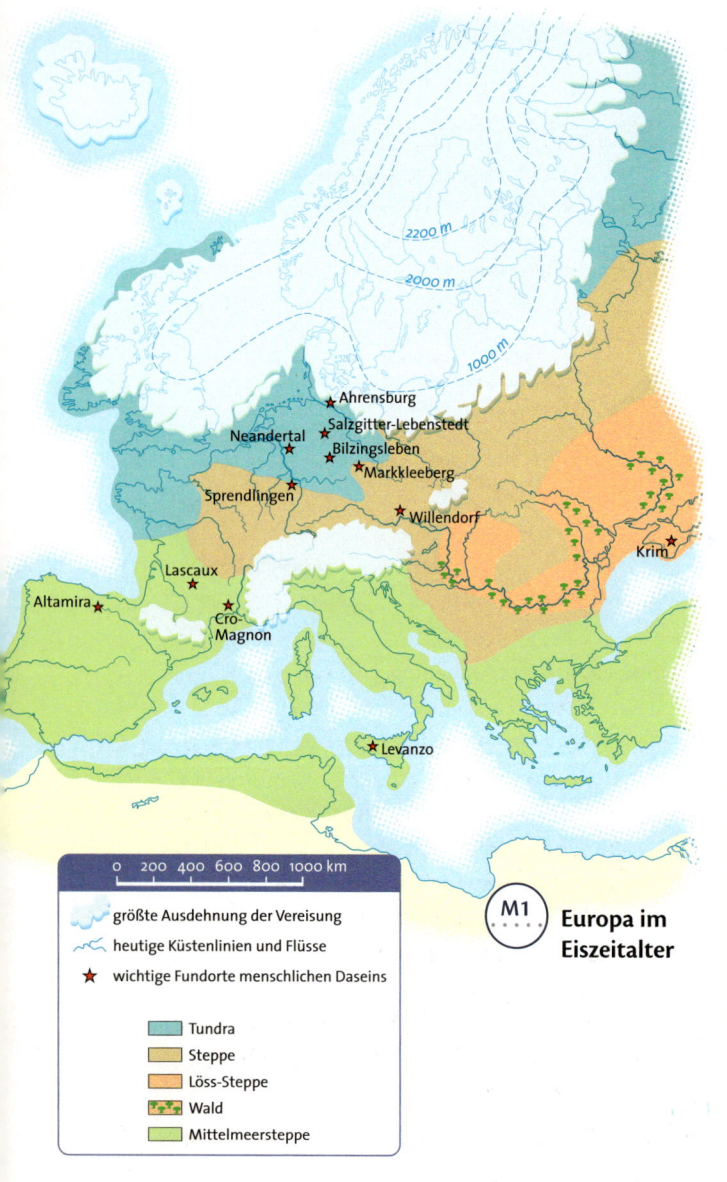

Umwelt im Europa der Altsteinzeit: Kaltzeiten und Warmzeiten

Woran lag es, dass Europa erst so spät von den Urmenschen besiedelt wurde? Vereinfacht kann man antworten: In Europa war es kühler als in Afrika.

Genauer gesagt: Vor rund 2,5 Millionen Jahren hatte in den nördlichen Regionen der Erdkugel das „Eiszeitalter" begonnen. Im „Eiszeitalter" wechselten sich Kalt- und Warmzeiten immer wieder ab. Mindestens sieben Warm- und sieben Kaltzeiten gab es allein während der letzten 700 000 Jahre. Eine Warm- bzw. eine Kaltzeit konnte zwischen zehn- und hunderttausend Jahre dauern. Während einer Kaltzeit war es in Europa viel kälter und trockener als heute. Zwar lagen die Temperaturen im Hochsommer nur wenig unter den heutigen Werten, doch waren die Sommer wesentlich kürzer. Die Winter dauerten dagegen erheblich länger, und die Temperaturen der kältesten Monate waren um bis zu 17 Grad unter die heutigen Monatsmittelwerte abgesenkt. Es bildeten sich bis zu 3000 Meter dicke Eisschichten, die ganz Nordeuropa bedeckten und zeitweilig bis weit über die Elbe reichten. Auch die Alpen und die Pyrenäen waren vereist.

Wurde es gegen Ende einer Kaltzeit wärmer, schmolz das Eis und die Gletscher zogen sich zurück. Es entstanden wieder Wälder, und Tiere und Menschen rückten wieder in die verlassenen Gebiete vor. Eine Warmzeit herrschte zum Beispiel vor 125 000 bis 115 000 Jahren. Die letzte Warmzeit begann um 9000 v. Chr. In ihr befinden wir uns heute noch.

M1 Europa im Eiszeitalter

> **Begriffe und Daten**
>
> ### Altsteinzeit
> Die Altsteinzeit (= Paläolithikum) ist die älteste und längste Epoche in der Geschichte der Menschen. Sie begann vor etwa 2 Millionen Jahren in Afrika und dauerte bis zum Ende der letzten Eiszeit um 9000 v. Chr. Benannt wurde diese Epoche nach dem bevorzugten Werkstoff Stein.

Methode

Einen Sachbuchtext erschließen

Texte in Sachbüchern
In diesem Buch findest du immer wieder Texte, die nicht zu den Quellentexten (siehe S. 19) gehören, sondern von den Autoren dieses Buches geschrieben wurden. Solche „Darstellungstexte" oder auch „Sachbuchtexte" sollen in ein Thema einführen oder einen bestimmten Sachverhalt zu einem Thema darstellen, wie zum Beispiel der Text auf der vorherigen Seite. Auf dieser Methodenseite kannst du erarbeiten, wie ein Sachbuchtext erschlossen wird. Möglicherweise lassen sich nicht immer alle Arbeitsschritte beantworten.

M1 **Beispiel eines Sachbuchtextes**
Sowohl die Fähigkeit, das Feuer zu nutzen, als auch immer mehr verfeinerte Jagdtechniken werden dem Homo erectus zugeschrieben. In Südafrika konnten Verbrennungsspuren an Knochen
5 nachgewiesen werden, die etwa eine Million Jahre alt sind. Aufgrund der rekonstruierten Temperaturen konnten sie nicht von einem Buschfeuer stammen. Der Homo erectus hat das Feuer für sich genutzt, vielleicht zuerst nach einem Blitz-
10 schlag. Später gelang es, Feuer zu entzünden, zu erhalten und zu kontrollieren. Bei der Besiedlung kühlerer Kontinente war die Wärme des Feuers wichtig, aber auch als Schutz vor wilden Tieren. Dazu wurde es genutzt, um Nahrung zu erhitzen
15 und sie dadurch zu garen und lagerfähig zu machen. Aus Funden von Werkzeugen aus Stein und Tierknochen mit Schnittspuren ist zu schließen, dass Homo erectus eine Zerlegungstechnik beherrschte. Das typische Werkzeug war der Faust-
20 keil. Jagdbeute konnte so in größerer Menge systematisch und intensiv verarbeitet werden. An festen Rastplätzen wurde die Beute geteilt.

Arbeitsschritte

1. Schritt: Thema des Textes
- Worüber berichtet der Text? (a)
- Wie lässt sich das Thema kurz formulieren (Überschrift)? (b)

2. Schritt: Aufbau des Textes
- Wie ist der Text gegliedert? (c)
- Welche Überschriften lassen sich für die Abschnitte finden? (d)

3. Schritt: Inhalt des Textes
- Welche unbekannten Wörter muss ich klären? (e)
- Welche Schlüsselwörter enthält der Text? (f)
- Wie lautet die Kernaussage? (g)
- Welche Einzelinformationen liefert der Text? (h)

4. Schritt: Inhalt zusammenfassen
- Wie kann der Inhalt knapp und treffend zusammengefasst werden? (i)

zu Schritt 1:
a) Der Text berichtet darüber, wie der Homo erectus das Feuer genutzt hat und welche Bedeutung die Jagd hatte.
b) Feuer und Jagd beim Homo erectus

zu Schritt 3:
f) Schlüsselwörter (siehe Unterstreichungen): Feuer, Jagdtechniken, Homo erectus, Verbrennungsspuren ... etwa eine Million Jahre alt, Zerlegungstechnik, Faustkeil
g) Der Homo erectus beherrschte vor etwa einer Million Jahren den Umgang mit dem Feuer und bestimmte Jagdtechniken.
h) Einzelinformationen:
Z. B. zur Bedeutung des Feuers: Wärme, Schutz vor wilden Tieren, Nahrungszubereitung, Nahrungskonservierung

M2 **Hilfen zur Erschließung von M2**

1 a) Arbeite die Schritte zur Erschließung eines Sachbuchtextes anhand von M1 und M2 durch.
b) Beantworte die offengebliebenen Fragen in den Arbeitsschritten.
2 Wende die Methode auf den Darstellungstext S. 44 an.

Leben in der Altsteinzeit

Die ältesten Speere der Welt

Funde im Tagebau Schöningen

Unaufhaltsam rückte der 40 m hohe Schaufelradbagger auf die Grabungsstelle zu. Mehrere Jahre schon dauerten die so genannten Rettungsgrabungen an, die im Braunkohlentagebau Schöningen bei Helmstedt in Ost-Niedersachsen durchgeführt wurden. Am Nachmittag des 20. Oktober 1994 machten die Archäologen einen ungewöhnlichen Fund: In der Torfschicht einer Seeverlandungszone entdeckten sie ein Holzgerät, 78 cm lang, an beiden Enden zugespitzt und aus einem Fichtenholzstämmchen hergestellt. Ein überraschender Fund, denn Holz ist ein vergänglicher Werkstoff. Während der weiteren Grabungen fand man insgesamt sieben Holzspeere und ein (achtes) Spitzenteilstück. Mit einer Ausnahme (aus Kiefernholz) sind alle aus Fichtenholz angefertigt worden. Ihre Länge beträgt zwischen 1,82 m und 2,50 m, ihr Durchmesser 3 bis 5 cm. Die Tatsche, dass ihr Schwerpunkt im Vorderteil des Schaftes liegt, deutet darauf hin, dass es sich nicht um Stoßlanzen, sondern um Wurfspeere (so genannte Fernwaffen) handelt. Anhand von Nachbildungen der Speere stellten Sportwissenschaftler und Speerwerfer fest, dass sie mit heutigen Geräten ohne weiteres mithalten können.

Verwendet wurden die Speere von Schöningen für die Jagd auf Wildpferde. Davon zeugen die vielen Jagdbeutereste am Fundplatz, die fast alle von Wildpferden stammen. Das Alter des Fundplatzes wird auf etwa 400 000 Jahre geschätzt. Mit den Schöninger Funden liegen die bislang ältesten vollständig erhaltenen Jagdgeräte der Welt vor.

M1 **Die Ausgrabungsstätte Schöningen,** Luftbild, 2003

Offene Fragen

Zwar lassen sich anhand der Speere Fragen zur Jagdtechnik der Menschen in der Altsteinzeit beantworten. Doch sie werfen auch neue Fragen auf: Die Schöninger Speere wurden alle in der mehr als 50 m langen und über 10 m breiten Fundstreuungszone, dem Schlacht- und Zerlegungsplatz, gefunden. Warum ließen die Urmenschen die Speere liegen? Wurden sie einfach vergessen oder mit Absicht zurückgelassen? Denkbar wäre auch, dass die Speere abgenutzt oder beschädigt waren. Dagegen spricht allerdings der gut erhaltene Zustand der Funde.

M2 **Einer der bei Schöningen gefundenen über zwei Meter langen Speere,** Foto, 2003

Leben in der Altsteinzeit

M3 **Urmenschen bei der Jagd auf Wildpferde vor 400 000 Jahren,** Rekonstruktionszeichnung, 2007. In der Forschung ist umstritten, ob es in einer Horde (25–30 Personen) so viele Speerwerfer gab wie in der Zeichnung dargestellt.

Vorschlag für eine Gruppenarbeit

Diese Doppelseite könnt ihr auch in Gruppen erarbeiten.

Gruppe 1: Klärt, wie die Speere entdeckt wurden und welche Bedeutung sie haben (linker Darstellungstext).
Gruppe 2: Beschreibt die Anlage der Ausgrabungsstätte und erläutert das Vorgehen bei Ausgrabungen (M1, Methode „Ausgrabung", S. 42 f.).
Gruppe 3: Beschreibt den Fund M2 und nennt mögliche Gründe, warum die Holzspeere erhalten geblieben sind.
Gruppe 4: Beschreibt M3 und erörtert Vor- und Nachteile von Rekonstruktionszeichnungen.

Internettipp

www.schoeningerspeere.de
Bilder und Informationen über das Langzeit-Forschungsprojekt des Landesamtes für Denkmalpflege.

1 „Die ältesten Speere der Welt gefunden!" – Schreibe mithilfe der Materialien und Informationen auf dieser Seite einen Artikel für eine Schülerzeitung.
2 Diskutiert in einer Gesprächsrunde die Frage, warum die Jagdgruppe ihre Speere am Schlacht- und Zerlegungsplatz zurückließ.

Leben in der Altsteinzeit

Die Urmenschen von Bilzingsleben

M1 Schematischer Plan des Lagerplatzes von Bilzingsleben

Legende:
- steinzeitlicher See
- Uferterrasse
- Grundriss der Behausungen
- Feuerstelle
- Werkplatz
- bearbeitete Tierknochen
- Funde von menschlichen Knochen
- zentrales Pflaster

Lagerplatz am See

In dem thüringischen Ort Bilzingsleben haben Archäologen 1969 einen Lagerplatz ausgegraben, der vor ca. 350 000 bis 400 000 Jahren von Urmenschen (= Homo erectus) besiedelt war. Er ist typisch für das Leben im Europa der Altsteinzeit, als die Menschen als Jäger und Sammler lebten.

Der Platz lag auf der Uferterrasse eines kleinen Quellsees. Bislang wurden etwa 500 000 Objekte aus Stein, Geweih und Holz ausgegraben, ferner Menschenknochen sowie Tierskelette aus der Jagdbeute.

Leben in der Gruppe – wer sorgt für die Nahrung?

Die Funde von Bilzingsleben deuten darauf hin, dass die Nahrungsgrundlage der Menschen in der Altsteinzeit durch die Jagd und das Sammeln von Wildfrüchten, Wurzeln, Eiern, Bienenhonig und Ähnlichem gedeckt wurde. Die Menschen lebten in Gruppen von etwa 25 bis 30 Personen.

Wie war die Arbeit zwischen ihnen aufgeteilt? Diese Frage ist schwer zu beantworten. Früher wurde angenommen, dass es eine Arbeitsteilung gab, bei der die Jagd Aufgabe der Männer und das Sammeln, Feuerhüten, Kinderbetreuen und Kochen Aufgabe der Frauen war. Heute meinen zahlreiche Wissenschaftlerinnen und Wissenschaftler, dass sich Frauen und Kinder besonders an Gruppenjagden, zum Beispiel auf Rentiere, beteiligt haben könnten und dass sie bei Sammelzügen auch Kleintiere erlegten. Neuere Funde aus der Zeit um 9000 v. Chr., in der Forschung „Mittelsteinzeit" genannt, zeigen Abdrücke von Textilresten, die Netze darstellen. Sie könnten – so folgern Forscherinnen und Forscher – zum Jagen von Fischen und Wildtieren gedient haben. Eine solche Netzjagd war eine Gemeinschaftsaktion, an der viele Mitglieder der Gruppe teilnahmen: Frauen, Männer und Kinder.

Begriffe und Daten

Altsteinzeitliche Lebensweise

Die Menschen der Altsteinzeit entwickelten eine wildbeuterische, nicht dauerhaft sesshafte (nomadisierende) Lebensweise, die durch Jagd und Sammeltätigkeit gekennzeichnet war. Sie stellten einfache Werkzeuge her – vorwiegend aus Stein (Feuerstein, Quarz, Quarzit). Der Faustkeil gilt als das am weitesten verbreitete Steinwerkzeug.

---

1 Erarbeite aus M1 und M2, warum die Menschen vermutlich an diesem Platz lagerten.
2 Überprüfe deine Vermutungen an M3.
3 Notiere, was M1, M2 und M4 über das Leben und die Arbeit an diesem Siedlungsplatz aussagen.
4 Kläre mithilfe des Darstellungstextes die aktuelle Forschungsmeinung zur Arbeitsteilung.
5 Diskutiert die Aussage Z. 15–19 in M4.

Leben in der Altsteinzeit

M2 Lebensbild des altsteinzeitlichen Siedlungsplatzes von Bilzingsleben, Rekonstruktionszeichnung, 1999

M3 Die Menschen von Bilzingsleben und ihre Umwelt

Der Leiter der Grabungen von Bilzingsleben, Dietrich Mania, berichtete 1998:

[Die Fundstellen] lagen ... in der Regel am Wasser. Uferrandsiedlungen oder der Aufenthalt auf Schwemmkegeln an der Mündung von Fließgewässern in größere Altwässer oder Seen sind die
5 typischen Standorte. Wasser war für den Menschen lebensnotwendig wie auch für das Wild. Dieses stellte sich in den Niederungen zur Tränke ein ... Ihm folgten die Beutegreifer und Aasfresser, aber auch der Mensch ... Wenn wir die Jagdbeute
10 der ... Fundstellen untersuchen, lässt sich feststellen, dass zwar vorwiegend Herdentiere gejagt wurden, aber unter diesen kaum eine Art besonders bevorzugt wurde ... Beobachtungen am Befund haben ergeben, dass der Lagerplatz von Bilzings-
15 leben längere Zeit ohne Unterbrechung genutzt wurde ...
[Er lag] in einem größeren Gebiet, dessen äußere Grenzen mindestens in der Entfernung lagen, die an einem Tage hin und zurück bewältigt werden
20 konnte. Das sind etwa 10 bis 15 km. Somit hatte dieses so genannte Schweifgebiet einen Durchmesser von etwa 20 bis 30 km.

Dietrich Mania, Die ersten Menschen, Stuttgart (Theiß) 1998, S. 36 f.

M4 „Waldelefant zum Frühstück" – über die Funde in Bilzingsleben

Der Journalist Michael Best berichtete 1998 über die zahlreichen Funde von der Lagerstätte Bilzingsleben:

Bilzingsleben erlaubt heute einen Blick in den Alltag des Urmenschen ... Im Boden ruhen Hölzer, Bohrer, Kratzer oder kleine Messer aus Feuerstein. Man kann Kleidungsstücke und Reste zeltartiger
5 Behausungen finden. Davor Feuerstellen, an denen sich noch heute Holzkohlenreste und in der Hitze gerissene „Kochsteine" finden. Bei den Hütten dann Schaber und Ambosse, auf denen Knochen zertrümmert wurden. In Ufernähe deuten Tier-
10 knochen darauf hin, dass hier die Jagdbeute zerlegt wurde: Waldelefanten, Nashörner, Hirsche, Pferde, Bären und Wildrinder. Auffällig die kreisförmige Fläche von neun Meter Durchmesser. Sie ist regelrecht gepflastert ... Vielleicht ein Ort für
15 Riten[1] oder Religion. Und man findet Knochen, in die mit dem Feuersteinmesser regelmäßige Linien eingeritzt wurden. „Für mich" [sagt der Grabungsleiter Mania] „die ältesten Beweise für die Übermittlung eines menschlichen Gedankens."

Michael Best, Waldelefant zum Frühstück. In: Rheinischer Merkur vom 18.09.1998, S. 34.

[1] regelmäßige Handlungen und Formeln religiösen Ursprungs, zum Beispiel zur Anrufung von Göttern

Kultur in der Altsteinzeit?

Leben in der Altsteinzeit – mehr als Arbeit?

Vier Jungen entdeckten 1940 auf dem Gutshof Lascaux in Südfrankreich durch Zufall eine Höhle, die tief im Innern mit Felszeichnungen bedeckt war. Sofort eilten Archäologen an die Fundstelle. Ihr Ergebnis: Die Bilder stammten aus der Zeit um 15 000 v. Chr. Damit hatten die Jungen Spuren der ersten europäischen Jetztzeitmenschen entdeckt, die gegen Ende der Altsteinzeit von Afrika aus eingewandert waren.

Gemalt hatten die Künstler der Altsteinzeit vor allem Großwildtiere, Vögel und Fische, Menschen eher selten. Warum sie diese Werke anfertigten, ist unter Forschern umstritten. Manche meinen, dass sie Glück bei der Jagd bringen sollten. Andere sagen, dass Schutzgeister angerufen werden sollten. Unbestritten ist, dass sie eine Zeichensprache darstellen, die die Menschen damals verstanden.

Die Felsbilder zeigen, dass sich das Denken und die Lebensweise der Höhlenmenschen von Lascaux im Vergleich mit den Urmenschen Afrikas weiterentwickelt hatten. Sie dachten über Tiere und Natur nach, über Götter und Tod. Vorangetrieben hat diese Entwicklung wahrscheinlich auch das kühle Klima Europas, das die Menschen immer wieder vor neue Herausforderungen stellte: Wo hause ich, wenn es kalt ist? Wie ernähre ich mich, wenn ich im Winter keine Pflanzen sammeln kann? Und wie verständige ich mich über diese Fragen mit meinen Mitmenschen?

Eine bedeutende Neuerung wird mit dem Neandertaler verbunden: die Bestattung der Toten. Allerdings ist umstritten, ob sie regelmäßig stattfand. Belegt sind jedoch Funde mit Speise- oder Blumenbeigaben (aus Pollenfunden erschlossen). Die Befunde deuten auf einen Glauben an das Jenseits hin und zeigen, wie irreführend die Annahme ist, der Neandertaler sei ein roher, halb tierischer, stumpfsinniger Menschentyp gewesen. In der Forschung wird er deshalb inzwischen auch als eine Unterart des Homo sapiens und nicht als gänzlich eigene Art angesehen. Technischer und kultureller Fortschritt beeinflussten sich wahrscheinlich gegenseitig, waren doch Felsmalereien oder Ritzzeichnungen nur möglich, wenn die technischen Möglichkeiten vorhanden waren.

M1 **Felsmalerei in der Höhle von Lascaux,** Frankreich, um 15 000 v. Chr. Die Künstler benutzten Holzkohle und Tonerde in braunen, gelben und rötlichen Farben, die sie pulverförmig gegen den Fels bliesen oder mit Öl anrührten.

Leben in der Altsteinzeit

M3 **Porträtkopf,** aus Mammutelfenbein geschnitzt. Gefunden wurde er 1891 bei Dolni Vestonice im heutigen Tschechien. Alter: ca. 26 000 Jahre

M4 **Statuette eines Löwenmenschen** aus dem Hohlenstein-Stadel im Lonetal bei Asselfingen, Baden-Württemberg, Elfenbein, ca. 30 000 v. Chr.

M2 **Kunst aus der Steinzeit – nur in Europa?**
Der Wissenschaftsjournalist P. J. Blumenthal schrieb 2004 über die Eiszeitkunst:
Die Experten rätseln nach wie vor über die Bedeutung von Abertausenden von Bildern und Kunstgegenständen, die man über die Jahrzehnte in zahlreichen Höhlen gefunden hat … Inzwischen
5 hat der französische Altertumsforscher Michel Lorblanchet … diese Felszeichnungen in vier Kategorien[1] eingeteilt: erstens Tiere, zweitens Menschen …, drittens rein abstrakte Muster und viertens unbestimmte Linien und Kritzeleien … Bisher
10 war nur von europäischer Eiszeitkunst die Rede … Doch im Lauf der letzten fünfzig Jahre haben Archäologen Eiszeitkunst in aller Welt entdeckt: in Afrika, Asien, Amerika und Ozeanien … Heute kennt man weltweit über zwanzig Millionen Ma-
15 lereien und Kunstgegenstände und die Zahl nimmt stetig zu.
P. J. Blumenthal, Willkommen in der Sixtinischen Kapelle der Steinzeit. In: P. M. History, Februar 2004, S. 50 f.

[1] Gruppen

1 Eine Ausstellung gestalten:
Eure Hilfe wird bei der Vorbereitung einer Ausstellung von Funden aus der Altsteinzeit benötigt.
a) Beschreibt M1, M3 und M4. Formuliert zu jedem Ausstellungsstück einen Erklärungstext für die Ausstellung.
b) Wählt ein Fundstück aus, über das ihr in einem Zeitungsartikel berichtet, um für die Ausstellung zu werben.
2 Untersucht mithilfe von M2, wie technische und kulturelle Entwicklung in der Altsteinzeit zusammenhängen. Lest auf den Seiten 46 bis 51 nach.
3 Beantwortet die Frage in der Überschrift des Darstellungstextes.

Werkstatt

Felsmalerei

Kunstwerke auf Stein

Die Fels- oder Höhlenmalereien werden heute als ein wichtiger Teil steinzeitlicher Kunst angesehen. Ihre Bedeutung für die Menschen jener Epoche ist für uns nicht mehr eindeutig zu erschließen.

Einfache Umrisszeichnungen, aufwändige, mehrfarbige Gemälde (siehe S. 50) und Bilderschriften wurden im europäischen Raum vor allem im Südwesten Frankreichs und in den Pyrenäen entdeckt. Die ältesten, rund 40 000 Jahre alten Gemälde wurden in Südafrika gefunden. Inzwischen deuten Steingravuren in Australien auf ein Alter von 75 000 Jahren hin. Diese Datierung ist allerdings noch umstritten.

Die Lage der Bilder zeigt, dass die natürlichen Formen der Felswände häufig in die Gestaltung der Bilder einbezogen wurden. Auf den Höhlenböden gefundene Materialien sind u. a.: Kohle, Ocker, Gips, Manganoxid, Pinsel, Knochenröhrchen, Anmisch- und Reibsteine, auch Lämpchen und Feuersteinwerkzeuge. Als Farbtöne sind vor allem bekannt: Rot, Braun, Gelb (aus Ocker); Grau bis Schwarz (aus Manganoxid); Weiß (aus Gips).

M1 Menschen auf der Jagd, Höhlenmalerei um 7000 v. Chr.

M2 Schüler malen ein Felsbild, Foto, 2003

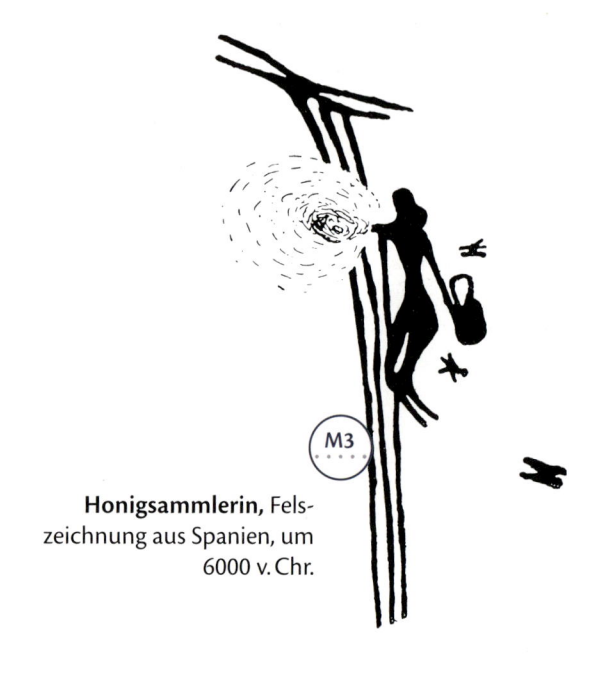

M3 Honigsammlerin, Felszeichnung aus Spanien, um 6000 v. Chr.

Welche Materialien braucht ihr?

Dem Original der Höhlenmalerei kommt ihr am nächsten, wenn ihr Kalksteinstücke verwendet. Für ein größeres „Gemälde" lässt sich auch gut Packpapier benutzen, von dem ihr Stücke für die einzelnen Zeichnungen verwenden könnt. Die Einzelteile klebt ihr dann auf eine Bahn des Packpapiers und hängt sie in der Klasse auf.

Im Einzelnen sind nötig:
- raue flache Kalksteine (z. B. von Steinhaufen an Feldrändern, aber auch Bauschuttreste)
- Kohlestift (Farbengeschäft)
- Rötel- und Ockerpulver (Farbengeschäft)
- kleines weiches Lederstück oder ein Tupfer aus Leder, der mit Schafwolle gefüllt wird
- Pinsel
- Klebstoff, Schere

Wie könnt ihr vorgehen?

Zeichnet zuerst mit Kohlestift Umrisse der ausgedachten Motive auf die Kalkplatte bzw. auf das Papier. Mit dem Lederstück bzw. mit dem Pinsel nehmt ihr das Farbpulver auf und malt die Umrisse aus. Ähnlich könnt ihr auch mit den Zeichnungen auf Packpapier vorgehen.

Kompetenz-Check

Leben in der Altsteinzeit

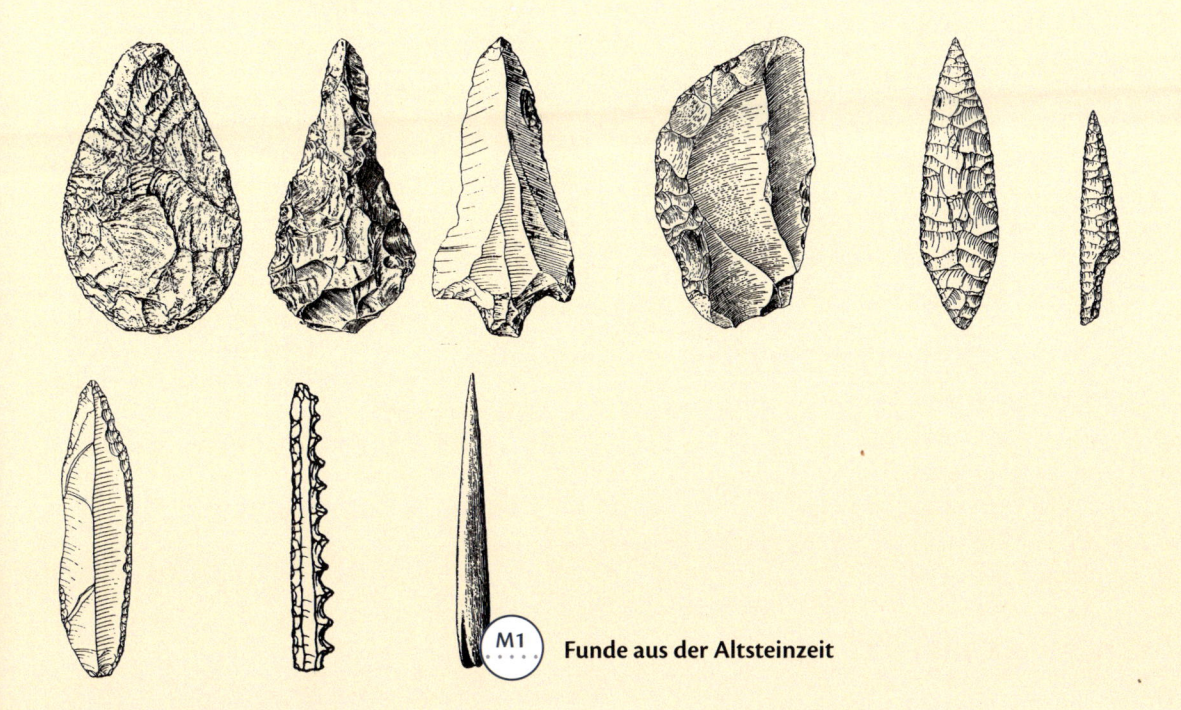

Funde aus der Altsteinzeit (M1)

Überprüfe, was du kannst

Sachkompetenz

1. Beschreibe die Funde (M1) und notiere, zu welchem Zweck sie jeweils verwendet wurden.
2. Kläre, zu welchem Menschentyp der Junge vom Turkanasee gehört (S. 38 f.). Begründe.
3. Zwei Begriffe aus den beiden Wortreihen gehören jeweils zusammen. Schreibe sie paarweise auf.
   mündliche Quelle – Zeitmessung – Homo sapiens – Steinkreis – Homo erectus
   Sonnenuhr – Faustkeil – Stonehenge – Jetztzeitmensch – Volkslied – Feuernutzung

Urteilskompetenz

4. Überprüfe die folgenden Aussagen:
   a) Die ersten Menschen entwickelten sich zeitgleich in verschiedenen Erdteilen.
   b) Die Menschen der Altsteinzeit zeigten kein Interesse an kulturellen Leistungen.
   c) Erkläre und bewerte die folgende Aussage: Die Archäologie ist ein Fenster in die Vergangenheit.

Methodenkompetenz

5. Erschließe den Darstellungstext S. 38 mithilfe der Arbeitsschritte S. 45.

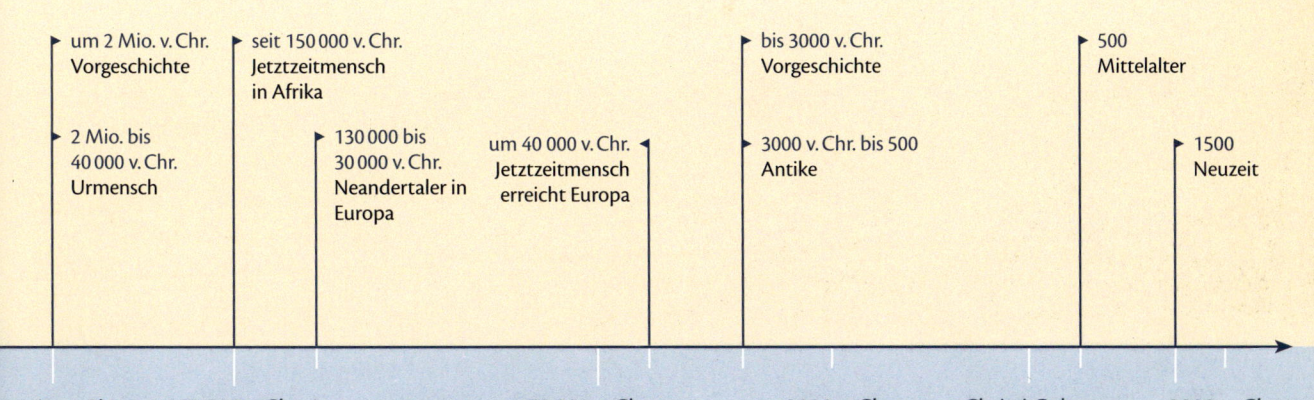

- um 2 Mio. v. Chr. Vorgeschichte
- 2 Mio. bis 40 000 v. Chr. Urmensch
- seit 150 000 v. Chr. Jetztzeitmensch in Afrika
- 130 000 bis 30 000 v. Chr. Neandertaler in Europa
- um 40 000 v. Chr. Jetztzeitmensch erreicht Europa
- bis 3000 v. Chr. Vorgeschichte
- 3000 v. Chr. bis 500 Antike
- 500 Mittelalter
- 1500 Neuzeit

2 Mio. v. Chr.　　150 000 v. Chr.　　50 000 v. Chr.　　2000 v. Chr.　　Christi Geburt　　2000 n. Chr.

2. Menschen in vorgeschichtlicher Zeit

Leben in der Jungsteinzeit

Wissen • Urteilen • Kommunizieren/Handeln • Methoden anwenden

Am Ende dieses Unterkapitels kannst du
- beschreiben, wie die Menschen in der Jungsteinzeit lebten
- Merkmale der bäuerlichen Gesellschaft nennen
- die kulturellen, wissenschaftlichen und technischen Leistungen beurteilen
- die Bedeutung der Metallerzeugung für das Leben der Menschen erklären
- **Methode** Ein Museum besuchen

Kulturen bis etwa 1500 v. Chr.

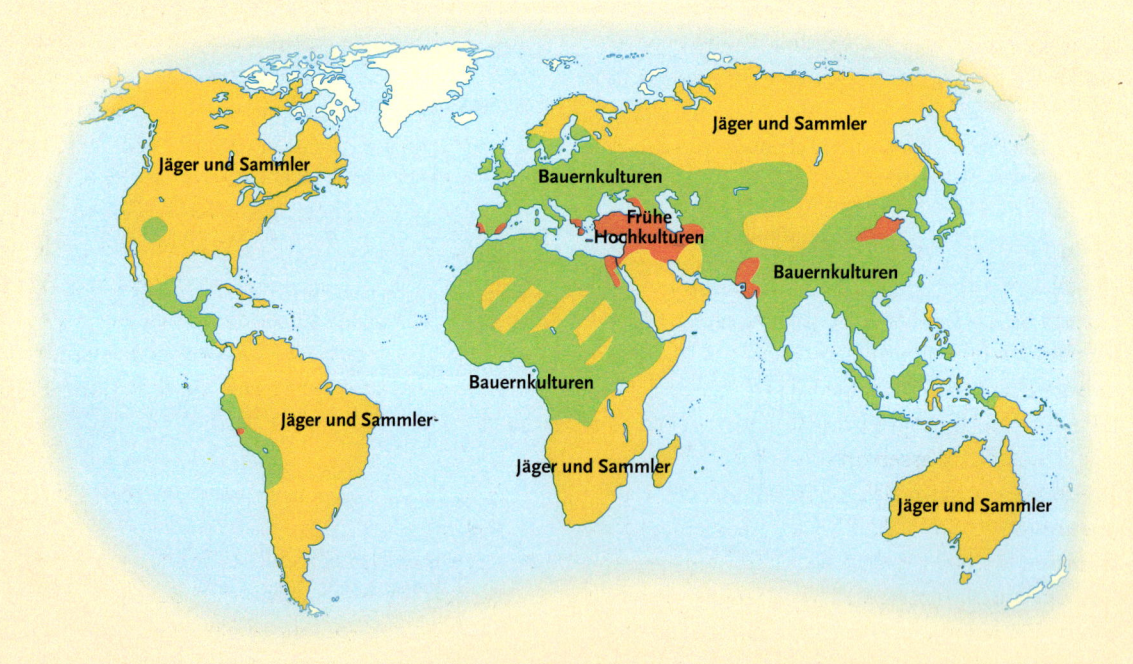

- Jäger und Sammler
- Jäger und Sammler
- Bauernkulturen
- Frühe Hochkulturen
- Bauernkulturen
- Jäger und Sammler
- Bauernkulturen
- Jäger und Sammler
- Jäger und Sammler

▶ **9000 v. Chr.**
Neolithische Revolution und Jungsteinzeit

▶ **5500 v. Chr.**
Jungsteinzeit in Mitteleuropa
Metallzeit im Vorderen Orient

▶ **2200 v. Chr.**
Metallzeit in Mitteleuropa

Leben in Europa in der Jungsteinzeit

Lebensbild der jungsteinzeitlichen Siedlung von Erkelenz-Kückhoven um 5000 v. Chr., Rekonstruktionszeichnung, 1999

Eine neue Lebensweise in der Jungsteinzeit

Mit dem Rückzug der Gletscher Ende der letzten Kaltzeit um 10 000 v. Chr. erwärmte sich die Erde, und Mitteleuropa wurde alsbald von dichten Wäldern bedeckt. Waren die Menschen in der Altsteinzeit jagend und sammelnd umhergezogen, entwickelten sie jetzt, in der Jungsteinzeit, eine neue Lebensweise. Aus dem Vorderen Orient kam sie zu uns …

Der Fund von Erkelenz-Kückhoven

Die Menschen der Altsteinzeit haben mit ihrer wildbeuterischen Lebensweise das genutzt, was sie in der Natur vorfanden. Wenn an einem Ort die Nahrungsgrundlage knapp wurde, zogen sie in andere Gegenden. Für ihre zeitlich begrenzten Aufenthalte bevorzugten sie Plätze mit Wasservorrat wie Seen und Flüsse. Steinzeitforscher waren daher überrascht, als 1964 bei Erkelenz-Kückhoven im Rheinland ein Siedlungsplatz ausgegraben wurde, bei dem weit und breit kein Gewässer lag. Warum hatten die Menschen trotzdem hier gesiedelt? Ein besonderer Fund, den Forscher erst 1991 bis 1994 ausgruben, löste das Rätsel: ein Brunnen! Er war die „Wasserquelle" – gefertigt aus Eichenholz und sehr gut erhalten. Sein Querschnitt ist quadratisch, seine Seitenlänge beträgt 3 m.

Bei den weiteren Ausgrabungen wurden mehr als 70 Hausgrundrisse freigelegt. In den Abfallgruben fanden sich Geräte aus Stein, Holz und Keramik, zum Beispiel Hacken und Gefäße, auch Spaten aus Ahornholz und zwei Taschen aus Eichenrindenbast. Der Brunnenfund wurde mithilfe der Dendrochronologie (siehe S. 42) im Labor der Universität Köln untersucht. Das Fälldatum der Eichen des größten Brunnenkastens wurde auf 5090 v. Chr. datiert, das der beiden kleineren ist etwa 25 bzw. 40 Jahre jünger. Neu datiert werden konnte auch die Bauweise. War die Entstehung der so genannten Blockbauweise bisher für die Zeit um 1000 v. Chr. angenomen worden, so ist nun sicher, dass sie bereits vor 7000 Jahren verwendet wurde. Der Brunnen ist im Rheinischen Landesmuseum Bonn ausgestellt.

1. Beschreibe anhand von M1 die Lebensweise der Menschen.
2. Aus welchen Gründen könnte sich deiner Meinung nach die Lebensweise der Menschen in M1 verändert haben? Halte deine Vermutungen fest.
3. Erläutere mithilfe des Darstellungstextes die Bedeutung des Brunnens für das Leben der Menschen in der Jungsteinzeit.
4. Überprüfe mithilfe des Darstellungstextes, welche Details der Rekonstruktionszeichnung M1 auf Funden basieren.

Leben in der Jungsteinzeit

M2

Bau eines Hauses in der Jungsteinzeit, Rekonstruktion aufgrund von Fundergebnissen. Die verschiedenen Arbeitsgänge werden hier zu gleicher Zeit gezeigt; tatsächlich wurden sie nacheinander ausgeführt (Errichten der Tragpfosten in Gruben, Verlegen der Dachkonstruktionen, Herstellen der Flechtwände, Decken des Daches mit Schilf und Verputzen der Wände mit Lehm).

M3

Ein Getreidefund aus der Jungsteinzeit

Der Historiker Wolf Dieter Becker schrieb 1995 über Ausgrabungen aus der Jungsteinzeit:

Die ersten Ackerbauern ... [im nordwestdeutschen Raum] waren die Träger der bandkeramischen Kultur[1]. Im 6. Jahrtausend v. Chr. rodeten sie Lichtungen in die damaligen dichten Lindenwäl-
5 der und legten dort ihre Siedlungen und Felder an. Eine dieser jungsteinzeitlichen Siedlungen wurde 1993 von der Trasse der MIDAL-Hauptgasleitung durchschnitten, deren Bau von Archäologen ... des Westfälischen Museums für Archäologie ...
10 begleitet wurde. Am Grunde einer bandkeramischen Eintiefung, die zuerst zur Entnahme von Lehm und später als Abfallgrunde diente, wurde eine schwarze Schicht entdeckt. Sie bestand hauptsächlich aus verkohltem Getreide. Der
15 außergewöhnlich umfangreiche Fund wiegt – gewaschen und getrocknet – über 12 kg. Die ca. 950 000 Getreidekörner entsprechen einem Erntegewicht von über 30 kg frischem Getreide ... Hier war vor über 7000 Jahren ein Kornvorrat beim
20 Brand eines Hauses unbrauchbar und in die Abfallgrube geworfen worden. Bei dem verkohlten Getreide handelt es sich um Einkorn[2] und Emmer[3], die beiden Arten gehörten zu den am frühesten im Vorderen Orient kultivierten Pflanzen.
25 ... Im Getreide gab es jedoch Verunreinigungen durch Früchte und Samen von Ackerwildkräutern. Die Ansprüche und Eigenschaften dieser ... „Unkräuter" informieren uns über die Wuchs- und Erntebedingungen des Getreides: Die Felder waren kleine, im
30 Wald gerodete Flächen und durch Waldränder oder Hecken begrenzt. Die Äcker wurden nicht wie heute jedes Jahr vollständig umgepflügt, daher gab es Stellen, auf denen auch mehrjährige Pflanzen wachsen konnten. Die Nährstoffversorgung der Äcker war gut,
35 da die Halme nicht geschnitten, sondern nur die Ähren abgeerntet wurden; so verblieben viele Nährstoffe auf den Äckern.

Wolf Dieter Becker, Von verkohlten Nahrungsvorräten, geheimnisvollen Wällen und bitteren Mahlzeiten. In: Heinz Günter Horn u. a. (Hg.), Ein Land macht Geschichte. Begleitbuch zur Landesausstellung „Ein Land macht Geschichte" 1995. Archäologie in Nordrhein-Westfalen, Köln (Stadt Köln, Römisch-Germanisches Museum) 1995, S. 191.

---

[1] Älteste frühjungsteinzeitliche Kultur in Mitteleuropa (6. bis 5. Jahrhundert v. Chr.), benannt nach der bandartigen Verzierung ihrer Tongefäße.
[2,3] Dinkelarten

Leben in der Jungsteinzeit

M4 Neue Techniken und Geräte in der Jungsteinzeit, Rekonstruktionszeichnung, 1999

> **Begriffe und Daten**
>
> **Neolithische Revolution**
>
> Die Epoche der Jungsteinzeit (= Neolithikum) begann nach dem Ende der letzten Kaltzeit um 9000 v. Chr. In der Jungsteinzeit änderte sich das Leben der Menschen grundsätzlich. Sie lebten nicht nur vom Sammeln und Jagen, sondern ernährten sich von Ackerbau und Viehzucht. Sie wurden zunehmend sesshaft und wohnten in festen Siedlungen. Diese radikale Änderung der Lebensweise wird Neolithische Revolution genannt.

5 Erläutere anhand von M2 die Technik des Hausbaus. Vergleiche mit der Bauweise in unserer Zeit.

6 Beschreibe M4 und notiere, welche Produkte mit den Techniken und Geräten jeweils hergestellt werden konnten.

7 Beantworte anhand von M3 die folgenden Fragen:
a) Welche Informationen konnten aus dem Getreidefund gewonnen werden.
b) Was konnte über den Getreideanbau und die Anlage der Felder herausgefunden werden?
c) Warum kann der alte Getreideanbau als „umweltverträglich" angesehen werden?

8 Vergleicht in Partnerarbeit die Lebensweise der Menschen in der Jungsteinzeit (S. 55–57) mit der der „Bilzingslebener" (S. 48–49). Notiert, worin sich beide unterscheiden.

Leben in der Jungsteinzeit

Die frühbäuerliche Gesellschaft

Eine bäuerliche Gesellschaft entsteht

Der Übergang vom Nomadentum zur sesshaften, bäuerlichen Sesshaftigkeit dauerte „nur" wenige Jahrtausende. Weil aber der Umbruch im Vergleich zur Altsteinzeit, die zwei Millionen Jahre umfasste, sehr rasch erfolgte, bezeichnen Geschichtswissenschaftler sie als eine Revolution: die „Neolithische Revolution".

Die Menschen lebten jetzt nicht mehr „mit" der Natur, sondern begannen, die Natur für ihre Zwecke und Ziele zu nutzen: Sie trieben Ackerbau und züchteten Pflanzen und Tiere aus Wildformen. Grundrisse von festen Gebäuden und große Gräberfelder zeigen, dass die Menschen in dörflichen Siedlungen lebten und allmählich Eigentum bildeten.

Werkzeuge, Arbeitstechniken, Arbeitsteilung

In der Jungsteinzeit veränderte sich das Arbeitsleben der Menschen nachhaltig. Der hölzerne Hakenpflug, den die Menschen erfanden, verbesserte den Feldanbau. Zu den Errungenschaften in der Vorratshaltung zählten Gefäße aus Ton. Andere Erfindungen waren das Spinnen, das Weben und die Steinbohrung.

Die Arbeit mit den neuen Werkzeugen erforderte viel Geschick, sodass sich die Menschen auf bestimmte Tätigkeiten des Ackerbaus und der Viehzucht spezialisierten. Auch musste das Leben in der Familie, in der Sippe und im Dorf geregelt werden. Wie es organisiert war, darüber wissen die Forscher aber nur wenig: Gab es zum Beispiel einen Dorfvorsteher oder eine Dorfvorsteherin? Wie wurden Entscheidungen gefällt?

M1 Zentren der Neolithischen Revolution zwischen 9000 und 3000 v. Chr.

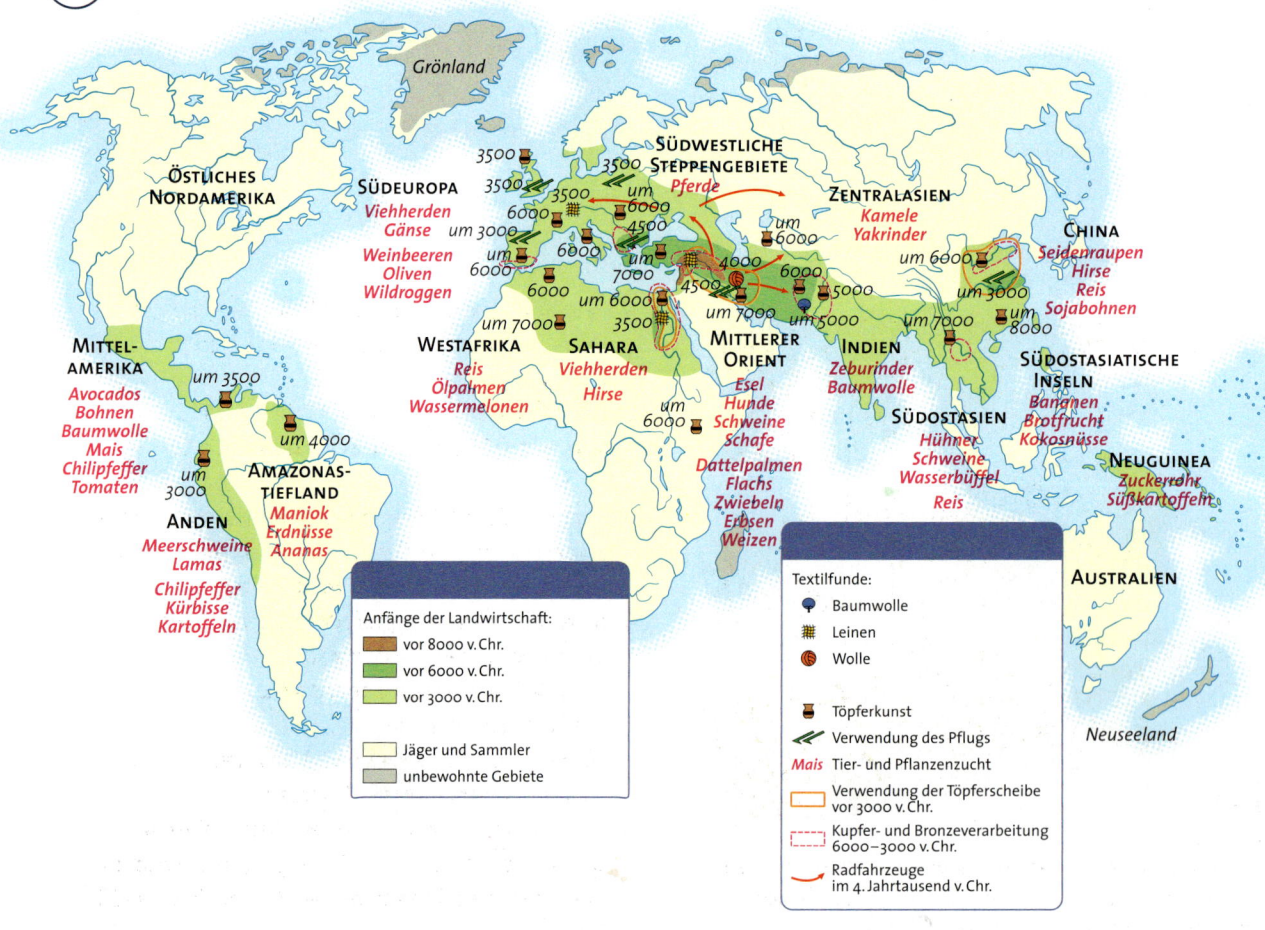

Leben in der Jungsteinzeit

M2 **Frauen- und Männerarbeit in der frühbäuerlichen Gesellschaft – Fortschritt?**

Die Prähistorikerin[1] Brigitte Röder schrieb 1998 in einem Aufsatz „Jungsteinzeit – Frauenzeit?":

Das tägliche Arbeitspensum war um ein Vielfaches gestiegen, weil Ackerbau und Viehzucht wesentlich zeitaufwändiger sind als eine Nahrungssicherung durch Sammeln, Jagen und Fischen … Zur Arbeit in der Landwirtschaft kam eine Vielzahl neuer Tätigkeiten hinzu … Zu nennen ist beispielsweise die Herstellung zahlreicher neu entwickelter Werkzeuge und Geräte sowie das Weben von Textilien aus Pflanzenfasern. Nicht zu unterschätzen ist auch der Zeitaufwand für den Bau und die Instandhaltung der Häuser. Ein völlig neuer, ebenfalls arbeitsintensiver Bereich war die Vorratshaltung …
Der Anstieg von Arbeitsbelastung und Arbeitsteilung wirkte sich auch auf das Geschlechterverhältnis aus, da offenbar neu ausgehandelt werden musste, welche Arbeiten Frauen und Männer jeweils zu übernehmen hatten … Untersuchungen … an den Knochen … zeigen, dass [jungsteinzeitliche] Frauen ausgesprochen hart und schwer arbeiteten.

Brigitte Röder, Jungsteinzeit – Frauenzeit? In: Bärbel Auffermann/Gerd-Christian Weniger (Hg.), Frauen Zeiten Spuren, Mettmann (Neanderthal-Museum) 1998, S. 244 f. und 261.

Der Prähistoriker[1] Hansjürgen Müller-Beck schrieb ebenfalls 1998 in seinem Buch „Die Steinzeit":

Der … Feldbau und die … Tierhaltung verursachen zwar Arbeit. Aber diese neue Art von Arbeit ist … besser zu planen und bietet bei konsequenter Anstrengung vor allem größere Sicherheit …
Damit werden die Frauen von ihrer mit zunehmender Entfernung vom Lager immer gefährlicher werdenden und auch enorme Tragleistungen erzwingenden Sammeltätigkeit entlastet. Dabei ist zu beachten, dass die Mütter ihre kleineren Kinder wegen des Stillens mit sich tragen müssen … Die Neolithisierung machte vor allem zunächst den Frauen das Leben leichter … Sie können sich jetzt stärker den Kindern widmen. In den stabileren Häusern und bei regelmäßigerem Leben in langfristiger belegten Bauten sinkt die Kindersterblichkeit auffallend.

Hansjürgen Müller-Beck, Die Steinzeit, München (Beck) 1998, S. 102.

[1] Archäologin/Archäologe mit der Fachrichtung Vorgeschichte

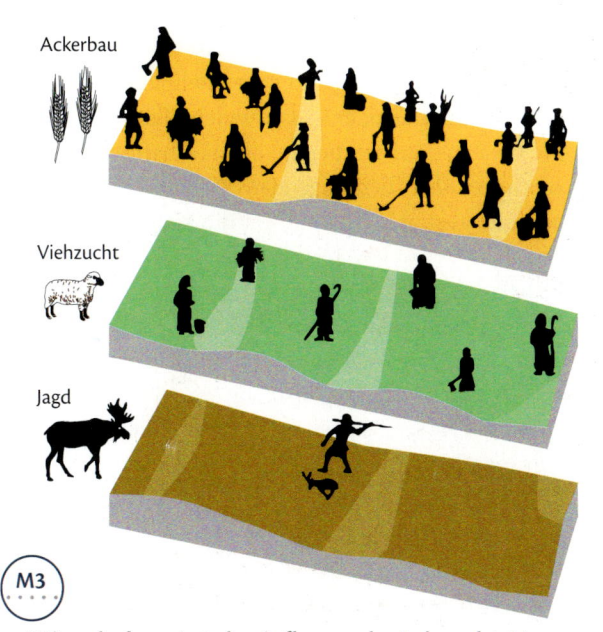

M3 **Wirtschaftsweisen beeinflussen das Leben der Menschen in der Steinzeit.** Dargestellt ist die Zahl der ernährten Menschen pro Quadratkilometer.

Ackerbau
Viehzucht
Jagd

1. Stelle fest, in welchen Erdteilen bzw. heutigen Staaten während der Jungsteinzeit bäuerliche Lebensformen entstanden (M1).
2. Erkläre mithilfe von M1, was mit dem Begriff „Neolithisierung der Erde" gemeint ist. Ziehe den Kasten S. 57 heran.
3. Erarbeite die in M2 vertretenen Meinungen zur Rollenverteilung zwischen Männern und Frauen. Vergleiche beide Auffassungen und nimm dazu Stellung.
4. Schau dir M3 an. Überprüfe dann die folgenden Aussagen und schreibe sie richtig auf:
   a) Die Wildbeuterei konnte sechs Menschen je Quadratkilometer ernähren.
   b) Die Viehzucht konnte mehr Menschen je Quadratkilometer ernähren als der Ackerbau.
5. Schreibe deiner Freundin/deinem Freund einen Brief, in dem du über das Leben in der Jungsteinzeit berichtest. Was interessiert dich am meisten? Nimm die Seiten 55 bis 59 zu Hilfe.

Leben in der Jungsteinzeit

Kultur und Wissenschaft in der Jungsteinzeit?

M1

Die „Visbeker Braut", Foto, 2003. Sie gehört mit 88 m Länge und 7 m Breite zu den längsten Großsteingräbern in Deutschland. Die Kammer misst 5,5 m x 1,5 m. Bis auf einen fehlen sämtliche Decksteine.

M2

Im Inneren des Steingrabes von Flögeln bei Bad Bederkesa, 3. Jahrtausend v. Chr., Foto, 2003

M3

Erweiterung eines Großsteingrabes, Rekonstruktionszeichnung, 2004

Wer ist die „Visbeker Braut"?

Wer auf der Fahrt von Wildeshausen in Richtung Cloppenburg auf der Bundesstraße 213 fährt, wird zu einer Sehenswürdigkeit mit dem Namen „Visbeker Braut" geführt. Ortskundige könnten eine Sage erzählen, nach der sich Folgendes zugetragen haben soll: Ein Mädchen wurde von seinem Vater einem ungeliebten Mann versprochen. Beim Anblick der Visbeker Kirche wünschte sie sich, lieber in einen Stein verwandelt als getraut zu werden. Und so soll es geschehen sein, dass die ganze Hochzeitsgesellschaft zu Stein wurde.

Am Anfang dieses Kapitels hast du erfahren, dass Sagen in den Bereich der Mythen gehören und ihr Wahrheitsgehalt meistens sehr gering ist (siehe S. 37). So ist es auch mit der „Visbeker Braut". In der Archäologie gilt diese Anlage nämlich als Megalithgrab (Großsteingrab, von griechisch mega = groß und lithos = Stein). Da man sich früher den Bau solcher Gräber nur als das Werk von Riesen vorstellen konnte, werden sie auch als „Hünengräber" oder „Riesenbett" bezeichnet. In Norddeutschland errichteten Menschen in der Zeit zwischen 4300 und 3000 v. Chr. zahlreiche Großsteingräber.

Warum wurden solche „Großbauten" errichtet? In der Forschung gibt es bisher vor allem drei Erklärungen:
1. Die Megalithen waren Großgräber für viele Bestattungen. Sie wurden immer wieder erweitert.
2. Sie dienten einer „megalithischen Religion", verbreitet von wandernden oder seefahrenden Missionaren.
3. Die Großsteingräber dienten den sesshaften Bauern dazu, gegenüber den jagenden Wildbeutern ihren Landbesitz abzugrenzen und weithin sichtbar zu machen.

Gesichert ist wohl, dass in den Grabkammern der Megalithgräber zwischen 100 und 200 Bestattungen nachzuweisen sind. Als Beigaben wurden den Toten Schmuck und Bedarfsgegenstände, wie Arbeitsgeräte oder Waffen, sowie Speisen und Getränke für das Jenseits beigegeben.

---

1 Beschreibe mithilfe von M1 bis M3 die Anlage und den Bau von Megalithgräbern.

2 Erarbeite mithilfe der Informationen auf dieser Seite den Zusammenhang zwischen Sesshaftigkeit und Megalithgräbern.

3 Beurteile die Erklärungen für die Megalithgräber.

Leben in der Jungsteinzeit

Kult oder Wissenschaft?

Zunächst waren es nur dunkelgrüne Flecken, die Archäologen auf einem Luftbild von einem Feld in der Nähe von Goseck im Jahr 1991 sahen. Nach ersten Grabungen 2002 stellte sich der Fund als eine Sensation heraus: Die Anlage wurde als bisher ältestes Observatorium (Sternwarte) Europas bezeichnet; etwa 7000 Jahre alt, aus der Jungsteinzeit. Die Anlage hatte einen Durchmesser von 75 m, besaß zwei Kreise aus zwei Meter hohen Holzpalisaden und drei Tore. War hier ein neues, noch älteres „Stonehenge" in Deutschland entdeckt worden? Gibt es einen Zusammenhang mit der „Himmelsscheibe von Nebra"?

Sicher ist, dass die drei Toröffnungen der inneren Palisadenreihen und des äußeren Grabens eine Peilvorrichtung darstellen, die, vom Mittelpunkt aus betrachtet, auf die Sonne ausgerichtet ist. Nur exakt von der Mitte aus konnte der Beobachter am 21. Dezember – dem Tag der Sonnenwende – die Sonne auf- und durch die andere Öffnung untergehen sehen. Um Astronomie, also Sternenkunde, ging es aber offensichtlich nicht, denn Funde wie Knochen und Pfeilspitzen deuten auf eine Kult- und Opferstätte hin: möglicherweise mit Menschenopfern. Mit der „Himmelsscheibe" gibt es wohl keinen direkten Zusammenhang – schon wegen des sehr unterschiedlichen Alters. Aber: Die Anordnungen auf der Scheibe entsprechen denen der Anlage in Goseck. Beide dienten zur Bestimmung der Winter- und Sommersonnenwende. Und das war wichtig für die Feldbestellung der Bauern – und wohl auch für Kultfeste.

M4 **Die Kreisanlage von Goseck in Sachsen-Anhalt zum Zeitpunkt der Wintersonnenwende,** etwa 7000 Jahre alt, Rekonstruktionszeichnung, 2003

M5 **Die „Himmelsscheibe von Nebra",** Foto, 2003. Sie misst fast 32 cm im Durchmesser und ist 2 kg schwer. Die Horizontbögen an der Außenseite kennzeichnen exakt den Verlauf der Sonne. Dargestellt ist auch das Sternbild der Plejaden. Nach diesem Gestirn könnten sich die bronzezeitlichen Bauern vor etwa 3600 Jahren mit der Aussaat gerichtet haben. Zu dem sogenannten Jahrhundertfund gehörten auch zwei Bronzeschwerter, zwei Bronzebeile und ein Meißel aus Bronze.

4 Erarbeite anhand des Darstellungstextes und M4, welchen Zweck die Anlage von Goseck hatte und notiere, welche Fragen offenbleiben.
5 Vergleiche die „Kreisgrabenanlage von Goseck" mit der „Himmelsscheibe" (M5, Darstellungstext).
6 In älteren Darstellungen wurden die Bauern der Jungsteinzeit als ziemlich unwissende, kulturlose Menschen dargestellt. Beurteile diese Meinung.

Leben in der Jungsteinzeit

Der Mann aus dem Eis – ein Fund

Die Entdeckung des Gletschermannes

„Das ist ein Mensch!", rief Frau Simon, als sie mit ihrem Mann am 19. September 1991 in einer Gletschersenke in den Ötztaler Alpen eine Leiche entdeckte. Auch die herbeigerufene Polizei glaubte an einen Unfall – vielleicht ein Bergsteiger, der vor einigen Jahrzehnten hier ums Leben gekommen war. Aber bei der Leiche lagen rätselhafte Dinge. Als der Archäologe Konrad Spindler von der Universität Innsbruck die Leiche und die Fundstücke sah, war ihm sofort klar: Dies war kein verunglückter Bergsteiger, sondern ein Mensch, der vor mehreren tausend Jahren gelebt haben musste.

Nach seinem Fundort in den Ötztaler Alpen wurde er in den Medien bald liebevoll „Ötzi" genannt.

Wer war Ötzi?

Die Funde geben keine genaue Auskunft über den „Beruf" des Gletschermannes. Er könnte ein Hirte gewesen sein, aber auch ein Jäger oder ein Metallsucher. Vielleicht war er ein religiöser Führer, der zum Gebet auf den Berg gestiegen war. Möglicherweise war er nicht allein unterwegs. Begleiter könnten überlebt haben oder ebenfalls gestorben sein. Ihre Körper wurden vielleicht vom Gletscher zermahlen oder sie liegen noch im Eis. Der Gletschermann starb möglicherweise, als er seinen täglichen Geschäften nachging. Nach dem letzten Forschungsstand starb Ötzi im Frühjahr, war zuletzt nicht ganz gesund und erlag möglicherweise einem Pfeilschuss in den Rücken. Seine Hauptnahrung in seinen letzten Tagen waren Brot und Fleisch.

Lesetipp

Gudrun Sulzenbacher, Die Gletschermumie.
Mit Ötzi auf Entdeckungsreise durch die Jungsteinzeit, Wien/Bozen (Folio) 2002.

M1 Die Leiche des Gletschermannes am Fundort, Foto, 1991

M2 Der Fundort in den Ötztaler Alpen

Leben in der Jungsteinzeit

M3 **Der Gletschermann,** Foto, 2000. Ötzi trug einen wetterfesten Grasmantel, eine Bärenfellmütze und mit Gras gefütterte Schuhe aus Fell und Leder. Unter dem Mantel trug er Pelzkleidung. Er ist (heute) 154 cm groß, war bei seinem Tode etwa 46 Jahre alt, wog etwa 50 kg, stammte vermutlich aus dem heutigen Südtirol und weist Tätowierungen mit möglicherweise medizinischer Bedeutung auf. Das Alter der Mumie beträgt rund 5300 Jahre. Er gehörte damit in die Phase der Kupferzeit innerhalb der Jungsteinzeit (Kupferzeit in Mitteleuropa ca. 4300 v. Chr. bis ca. 2200 v. Chr.).

M4 **Funde,** Fotos, 2000

Pfeile

Retuscheur. Er diente zum Schärfen der Steingeräte.

Schuhe

Köcher mit Pfeilen

Bärenfellmütze

Birkenrindenbehälter

Beil

Silexdolch mit Scheide

Gürteltasche

1 Beschreibe anhand von M1 bis M4 Fundort, Aussehen und Zustand des Gletschermannes.
2 Notiere offene Fragen, die dir zum Fund einfallen, und versuche sie durch weitere Informationen (Lexika, Internet) zu beantworten.
3 Zeige an der Ausstattung des Gletschermannes, wie er sich an die Anforderungen von Wetter, Klima und Natur angepasst hat.
4 Der Gletschermann verabschiedet sich von seiner Familie zum Weg ins Gebirge. Schreibe eine Erzählung über das weitere Geschehen. Erfinde eine passende Überschrift.

Werkstatt

Begegnung von Jägern und Sesshaften – ein Rollenspiel

Rollenspiele – warum?
Wie Menschen in der Geschichte in bestimmten Situationen gefühlt, gedacht und gehandelt haben, wissen wir nicht genau. Das gilt besonders dann, wenn Überlieferungen nur sehr dürftig sind oder ganz fehlen. In einem Rollenspiel sollen schwierige Situationen nachgespielt werden, um über Lösungen eines Problems nachzudenken. Es kann Ergebnisse der Forschung nicht ersetzen, bietet aber die Möglichkeit, sich in die Lage der Menschen aus der Vergangenheit hineinzudenken. Versucht einmal, euch in die Zeit zu versetzen, als die Jäger und Sammlerinnen allmählich zu sesshaften Bauern wurden. Bei der Organisation eines Rollenspieles zu diesem Thema helfen euch die folgenden Arbeitsschritte.

Modelle des Übergangs vom Wildbeuterleben zur Sesshaftigkeit, Rekonstruktionszeichnung, 1999. Das Modell basiert auf Forschungsergebnissen aus dem Raum Süddeutschland.

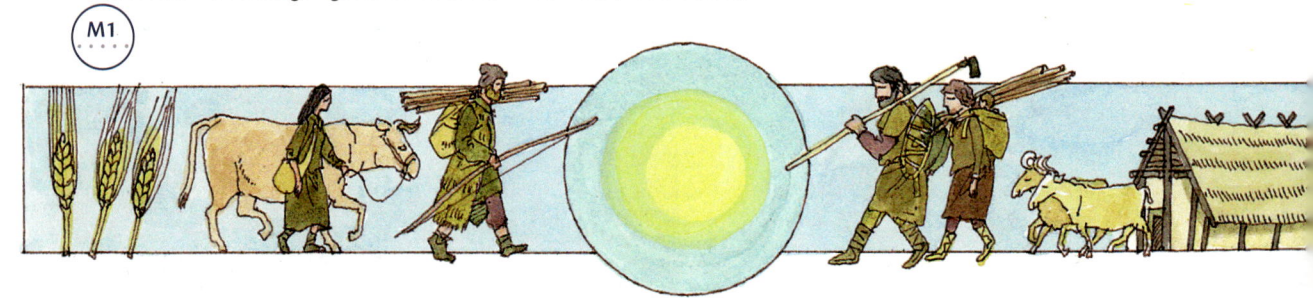

M1

1 Aus den nomadisierenden Völkern wurden allmählich sesshafte Bauern.

2 Eindringende Siedler überzeugten durch ihre Lebensweise die wildbeuterischen Völker.

3 Die Siedler verdrängten die Wildbeuter gewaltsam und nahmen das Land für den Ackerbau in Besitz.

Werkstatt

Situationskarte

Stellt euch vor, ihr wäret Siedler. Um eure Siedlung zu vergrößern, rodet ihr gerade einen Wald, der bisher von einer Gemeinschaft von Jägern und Sammlerinnen als Jagdgebiet genutzt wurde. Die Jäger sind empört. Ihnen droht ein Teil der Nahrungsgrundlage verloren zu gehen. Denn wenn die Wildtiere verdrängt würden, müssten sie über große Entfernungen weiterziehen. Um die Situation zu besprechen, kommen einige Siedler und eine Abordnung der Jäger- und Sammlerinnengruppe zusammen.

Rollenkarte 1

Der Dorfvorsteher

Er ist 40 Jahre alt und ein Bauer mit großem Besitz. Er möchte die Siedlung vergrößern. Die jungen Leute in seinem Dorf drängen darauf, mehr Land zu bekommen, damit sie ihre Familien ernähren können.

Rollenkarte 2

Der Anführer der Jäger- und Sammlergruppe

Er ist 25 Jahre alt, jung und kräftig. Er sieht überhaupt nicht ein, dass er und sein Stamm die Gegend verlassen sollen. Schließlich waren sie schon lange vor den Bauern in der Gegend. Je nach Jahreszeit und Tierbestand verlegten sie ihren Rastplatz in diese Umgebung.

Rollenkarte 3

Ein Töpferhandwerker

Er wohnt in der Siedlung und sieht in den Jägern und Sammlerinnen neue Käufer für seine Töpferwaren.

Rollenkarte 4

Ein Jäger

Er ist 35 Jahre alt und Spezialist für das Aufarbeiten von Tierfellen. Er bewertet das Auftauchen der Siedler eher positiv. Schließlich könnte er in Notzeiten seine Felle gegen getötete Tiere der Bauern eintauschen.

Rollenkarte 5

Eine Frau, die sammelt und jagt

Sie ist 20 Jahre alt und Mutter von zwei Kindern. Ihr gefällt das Leben der Bäuerinnen besser, weil diese sich mehr um ihre Kinder kümmern können. Sie möchte lieber in den Häusern wohnen und nicht mehr umherziehen.

Arbeitsschritte

1. Schritt: Die Ausgangslage auf eine Situationskarte schreiben

Auf der Situationskarte wird festgehalten, welche Situation nachgespielt werden soll. Die Ausgangssituation wird kurz beschrieben. Welche Personen sind an dem Spiel beteiligt? Welche Probleme gibt es? Ein Beispiel für eine Situationskarte findest du auf dieser Seite. Anregungen für weitere Situationen sind in M1 dargestellt.

2. Schritt: Rollen verteilen

Auf den Rollenkarten werden die spielenden Personen beschrieben: Beruf, Eigenschaften, Verhalten und ihre Ziele. Diejenigen, die eine Rolle übernehmen, müssen sich an die Vorgaben ihrer Rollenkarten halten. Sie dürfen aber auch eigene Vorstellungen von der darzustellenden Person einbringen, sofern sie den Vorgaben nicht widersprechen.

3. Schritt: Spiel vorbereiten

Die Spielerinnen und Spieler hängen sich ein Schild mit ihrer Rollenkennzeichnung um. Sie besprechen die Situation (Situationskarte) und die Rollen (Rollenkarten) untereinander.

4. Schritt: Spiel beobachten und auswerten

Sinnvoll ist der Einsatz von Spielbeobachtern, die sich während des Spiels Notizen zu den einzelnen Rollen machen. Sie sollen das Spiel bewerten und ihre Meinung begründen. Wurden die Rollen glaubhaft gespielt? Welche Argumente wurden genannt? Passten sie in die Situation und die Zeit? Was war gut, was könnte verbessert werden?

65

Leben in der Jungsteinzeit

Wohlstand durch Metalle?

1 Zuerst werden die Erzgänge mit Feuer und kaltem Wasser rissig gemacht; danach werden die Brocken herausgeschlagen.

3 Das Erz wird vom minderwertigen Gestein getrennt.

2 Die Erzbrocken werden in Körben nach oben transportiert.

M1

Erzbergbau in der Metallzeit, Rekonstruktionszeichnung, 1999

Kupfer, Bronze, Eisen

Unsere Reise durch die Vorgeschichte endet in einem Zeitraum, in dem wir bereits Spuren unserer heutigen Industriegesellschaft finden: Metalle. Sie kommen in bestimmten Gesteinen (= Erzen) vor, die in der Erde lagern und in Bergwerken abgebaut werden. Bei hohen Temperaturen werden aus den Erzen die Metalle herausgeschmolzen. Anschließend können sie in Formen gegossen, geschmiedet, gewalzt und mechanisch bearbeitet werden.

Kupfer war das erste Metall, das Menschen gewannen, und zwar zuerst im Vorderen Orient im 6. Jahrtausend v. Chr. Da aber Kupfer relativ weich ist, suchten die Menschen bald nach anderen Möglichkeiten und fanden heraus, dass eine Mischung aus Kupfer und Zinn im Verhältnis 9:1 ein härteres Metall ergibt: die Bronze. In Mitteleuropa gab es sie seit 2200 v. Chr. (Bronzezeit). Ein noch härteres Metall ist das Eisen, mit dem um 800 v. Chr. die Eisenzeit begann.

Veränderungen in Gesellschaft und Kultur

Da der Abbau von Eisenerz und seine Verarbeitung zu Metallgegenständen Fachwissen erforderten, entstand in den bäuerlichen Gemeinschaften eine Arbeitsteilung. Es bildeten sich Handwerksberufe heraus wie Bergmann und Schmied. Händler transportierten und tauschten Rohstoffe und Produkte – zum Teil über Tausende von Kilometern hinweg. Sie brachten Kenntnisse über fremde Lebensformen und Arbeitstechniken, vor allem aus dem Mittelmeerraum, nach Norden. Dass durch solche Kontakte ein Austausch stattgefunden hat, haben Archäologen anhand von Ausgrabungen erkannt. Aber nicht nur äußere Einflüsse veränderten das Leben der Menschen. Durch die Spezialisierung und die Möglichkeit, über den Eigenbedarf hinaus zu produzieren, entstand in der Gruppe ein „Oben" und „Unten": Die Reichsten und Mächtigsten standen als Fürsten oder Häuptlinge an der Spitze. Dies ist beispielsweise für die Kelten* und die Germanen, die in der Eisenzeit in Mitteleuropa lebten, überliefert.

M2

Funde aus der Bronzezeit, Foto, 1996

Leben in der Jungsteinzeit

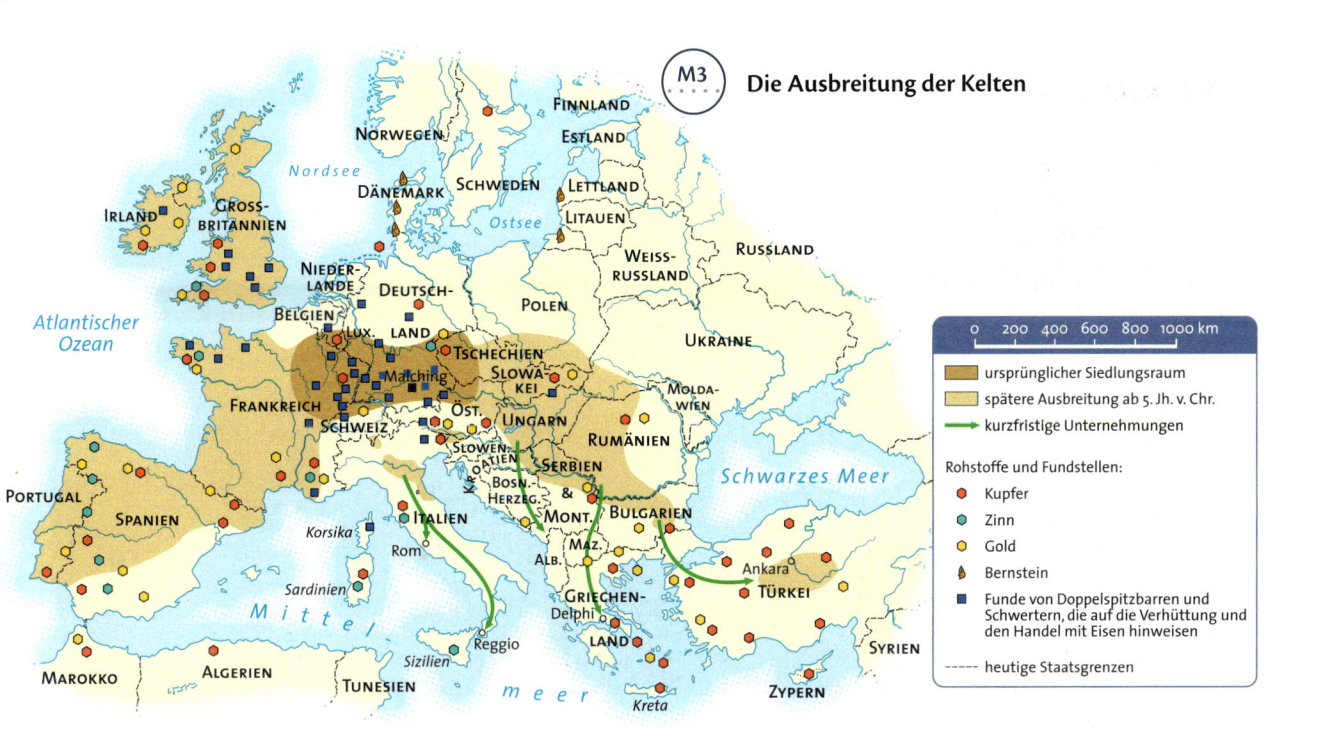

M3 Die Ausbreitung der Kelten

Legende:
- ursprünglicher Siedlungsraum
- spätere Ausbreitung ab 5. Jh. v. Chr.
- kurzfristige Unternehmungen

Rohstoffe und Fundstellen:
- Kupfer
- Zinn
- Gold
- Bernstein
- Funde von Doppelspitzbarren und Schwertern, die auf die Verhüttung und den Handel mit Eisen hinweisen
- heutige Staatsgrenzen

Begriffe und Daten

Metallzeit

Die neuen Werkstoffe aus Metall veränderten das Leben der Menschen sehr stark. Deshalb benennen wir geschichtliche Zeiträume nach dem bevorzugten Metall: zwischen 1800 und ca. 1000 v. Chr. Bronzezeit in Mitteleuropa. Ab ca. 1000 v. Chr. wurden hier Werkzeuge, Geräte und Waffen aus Eisen üblich: Eisenzeit.

1. Nenne Vor- und Nachteile wichtiger Werkstoffe aus der Steinzeit (Steine, Holz, Knochen). Vergleiche sie mit den Eigenschaften der Werkstoffe aus der Metallzeit (Darstellungstext S. 66 und M2).
2. Beschreibe mithilfe von M1 den Abbau von Erzen in der Metallzeit.
3. Erläutere anhand des Darstellungstextes S. 66 rechts, wie sich die Gesellschaft in der Metallzeit gegenüber der Jungsteinzeit verändert hat.
4. Überlege, wofür Metalle heute benötigt werden.
5. Beschreibe die Keltensiedlung M4 und vergleiche sie mit dem jungsteinzeitlichen Hausbau (siehe S. 56, M2).
6. Kläre mithilfe von M3, wo der ursprüngliche Siedlungsraum der Kelten war. Welche heutigen Länder Europas liegen im keltischen Kulturraum?

M4 Rekonstruktionszeichnung der Siedlung bei Hochdorf, 2000. Die Hofstellen bestanden aus Wohnhäusern, Gärten, Grubenhäusern, die vermutlich als Werkstätten dienten, Erdkellern und Vierpfostenspeichern mit hochgelegtem Boden. Als Baumaterialien wurden Holz, Weide und Stroh verwendet. Die Zeichnung stellt eine Möglichkeit dar, wie die Siedlung ausgesehen haben könnte.

Methode

Ein Museum besuchen – das Archäologische Zentrum Hitzacker

M1

Bronzezeitliche Langhäuser, deren Rekonstruktion auf den Ergebnissen der Ausgrabungen bei Hitzacker beruht, Foto, 2003

Geschichte erleben „vor Ort"

Geschichte wird anschaulich und lebendig, wenn man sie „vor Ort" erlebt. Aber eine Reise, die an den „Schauplatz" der Geschichte führt, muss gut vorbereitet werden, denn die Zeit für eine Besichtigung ist immer begrenzt. Und wer nicht ungefähr weiß, was es vor Ort zu sehen gibt, der läuft Gefahr, an wichtigen und interessanten Gegenständen und Gebäuden achtlos vorüberzugehen.

Am Beispiel des Archäologischen Zentrums Hitzacker/Elbe (AZH) könnt ihr lernen, wie eine Exkursion vorbereitet und durchgeführt werden kann.

Das Archäologische Zentrum Hitzacker – ein Beispiel

Das AZH ist ein Freilichtmuseum im Wendland am Hitzackersee. Die Anfänge des Museumsparks gehen auf archäologische Ausgrabungen zurück, die 1987 bis 1990 während des Ausbaus einer Kreisstraße und der Einrichtung eines Baugebietes vorgenommen wurden. Wegen interessanter bronzezeitlicher Funde wurde das Gebiet zum Grabungsschutzgebiet erklärt und als Archäologie- und Naherholungspark eingerichtet.

Die Ausgrabungen ergaben, dass dieses Gebiet seit der Jungsteinzeit (ca. 2700 v. Chr.) bis in das Mittelalter hinein (ca. Mitte des 13. Jahrhunderts) dicht besiedelt war. Gut erhaltene Hausgrundrisse und weitere Funde geben einen Einblick in die Siedlungsgeschichte in diesem Raum. Nach den Befunden wurden auch verschiedene Rekonstruktionen vorgenommen, wie zum Beispiel Langhäuser aus der Jungsteinzeit und der Bronzezeit, Vorratsgruben und ein Totenhaus.

Das AZH versteht sich als „Museum zum Anfassen und Mitmachen". In Veranstaltungen zu den „Tagen der lebendigen Archäologie" werden handwerkliche Verfahren und Techniken der Vorgeschichte erklärt und vorgeführt. Besuchergruppen können zum Beispiel ausprobieren, wie eine Flechtwand aus Weidenruten aufgebaut wird, wie man Beile aus Bronze und Basalt benutzt, wie in einem Lehmofen Feuer gemacht wird und in Tontöpfen Getränke und Speisen zubereitet werden.

Internettipp

www.hitzacker.de
www.archaeo-centrum.de

Methode

M2 Der Nachbau der bronzezeitlichen Langhäuser erfolgte in weiten Teilen nach dem Prinzip „Versuch und Irrtum" Foto, 2003. Gezielt wurden unterschiedliche Materialien ausprobiert, bronzezeitliche Techniken angewandt und sogar das nachgebaute Handwerksgerät jener Zeit benutzt.

M3 Ein für Nordostniedersachsen typisches sogenanntes Totenhaus, Rekonstruktion, Foto, 2003

Arbeitsschritte

1. Schritt: Informationen beschaffen
Besorgt euch zunächst Übersichtspläne und Informationsmaterial von der Verwaltung des Museums: Archäologisches Zentrum Hitzacker/Elbe, Hitzackersee, 29456 Hitzacker oder: Kreisarchäologie-AZH, Königsberger Straße 10, 29439 Lüchow.

2. Schritt: Organisation
Klärt, welcher Termin infrage kommt (das AZH ist von April bis Oktober geöffnet), und ermittelt Fahrzeiten und Fahrpreise der günstigsten Verkehrsmittel. Stellt vor der endgültigen Entscheidung fest, was die Fahrt wohl insgesamt kosten wird.

3. Schritt: Themen in der Schule vorbereiten
Sichtet das Informationsmaterial, entscheidet über die Arbeitsschwerpunkte, teilt euch in Gruppen ein. Jede Gruppe bereitet ein Teilthema vor und bearbeitet es im Museum. Hinweise auf Einzelthemen gibt der Kasten auf dieser Seite. Formuliert Einzelfragen, die ihr bearbeiten wollt. Bleibt aber auch offen für Unbekanntes.

4. Schritt: Orientierung und Entdeckungen im Museum
Verschafft euch vor Ort gemeinsam bei einem Rundgang einen ersten Überblick. Die einzelnen Gruppen können als Experten schon Informationen geben.

Anschließend gehen die Gruppen an die Arbeit: Notizen, Skizzen, Fotos (Video?) anfertigen, vielleicht auch ein Interview mit einem Museumsmitarbeiter.

5. Schritt: Befunde auswerten und dokumentieren
Wertet eure Arbeitsergebnisse in der Schule aus. Jede Gruppe berichtet. Entscheidet, wie ihr eure Ergebnisse dokumentieren wollt. Einige Anregungen: ein Exkursionsbuch anlegen, eine Wandzeitung erstellen, Spielszenen/Hörspiel produzieren, eine Reportage für die Schülerzeitung schreiben.

Arbeitsanleitung

Beispiele für Einzelthemen
- Lage, Gründung und Aufgabe des AZH
- Ausgrabungs- und Rekonstruktionstechniken
- Hausbau
- Feuertechniken
- Mahlen und Backen
- Essen und Trinken
- Vorratshaltung
- Spinnen und Weben
- Töpfern
- Bronzeguss
- Universalkleber Pech
- Totenhaus

Werkstatt

Eine Zeitleiste herstellen

	▶ Altsteinzeit 2 000 000 v. Chr.	▶ Jungsteinzeit im Vorderen Orient 9000 v. Chr.	▶ Jungsteinzeit in Mitteleuropa; Metallzeit im Vorderen Orient 5500 v. Chr.	▶ Bronzezeit in Mitteleuropa 2200 v. Chr.	▶ Eisenzeit 1000 v. Chr.
Nahrung					
Wohnung					
Kleidung					
Kultur und Religion					
Werkzeuge und Technik					

M1 **Beispiel einer Epochen-Zeitleiste.** Die Darstellung hier und in eurer Klasse ist nicht im genauen Maßstab möglich, denn bei einem Maßstab von beispielsweise einem Meter an der Klassenwand für 10 000 Jahre müsstet ihr ab Beginn der Altsteinzeit 200 Meter zur Verfügung haben. Es genügt deshalb, wenn ihr die Zeitabstände optisch durch größere bzw. kleinere Abstände zwischen den Epochen kennzeichnet.

Wozu eine Zeitleiste?

Im 1. Kapitel habt ihr an einigen Beispielen gelernt, wie die Zeit gegliedert und dargestellt werden kann, z. B. mit der Zeitspirale (S. 10), der Zeitleiste (S. 14) und dem Zeitstrahl (S. 16 und S. 19). Für euren Lernerfolg in Geschichte ist es aber auch wichtig, eine Zeitleiste selbst zu erarbeiten. Sie gibt euch die Möglichkeit, sie nach euren Vorstellungen anzufertigen, das für euch Wichtige festzuhalten, sie für Wiederholungen zu nutzen, sie im Laufe des Unterrichts weiterzuentwickeln.

Auf dieser Seite findet ihr einige Anregungen, wie ihr eine Zeitleiste für eure Klasse herstellt. Nachdem ihr Kapitel 2 bearbeitet habt, könnt ihr eine Zeitleiste zu den Epochen der Altsteinzeit, der Jungsteinzeit und der Metallzeit gestalten. Einige Ergebnisse zu den Merkmalen (Nahrung, Wohnung usw.) sind schon vorgegeben.

Genauso könnt ihr aber auch eine Zeitleiste für eine einzelne Epoche erarbeiten oder diese Zeitleiste um weitere noch zu erarbeitende Epochen ergänzen. Als Materialien braucht ihr Kartonbögen oder Packpapier. Nutzt auch die Möglichkeit, Informationen aus Lexika, Sachbüchern und aus dem Internet heranzuziehen. Gestaltet (zeichnet, schreibt) möglichst viel selbst!

Kompetenz-Check

Leben in der Jungsteinzeit

Überprüfe, was du kannst

Sachkompetenz

1 Schreibe zu den folgenden Begriffen eine kurze Erläuterung: Altsteinzeit (S. 44), Jungsteinzeit (S. 55–57), Metallzeit (S. 66–67).

2 Welche Begriffe bzw. Zahlen zur Altsteinzeit gehören nicht in die folgende Aufzählung?
Altsteinzeit – 5000 v. Chr. – Mammut – Wildbeuter – Faustkeil – Hausschwein – Felsmalerei – Bronzeaxt – Bestattungen – Keramikgefäße – Rentier – 400 000 v. Chr.

Urteilskompetenz

3 Die jungsteinzeitliche bäuerliche Gesellschaft brachte für alle Menschen große Arbeitserleichterungen. Schreibe deine Meinung zu diesem Satz auf.

Kommunikations- und Handlungskompetenz

4 **Gruppenarbeit:**
a) Bildet sechs Gruppen. Je zwei bearbeiten eines der drei folgenden Themen:
– Altsteinzeit,
– Neolithische Revolution,
– Metallzeit.
Notiert jeweils in Stichworten Merkmale zu den Bereichen: I. Lebensweise Altsteinzeit, II. Lebensweise Jungsteinzeit, III. Kultur und Technik in der Altsteinzeit, IV. Kultur und Wissenschaft in der Jungsteinzeit, V. Merkmale der Metallzeit.
b) Stellt eure Ergebnisse der Klasse vor.

Methodenkompetenz

5 **Partnerarbeit:**
a) Beschreibt M1 und stellt fest, um welche Quellenart es sich handelt. Zieht die Seiten 18 f. heran.
b) Prüft, ob das Dargestellte in die Epoche der Metallzeit (um 1000 v. Chr.) eingeordnet werden könnte. Begründet euer Ergebnis. c) Versucht mithilfe von Lexika bzw. des Internets eine genauere zeitliche Einordnung der Quelle. Der Maler heißt Paul Meyerheim.

M1 **Lokomotiven-Montagehalle,** Gemälde von Paul Meyerheim, 1875

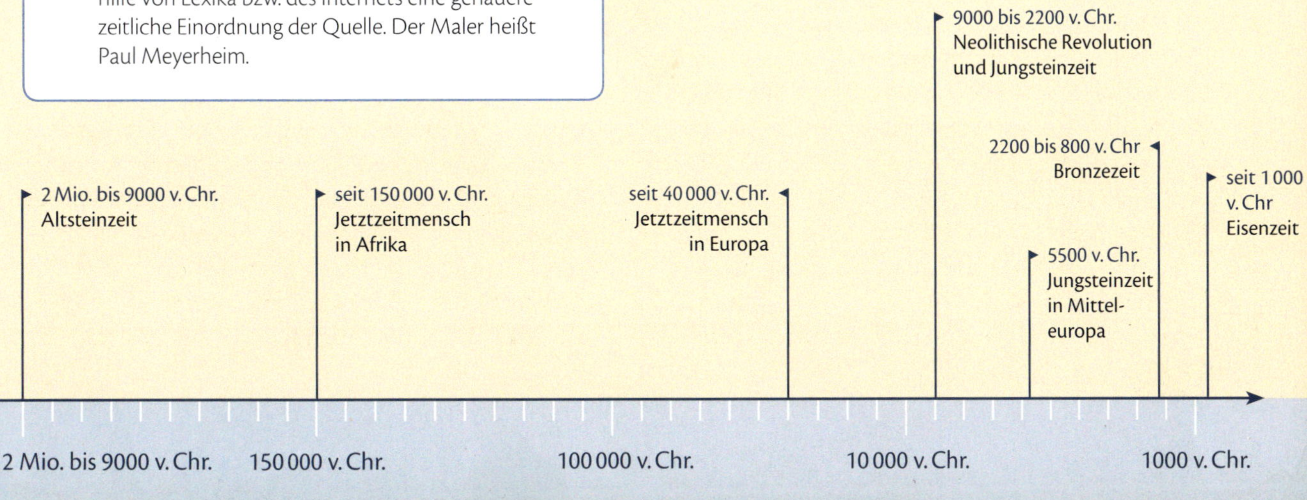

- 2 Mio. bis 9000 v. Chr. Altsteinzeit
- seit 150 000 v. Chr. Jetztzeitmensch in Afrika
- seit 40 000 v. Chr. Jetztzeitmensch in Europa
- 9000 bis 2200 v. Chr. Neolithische Revolution und Jungsteinzeit
- 2200 bis 800 v. Chr. Bronzezeit
- 5500 v. Chr. Jungsteinzeit in Mitteleuropa
- seit 1000 v. Chr. Eisenzeit

2 Mio. bis 9000 v. Chr. | 150 000 v. Chr. | 100 000 v. Chr. | 10 000 v. Chr. | 1000 v. Chr.

Menschen in vorgeschichtlicher Zeit

Spuren der ersten Menschen

Die ältesten Spuren des Menschen sind rund vier Millionen Jahre alt. Der heutige Mensch (= Jetztzeitmensch oder Homo sapiens sapiens) entwickelte sich allerdings erst vor etwa 150 000 Jahren im warmen Klima Afrikas. Nach Europa kam er vor etwa 40 000 Jahren. Herausgefunden haben dies Archäologinnen und Archäologen anhand von Ausgrabungen und naturwissenschaftlichen Untersuchungen.

Zum Teil nutzen sie die experimentelle Archäologie: Mithilfe von Grabungsfunden werden frühere Lebensformen wiederhergestellt (rekonstruiert) und gedeutet. Der „Out-of-Africa-Hypothese" steht das „multiregionale Modell" gegenüber, nach dem sich in den verschiedenen Erdteilen die einzelnen Völker aus älteren, dort bereits lebenden Menschenformen entwickelt haben sollen. Der Ursprung aller späteren Menschenformen wird jedoch in Afrika angenommen.

Leben in der Altsteinzeit

In der Altsteinzeit, die vor ungefähr zwei Millionen Jahren begann, lebten die Menschen von dem, was die Natur ihnen bot. Sie sammelten Essbares und jagten Tiere. Bot ein Ort ihnen nicht mehr genügend Nahrung, zogen sie weiter. In die Natur griffen sie kaum ein. Sie stellten Werkzeuge aus Stein, Knochen und Holz her. Und sie nutzten erstmals das Feuer.

Um besser überleben zu können und sich zu schützen, lebten die Menschen in Gruppen zusammen. Davon zeugen Funde im freien Gelände. Auch Höhlen und Felsüberhänge dienten ihnen zeitweise als Schutz.

Höhlenfunde zeigen aber auch, dass die Menschen künstlerisch tätig waren: So stellten sie zum Beispiel kleine Figuren her und malten Felsbilder. Uns bleibt deren genaue Bedeutung verschlossen.

In der Altsteinzeit wechselte das Klima mehrmals zwischen Warm- und Kaltzeiten. Mit dem Ende der letzten Kaltzeit um 9000 v. Chr. ging diese Epoche der Menschheitsgeschichte zu Ende.

Leben in der Jungsteinzeit

Seit etwa 9000 v. Chr. im Vorderen Orient und 5500 v. Chr. in Mitteleuropa veränderten die Menschen ihre Lebensweise: Sie wurden sesshaft und lebten als Ackerbauern und Viehzüchter in dorfähnlichen Siedlungen. Die grundlegenden Veränderungen erfolgten innerhalb nur weniger Jahrhunderte, sodass Wissenschaftler sie als „Neolithische Revolution" (Neolithikum = Jungsteinzeit) bezeichnen. Die Menschen der Jungsteinzeit griffen nun in die Natur ein, um sie für ihre Zwecke zu nutzen. Sie rodeten Wälder, züchteten Pflanzen, zähmten und züchteten Tiere und dehnten ihre Acker- und Weideflächen immer mehr aus. Archäologische Funde haben aber gezeigt, dass sich die Menschen auch an ihre natürliche Umgebung anpassten, zum Beispiel in der Bauweise ihrer Häuser und der Anlage der Felder. Freigelegte Grundrisse von Häusern und große Gräberfelder zeigen, dass die Menschen in größeren Gemeinschaften lebten. Aus dem Zusammenleben ergab sich vermutlich eine gewisse Arbeitsteilung zwischen Frauen, Männern und Kindern und eine Spezialisierung in der bäuerlichen und handwerklichen Arbeit.

Leben in der Metallzeit

Die Gewinnung von Metallen aus Erzen gelang mit dem Kupfer zuerst im Vorderen Orient ab etwa 6000 v. Chr. Eine Mischung aus Kupfer und Zinn erwies sich als härteres Metall: die Bronze. Sie eignete sich zum Beispiel für die Herstellung von Geräten und Waffen. Eisen – schwieriger zu gewinnen und zu verarbeiten – war jedoch wesentlich härter als Bronze und fand sich in seiner Vorform, dem Eisenerz, an vielen Stellen in Europa. Nach dem Vorherrschen eines bestimmten Werkstoffes wie Bronze bzw. Eisen wird in der Forschung von „Bronzezeit" (etwa 2200 bis 800 v. Chr.) und „Eisenzeit" (ab zirka 1000 v. Chr.) gesprochen. Spezialisten der Eisenverarbeitung waren die Kelten. Sie lebten in Stämmen mit Fürsten und Königen an der Spitze und waren erfolgreiche Händler und tüchtige Krieger. Die Kelten wohnten in großen, stadtähnlichen Siedlungen mit Wehranlagen („oppida").

Zusammenfassung

Leben in frühen Kulturen

Altsteinzeit

Zeit
– vor 2 Mio. bis um 9000 v. Chr.

Mensch
– Homo erectus (Urmensch; vor 2 Mio. bis 40 000 Jahren) und Homo sapiens (Jetztzeitmensch; vor 150 000 Jahren zuerst aufgetreten)

Ort
– von Afrika nach Europa und Asien

Lebensweise
– wildbeuterische, nomadisierende Lebensweise
– Ernährung: Jagen von Wildtieren und Fischen, Sammeln von Früchten, Wurzeln usw.
– einfache Steinwerkzeuge (Faustkeil); vor 400 000 Jahren: Speere
– Leben in Gruppen (25 bis 30 Personen)
– einfache Arbeitsteilung, z. B. Anfertigen von Speeren, spezialisierte Schützen
– vermutlich rituelle, religiöse Vorstellungen
– künstlerische Aktivitäten (Felsmalerei)

Jungsteinzeit

Zeit
– um 9000 v. Chr. bis um 2200 v. Chr.

Mensch
– Homo sapiens (Jetztzeitmensch)

Ort
– Vorderer Orient und Mitteleuropa

Lebensweise
– Übergang zur bäuerlichen Lebensweise (Viehzucht); Sesshaftigkeit zuerst im Vorderen Orient
– Ernährung: Getreide, Früchte im Feldanbau, Tierzucht, Jagd geht zurück
– Hausbau
– vielfältige Geräte und Werkzeuge
– Leben in dorfähnlichen Siedlungen
– zunehmende Arbeitsteilung (bäuerliche und handwerkliche Arbeit), Spezialisierung
– Kultstätten, Großsteingräber, Himmelsbeobachtung

Metallzeit in Mitteleuropa

Zeit
– ab etwa 2200 v. Chr.

Mensch
– Homo sapiens (Jetztzeitmensch)

Ort
– Mitteleuropa

Lebensweise
– neue Werkstoffe: Kupfer, Bronze und Eisen
– neue Berufe
– landwirtschaftlich-handwerkliche Lebensweise
– Ausweitung des Handels
– kulturelle Kontakte
– stärkere gesellschaftliche Unterschiede (Hierarchie)
– dörfliche und stadtähnliche befestigte Siedlungen (z. B. bei den Kelten)

3. Ägypten – eine frühe Hochkultur

Angenommen, ein libyscher Beduinenjunge, Nimrot, trifft das ägyptische Mädchen Nefru. Gemeinsam beobachten sie den Transport der Statue auf dem großen Bild.
Nimrot: Warum sind denn hier so viele Menschen versammelt? Solche Massen kenne ich gar nicht.
Nefru: Die sind alle bei der Arbeit. Sie transportieren die Statue zu unserem Tempel. Und damit alles klappt, hat jeder eine besondere Aufgabe. Schau, die vielen Arbeiter ziehen die Figur.
Nimrot: Und wer sind die Herren links?
Nefru: Das sind Beamte. Sie führen die Aufsicht und lassen sich dabei von den Soldaten helfen – du siehst sie da hinten in Reih und Glied stehen.
Nimrot: Und wen stellt die Figur dar?
Nefru: Das ist unser Gaufürst. Er regiert unseren Bezirk und über ihm ist nur noch der Pharao. Unseren Pharao verehren wir wie einen Gott …
Nimrot: … also so etwas wie unser Stammesältester?
Nefru: Ich weiß nicht, wie das bei euch ist. Unser Pharao steht an der Spitze des Staates mit der Verwaltung und den Beamten. Die brauchen wir, weil bei uns viele Menschen auf sehr engem Raum an den Ufern des Nils zusammenleben. Da muss alles gut organisiert sein.

Folgende Fragen leiten dich durch das Kapitel:

- *Wie beeinflusste der Nil die Lebenswelt im alten Ägypten?*
- *Wie waren Staat und Gesellschaft aufgebaut?*
- *Welche Bedeutung hatten die Pyramiden und die Religion?*
- *Warum gehört das alte Ägypten zu den frühen Hochkulturen?*

1 Stellt anhand der Abbildungen Vermutungen über das Leben der alten Ägypter an. Nehmt das Gespräch zwischen Nimrot und Nefru zu Hilfe.

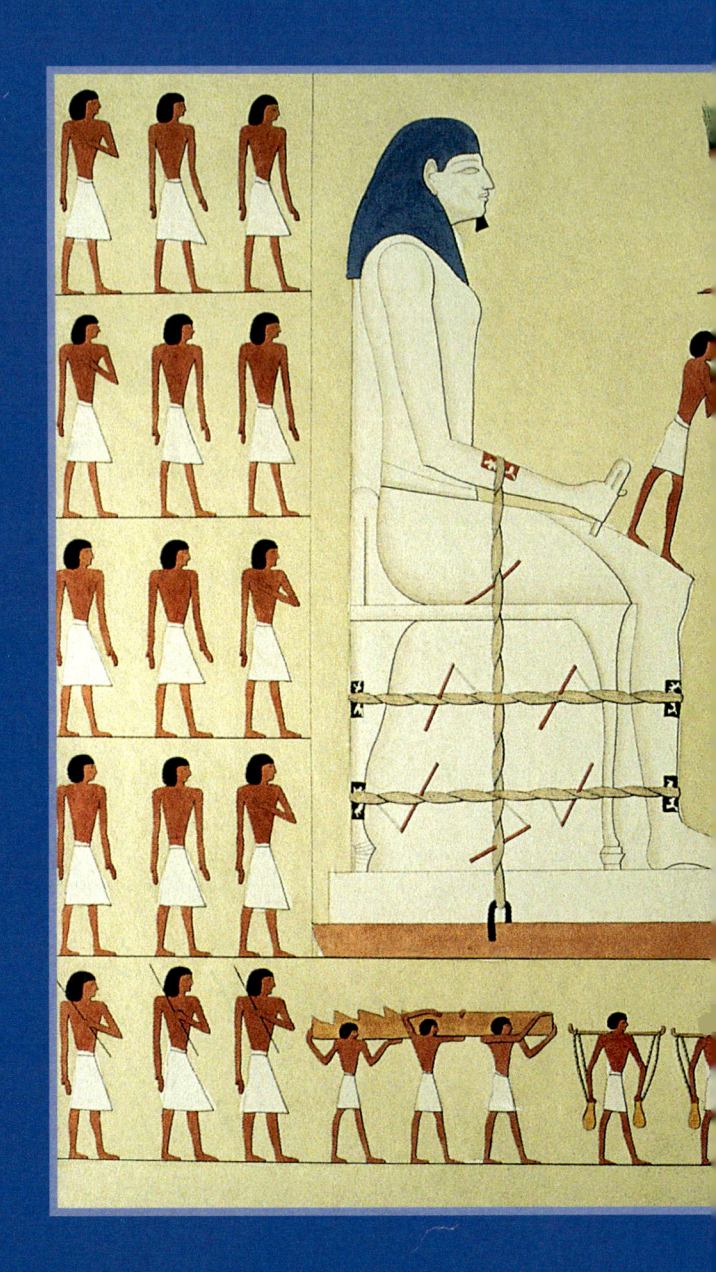

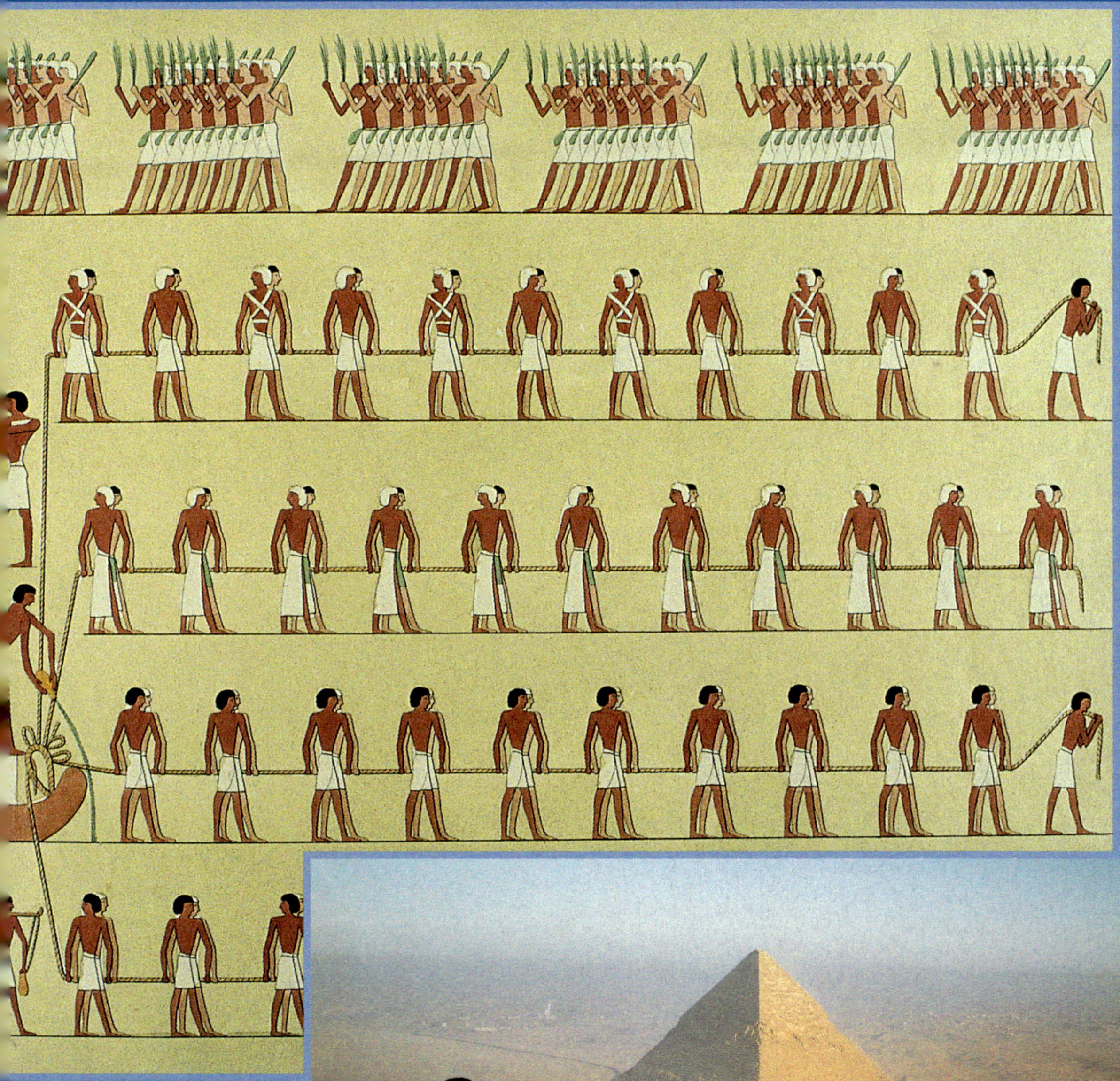

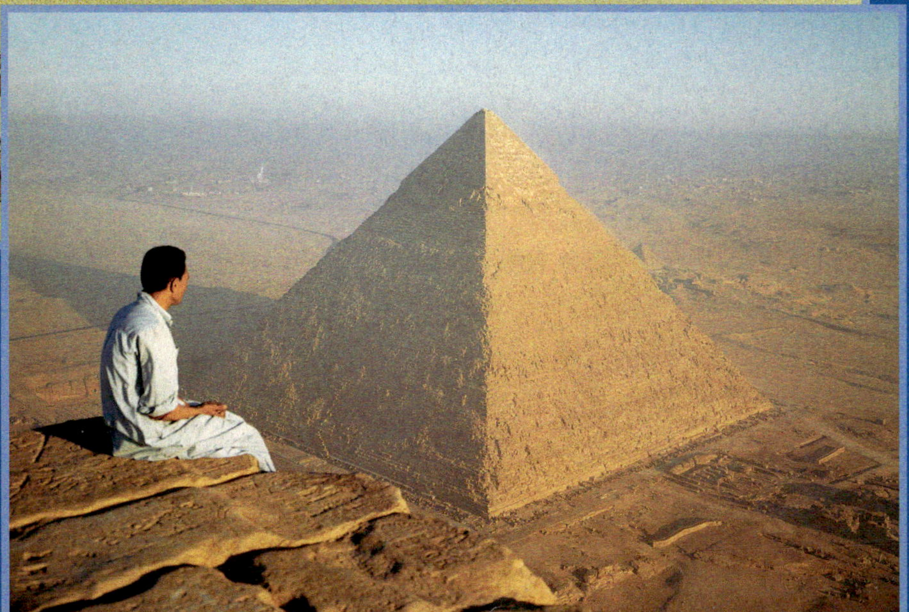

2. Ägypten – eine frühe Hochkultur

Lebenswelt altes Ägypten

Wissen • Urteilen • Kommunizieren/Handeln • Methoden anwenden

Am Ende dieses Unterkapitels kannst du

- den Einfluss des Nils auf das Leben der Menschen im alten Ägypten erklären
- den Aufbau der altägyptischen Gesellschaft beschreiben
- die Rolle die Frauen in der Gesellschaft darlegen
- die Bedeutung der Pharaonen, der Pyramiden und der Religion für die Ägypter erläutern
- Merkmale der frühen Hochkultur am Beispiel Ägypten nennen
- **Methode** Ein Bild als Quelle
- **Methode** Das Internet nutzen

Frühe Hochkulturen 3000 bis 1500 v. Chr.

▶ Frühe Hochkultur in Ägypten

seit 3000 v. Chr.

Lebenswelt altes Ägypten

Auf der Spur der Pharaonen

M1 Aus einem Reisekatalog über Ägypten

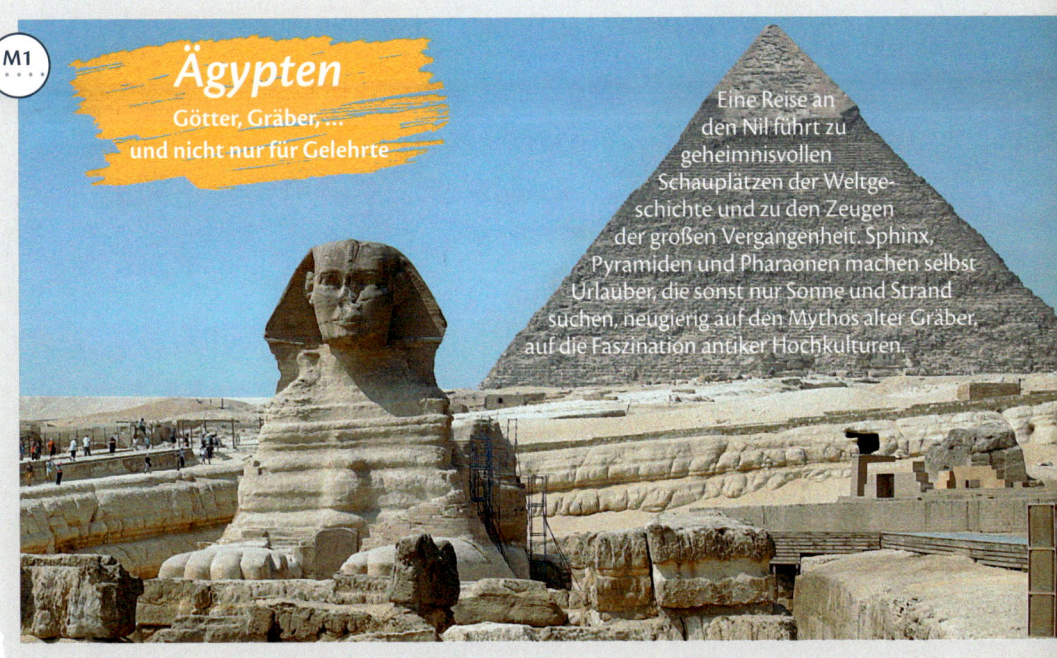

Ägypten
Götter, Gräber, ...
und nicht nur für Gelehrte

Eine Reise an den Nil führt zu geheimnisvollen Schauplätzen der Weltgeschichte und zu den Zeugen der großen Vergangenheit. Sphinx, Pyramiden und Pharaonen machen selbst Urlauber, die sonst nur Sonne und Strand suchen, neugierig auf den Mythos alter Gräber, auf die Faszination antiker Hochkulturen.

Das Ende der Pyramiden?

M2 Der Journalist Harald Martenstein schrieb über den Tourismus an den Pyramiden von Giseh, 2000:

Jeden Morgen beginnt vor der großen Pyramide von Giseh ein einsamer Polizist einen Kampf, den er nicht gewinnen kann. Der Polizist hat die Aufgabe, das Erbe seiner Vorfahren vor den Auswüchsen der neuen Zeit zu verteidigen – vor Touristen zum Beispiel, die eine Pyramide besteigen wollen wie irgend so einen Alpengipfel. Oder vor den vielen Ägyptern, die den Touristen etwas verkaufen möchten, einen Kamelritt oder ein Kopftuch oder eine Steinfigur. Es geht um die Würde des Ortes. Die Waffe, mit deren Hilfe der Polizist die Würde verteidigt, ist eine Trillerpfeife, ähnlich einer, wie deutsche Bademeister sie haben. Der Polizist pfeift, die Verkäufer ziehen sich ein paar Meter zurück, die Kletterer steigen ein paar Meter ab. Zwei Minuten später beginnt der Kampf von neuem ...

„Willkommen, das ist ein Geschenk, Mister", sagen ein paar Jungs und legen einem einen Skarabäus [Käfer, der im alten Ägypten als Sinnbild des Sonnengottes verehrt wurde] in die Hand. Wer ihn nicht sofort fallen lässt, muss ihn teuer bezahlen, oder die Jungs nehmen eine drohende Haltung ein. Wer anfasst, muss zahlen. Das sind die Regeln ... [Ich] blättere ... in den Aufsätzen des Direktors [des Plateaus von Giseh, Herr über Ägyptens wichtigste Pyramiden]. Sie befassen sich mit dem Massentourismus und den Schäden, die er verursacht. [Der Direktor schreibt]: „Ich gebe den ägyptischen Denkmälern nur noch eine Lebenserwartung von 100 Jahren." Nur noch hundert Jahre werden die Pyramiden also stehen. Kaum der Rede wert.

Harald Martenstein, Giseh und die Zone der Würde. In: Geo Epoche, Nr. 3, Hamburg (Gruner+Jahr), April 2000, S. 142 f.

1 Beschreibe M1 und stelle fest, mit welchen historischen Überresten Ägyptens der Reisekatalog wirbt.

2 a) Nenne die Schwierigkeiten, von denen der Autor in M2 beim Besuch der Pyramide berichtet.
b) Erkläre den Ausdruck „Würde des Ortes" (Zeile 10)?
c) Äußere deine Meinung zur Art des Verkaufs der Skarabäuskäfer.
d) Beantworte die Überschrift von M2.

Lebenswelt altes Ägypten

Das Niltal wird besiedelt

Leben nach den Regeln des Flusses?

Als vor etwa 9000 Jahren die Warmzeit begann, trockneten große Teile Nordafrikas allmählich aus und wurden zur Wüste. Einige Menschen passten sich den erschwerten Bedingungen an und lebten mit ihren Viehherden als Nomaden in diesen kargen Gebieten. Jedoch die meisten Menschen verließen die Wüste und ließen sich als Bauern an den wasserreichen Ufern des Nils nieder.

Während der Regenzeit im Juni strömten aus Afrikas tropischen Gebieten ungeheure Wassermassen in den Nil. In dieser Zeit stieg der Wasserstand um 5 bis 7 Meter. Ende September, wenn der Nil in sein Flussbett zurückgekehrt war, blieb zu beiden Seiten des Ufers eine Schlammschicht zurück. Die Menschen erkannten schnell, dass diese Schlammschicht sehr fruchtbar war und sich besonders gut als Ackerboden eignete. Sie pflügten und wässerten die Äcker, säten Getreide und bauten vielerlei Pflanzen an. Vier Monate später konnten das Korn geschnitten, Linsen, Bohnen, Trauben, Datteln und Feigen geerntet werden. Danach lag das Land vier Monate lang brach.

Die Höhe der Flut entschied über „fette" und „magere" Jahre. Oft machte eine zu große Überschwemmung die Ernte zunichte, eine zu geringe hatte eine Hungersnot zur Folge. So konnte der Nil Segen oder Fluch sein.

Um sich von den Unwägbarkeiten des Nils unabhängiger zu machen, mussten die Menschen Deiche, Kanäle und Staudämme bauen. Dazu war es notwendig, dass die Ägypter ihr Zusammenleben genau organisierten und die Arbeit untereinander aufteilten.

Überschwemmungen führten dazu, dass die Felder wieder neu vermessen werden mussten. Als natürliche Maßeinheiten verwandten die Ägypter Elle und Fuß. Aus der Feldvermessung entwickelte sich eine Wissenschaft, die von den Griechen später Geometrie genannt wurde.

Im Laufe der Zeit entdeckten die Ägypter, dass es von einer Nilüberschwemmung bis zur nächsten 365 Tage dauerte. Aus dieser Erkenntnis entwickelten sie einen Kalender, der im Prinzip noch heute Gültigkeit hat.

M1 Ägypten um 1150 v. Chr.

Lebenswelt altes Ägypten

Bauern bei der Bewirtschaftung des Niltales, Malerei aus dem Grab des Nacht, um 1425 v. Chr.

M3 Der Nil bestimmt das Leben

Ein Lied über den Nil aus dem 2. Jahrtausend v. Chr.:
Sei gegrüßt, Nil, hervorgegangen aus der Erde, gekommen, um Ägypten am Leben zu erhalten! Herr der Fische, der die Zugvögel stromauf ziehen lässt, der Gerste schafft und Bohnen entstehen
5 lässt.
Wenn er faul ist, dann werden die Nasen verstopft und jedermann verarmt.
Wenn er habgierig ist, ist das ganze Land krank, Große und Kleine schreien.
10 Beständig an Regeln, kommt er zu seiner Zeit, Ober- und Unterägypten zu füllen.
Der die Menschen kleidet mit dem Flachs[1], der den Webergott seine Erzeugnisse herstellen lässt und den Salbengott sein Öl.
15 Alle Erzeugnisse werden aus ihm hervorgebracht.
… Fließe, Nil! Man opfert dir.
Komm nach Ägypten! Auf, Verborgener!
Der Menschen und Tiere am Leben erhält mit seinen Gaben des Feldes.
Zit. nach Jan Assmann (Hg.), Ägyptische Hymnen und Gebete, Zürich (Artemis) 1975, S. 500 ff. Bearb. d. Verf.

[1] Pflanze zur Herstellung von Leinen

Nillandschaft heute, Foto, 1994

1 Erarbeite mithilfe des Darstellungstextes, warum sich die Menschen am Nil angesiedelt haben.
2 Der Nil war Segen und Fluch für die Ägypter. Begründe dies anhand des Darstellungstextes und M3.
3 Beschreibe die Tätigkeiten und Werkzeuge in M2. Vergleiche die Werkzeuge mit denen der Bauern in der Jungsteinzeit (siehe S. 56 f.).
4 Informiere dich anhand eines Lexikons über die Geschichte des Kalenders. Lies auf S. 11 nach.
5 Beschreibe das Foto M4 und mache dich mithilfe eines Atlas kundig, welche wirtschaftliche Bedeutung das Niltal in der Gegenwart hat.

Lebenswelt altes Ägypten

Der Aufbau der ägyptischen Gesellschaft

Spezialisierung und Arbeitsteilung

Die große Mehrheit der Ägypter waren Bäuerinnen und Bauern. Die Landwirtschaft war die Lebensgrundlage der Bevölkerung. Die erwirtschafteten Nahrungsüberschüsse wurden in Vorräten angelegt. Sie sicherten das Überleben der Menschen, die nicht in der Landwirtschaft arbeiteten. Dadurch war es möglich geworden, dass sich Menschen auf bestimmte Aufgaben spezialisierten: Handwerker stellten zum Beispiel Geräte für die Landwirtschaft her. Arbeiterinnen und Arbeiter waren in Spinnereien, Webereien, im Hafen, in Speichern und vor allem beim Bau der Kultstätten, wie zum Beispiel Pyramiden und Tempel, beschäftigt. Architekten und Landvermesser bereiteten den Bau von Tempeln und Pyramiden vor. Mathematiker entwickelten die dafür nötigen Grundlagen der Geometrie. Händler kauften und verkauften Produkte innerhalb und außerhalb des Landes. So entstand eine Arbeitsteilung zwischen Landwirtschaft, Handwerk, Handel und Wissenschaft. Wegen der Arbeitsteilung war die planvolle Zusammenarbeit (Kooperation) von Menschen wichtig, um ein bestimmtes Ziel zu erreichen. Diese Form des Zusammenlebens bildete sich in Ägypten um etwa 3000 v. Chr. heraus. Sie ist ein typisches Merkmal früher Hochkulturen.

Der Staat, der Pharao und seine Helfer

Für den Schutz und die Versorgung in Notzeiten, wie zum Beispiel bei Hungerkatastrophen oder in Kriegen, sorgten Menschen in Heeres- und Verwaltungsstellen. Abgaben (Steuern) mussten von den Berufsgruppen geleistet werden, die etwas herstellten. Es entstand eine Abgaben- und Vorratswirtschaft.
Die Verwaltung des Landes erforderte unterschiedliche Tätigkeiten, die von Beamten, wie den Schreibern, ausgeführt wurden. Als Lohn für ihre Dienste erhielten die hohen Amtsträger landwirtschaftliche Güter und villenähnliche Wohnanlagen, die ihnen ein luxuriöses Leben ermöglichten.
Der höchste Beamte des Staates war der Wesir. Er handelte als Stellvertreter des Pharaos. Diese Rangfolge, in der Befehle von oben nach unten gegeben wurden und von der jeweils niedrigeren Stufe ausgeführt werden mussten, wird Hierarchie genannt. In Staat und Gesellschaft entstand somit eine hierarchische Ordnung.

M1

Pharao Tutanchamun, Ausschnitt aus seinem goldenen Sarkophag, um 1330 v. Chr. Als Herrschaftszeichen trägt er den Krummstab und die Geißel wie der Gott Osiris.

Der ägyptische König wurde Pharao genannt. Pharao bedeutet „großes Haus" und war die ursprüngliche Bezeichnung für den Königspalast. Er war für die Bewässerung, die Nahrungs- und Vorratsbeschaffung und den Frieden im Inneren des Landes und nach außen verantwortlich. Er stand an der Spitze des Staates und hatte die Herrschaft über Untergebene und Abhängige, die allerdings nicht alle gleichgestellt waren. Seit etwa 2500 v. Chr. trugen die ägyptischen Könige den Titel „Sohn des Re". Der Gott Re war für die Ägypter der Sonnengott, der die Welt erschaffen hatte und sie beherrschte. Die Menschen erkannten die Herrschaft des Pharaos an, weil er eine gottähnliche Stellung hatte.

Lebenswelt altes Ägypten

Pharao

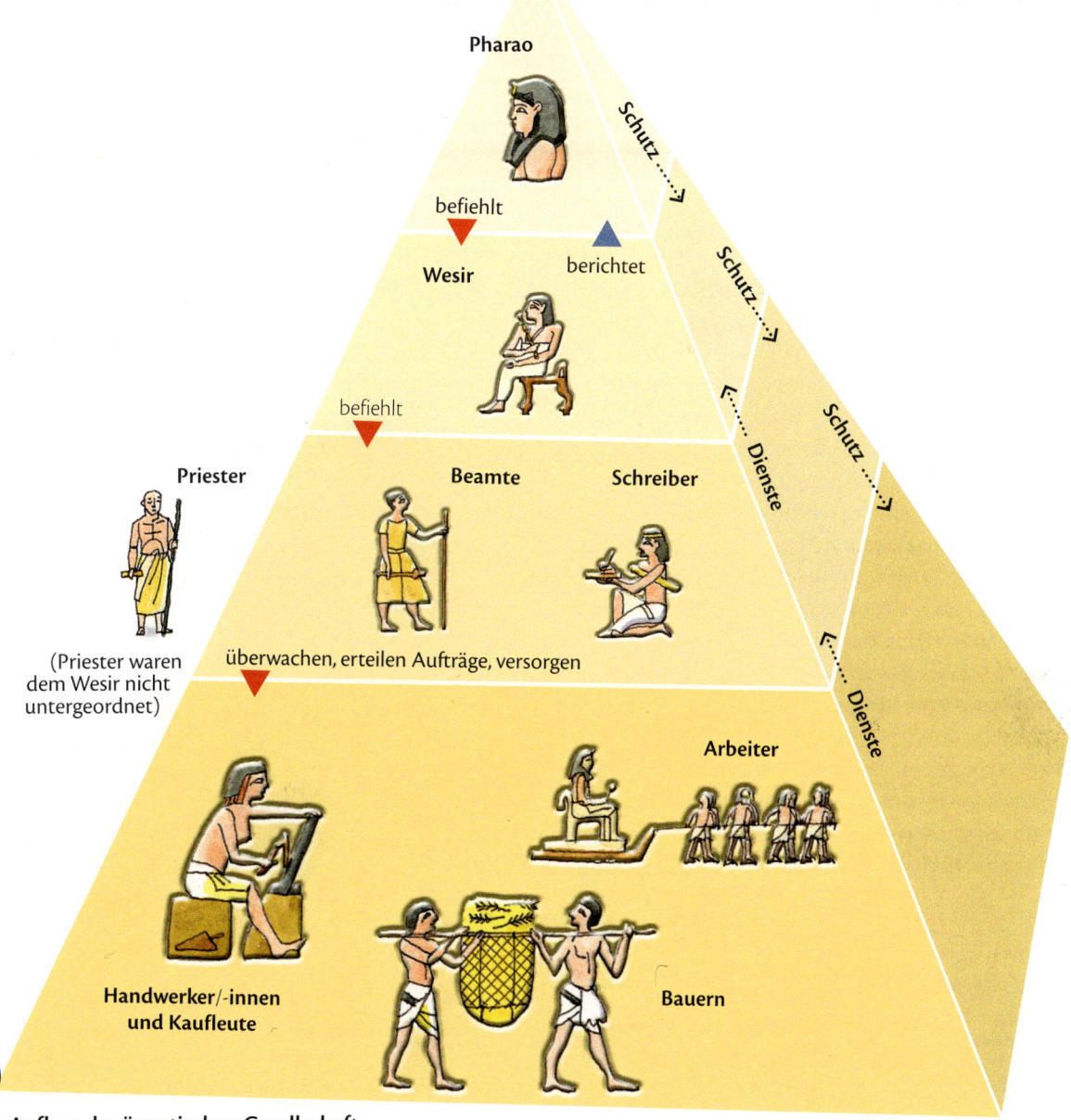

befiehlt — Schutz

Wesir — berichtet

befiehlt — Schutz

Priester **Beamte** **Schreiber**

(Priester waren dem Wesir nicht untergeordnet)

überwachen, erteilen Aufträge, versorgen — Dienste — Schutz

Arbeiter

Handwerker/-innen und Kaufleute **Bauern**

Dienste

M2 Der Aufbau der ägyptischen Gesellschaft

Begriffe und Daten

Pharao
Die königlichen Herrscher Ägyptens wurden Pharaonen genannt. Ihre besondere Stellung an der Spitze des Staates wurde mit außergewöhnlichen Fähigkeiten begründet. Nach der Vorstellung der Ägypter galt ein Pharao als übermenschliches Wesen. Deshalb wurde er wie ein Gott verehrt (Gottkönig).

---

1 a) Stelle die im Darstellungstext genannten Gesellschaftsgruppen und ihre Tätigkeiten zusammen.
b) Erkläre, wie die gesellschaftlichen Unterschiede in Ägypten entstanden sind.

2 Schildere deinen Eindruck nach der Betrachtung von M1. Worin zeigen sich Macht und Herrschaft? Nimm den zweiten Darstellungstext zu Hilfe.

3 Kläre anhand von M2 und des Darstellungstextes den Begriff „Arbeitsteilung".

Leben und Arbeiten im alten Ägypten

Wohnen – Spiegel der Gesellschaft?

Der Eindruck vom heutigen Ägypten wird vor allem durch die Pyramiden und Tempel beherrscht. In neuerer Zeit wurden durch Ausgrabungen wie Dêr el-Medîne aber auch immer mehr Einzelheiten über das Alltagsleben der einfachen Bevölkerung bekannt. Im Gegensatz zu den Anlagen aus Stein waren die Wohnhäuser aus vergänglichen Materialien wie Holz, Schilfmatten und Lehmziegeln erbaut. Sie verfielen nach wenigen Jahrzehnten. Auf ihren Fundamenten entstanden neue Häuser, was eine Rekonstruktion einzelner Gebäude erschwert. Zumeist waren die Wohnhäuser eingeschossig. Das Flachdach diente als Lager- und Arbeitsplatz und im Sommer zum Übernachten.

In den Wohnungen spiegelte sich der Platz der Menschen in der gesellschaftlichen Hierarchie wider: Reiche und mächtige Ägypter wohnten in großen und sehr prächtig ausgestatteten Häusern, die von Schatten spendenden Bäumen umgeben waren. Neben mehreren luxuriösen Wohnräumen fanden sich verschiedene Räume für Dienstboten, Vorratskammern, Küche, Bad und Toilette.

Die Wohnung eines Arbeiters war kleiner. Durch einen Hauseingang kam man in einen Vorraum, an den sich der eigentliche Wohnraum anschloss, der gleichzeitig als Empfangshalle genutzt wurde.

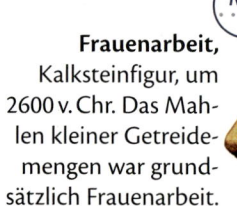

M2 Frauenarbeit, Kalksteinfigur, um 2600 v. Chr. Das Mahlen kleiner Getreidemengen war grundsätzlich Frauenarbeit.

M3 Arbeiter in einem Kornspeicher, Modell aus der Zeit um 2200 v. Chr.

M1 Bauern werden bei der Arbeit auf dem Feld von einem Schreiber beaufsichtigt, Malerei aus dem Grab des Nacht, um 1425 v. Chr.

Lebenswelt altes Ägypten

M4 Querschnitt eines typischen Arbeiterhauses in Dêr el-Medîne.
A Straße; **B** Raum mit Schrankbett; **C** Empfangshalle; **D** Keller; **E** Lagerraum/Schlafraum; **F** Treppe zum Dach; **G** Küche; **H** Umfassungsmauer des Dorfes; **I** Keller.

M5 Zwei Sichtweisen – ein Bauer und ein Schreiber berichten aus ihrem Leben
Die folgenden Berichte sind frei erfunden. Sie könnten aber, wie wir aus Quellen wissen, um 2500 v. Chr. so ähnlich entstanden sein.

Ein ägyptischer Bauer berichtet aus seinem Leben:
5A Meine ganze Familie arbeitet in der Landwirtschaft. Wir beackern als Pächter das Land, das dem Pharao gehört. Den größten Teil der Ernte müssen wir in den staatlichen Speichern abgeben. In einem
5 guten Jahr können wir zweimal ernten. Schlimm ist es, wenn wir nach einer schlechten Ernte nicht genügend Getreide abliefern können. Dann kann es Prügel vom Aufseher geben oder wir müssen unmenschliche Arbeit in den Bergwerken verrichten –
10 wie die Sklaven.
Während der Überschwemmung des Nils sind unsere Äcker überflutet. Dann müssen wir beim Pyramiden- oder Tempelbau mitarbeiten. Unsere tägliche Lebensmittelration bekommen wir in der Zeit
15 vom Staat.
Verfassertext

Ein ägyptischer Schreiber hat Folgendes aufgeschrieben:
5B Nur wenige Menschen bei uns können lesen, schreiben und rechnen. Deshalb sind wir Schreiber sehr angesehen. Wir gehören zur gesellschaftlichen Schicht der Beamten und handeln im Auftrag des
5 Pharaos. Bei der Verwaltung unseres Staates erfüllen wir wichtige Aufgaben: Wir vermessen das Land, kontrollieren die Viehbestände und Getreidevorräte, sorgen für die pünktliche Abgabe der Steuern und halten alles schriftlich fest. Zu unseren Aufga-
10 ben gehört es auch, die Arbeit der Bauern auf dem Feld zu beaufsichtigen. Ihnen gegenüber haben wir Macht und Verantwortung. Von unserer Zuverlässigkeit hängt das Wohl des ganzen Landes ab.
Verfassertext

1 Beschreibe die Szenen in M1. Achte besonders auf die Tätigkeiten und die Gegenstände.
2 Vergleiche M1 bis M3, indem du die jeweilige Stellung in der Gesellschaft beschreibst. Ziehe M2, S. 81, heran.
3 Ziehe aus dem Querschnitt des Arbeiterhauses (M4) Rückschlüsse auf das Alltagsleben der Bewohner.
4 Beschreibe anhand von M5 die Tätigkeiten des Bauern und des Schreibers und erkläre, wie sie miteinander zusammenhängen.

5 **Ein Rollenspiel organisieren:**
a) Fasst den Aufbau der ägyptischen Gesellschaft schriftlich zusammen. Verwendet dabei die Begriffe Staat, Verwaltung, Herrschaft und Hierarchie.
b) Stellt euch folgende Situation vor: Der Aufseher behauptet, die Bauern seien träge und faul. Der Bauer behauptet, die Aufseher seien überflüssig. Entwerft ein Gespräch zwischen beiden mithilfe der Methode „Ein Rollenspiel organisieren" (siehe S. 64 f.).

Frauen in der ägyptischen Gesellschaft

Frauen in der Öffentlichkeit

Der griechische Geschichtsschreiber Herodot schrieb um 450 v. Chr. über die Rollenverteilung zwischen Männern und Frauen in Ägypten: „Bei ihnen sitzen die Weiber zu Markte und handeln, die Männer aber bleiben zu Hause und weben." Nirgendwo sonst hatte er Frauen gesehen, die ihm so gleichberechtigt erschienen. Und deshalb kam er zu der Schlussfolgerung, „fast alle Sitten und Gebräuche in Ägypten sind der Lebensweise der anderen Menschen entgegengesetzt".

Heute wissen wir, dass Herodot richtig beobachtet hatte. Die Frauen im alten Ägypten waren den Männern im gesellschaftlichen und privaten Leben weitgehend gleichgestellt. So vertraten sie sich vor Gericht selbst und durften eigenes Vermögen besitzen. Darüber hinaus waren sie in vielen Berufen vertreten: als Spinnerinnen, Perückenmacherinnen, Tänzerinnen, Richterinnen, Hebammen und vereinzelt auch als Ärztinnen.

Zu öffentlichen Ämtern wurden Frauen selten zugelassen. Ob es Beamtinnen und Schreiberinnen gab, ist umstritten. Nur in Ausnahmefällen konnten Frauen Priesterin oder Pharao werden. Insgesamt verfügten sie aber über größere Freiheiten als später die Frauen im antiken Griechenland und im Römischen Reich.

M1

Der Zwerg Seneb, Vorsteher der Weberei, mit seiner Frau und seinen Kindern, Sandstein, um 2250 v. Chr. Die helle Hautfarbe vieler Frauendarstellungen weist darauf hin, dass sich die meisten Frauen mehr im Haus aufgehalten haben als die Männer.

Die „Herrin des Hauses"

Nach Auffassung der alten Ägypter war Hausarbeit klar und eindeutig Frauenarbeit. Hausmänner gab es nicht. Die verheiratete Frau trug den begehrten Titel „Herrin des Hauses". Ihre Aufgabe war es, zuverlässig dafür zu sorgen, dass der Alltag im Haus ihrer Familie reibungslos ablief. Damals wäre niemand auf den Gedanken gekommen, diese Form der Arbeitsteilung innerhalb der Familie infrage zu stellen. Besonders in ärmeren ägyptischen Familien mussten die Frauen alle im Haus anfallenden Arbeiten wie Kornmahlen, Brotbacken, Wäschewaschen, Kleidernähen und Schafescheren selbst verrichten. Ihnen halfen nur die unverheirateten Töchter und andere nahe weibliche Verwandte.

Bessere Möglichkeiten hatten dagegen die Frauen in wohlhabenden Familien. Sie konnten sich Dienerinnen und Diener für die Hausarbeit leisten, deren Arbeit sie lediglich einteilen und beaufsichtigen mussten.

Hatschepsut – eine Frau wird Pharao

Nur von drei Frauen wissen wir genau, dass sie Ägypten als Pharao regiert haben. Eine von ihnen war Hatschepsut, die „Erste der Edlen Frauen", wie ihr Name sagt. Nach dem Tod ihres Gemahls Tuthmosis II. übernahm sie die Regierung stellvertretend für ihren minderjährigen Stiefsohn. Nach zwei Jahren ließ sie sich selbst zum „weiblichen Pharao" krönen, denn den Begriff Pharaonin gab es bei den Ägyptern nicht. Als ihr Sohn volljährig wurde, gab sie ihm das Amt nicht zurück und regierte insgesamt 22 Jahre von 1490 bis 1468 v. Chr.

Wir wissen aus Quellen, dass Hatschepsut bei ihrem Volk sehr angesehen war. Ein Regierungsbeamter schrieb nach ihrem Tod über sie: „Das Volk arbeitete für sie und Ägypten neigte das Haupt vor ihr." Während ihrer Regentschaft gab es keinen Krieg. Stattdessen ließ Hatschepsut Handels- und Erkundungsreisen durchführen. Die bekannteste Expedition führte in das Land Punt, das heutige Somalia. Von dort brachten ihre Kundschafter kostbare Öle, wohlriechende Hölzer, Gold und Elfenbein nach Ägypten.

Ägyptens bedeutendste Königin war Kleopatra VII. die Große (69–30 v. Chr.). Sie war auch der letzte weibliche Pharao.

Lebenswelt altes Ägypten

M2 Standbild der Hatschepsut, um 1465 v. Chr. Sie trägt einen künstlichen Bart, ein gestreiftes Königskopftuch und ein Diadem mit einer aufgerichteten Kobra auf der Stirn. Damit war sie die einzige Frau, die sich in der Kleidung der männlichen Pharaonen darstellen ließ.

M4 Gabenträgerin aus dem Grab des Mentuhotep, Holz, um 1900 v. Chr.

M3 Ägyptischer Ratschlag für die Männer

Der ägyptische Wesir Ptah-Hotep erteilte um 2000 v. Chr. folgenden Rat:

Wenn du weise bist, so behalte dein Heim, liebe deine Frau und streite nicht mit ihr. Ernähre sie, schmücke sie, salbe sie. Habe sie lieb und erfülle alle ihre Wünsche, solange du lebst, denn sie ist
5 dein Gut, das großen Gewinn bringt. Hab Acht auf das, was ihr Begehr ist, und das, wonach ihr der Sinn steht. Denn auf solche Weise bringst du sie dahin, es weiter mit dir zu halten. Widersprichst du ihr aber, so wird es dein Ruin sein.

Zit. nach Annette Kuhn (Hg.), Chronik der Frauen, Dortmund (Chronik Verlag) 1992, S. 71. Bearb. d. Verf.

1 Schildere deinen Eindruck von der Darstellung des Ehepaares in M1. Wie ist das Verhältnis zwischen Mann und Frau wiedergegeben?

2 a) Erarbeite anhand der drei Abbildungen auf dieser Doppelseite, welche Berufe Frauen in Ägypten ausübten. Ziehe auch den Darstellungstext heran.
b) Prüfe anhand des Darstellungstextes, in welchen Berufen die ägyptische Frau nicht oder nur selten vertreten war. Nenne mögliche Gründe, warum das so war.

3 Erkläre den Begriff „Herrin des Hauses" anhand des Darstellungstextes.

4 a) Benenne die Ratschläge, die der Wesir Ptah-Hotep in M3 den ägyptischen Männern gibt.
b) Ziehe Rückschlüsse auf die Stellung der Frauen in der ägyptischen Gesellschaft.

5 Begründe, warum Hatschepsut beim Volk sehr angesehen war (Darstellungstext, M2).

Methode

Ein Bild als Quelle

Was können Bilder erzählen?

Gemälde, Felszeichnungen und Abbildungen auf Gegenständen, z. B. Vasen, sind bildliche Quellen. Sie vermitteln dir eine anschauliche Vorstellung von früheren Zeiten und geben dir einen Einblick in den Alltag, in Gedanken, Wünsche und Ideen der Menschen.

Bevor ein Bild zu dir „spricht", musst du dich genau mit ihm beschäftigen (siehe Arbeitsschritte). Beachte: Nicht alle Fragen lassen sich bei jedem Bild beantworten. Am Beispiel von M3 werden die Arbeitsschritte beispielhaft erprobt (siehe M1).

Arbeitsschritte

1. Schritt: Die Einzelheiten des Bildes erfassen

Beschreibe die Einzelheiten des Bildes, indem du folgende Fragen beantwortest:
– Welche Personen sind dargestellt?
– Wie sind sie gekleidet?
– Welche weiteren Gegenstände oder Tiere sind zu sehen?
– Wo befinden sich die Personen und Gegenstände?

2. Schritt: Die Zusammenhänge erklären

Überlege, in welcher Beziehung die abgebildeten Personen, Tiere oder Gegenstände zueinander stehen. Findest du Merkmale, die auf bestimmte Eigenschaften, Beruf, gesellschaftliche Stellung der dargestellten Personen hinweisen?

3. Schritt: Zusätzliche Informationen über das Bild heranziehen

In der Bildlegende findest du wichtige Hinweise. Sie gibt dir Auskunft darüber, wer wann für wen warum ein Bild gemalt hat. Manchmal hat das Bild auch einen Titel.
Weitere Fragen lassen sich oft durch eine zusätzliche Textquelle klären.

---

zu Schritt 1:
Auf dem Bild sind sieben männliche Personen zu sehen. Die rechte Person ist komplett bekleidet, während die sechs anderen lediglich einen Lendenschurz tragen. Der Mann am rechten Bildrand steht den anderen in aufrechter Haltung gegenüber und hebt die rechte Hand. Die linke Hand umfasst einen Stock. Zwei Männer knien mit gesenkten Köpfen, die anderen vier stehen leicht gebückt und haben gefüllte Säcke in den Händen.

zu Schritt 2:
Die unterschiedliche Kleidung lässt darauf schließen, dass es sich um Personen aus verschiedenen Gesellschaftsschichten handelt. Die leicht bekleideten Männer mussten vermutlich körperliche Arbeit leisten, während der vollständig bekleidete Mann eher einer höheren Schicht angehört. Diese Vermutung wird durch die Körperhaltung der Personen unterstützt. Die rechte Person zeigt durch die erhobene Hand, den Stock und die aufrechte Haltung, dass sie Macht hat. Die knienden Männer bitten um etwas, die vier anderen drücken durch ihre Körperhaltung Dank oder Unterwürfigkeit aus.

zu Schritt 3:
Das Bild wurde um 1400 v. Chr. gemalt. Es ist ein Wandgemälde aus dem Grab des Beamten Userhat. Das lässt darauf schließen, dass sich die abgebildete Szene so oder so ähnlich in seinem Leben ereignet hat. Der Künstler ist unbekannt. Bei unserem Beispiel M3 stellt sich die Frage, ob die Versorgung der Soldaten durch die Beamten immer so reibungslos verlief.

M1 Das Bild „Lebensmittelausgabe an Soldaten" (M3) als Quelle

Methode

M2 Ägyptische Familie bei der Gänsejagd, Wandmalerei aus dem Grab des ägyptischen Beamten Nacht und seiner Frau Taui in Theben, um 1425 v. Chr.

M4 Lebensmittelausgabe an Soldaten, Malerei aus dem Grab des königlichen Schreibers Userhat, um 1400 v. Chr.

M3 Beschwerde über einen Beamten

Brief eines Arbeiters von Dêr el-Medîne an den Wesir Ta:

Ich teile meinem Herrn mit, dass ich an den Gräbern der Königskinder arbeite, deren Errichtung der Wesir befohlen hatte. Wir Arbeiter sind sehr elend geworden. Alle Sachen für uns, die das
5 staatliche Schatzhaus, die Scheune und das Magazin uns liefern sollten, sind nicht verteilt worden. Nicht leicht ist das Tragen von Steinen! Man hat uns auch die 1½ Sack Gerste fortgenommen, um uns stattdessen 1½ Sack Dreck zu geben! Möge
10 mein Herr handeln, sodass wir leben können.

Zit. nach Arne Eggebrecht, Das alte Ägypten, München (Bertelsmann) 1984, S. 219.

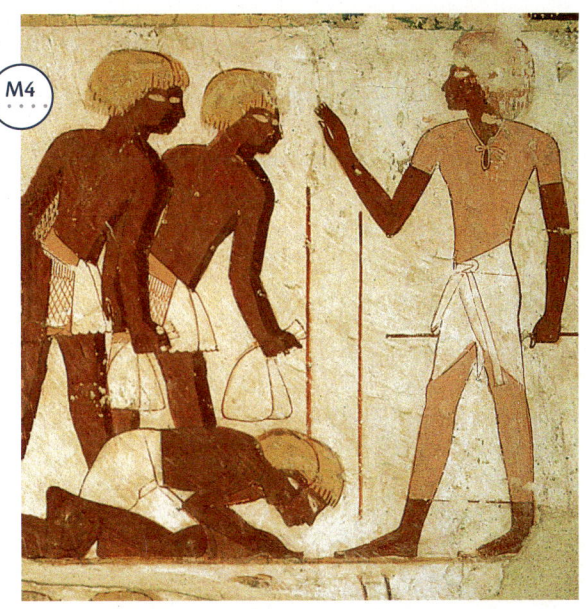

1 Arbeite die Schritte zur Entschlüsselung eines Bildes anhand des Kastens und M4 durch.
2 Untersuche, welche zusätzlichen Informationen M3 im Vergleich zu M4 enthält, und fasse sie zusammen. Achte auf die Arbeitsbedingungen, den Lohn und die Forderung des Arbeiters.
3 Entschlüssele das Bild M2 mithilfe der Arbeitsschritte.

Lebenswelt altes Ägypten

Am Tor zum Jenseits

Pyramiden – Häuser für die toten Pharaonen?
Touristen bestaunen heute die riesigen Pyramiden. Die um 2600 v. Chr. erbaute Cheopspyramide erhebt sich auf einer quadratischen Grundfläche von 230 mal 230 Metern und ist 146 Meter hoch. Bis heute ist es nicht gelungen, eine genaue technische Erklärung dafür zu finden, wie die Ägypter diese gewaltigen Bauwerke vor der Erfindung von Rad und Kran errichtet haben.
Die Geschichtsforscher gehen davon aus, dass sich die meisten Menschen trotz der großen Strapazen freiwillig am Bau der Pyramiden beteiligten. Das ist aus heutiger Sicht nicht leicht zu begreifen. Es wird aber verständlich, wenn man bedenkt, dass die Religion bei den Ägyptern eine große Rolle spielte. So glaubten sie erstens, ihr Leben hinge von der Gunst des göttlichen Pharaos ab, und zweitens, jeder Mensch würde nach dem Tode weiterleben, auch der Pharao. Man war also auch nach dem Tod von der Gunst des Pharaos abhängig. Es konnte daher nur gut für das eigene Leben im Diesseits wie im Jenseits sein, durch Mitarbeit am „Jenseitshaus" des Pharaos ein Stück von dessen Gunst zu erlangen.

M2 **Statuengruppe des Pharaos Mykerinos mit zwei Göttinnen,** um 2530 v. Chr.

Lesetipp

David Macaulay, Wo die Pyramiden stehen, Düsseldorf (Patmos) 2002.
Mit interessanten Texten und Zeichnungen gibt der Autor Informationen zum Pyramidenbau und regt zum Weiterforschen an.

Vorschlag für eine Gruppenarbeit

Die Seiten 88 bis 91 könnt ihr in Gruppen erarbeiten:
Gruppe 1: Wie wurden die Pyramiden gebaut und welche Bedeutung hatten sie? (S. 88/89)
Gruppe 2: Welche Beziehung bestand zwischen dem Pharao, den Göttern, dem Pyramidenbau und dem Volk? (S. 88/89)
Gruppe 3: Wer war die Maat und welche Bedeutung hatte sie für die Ägypter? (S. 90/91)
Gruppe 4: Was war das Totengericht und wie gingen die Ägypter mit dem Tod um? (S. 90/91)

Bau einer Pyramide, Rekonstruktionszeichnung, 2001

M1 Die Arbeiter beförderten die Steinblöcke auf dem Nil vom Steinbruch zur Pyramidenbaustelle.

Auf die wachsende Pyramide wurden die Steinblöcke über eine Rampe geschleppt. Mit zunehmender Bauhöhe wurde die Rampe nach außen verlagert.

Zum Abschluss wurde die Pyramide mit Steinplatten verkleidet und geglättet. Dabei benutzte man Holzgerüste.

Lebenswelt altes Ägypten

M3 **Der Pharao – Herrscher oder Behüter?**

Der griechische Geschichtsschreiber Herodot (um 485–425 v. Chr.) schrieb über den Bau der Pyramide für den Pharao Cheops, der um 2600 v. Chr. lebte:

3A [Cheops] hat alle Ägypter gezwungen, für ihn zu arbeiten. Die einen mussten aus den Steinbrüchen im arabischen Gebirge Steinblöcke bis an den Nil schleifen. Über den Strom wurden sie auf Schiffe gesetzt und andere mussten die Steine weiterschleifen …
100 000 Menschen waren es, die jeweils daran arbeiteten … So wurde das Volk bedrückt und es dauerte zehn Jahre, ehe nur die Straße gebaut war, auf der die Steine dahergeschleift wurden, ein Werk, das mir fast ebenso gewaltig erscheint wie der Bau der Pyramide selbst … Zehn Jahre vergingen also, bis diese Straße und die unterirdischen Kammern auf jener Höhe, auf der die Pyramiden stehen, gebaut waren. Die Kammern sollten seine Grabkammern sein … An der Pyramide selbst wurde 20 Jahre gearbeitet. Sie ist vierseitig und jede Seite acht Plethren [1 Plethron = 30,83 m] breit und ebenso hoch. Sie besteht aus geglätteten, aufs Genaueste ineinander gefügten Steinen, von denen jeder mindestens 30 Fuß lang ist.

Herodot 2, 124 ff., zit. nach Geschichte in Quellen, Bd. 1, bearb. von Walter Arend, 3. Aufl., München (bsv) 1978, S. 15.

So wurde der Pharao Ramses II. (Regierungszeit 1290 bis 1224 v. Chr.) von seinem Volk begrüßt:

3B Wir kommen zu dir, Herr des Himmels, Herr der Erde, du lebende Sonne des ganzen Landes, Herr der Lebensdauer, du Sonnengott der Menschheit, du Säule des Himmels, du Balken der Erde. Herr vielfacher Speisung. Du, der wacht, wenn alles schläft, dessen Kraft Ägypten errettet, der über die Fremdländer siegt und triumphierend heimkehrt, dessen Stärke Ägypten schützt. Geliebter der Wahrheit, der in seinen Gesetzen in ihr lebt, dessen Schrecken die Fremdländer weichen lässt, du, unser König, unser Herr.

Zit. nach Gottfried Guggenbühl (Hg.), Quellen zur Geschichte des Altertums, Zürich (Schulthess) 1964, S. 16. Bearb. d. Verf.

Begriffe und Daten

Pyramide

An erster Stelle der sieben Weltwunder werden allgemein die ägyptischen Pyramiden genannt. Es handelt sich dabei um Grabmäler für die Pharaonen. Die Cheopspyramide ist mit einer Höhe von heute 137 Metern die mächtigste Steinkonstruktion der Welt. Bisher ist nicht genau geklärt, mit welchen Techniken die Ägypter diese gewaltigen Bauwerke errichtet haben.

1. Beschreibe den Pyramidenbau mithilfe von M1.
2. Erarbeite anhand von M3A, wie Herodot den Pyramidenbau beschreibt.
3. Nenne mögliche Gründe, warum die Ägypter die Strapazen beim Bau der Pyramiden auf sich nahmen. Was kannst du daraus über die Bedeutung des Pharaos ablesen? Vergleiche deine Vermutungen mit M3B.
4. Stelle Vermutungen anhand von M2 an, warum sich der Pharao Mykerinos mit zwei Göttinnen abbilden ließ. Ziehe auch den Darstellungstext heran.
5. Stell dir vor, du bist ein ausländischer Reporter, der im Jahr 2650 v. Chr. den Bau der Cheopspyramide beobachtet und Bauarbeiter befragt. Schreibe einen Bericht über den Bau und die Bedeutung der Pyramiden.

Der Querschnitt durch die Cheopspyramide zeigt die drei Grabkammern sowie die Gänge und Luftschächte.

Die Cheopspyramide, erbaut um 2600 v. Chr. Die Außenverkleidung ist im Laufe der Jahrtausende zerstört worden.

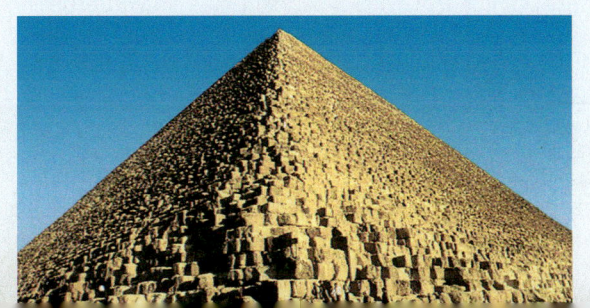

Lebenswelt altes Ägypten

Die Religion der alten Ägypter

Leben nach dem Tod?

Die Anzahl der Götter, die von den Ägyptern verehrt wurden, war sehr groß. Viele Erscheinungen der Natur galten als göttlich: die Sonne, der Mond, die Sterne, ebenso viele Tiere, deren Fähigkeiten als göttlich bewundert wurden, so das Krokodil, der Skarabäuskäfer oder der Falke. Neben den Göttern in Tiergestalt gab es auch solche mit Menschengestalt, häufig vermischten sich Tier- und Menschengestalt.

Unter den vielen Göttinnen und Göttern der Ägypter wird in der neueren Forschung eine Göttin besonders hervorgehoben: die Maat (sprich: Ma-at). Dargestellt wurde sie als zierliche Göttin mit einer Straußenfeder auf dem Kopf. Maat stand für Wahrheit, Gerechtigkeit und Ordnung. Herr der Maat war der Schöpfer- und Sonnengott Re. Da der König seit etwa 2500 v. Chr. als Sohn des Re galt, war er für die Maat verantwortlich. Seine Aufgabe war es vor allem, das Schlechte zu vertreiben und die Maat zu verteidigen. Ging es dem Land und den Menschen gut, war das ein Zeichen von starker Maat, schlechte Zeiten bedeuteten wenig oder schwache Maat.

Auch das Leben des Einzelnen wurde von der Maat bestimmt. Grabinschriften lauten zum Beispiel: „Ich habe gemäß der Maat gehandelt. Ich habe dem Hungrigen Brot gegeben. Ich habe meinem Vater Respekt entgegengebracht." Dauerhaften Bestand hatte nach dieser Auffassung nur, was der Maat entsprach. Diese Vorstellung von der Maat ist auch im Totengericht wiederzufinden. Zur Vorbereitung darauf wurden den Toten Sprüche und Bilder auf oft meterlangen Papyrusrollen mit in ihr Grab gegeben. Einfache Leute – und das waren die meisten – mussten sich allerdings ohne solche Jenseitsführer auf den Weg machen.

Herz gegen Feder

Unter den überlieferten Bilddarstellungen gehört das Totengericht des Schreibers Hunefer zu den bekanntesten Überlieferungen. Hunefer kniet dort vor 14 sitzenden Göttern und erzählt aus seinem Leben. In der zweiten Szene wird Hunefer zur Waage geführt. Die dritte Szene zeigt, wie der Verstorbene zu Osiris gebracht wird.

In das Reich der Toten konnte er erst aufgenommen werden, wenn er eine Vielzahl von Unschuldsbeteuerungen abgegeben hatte wie beispielsweise: „Ich habe kein Unrecht gegen Menschen begangen. Ich habe keine Tiere misshandelt. Ich habe keinen Gott beleidigt. Ich habe nicht Schmerz zugefügt. Ich habe keine Tränen verursacht. Ich habe nicht getötet. Ich bin rein, ich bin rein, ich bin rein."

M1 **Totenbarke,** Holz, um 2100 v. Chr. Mit Begräbnisschiffen wurden die Mumien reicher Ägypter zu ihren Gräbern auf die Westseite des Nils gefahren. Die Mumifizierung war ein Begräbnisritual, hinter dem der Glaube stand, dass ein Verstorbener im Jenseits ein Leben weiterführte, das dem auf der Erde glich. Deshalb war es wichtig, dass der Körper erhalten blieb. Die Seele, die nach der Vorstellung der Ägypter den Körper verließ, konnte so zurückkehren. Kein Volk der Erde hat die Technik der Mumifizierung so weit entwickelt wie die Ägypter.

Lebenswelt altes Ägypten

Das Totengericht des Schreibers Hunefer, Papyrus, um 1300 v. Chr.
A Hunefer: durchläuft nach seinem Tod die Prüfungen des Totengerichts; **B** Anubis: mit dem Kopf eines Schakals, bereitet den Verstorbenen für den Eintritt in das Totenreich vor; **C** Ammit: mit dem Krokodilkopf, verschlingt den Verstorbenen, falls dieser die Prüfung nicht besteht; **D** Maat: mit der Feder auf der Waage, das Herz des Verstorbenen muss leichter sein als die Feder, dann ist die Prüfung bestanden; **E** Thoth: mit dem Ibiskopf, Sekretär der göttlichen Handlung mit Schreibtafel und Schreibrohr; **F** Horus: mit Falkenkopf, führt den Verstorbenen vor den Thron des Osiris zur Urteilsverkündung; **G** Osiris: Herrscher des Jenseits, mit der Doppelfederkrone, Götterbart, Krummstab und Geißel; **H** Isis: galt als ideale Ehefrau und Beschützerin der Kinder; **I** Nephthys: Herrin des Hauses, schützt Sarkophage.

Begriffe und Daten

Polytheismus/Monotheismus

Nach den griechischen Wörtern polys = viel und theos = Gott Bezeichnung für den Glauben an viele Götter. Polytheistische Religionen wie die der alten Ägypter, Griechen oder der Hochkulturen der Inka und Azteken gibt es bis heute. Im Gegensatz zum Polytheismus bezeichnet der Monotheismus (griech. monos = einzig) den Glauben an einen einzigen Gott. Das Christentum, der Islam und das Judentum sind monotheistische Religionen. Anfänge des Monotheismus gab es unter dem Pharao Echnaton, der Aton (die Sonnenscheibe) zum einzigen Gott erhob.

1 Formuliere, welchen Eindruck die Totenbarke (M1) beim Betrachter hinterlässt. Nenne Merkmale, durch die dieser Eindruck vermittelt wird.
2 Erkläre mithilfe des Darstellungstextes die Bedeutung des Begriffes Maat. Zeige, wie auch das Leben des Einzelnen von der Maat bestimmt war.
3 Beschreibe die einzelnen Phasen des Totengerichts. Nimm den rechten Darstellungstext und M2 zu Hilfe.
4 Stelle dar, wie sich in M2 die Vorstellungen der Ägypter von Hierarchie widerspiegeln.

Methode

Das Internet nutzen

Geschichte im Internet

Wie gehst du vor, wenn du noch mehr über ein Thema wissen willst? Grundsätzlich gilt, dass man Informationen nicht nur aus einer Quelle beziehen sollte. Ideal ist es, verschiedene Informationsmedien wie Zeitungen, Zeitschriften, Fernsehsendungen, CD-ROMs oder Sachbücher zu benutzen und zu vergleichen (siehe die Methode „Informationen sammeln in einer Bibliothek", S. 20/21). Ein anderer Weg führt in das Internet.

Schüler bei der Internetrecherche, Foto, 2001

Arbeitsschritte

1. Schritt: Suche durchführen
Du lässt zunächst eine Internet-Suchmaschine nach dem Stichwort „Ägypten" suchen. Solche Suchmaschinen sind zum Beispiel Altavista (www.altavista.de), Google (www.google.de) oder die spezielle Kinder-Suchmaschine www.blinde-kuh.de (siehe M2, M3). Wenn du die Internetadresse eingibst, erscheint eine Startseite mit einem Suchfeld, in das du den Begriff schreibst, über den du dich informieren möchtest.

2. Schritt: Suchabsicht festlegen, Überblick über das Suchergebnis bekommen
Damit du nicht planlos im Internet surfst, solltest du vorher genau festlegen, worüber du Informationen finden möchtest. Deine Fragen könnten z. B. lauten: Welche neuen Erkenntnisse haben Archäologen über Ägypten? Welche Museen informieren über die alten Ägypter? Wo gibt es zusätzliche Informationen über Ägypten? Du erhältst mithilfe der Suchmaschine eine Auswahl von Internetadressen. Meist ist aber die Zahl der „Treffer" sehr hoch, sodass du zuerst einmal einen Überblick bekommen musst, welche Internetseiten für dich Interessantes bieten.
Lies also zuerst die Überschriften und die Kurzerläuterungen in der Liste und überlege, welche Adressen für dich brauchbar sind.

3. Schritt: Ergebnisse ordnen
Wenn du entschieden hast, dass eine Webseite für dich interessant sein könnte, liest du dort die angebotenen Informationen. Achte dabei aber nicht nur auf die Bilder und Texte, sondern prüfe auch, wer die Seite verfasst hat. Handelt es sich um ein Unternehmen, das nur ein Produkt verkaufen will? Stehen die Informationen auf einer privaten Homepage oder sind es Veröffentlichungen einer Gemeinde, einer staatlichen Einrichtung (z. B. Museum, Universität)?

4. Schritt: Informationen speichern
Wenn du über das Wissen, das du durch deine Internetsuche neu erworben hast, länger verfügen willst, musst du die Informationen in geeigneter Weise speichern: Du kannst z. B. auf deinem PC die Adressen interessanter Webseiten als Favoriten sammeln, Texte und Bilder als Dateien speichern oder ausdrucken. Manchmal ist es auch sinnvoll, sich handschriftliche Notizen zu machen.

Methode

M2

Liste mit Internetlinks zu Ägypten

Google Ägypten — Suche — Erweiterte Suche / Einstellungen
Suche: ○ Das Web ○ Seiten auf Deutsch ● Seiten aus Deutschland

Web

Ägypten Online Alles über Land und Leute, virtuelle Tour ...
Ägypten Online - News und Informationen rund um **Ägypten** Nilkreuzfahrten, Ägyptenurlaub und mehr ...
www.**aegypten**-online.de/ - 29k - Im Cache - Ähnliche Seiten

Das alte **Ägypten**
Hier gibts Infos über die Götter und Pharaonen des alten **Ägypten**. Der Alltag, die Hieroglyphen und der Totenkult im alten **Ägypten** gehören ebenso dazu wie ...
www.selket.de/ - 10k - Im Cache - Ähnliche Seiten

Ägypten Spezialist - Informationen zu **Ägypten** und **Ägypten** Reisen
Der **Ägypten** Spezialist bietet viele Informationen zum Land **Ägypten**. Infos über Pharaonen, Götter, das alte und das neuzeitliche **Ägypten** sowie Programme zu ...
www.**aegypten**-spezialist.de/ - 24k - Im Cache - Ähnliche Seiten

Nilkreuzfahrt **Ägypten** Urlaub

M3

Internetseite www.blinde-kuh.de

Blinde Kuh Suche

Suchen / Klicken / Beamen / Lernen / Forschen / Lesen / Schreiben / Rechnen / Kochen / Basteln / Malen / Spielen / Plaudern / Downloads / mehr / Aktuelles

Alles und noch viel mehr für die Kinder im Netz
Viel Spaß im Internet

Blinde Kuh Suchmaschine
☐ sortiert für KIDS
[   ] Suchen

Wie funktioniert die Suchmaschine? | Suchworte | Suchlogik | Suchbereiche

SPIELE | MALEN | LERNEN | KINDERSEITEN | GESCHICHTEN
MUSIK | FILME | FERNSEHEN | TIERE | WISSEN

1 Entscheide, welche der in einer Google-Suche gefundenen Webseiten brauchbare Informationen zu Ägypten enthalten. Lege dazu eine Tabelle nach folgendem Muster an:

Nr.	Kurzbeschreibung	Entscheidung
1	Angebot eines Internet-Buchladens	scheidet (vorläufig) aus
2	...	...

2 a) Stellt in Gruppenarbeit „Hitlisten" mit fünf besonders guten Internetseiten zum Thema „Altsteinzeit", „Jungsteinzeit" und „Ägypten" zusammen. Denkt daran, die Internetadresse genau anzugeben, damit auch andere die Seite finden können.
b) Begründet in einem kurzen Text, warum euch die Seiten gefallen haben.
c) Vergleicht die Ergebnisse in der Klasse.

Lebenswelt altes Ägypten

Mumien – Körper für die Ewigkeit

Mumifizierung – eine Wissenschaft für sich

Um 4000 v. Chr. bestatteten die Ägypter ihre Verstorbenen in einfachen Gruben im trockenen, salzhaltigen Wüstensand. Die Folge war, dass die Leichen austrockneten und auf natürliche Weise erhalten blieben. Für die ärmeren Menschen blieb es bei dieser „natürlichen Mumifizierung". Als die reichen Ägypter ab etwa 2500 v. Chr. dazu übergingen, ihre Toten aufwändiger in Holzsärgen zu bestatten, gab es keinen direkten Kontakt mehr zwischen der Leiche und dem Wüstensand. Die Folge war, dass der Körper Feuchtigkeit anzog und die Leiche schneller verweste.

Die Ägypter waren davon überzeugt, dass ein Verstorbener im Jenseits ein Leben weiterführte, das dem auf Erden glich. Deshalb war es wichtig, dass der Körper erhalten blieb. Die Seele, die nach der Vorstellung der Ägypter den Körper beim Tod verlässt, konnte so zurückkehren. Dieser tief verwurzelte Glaube führte zur Entstehung wohldurchdachter Begräbnisrituale wie z. B. der Mumifizierung. Kein Volk der Erde hat diese Wissenschaft so weit entwickelt wie die Ägypter.

M1

Geöffneter Mumiensarg, um 1000 v. Chr.

M2 ### Die Technik der Mumifizierung

Der griechische Geschichtsschreiber Herodot (um 485–425 v. Chr.) berichtete nach der Rückkehr von einer Reise aus Ägypten über die Mumifizierung:

Es gibt besondere Leute, die dies berufsmäßig tun. Zu ihnen wird die Leiche gebracht ... Zuerst wird mit einem gekrümmten Eisendraht das Gehirn durch die Nasenlöcher herausgezogen, teils auch
5 mittels eingegossener Flüssigkeiten. Dann macht man mit einem scharfen Stein einen Schnitt in die Leiche und nimmt die Eingeweide heraus. Sie werden gereinigt, mit Palmwein und dann mit zerriebenen Gewürzen durchspült. Dann wird der Magen
10 mit reiner geriebener Myrrhe, mit Zimt und mit anderen Gewürzen ... gefüllt und der Bauch zugenäht. Nun legen sie die Leiche siebzig Tage ganz in eine Salzlösung ... Sind sie vorüber, so wird die Leiche gewaschen, der ganze Körper mit Streifen von Lein-
15 wand umwickelt und mit Gummi bestrichen, was die Ägypter anstelle von Leim zu verwenden pflegen. Nun holen die Angehörigen die Leiche ab, machen einen hölzernen Sarg in Menschengestalt und legen die Leiche hinein.

Zit. nach Hans W. Haussig (Hg.), Herodot. Gesamtausgabe, Stuttgart (Kröner) 1955, 2. Buch, S. 86. Bearb. d. Verf.

---

1 Überlege, wie sich an der Art der Bestattung gesellschaftliche Unterschiede zeigten.
2 Beschreibe mithilfe von M1 und M2 die Schritte einer Mumifizierung.
3 Erkläre anhand des Darstellungstextes, warum die Mumifizierung für die Ägypter eine so große Bedeutung hatte. Ziehe auch die Darstellungstexte S. 90 heran.

Lebenswelt altes Ägypten

Technischer Fortschritt – eine Fabrik im alten Ägypten

Bronze für den Pharao

M1 Bisher gingen die Geschichtswissenschaftler davon aus, dass es in Ägypten sehr kleine Handwerkerbetriebe gegeben hat. Neue Ausgrabungen zeigen, dass die ägyptische Technik sehr weit entwickelt war. Der Journalist Joachim Fritz-Vannahme schrieb 1996 in dem Artikel „Die Metallurgen des Pharaos":

Auf der Malerei des Rechmire in den Jahren nach 1450 v. Chr. schüren und belüften kräftige Männer im Lendenschurz die Flamme, wuchten die Schmelztiegel und die Topfgebläse, beugen sich
5 über Erz, Schlacke und Holzkohle, senken den Tiegel mit Rutenzangen ins Feuer und gießen endlich die Schmelze in die Gussform. Von rechts rollt der Nachschub, dazwischen durcheilen die Gießmeister die Szene. Und am Rande wacht der Boss in Schrei-
10 bertracht, Meister Rechmire persönlich.
Eine Grabungsmannschaft des Hildesheimer Pelizaeus-Museums wirft nun ein neues, überraschendes Licht auf das antike Verfahren des Metallgusses. Die ruhigen Bilder vom Handwerkerfleiß erzählen
15 gewiss eine wahre Begebenheit – und täuschen doch sehr. Denn im Nildelta, in der Ramsesstadt Pi-Ramesse, glühten die Öfen im großen Stil. „Unsere Ausgrabungen in Ramsesstadt haben die größte Anlage zur Metallverarbeitung freigelegt, die
20 wir bislang aus der Antike kennen", begeistert sich Grabungsleiter Edgar Pusch.
„Das hatte geradezu industrielle Dimensionen[1]. Hier wurde im straff organisierten Großbetrieb geschuftet ... Wir müssen unser Wissen von den kleinen,
25 feinen Handwerksbetrieben jetzt durch die Vorstellung einer Metallbearbeitung von riesigen Mengen ergänzen." ... Wie Kanäle dehnten sich die Feuerstellen und Schmelzbatterien auf 15 Meter Länge, eine Reihe neben der anderen. Nebenan auf diesem
30 Gelände fanden sich Reste von Kreuzöfen, in denen offenbar Großgussformen hergestellt wurden. „In diesen Werkstätten konnte weit über eine Tonne Bronze pro Tag verarbeitet werden", berichtet Pusch. „Das hätte genügt, um Türen vom Volumen eines
35 Domportals innerhalb eines einzigen Tages herzustellen."

[1] Ausmaße

Joachim Fritz-Vannahme, Die Metallurgen des Pharaos. In: Die Zeit vom 05.04.1996, S. 33.

Bronzeherstellung in Ägypten, Umzeichnung der Malerei aus dem Grab des Rechmire in Theben, 1996

M2

1 Beschreibe anhand von M1 und M2 die Technik der Bronzeherstellung.
2 Notiere mithilfe von M1, wie sich unser bisheriges Wissen von der ägyptischen Metallproduktion durch die neuesten Ausgrabungen verändert hat.
3 Nenne Bereiche hoch entwickelter Technik in der Gegenwart.
4 Halte einen kurzen Vortrag über die Herstellung und Verwendung von Bronze. Nimm Lexika zu Hilfe.

Schrift und Schreiber in Ägypten

Warum brauchten die Menschen eine Schrift?
Die Menschen in vorgeschichtlicher Zeit brauchten keine Schrift, da sie in kleinen, in sich abgeschlossenen Gruppen zusammenlebten. Berichte und Ereignisse wurden in einer Gruppe oder in einem Dorf schneller mündlich weitergegeben. Erst als sich um etwa 3000 v. Chr. größere Gemeinschaften bildeten und sich eine Arbeitsteilung entwickelte, begannen die Menschen wichtige Dinge schriftlich festzuhalten. Nur so konnten sie Nachrichten in alle Landesteile verbreiten, Listen über Ernteerträge erstellen, Hochwassertermine in einem Kalender festhalten und die Taten ihrer Herrscher an die kommende Generation weitergeben. Die Schrift war deshalb eine wichtige Voraussetzung für die Verwaltung eines Staates.

Die Hieroglyphenschrift
Die ältesten Schriftzeichen stammen wahrscheinlich aus Ägypten. Sie bestehen aus kleinen Bildern und Symbolen. Sie sind bis heute an Wänden von Tempeln und Gräbern erhalten. Die Griechen, die die Bedeutung dieser Schrift nicht kannten, nannten sie „Hieroglyphen", das heißt so viel wie „heilige Einritzungen".
Am Anfang benutzten die Ägypter Bilder, wenn sie etwas ausdrücken wollten, z. B. ein Eulenbild für Eule, ein Wasserbild für Wasser. Die Hieroglyphen wurden im Laufe der Zeit auch als Lautzeichen verwendet. Sie drückten eine bestimmte Silbe aus. Ein Wort konnte folglich aus einem einzigen Bildzeichen oder aus mehreren Lautzeichen bestehen. Mit der Zeit entwickelten die Ägypter mehrere tausend Hieroglyphen.
Nachdem die Bedeutung der Hieroglyphen lange ein Rätsel war, gelang es dem Franzosen François Champollion 1822, sie zu entziffern. Auf einem Stein aus dem Nildelta aus dem Jahr 196 v. Chr. entdeckte er einen Text, der sowohl in Hieroglyphen als auch in der bekannten griechischen Sprache geschrieben war. So konnte er die Hieroglyphen übersetzen.

Wer waren die Schreiber?
Nur wenige Ägypter konnten lesen und schreiben. Die Ausbildung zum Beruf des Schreibers war hart und eintönig. Sie begann im 5. Lebensjahr und dauerte etwa zwölf Jahre. Zugelassen waren Kinder aller Bevölkerungsschichten. Häufig waren es die Söhne von Schreibern, die diesen Beruf ergriffen, Mädchen dagegen selten, weil sie für die Hausarbeit ausgebildet wurden. Die Schreiber waren in der ägyptischen Gesellschaft sehr angesehen. Denn nur wer lese- und schreibkundig war, konnte Beamter oder Priester werden.

M1 Hieroglyphenschrift in einem Grab, Opferplatte der Nefertiabet, Kalkstein, um 2600 v. Chr. Die Königstochter Nefertiabet sitzt vor einer Opfertafel mit vielen Broten. In Hieroglyphenschrift werden die Dinge genannt, die die Verstorbene zu einem Weiterleben im Jenseits benötigt.

Lebenswelt altes Ägypten

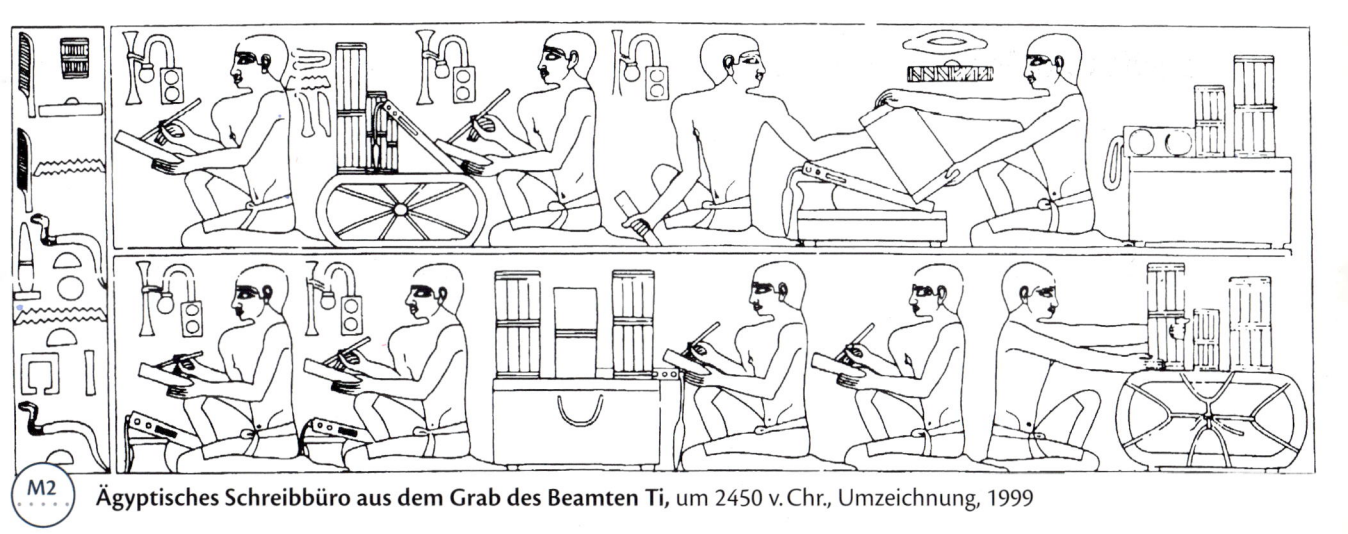

M2 Ägyptisches Schreibbüro aus dem Grab des Beamten Ti, um 2450 v. Chr., Umzeichnung, 1999

M3 Die Stellung des Schreibers in der ägyptischen Gesellschaft

Ratschläge eines Schreibers für seinen Sohn um 2000 v. Chr.:

Kaum hat ein Schriftkundiger angefangen heranzuwachsen – er ist noch ein Kind –, so wird man ihn grüßen und als Boten senden; er wird nicht zurückkommen, um sich in den Arbeitsschurz zu
5 stecken. Einen Bildhauer kann man nicht als Boten senden, noch einen Goldschmied, der ausgeschickt würde. Ich habe den Erzarbeiter bei seiner Arbeit beobachtet, an der Öffnung seines Schmelzofens. Seine Finger sind krokodilartig, er
10 stinkt mehr als Fischlaich ... Der Steinmetz graviert mit dem Meißel in allerlei harten Steinen. Hat er die Arbeit vollendet, so versagen ihm seine Arme und er ist müde; wenn er sich abends hinsetzt, sind seine Knie und sein Rücken gebrochen.
15 Der Barbier schert noch spät am Abend ... Siehe, es gibt keinen Beruf, in dem einem nicht befohlen wird, außer dem des Beamten; da ist er es, der befiehlt. Wenn du schreiben kannst, wird dir das mehr Nutzen bringen als alle die Berufe, die ich dir
20 dargelegt habe.

Zit. nach Friedrich Wilhelm v. Bissing, Altägyptische Lebensweisheiten, München (Artemis) 1955, S. 57 ff.

Begriffe und Daten

Hieroglyphen

Schriftzeichen (Bilder und Symbole), die auf Papyrusblätter gezeichnet oder in andere Materialien eingeritzt wurden.

Begriffe und Daten

Hochkulturen

Merkmale einer Hochkultur wie im alten Ägypten sind: ein Staat mit zentraler Verwaltung und Regierung, Religion, Arbeitsteilung, Kenntnis einer Schrift, Zeitrechnung, Kunst, Architektur, Anfänge von Wissenschaft und Technik. Hochkulturen entwickelten sich häufig an großen Flüssen (siehe S. 76). Die ersten Hochkulturen entstanden ab etwa 3000 v. Chr. in Ägypten und in Mesopotamien.

---

1 Beschreibe M2 und erarbeite, was die Abbildung über die Bedeutung von Schrift und Schreibern im alten Ägypten aussagt.

2 Trage mithilfe des Darstellungstextes und M1 zusammen, wozu die Schrift im alten Ägypten notwendig war.

3 a) Nenne die Argumente, mit denen der Verfasser von M3 versucht, seinen Sohn vom Schreiberberuf zu überzeugen.
b) Ziehe Rückschlüsse auf das Ansehen des Schreibers in der ägyptischen Gesellschaft.

4 a) Spielt „stille Post": Die folgende Nachricht wird flüsternd weitergegeben. Tragt die Nachricht am Schluss laut vor:
„Das Dorf Amsira benötigt ab der kommenden Woche 85 erwachsene Männer für den Tempelbau in Luxor. Jeder Arbeiter bekommt täglich ein Brot, drei Fische, zwei Kannen Bier und fünf Datteln als Lohn."
b) Fasst zusammen, welche Bedeutung die Schrift für das Zusammenleben von Menschen hat.

Werkstatt

Schreiben – auf Stein oder Papier

Hieroglypheninschriften herstellen

Die Menschen im alten Ägypten verwendeten die unterschiedlichsten Schreibmaterialien. Wir kennen Inschriften auf Ton, Leder, Holz, Stoff und Papyrus. Am häufigsten sind Einritzungen auf Stein, zum Beispiel in Tempeln und Grabmalen, überliefert. Eine solche Inschrift kannst du dir selber ersatzweise auf Gips herstellen.

Arbeitsanleitung

Diese Materialien benötigst du:
- Modellgips
- eine Schachtel aus Pappe oder Kunststoff
- ein Stück feste Plastikfolie
- Papier und Bleistift
- Ritzwerkzeug (Schere oder Nagel)
- Pinsel
- Deckfarben

1. Schritt: Verrühre einen Teil Wasser und zwei Teile Gips zu einem Brei.
2. Schritt: Gieße den Brei in die mit Folie ausgelegte Form (A).
3. Schritt: Während der Gips trocknet (ca. 30 Minuten), schreibst du auf ein Blatt Papier mithilfe des Hieroglyphenalphabets deinen Namen.
4. Schritt: Wenn der Gips durchgehärtet ist, nimmst du ihn vorsichtig aus der Form und legst ihn mit der glatten Seite nach oben. Übertrage nun mit einem feinen Bleistift deinen Namen auf den Gips.
5. Schritt: Ritze die Bleistifthieroglyphen mit dem Ritzwerkzeug vorsichtig nach (B).
6. Schritt: Säubere die Vertiefungen mit dem Pinsel und male die Hieroglyphen mit Deckfarbe an (C).

M1 Eine Inschrift auf Gips herstellen

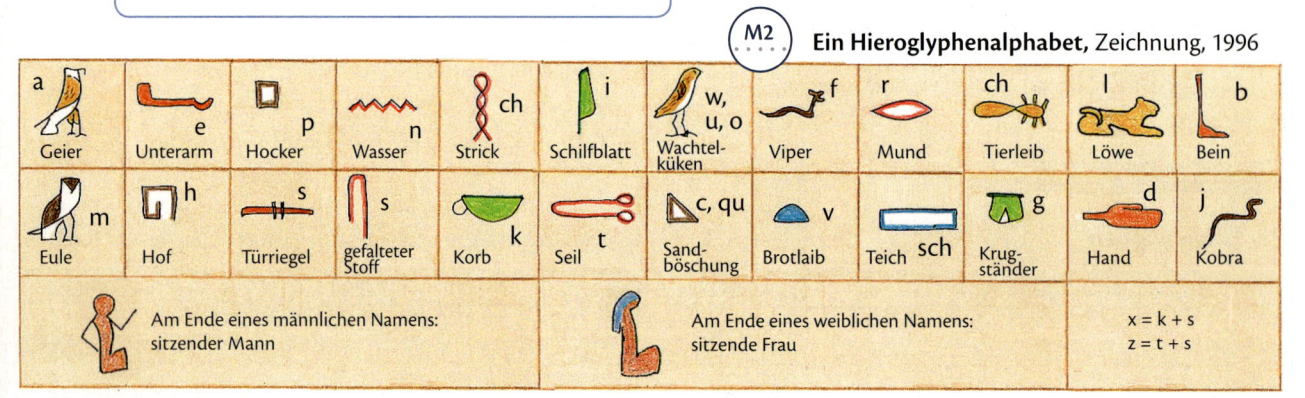

M2 **Ein Hieroglyphenalphabet,** Zeichnung, 1996

a Geier	e Unterarm	p Hocker	n Wasser	i Strick	Schilfblatt	w, u, o Wachtelküken	f Viper	r Mund	ch Tierleib	l Löwe	b Bein
m Eule	h Hof	s Türriegel	s gefalteter Stoff	k Korb	t Seil	c, qu Sandböschung	v Brotlaib	sch Teich	g Krugständer	d Hand	j Kobra

Am Ende eines männlichen Namens: sitzender Mann

Am Ende eines weiblichen Namens: sitzende Frau

x = k + s
z = t + s

Kompetenz-Check

Lebenswelt altes Ägypten

Überprüfe, was du kannst

Sachkompetenz

1 Auf dieser Seite findest du Abbildungen bzw. Ausschnitte von Abbildungen, die alle vollständig in diesem Kapitel zu finden sind. Sie zeigen wichtige Merkmale einer Hochkultur. Finde heraus, welche es sind. Ziehe den Kasten „Hochkulturen" (S. 97) heran. Aufgepasst! Eine Abbildung aus einem anderen Kapitel ist versehentlich dazwischengeraten. Welche ist es?

2 Erkläre,
a) wie der Nil das Leben der Menschen beeinflusst hat (S. 78 f.),
b) wie die altägyptische Gesellschaft aufgebaut war (S. 80 f.),
c) in welchem Zusammenhang Pharao, Pyramide und Mumifizierung zueinander stehen (S. 88–91, 94).

Methodenkompetenz

3 Analysiere M2, S. 90/91 mithilfe der Methode „Ein Bild als Quelle" (S. 86 f.).

▸ seit 3000 v. Chr.
Frühe Hochkulturen in Ägypten

▸ seit 2500 v. Chr.
Bau der Pyramiden in Ägypten

▸ 30 v. Chr.
Der ägyptische Staat gerät unter die Herrschaft des Römischen Reiches.

000 v. Chr. — 3000 v. Chr. — 2000 v. Chr. — 1000 v. Chr. — Christi Geburt

Ägypten – eine frühe Hochkultur

Leben nach den Regeln des Flusses
Mit Beginn der jetzigen Warmzeit um 9000 v. Chr. hatten sich die Menschen aus der allmählich austrocknenden Wüste an die wasserreichen Ufer des Nils zurückgezogen. Um die Überschwemmungen in den Griff zu bekommen, schlossen sie sich in Dorfgemeinschaften zusammen. Sie bauten Deiche und Bewässerungsanlagen und nutzten das lebensspendende Wasser für die Landwirtschaft. Bald ernteten sie mehr, als sie zum Leben benötigten. Die Nahrungsüberschüsse legten sie in Vorräten an, um bei folgenschweren Überschwemmungen oder in extremen Trockenzeiten das Überleben der Bevölkerung zu sichern. Dabei entdeckten sie, dass es von einer Nilüberschwemmung bis zur nächsten 365 Tage dauerte. Diese Erkenntnis nutzten sie für die Entwicklung eines Kalenders.

Die ägyptische Gesellschaft
Die Vorratswirtschaft ermöglichte es, dass nicht mehr alle Menschen ständig in der Landwirtschaft arbeiten mussten. So konnten sich Menschen auf andere Gebiete spezialisieren, wie z. B. den Deichbau, die Geräteherstellung für die Landwirtschaft sowie das Spinnen und Weben. Durch diese Arbeitsteilung entstanden neben den Bauern neue Berufsgruppen wie Handwerker und Händler. Für den Schutz der Menschen in Notzeiten oder in Kriegen sorgten Menschen in Heeres- und Verwaltungsstellen. Eine angesehene Stellung in der Gesellschaft hatten die Schreiber, die unterschiedliche Verwaltungstätigkeiten ausführten. Anordnungen wurden von oben nach unten gegeben. Es entstand eine hierarchische Ordnung in der Gesellschaft, die sich auch in unterschiedlichen Lebensstandards, wie z. B. beim Wohnen, zeigte.

Ein Flächenstaat entsteht
Im Laufe der Entwicklung entstand im alten Ägypten ein Staat, in dem jeder seinen Platz in einer festen Rangordnung einnahm. An der Spitze stand der Pharao. Er wurde wegen seiner großen Macht von den Ägyptern wie ein Gott verehrt. Der Wesir als Stellvertreter des Pharaos und schriftkundige Beamte verwalteten das Land. Sie herrschten über Bauern, Arbeiter, Handwerker und Sklaven. Als zentrales Hilfsmittel für die Verwaltung ihres Staates erfanden die Ägypter um 3000 v. Chr. die Hieroglyphenschrift.

Religion im alten Ägypten
Die Religion war geprägt von der Vorstellung, dass das Leben der Menschen von der Gunst des gottähnlichen Pharaos abhinge und dass man wie auch der Pharao nach dem Tod weiterlebe. Deshalb war es wichtig, am Bau der Pyramiden, der Grabmäler für die Pharaonen, mitzuarbeiten oder ihn zu unterstützen. Mit welchen Techniken die gewaltigen Bauwerke errichtet wurden, ist bis heute nicht genau geklärt.
Allen Menschen gemeinsam war die polytheistische Religion (unter Pharao Echnaton mit monotheistischer Tendenz). Die Anzahl der verehrten Götter war groß. So galten viele Naturerscheinungen als göttlich, wie die Sonne, der Mond, die Sterne, aber auch viele Tiere, wie das Krokodil und der Skarabäuskäfer. Häufig wurden Götter auch als Mischung zwischen Menschen- und Tiergestalt verehrt. Besondere Bedeutung genoss die Göttin Maat. Sie verkörperte Wahrheit, Gerechtigkeit und Ordnung und bestimmte auch das Leben des Einzelnen, was an Grabinschriften erkennbar ist. In das Reich der Toten konnte nur gelangen, wer vorher im Totengericht mehrmals seine Unschuld beteuert hatte, z. B. nichts Unrechtes gegen Menschen oder Tiere getan zu haben.
Die Entwicklung am Nil führte seit dem Beginn des 3. Jahrtausends v. Chr. zu einer der ersten bekannten Hochkulturen, wie sie etwa zeitgleich an Euphrat und Tigris, am Indus und am Huanghe entstanden.

Eine frühe Hochkultur – das Beispiel Ägypten

Zeit
- ab etwa 3000 v. Chr. Entstehung der Hochkultur
- um 2500 v. Chr. Bau der Pyramiden
- 30 v. Chr. Ägypten gerät unter die Herrschaft des Römischen Reiches

seit 3000 v. Chr. Frühe Hochkulturen in Ägypten

3000 v. Chr.

Herrschaft
- Königsherrschaft durch Pharaonen
- gottähnliche Stellung
- Aufgaben des Pharaos: Bewässerung, Nahrungs- und Vorratsbeschaffung, inneren und äußeren Frieden sichern

Gesellschaft
- hierarchischer Aufbau
- gesellschaftliche Arbeitsteilung: Spezialisierung in bestimmte Berufe und Gewerbezweige wie Landwirtschaft, Handwerk und Handel

Wirtschaft
- Abgaben- und Vorratswirtschaft mit zunehmender Arbeitsteilung, Spezialisierung und Kooperation
- Steuersystem für die Finanzierung der Staatsausgaben

Alltag
- Wohnen als Spiegel der gesellschaftlichen Unterschiede
- Bauern standen unter Abgabendruck
- Frauen hatten Rechte, waren aber nicht gleichberechtigt

Kultur und Wissenschaft
- Entwicklung des Kalenders
- Hieroglyphenschrift
- Entwicklung der Geometrie
- Techniken für Großbauten (z. B. Pyramiden) und Bewässerungsanlagen

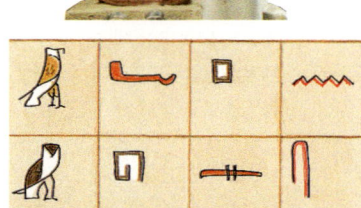

Religion
- Glaube an Weiterleben nach dem Tod
- enge Bindung des Einzelnen an den Pharao (Grabmal: Pyramide)
- Polytheismus (besondere Bedeutung der Maat)

4. Das antike Griechenland

Jeden Tag kommen heute viele tausend Besucher in die griechische Hauptstadt Athen und steigen auf die Akropolis. Das ist der Hügel, auf dem die Athener vor fast 2500 Jahren ihrer Schutzgöttin Athene einen großen Tempel, den Parthenon, errichtet haben.

Nicht nur in Athen finden wir heute noch die Überreste der griechischen Hochkultur. Im ganzen Mittelmeerraum zeugen Gebäudereste, Kunstwerke, Inschriften und Münzfunde vom Leben im antiken Griechenland.

Eine wichtige Quelle sind Malereien auf griechischen Keramikgefäßen. Ein Beispiel findest du auf der abgebildeten Vase. Wir können nur vermuten, worüber sich die beiden Männer unterhalten haben. Erzählt der eine dem anderen von einem Sportwettkampf? Oder sind beide auf dem Weg nach Athen zum „Scherbengericht"? Wenn die Athener einen Politiker absetzen wollten, schrieben sie seinen Namen auf eine alte Tonscherbe und stimmten damit ab. So hatten sie den Wahlzettel erfunden. Viele andere Erfindungen, die uns heute noch vertraut sind, stammen auch von den Griechen.

Folgende Fragen leiten dich durch das Kapitel:

– Wie sind die griechischen Stadtstaaten entstanden?
– Wie lebten die Menschen im antiken Griechenland?
– Welche Rolle spielten Religion, Kultur und Politik im Leben der Griechen?

1 Überlege, was den Besuchern der Akropolis vermutlich fremd und was ihnen vertraut vorkommt.

ΘΕΜΙSΘΟΚΛΕΣ

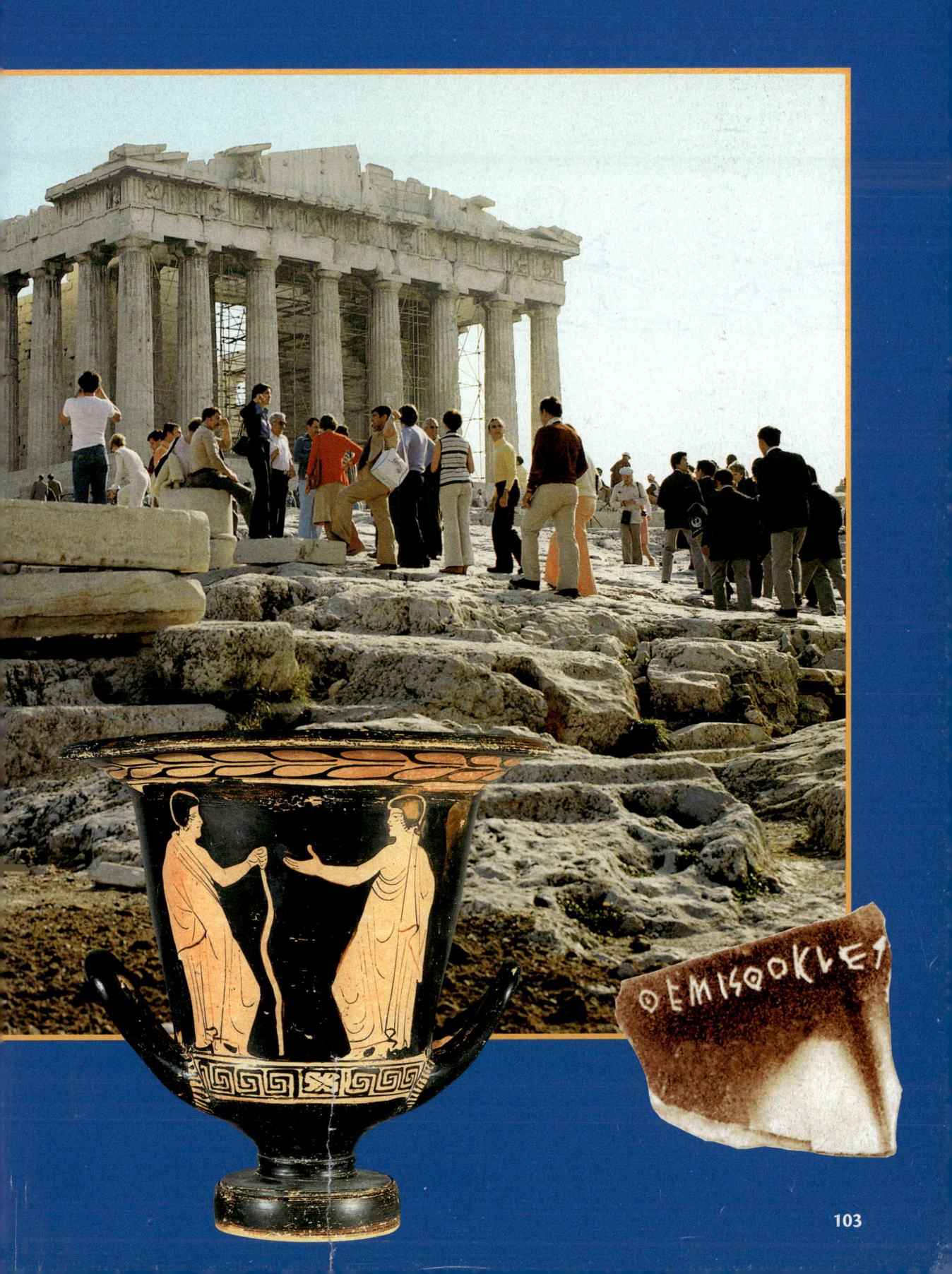

4. Das antike Griechenland

Die Welt der frühen Griechen

Wissen • Urteilen • Kommunizieren/Handeln • Methoden anwenden

Am Ende dieses Unterkapitels kannst du
- den Zusammenhang zwischen landschaftlicher Beschaffenheit und staatlich-gesellschaftlichem Leben erklären
- die griechische Kolonisation und ihre Gründe darlegen
- die religiöse und philosophische Weltdeutung der Griechen beschreiben
- **Methode** Mit Geschichtskarten arbeiten
- **Methode** Schriftliche Quellen entschlüsseln
- **Methode** Kunstwerke entschlüsseln

Siedlungsraum der Griechen um 750 v. Chr.

▸ Mykenische Kultur — 1700 bis 1200 v. Chr.

▸ Entstehung der griechischen Stadtstaaten — etwa 900 bis 700 v. Chr.

▸ Griechische Kolonisation — etwa 800 bis 600 v. Chr

Die Welt der frühen Griechen

Die griechische Polis

Die Landschaft prägt das Zusammenleben

Die höchste Erhebung Griechenlands befindet sich im Norden des Landes und ragt 2911 Meter in den Himmel: der Berg Olymp. Von hier bis zur Insel Kreta im südlichen Mittelmeer erstrecken sich unzählige Gebirgszüge und kleine Inseln. Die Berge und das Meer bestimmen das Leben der Griechen bis heute.

Als im 2. Jahrtausend v. Chr. kriegerische Völker nach Griechenland eindrangen, ließen sich die einzelnen Stämme bevorzugt an den Küsten oder in den nahe gelegenen Tälern nieder. Wollte man zueinander Kontakt aufnehmen oder miteinander Handel treiben, war der Seeweg der unbeschwerlichste und kürzeste Weg.

Das Leben der bäuerlichen Familien in Dörfern und Siedlungen kann man sich nicht schwer genug vorstellen. Der Boden war meist sehr steinig, hart und trocken. Wasser und fruchtbare Landstreifen gab es nur in wenigen Tälern. Dort wurden Gerste, Obst, Wein und Oliven angebaut. Auch an Weideland für Viehherden mangelte es. An den steilen Berghängen fanden nur Ziegen- und Schafherden Nahrung.

Ein Staat im Kleinen

Anders als in Ägypten lagen die griechischen Dörfer wegen der hohen Berge weit voneinander entfernt. Sie bildeten eigene kleine Staaten mit einer eigenen Ordnung. Deshalb gaben sie sich die Bezeichnung Stadtstaat (= griech. polis). An der Spitze vieler Poleis standen ein König oder einige reiche Familien. In größeren Stadtstaaten gab es einen befestigten Burgberg, den die Griechen Akropolis nannten. Auf der Akropolis lebte die Familie des Herrschers. Hier wurden auch Tempel für die Götter der Stadt gebaut.

Obwohl die Griechen in unterschiedlichen Poleis lebten, bewahrten sie sich eine gemeinsame Sprache und eine gemeinsame Schrift. Ein Handwerker aus Sparta sprach zwar einen anderen Dialekt als ein Bauer aus der Gegend von Athen, beide konnten sich aber ohne Probleme miteinander verständigen. Nach Ansicht der Griechen sprachen Völker, die das Griechische nicht beherrschten, ein unverständliches Kauderwelsch, das für sie wie „Bar – bar – bar" klang. Diese Menschen nannten sie deshalb „Barbaren", das heißt Fremde.

Insel Delos, Foto, 1997, Blick vom Berg Kynthos auf den Hafen

M1

1 Beschreibe anhand der Abbildung M1 und des Darstellungstextes Merkmale der griechischen Landschaft.
2 Zeige mithilfe des Darstellungstextes, wie die Griechen ihr „staatliches" Zusammenleben organisierten.
3 Erkläre, welche Bedeutung Schrift und Sprache für den Zusammenhalt der Griechen hatten.

Das frühe Griechenland – Spurensuche

Grabung in Mykene

1874 erhielt der Archäologe Heinrich Schliemann die Erlaubnis, auf dem Gebiet der Stadt Mykene Grabungen durchzuführen. Schliemann stieß bei seinen Grabungen bald auf Zeugnisse vergangenen Lebens. In der Nähe der Burg befand sich ein Feld mit schachtförmigen Gräbern. Ähnlich wie in Ägypten waren die Toten mit reichen Grabbeigaben bestattet worden.

Zu den weiteren Funden aus der Zeit der mykenischen Herrschaft gehören Keramik, Schmuck und Waffen. Die einzige schriftliche Überlieferung findet sich auf Tontäfelchen, die in der Palastanlage gefunden wurden. In einer einfachen Schrift wurden darauf die Vorräte und Ausrüstungsgegenstände der Herrscher vermerkt.

Das Löwentor der Burg von Mykene, Foto, um 1887. Über dieses Tor gelangte man in das Innere der Königsburg. Am rechten Pfeiler sind Heinrich und Sophie Schliemann zu sehen.

M1

Einen Dichter beim Wort nehmen?

Auf der Suche nach Spuren vom Leben im frühen Griechenland finden wir ab ca. 800 v. Chr. schriftliche Zeugnisse, die uns über vergangene Zeiten erzählen. Die für uns wichtigsten Texte verfasste der Dichter Homer. Er schrieb in Versen auf, was sich die Griechen seit Jahrhunderten über ihre Vorfahren erzählten. Diese Werke nennt man Epen (Sg. Epos*). In dem Epos „Ilias" schildert Homer die Belagerung der in Kleinasien gelegenen Stadt Troja. Hier hatten, so erzählt er, griechische und trojanische Helden in jahrelangen Kämpfen ihren Mut bewiesen, bis die Griechen die Stadt schließlich mithilfe einer List eroberten. Das Epos „Odyssee" berichtet vom Leben des Helden Odysseus, der erst nach langen Irrfahrten in seine Heimat zurückkehren konnte.

Aufgrund der genauen Ortsbeschreibungen Homers fand Schliemann den Ort, wo Troja lag. Bis heute haben Archäologen dort die aufeinandergeschichteten Reste von mindestens neun Siedlungen ausgegraben. Die Überreste der sechsten Stadt geben die meisten Hinweise darauf, dass hier kriegerische Auseinandersetzungen stattgefunden haben. Diese Siedlung wird in die Zeit von 1700 bis 1300 v. Chr. datiert.

Leben im „Oikos"

Die Ausgrabungsfunde in Mykene und Troja, die Dichtungen Homers – aus diesen Quellen haben Wissenschaftler eine Vorstellung gewonnen, wie die frühen Griechen gelebt haben.

Ob Bauern oder reiche Landbesitzer – fast alle Griechen bildeten Hausgemeinschaften. Im Haushalt (= griech. Oikos*), der sich mit einem großen Bauernhof vergleichen lässt, lebten die Familie, die Bediensteten, die Sklaven und das Vieh. Hier fanden die Menschen Schutz und Sicherheit, Nahrung, Kleidung und Ansehen, zumindest dann, wenn der Haushalt ein starkes Oberhaupt hatte. Der Hausherr hatte große Macht in der Familie. Er bestimmte zum Beispiel über die Heirat seiner Kinder, denn Besitz, Reichtum und Ansehen sollten erhalten bleiben.

Wer nicht zu einem Oikos gehörte, hatte ein hartes Los. Das traf besonders die Theten*. Sie waren Landarbeiter, die für wenig Lohn auf anderen Gütern arbeiten mussten.

Adlige – die Besten der Griechen?

Das Leben der bäuerlichen Familien wurde von den schwierigen Bedingungen der griechischen Landschaft bestimmt. Ganz anders lebten die griechischen Adligen. Sie besaßen viel Land, auf dem Pächter, Knechte und Mägde, Sklavinnen und Sklaven den Boden bestellten. Aufgrund ihres Reichtums herrschten sie oft wie Könige über kleinere Gebiete. Über die Adligen wissen wir durch Funde am meisten. Auch die meisten Personen, die Homer beschrieb, gehörten zu dieser Gesellschaftsschicht. In der „Ilias" empfiehlt ein Adliger seinem Sohn, „immer Bester zu sein und überlegen zu sein den anderen".

Harte Arbeit wurde von den Adligen gering geschätzt; sie galt als unangemessen für einen Adligen. Odysseus rühmt sich in Homers Dichtung: „Die Arbeit war mir nie lieb, … sondern mir waren immer beruderte Schiffe lieb und Kriege und wohlgeglättete Wurfspieße."

Gegenüber dieser Lebensweise gab es auch kritische Stimmen: Der Dichter Hesiod verglich Adlige mit Drohnen (Nichtstuern), denen er das mühevolle Leben der Bauern gegenüberstellte.

M2 Hektor und Andromache

Homer beschrieb den Abschied des Trojaners Hektor von seiner Frau Andromache, bevor dieser in den Kampf mit dem griechischen Helden Achilleus zog. Ein Jugendbuchautor erzählt diese Geschichte nach (1982):

Als Hektor durch die Straßen zurückeilte, kam ihm … die Gattin entgegen. Die Dienerin, die ihr folgte, trug das Knäblein Astyanax. Mit stillem Lächeln betrachtete der Vater das Kind; Andromache aber trat unter Tränen auf ihn zu und drückte ihm zärtlich die Hand: „Du böser Mann", rief sie, „gewisslich wird dein tollkühner Mut dir noch den Tod bringen! Hast du denn kein Erbarmen mit deinem unmündigen Kinde und mit deinem unglückseligen Weibe, das du bald zur Witwe machen wirst? Vater und Mutter habe ich verloren, meine sieben Brüder hat Achilleus … erschlagen." Doch der tapfere Held … schenkte solchen Bitten kein Gehör. „Ich müsste mich vor allen Männern und Frauen schämen", sagte er fest, „wollte ich nur aus der Ferne dem Streit zuschauen; auch mein eigenes Herz erlaubt es mir nicht, denn ich bin gewohnt, stets in der vordersten Reihe zu streiten."

Griechische Sagen, bearbeitet von Richard Carstensen, München (dtv) 1982, S. 185.

Begriffe und Daten

Aristokratie
Nach dem griechischen Wort aristoi (= die Besten) und kratein (= herrschen) die Bezeichnung für die Herrschaftsgruppe einer adligen Oberschicht.

Monarchie
(griech. Alleinherrschaft); eine Staatsform, in der ein König die Macht ausübte, z. B. über Stämme oder über die Poleis.

Polis
(griech. Stadt); nach mykenischen Quellen eine Burg mit dazugehöriger Siedlung. Politische Rechte hatten nur bestimmte Bürger (Vollbürger), die in Volksversammlungen zusammentraten.

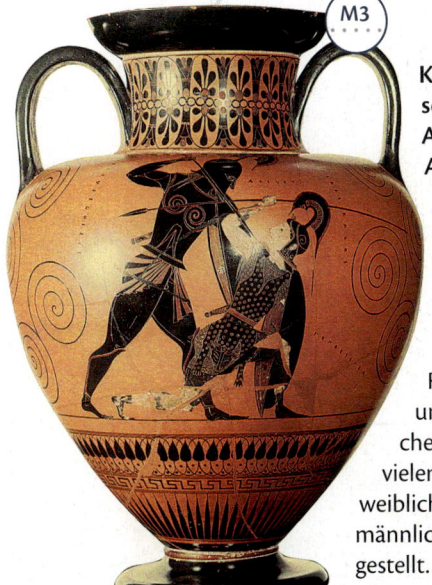

M3 Kampf des griechischen Helden Achill mit der Amazonenkönigin Penthesilea, Vasenmalerei, um 530 v. Chr. Penthesilea kam mit einem Gefolge kriegerischer Frauen nach Troja, um gegen die Griechen zu kämpfen. Auf vielen Vasen wurden weibliche Figuren weiß, männliche schwarz dargestellt.

1 Beschreibe die Abbildung M1 genau und notiere die Fragen, die du als Forscher stellen würdest.
2 Beschreibe das Vasenbild M3. Welche menschlichen Eigenschaften werden hervorgehoben?
3 Erarbeite aus M2, wie sich Andromache und Hektor zum bevorstehenden Kampf Hektors äußern. Beurteile die beiden Standpunkte.

Die Welt der frühen Griechen

Die griechische Kolonisation

Warum gründeten die Griechen Kolonien?

Seit dem 8. Jahrhundert v. Chr. nahm die Bevölkerung in Griechenland stark zu. Die Ackerflächen, die die Poleis umgaben, reichten oft nicht aus, um die Ernährung der Menschen sicherzustellen. Verschlimmert wurde die Situation durch den hohen Holzbedarf für den Häuser- und Schiffsbau. Die Wälder wurden abgeholzt; der fruchtbare Boden, der durch die Wurzeln festgehalten worden war, konnte vom Regen weggespült werden. Viele Griechen sahen keinen anderen Ausweg, als ihre Heimat zu verlassen, um an einem anderen Ort neu anzufangen.

Die Siedlungen, die dort nach dem Vorbild der Heimatstädte neu gegründet wurden, hießen Kolonien. Welchen Ort aber wählte man für eine Koloniegründung? Viele Kolonien entstanden in dünn besiedelten Gebieten, da hier weniger Widerstand von der einheimischen Bevölkerung zu erwarten war. Besonders günstige Bedingungen gab es zum Beispiel in Syrakus. Hier bildete eine vorgelagerte Insel natürliche Hafenanlagen und gute Verteidigungsmöglichkeiten. Das Umland der Stadt war dazu überaus fruchtbar.

Gemeinsamkeit trotz Trennung

Griechenland – das war nach der Kolonisation eine Ansammlung von Stadtstaaten, die nach den Worten des Griechen Sokrates „wie die Frösche um einen Teich saßen". Im 5. Jahrhundert v. Chr. lebten in den Kolonien etwa drei bis vier Millionen Griechen. Das waren genauso viele Menschen wie im Mutterland. Mehr als tausend Kilometer trennten Städte wie Tanais und Neapolis voneinander. Dennoch bewahrten sich die Griechen ihre Gemeinsamkeiten. Die Lebensweise in den zahlreichen Städten, besonders in den Mutter- und Tochterstädten, war ähnlich. Neben der gemeinsamen Sprache und dem Glauben an dieselben Götter verband die Griechen noch eine Anzahl kultischer Feste und Spiele. Sie fanden an vielen Orten statt, so in Delphi, Korinth, Athen und anderswo. Zwei Stadtstaaten aus dem griechischen Mutterland spielten jahrhundertelang eine herausragende Rolle in Griechenland: die Polis Sparta und die Polis Athen.

M1 Griechenland um die Mitte des 5. Jahrhunderts v. Chr.

Die Welt der frühen Griechen

Das Orakel von Delphi

Bei wichtigen Entscheidungen fragten die Griechen ein Orakel um Rat. Die größte Bedeutung hatte der Apollontempel in der Kultstätte Delphi. Dort gab die Priesterin Pythia im Auftrag des Gottes Apollon den Menschen einen klugen Rat. Pythia saß auf einem hohen Stuhl und war in Weihrauchdämpfe eingehüllt, die als Rauschmittel wirkten. Ihre Antworten waren nie eindeutig und mussten von den Priestern erklärt werden. Frauen durften das Orakel nicht befragen.

Begriffe und Daten

Kolonisation

Mangel an fruchtbarem Boden und Übervölkerung in ihrer Heimat führten zur Ausbreitung der Griechen an den Küsten des Mittelmeeres und des Schwarzen Meeres. Dieser Vorgang begann bereits im 8. Jahrhundert v. Chr. und dauerte mehrere Jahrhunderte. Trotz der räumlichen Entfernung blieben die Kolonien durch Handelsbeziehungen und die gemeinsame Kultur mit ihrer Heimat verbunden.

M2 Griechen verlassen ihre Heimat

Der griechische Geschichtsschreiber Herodot (um 485–425 v. Chr.) berichtete, wie die Bewohner der griechischen Insel Thera (heute Santorin) im Jahr 631 v. Chr. die Kolonie Kyrene in Libyen gegründet hatten:

[Sieben Jahre lang blieb in Thera der Regen aus] … Auf ihre Anfrage beim Orakel erinnerte die Pythia die Theräer an die Kolonisation in Libyen … Die Theräer bestimmten, dass aus allen sieben
5 Gemeinden der Insel immer je einer von zwei Brüdern um die Auswanderung losen sollte. Führer und König der Auswanderer sollte Battos sein. So schickten sie zwei Fünfzigruderer nach Platea [Insel vor der Kyrenaika]. … Hier wohnten sie zwei
10 Jahre; aber es ging ihnen dort nicht gut. So ließen sie denn einen Einzigen aus ihrer Mitte zurück, und alle Übrigen fuhren nach Delphi. Dort baten sie das Orakel um einen Spruch und erzählten, sie hätten sich in Libyen angesiedelt, aber es gehe ih-
15 nen trotzdem keineswegs besser, obwohl sie dort wohnten.
Darauf verkündete ihnen die Pythia Folgendes: „Kennst du besser als ich, der ich dort war, Libyens Herden: Dich, der du nicht dort warst, muss ich
20 ob deiner Weisheit bewundern."
Als Battos und seine Leute dies hörten, segelten sie wieder zurück; denn offenbar ersparte ihnen der Gott die Ansiedlung nicht, bis sie nach Libyen selbst gekommen seien. Sie landeten auf der Insel,
25 nahmen den Zurückgelassenen an Bord und siedelten sich auf dem Festland gegenüber der Insel an … Hier wohnten sie sechs Jahre. Im siebenten Jahr erboten sich die Libyer, sie an einen noch schöneren Platz zu führen. Sie entschlossen sich
30 mitzugehen.

Herodot, Historien, IV 150–158, übers. von Josef Feix, München (Reclam) 1977, S. 613 ff. Vereinf. d. Verf.

---

1 Beschreibe anhand von M1 die Lage der griechischen Stadtstaaten und ihre Bündnisse.
2 Erkläre mithilfe des Darstellungstextes (linke Spalte), warum die Griechen Kolonien gründeten.
3 Begründe, warum sich die Theräer zur Auswanderung entschlossen (M2).
4 Betrachte M3 und versuche zu erklären, warum die Griechen dem Orakel so große Bedeutung beimaßen.
5 Informiert euch bei Mitschülern, die selbst oder deren Eltern nach Deutschland eingewandert sind. Lassen sich ihre Erfahrungen mit den Erfahrungen der griechischen Auswanderer vergleichen?

König Ägeus befragt das Orakel von Delphi, Trinkschale, um 440 v. Chr.

Methode

Mit Geschichtskarten arbeiten

Karten „lesen"

Du kennst schon eine Reihe von Karten: Wanderkarten, Stadtpläne und physische Karten von Ländern oder Kontinenten. Einige davon hast du im Erdkundeunterricht kennen gelernt. Historiker arbeiten oft mit speziellen Geschichtskarten. Geschichtskarten geben Auskunft darüber, wie ein Gebiet zu einem früheren Zeitpunkt ausgesehen oder sich entwickelt hat.
Auf dieser Doppelseite kannst du lernen, wie man eine Geschichtskarte richtig „liest".

1 Erarbeite Informationen aus M1 mithilfe der Arbeitsschritte 1 bis 4.
2 Halte die Fragen fest, die mithilfe der Karte nicht zu beantworten sind.
3 Lies zur Kolonisation der Griechen auf Seite 108 f. nach und prüfe, welche deiner Fragen jetzt beanwortet werden können.
4 Beschaffe dir weitere Informationen zur griechischen Kolonisation und stelle deine Ergebnisse in der Klasse vor. Nutze die Schüler- oder Stadtbibliothek und das Internet.
5 Diskutiert in einer Gesprächsrunde, was diese Geschichtskarte leisten bzw. was sie nicht leisten kann.

Arbeitsschritte

1. Schritt: Das Thema einer Karte ermitteln und Fragen stellen

In der Regel haben Karten eine Überschrift, die das Thema der Karte angibt. Die Überschrift enthält fast immer eine Angabe über den dargestellten Zeitpunkt oder Zeitraum. Manche Karten zeigen zum Beispiel, wie die Landschaft ausgesehen hat, andere geben Auskunft über Städtegründungen, die Landwirtschaft oder die Bevölkerung eines Gebietes.

Wenn du dich über das Thema und die Zeitangabe orientiert hast, stellst du Fragen, die du mit der Karte beantworten möchtest. Zum Beispiel: Was bedeutet die Unterscheidung Mutterstädte – Tochterstädte? Wo haben die Griechen Kolonien gegründet? Gibt es Regionen, in denen gehäuft Kolonien zu finden sind? Welche Gründe könnten dafür ausschlaggebend gewesen sein?

2. Schritt: Die Kartenlegende deuten

In der Kartenlegende werden alle Farben, Schattierungen und Zeichen erklärt, die auf der Karte zu sehen sind. Kartenlegenden sind nicht immer gleich ausführlich. Einige erklären sämtliche Kartenelemente, andere nur die Besonderheiten der gerade abgebildeten Karte.

3. Schritt: Den Maßstab feststellen

Wichtig für den Umgang mit Karten ist eine genaue Vorstellung von den dargestellten Entfernungen. Hier hilft die Maßstabsleiste weiter. Mit diesem Kartenelement kannst du zum Beispiel ermitteln, wie groß die Entfernung zwischen zwei Städten ist. Bei Geschichtskarten ist der Maßstab oft in Form einer Entfernungsleiste mit Kilometerangaben dargestellt.

4. Schritt: Die Aussagen der Karte zusammenfassen und Fragen beantworten

Beschreibe die Zeichen und die Farbgebung der Karte. Damit erhältst du eine Vorstellung von den Bedingungen in dem abgebildeten Gebiet.

Stelle fest, wie die Geschichtskarte deine Fragen aus dem 1. Schritt beantwortet. In unserem Beispiel kannst du Aussagen über Verbindungen zwischen den Mutter- und Tochterstädten, die Entfernungen und die Häufung der Gründungen in bestimmten Regionen des Mittelmeerraumes machen.

5. Schritt: Weitere Informationen beschaffen

Um beispielsweise genaueres Wissen über die Art der Kolonisation und deren Folgen in den eroberten Gebieten zu erhalten, kannst du dich in Reiseführern z. B. aus deiner Stadtbibliothek und im Internet informieren.

Methode

M1 Die Kolonisation der Griechen vom 8. bis zum 6. Jahrhundert v. Chr.

Zu Schritt 2:

In der Kartenlegende wird zwischen Mutterstadt (Muttergebiet) und Tochterstadt unterschieden. Das deutet darauf hin, dass zwischen Mutterstadt und Tochterstadt eine enge Verbindung bestand, z. B. im politischen Bereich (Tochterstadt auch als Polis?), aber auch wirtschaftlich (Handel, Rohstoffe) und religiös-kulturell (Feste, Kulte, Kalender). Außerdem wird deutlich, dass einzelne (Mutter-)Städte wiederum einzelne (Tochter-)Städte gegründet haben, es also keine größeren Gebietseroberungen gab. Entsprechend den unterschiedlichen Farben können die jeweiligen Kolonie-Gründungen durch die Poleis unterschieden werden.

Zu Schritt 4:

Die Karte zeigt, dass Kolonien gegründet wurden an der kleinasiatischen Westküste (heutige Türkei), im Schwarzmeergebiet, in Sizilien, Süditalien und Südfrankreich, kaum an der Nordküste des afrikanischen Kontinents. Auffällig ist die Gründung der Kolonien an den Festlandküsten und auf Inseln. Das lässt darauf schließen, dass Schiff und Seeweg, nicht aber Landverbindungen die vorrangigen Transportmittel bzw. -wege waren. Gründe für die Kolonisation lässt diese Karte nicht erkennen. Sie müssten aus anderen Quellen gewonnen werden.

M2 Lösungshilfen zu Arbeitsauftrag 1

Gesellschaft und Wirtschaft

Schlechte Zeiten in Attika

Für die Bauern in Athen herrschten im 7. Jahrhundert v. Chr. schlechte Zeiten. Sie litten unter der Herrschaft des Adels. Schiedssprüche wurden von Adligen nach Belieben gefällt. Zwar stellte der Politiker Drakon um 624 v. Chr. eine größere Rechtssicherheit her, indem er Gesetze aufschreiben ließ, aber die Macht lag weiterhin bei den Adligen. Denn sie allein waren Mitglieder im Adelsrat, dem Areopag*, wo die wichtigen Entscheidungen für die Polis getroffen wurden.

Außerdem machte den Bauern ihre wirtschaftliche Lage schwer zu schaffen: Seitdem es Kolonien im ganzen Mittelmeerraum gab, war die Nachfrage nach Produkten aus Attika stark angestiegen. Davon hatten aber nur die Adligen Nutzen. Oliven und Wein, den Ertrag ihrer riesigen Landgüter, konnten sie im Athener Hafen Piräus mit Gewinn verkaufen. Vielen Bauernfamilien blieb nichts anderes übrig, als sich zu verschulden. Sie verloren ihr Land und arbeiteten fortan als so genannte Schuldknechte auf den Feldern der adligen Landbesitzer.

Bürgerkrieg oder Reformen?

Dem Athener Adel war allerdings daran gelegen, dass die Armut der Bauern nicht weiter zunahm. Denn mit einer neuen Schlachtordnung, in der die Krieger dem Gegner nicht mehr im Einzelkampf, sondern in Gruppen begegneten (Phalanx), gewannen die Bauern als Soldaten an Bedeutung. Solange die Bauern Attikas als Schuldknechte arbeiteten, waren sie nicht in der Lage, für ihre Polis in den Krieg zu ziehen, weil sie sich keine Ausrüstung leisten konnten.

Um 600 v. Chr. hatte sich die Lage so zugespitzt, dass ein Kompromiss zwischen den Bauern und den Adligen gefunden werden musste. Die Athener einigten sich darauf, einen „Schiedsrichter" einzusetzen. Ihre Wahl fiel auf den Athener Solon. Er stammte aus einer angesehenen Adelsfamilie in Athen, die allerdings nur wenige Landgüter besaß. Solon schrieb Gedichte, in denen er zu Fragen der Politik Stellung nahm. 594 v. Chr. wurde er zum Gesetzgeber mit außerordentlichen Vollmachten ernannt.

M1 Die Halbinsel Attika im 5. Jahrhundert v. Chr.

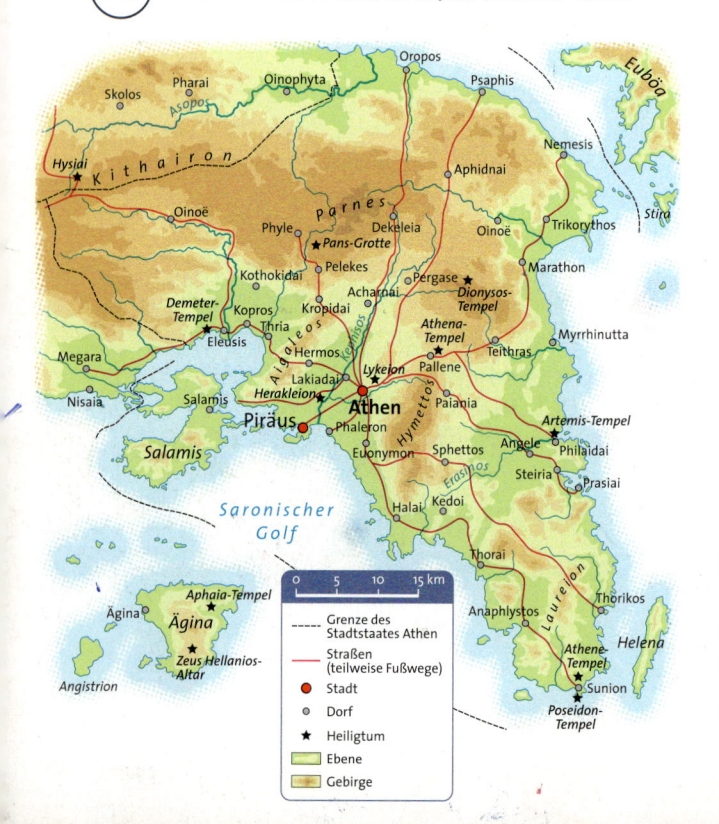

M2 ### Bauernversammlung in Attika

Folgende Begebenheit ist erfunden, könnte sich aber um das Jahr 600 v. Chr. so abgespielt haben: In der Nacht versammelten sich 40 Bauern aus Kedoi in der Scheune des Lykos. Die Stimmung war schlecht. Nach der Missernte im letzten Jahr litten fast alle Familien Hunger. Schließlich trat
5 Kleophon nach vorn: „Freunde! Wir alle leiden unter der Herrschaft der reichen Landbesitzer. Viele unserer Verwandten wurden ohne Grund von ihrem Land vertrieben oder als Sklaven verkauft. Ihr wisst, welches Schicksal meinen Bruder getroffen
10 hat. Er ist von dem adligen Gration als Sklave in das Bergwerk von Laureion verkauft worden. Warum wurde er verkauft? Weil er Schulden bei Gration hatte. Er konnte das Korn nicht bezahlen, das er bei ihm gekauft hatte. Er hatte es in den Boden
15 gesät und auf eine gute Ernte gehofft. Dann kam die Dürre und hat alles vernichtet. Ihre eigenen Felder haben die Landbesitzer bewässert, unsere nicht. Die Adligen tun, was sie wollen. Wir brauchen ein Gesetz, das uns schützt! Wir müssen für
20 unsere Rechte als freie Bauern kämpfen!"

Zusammengestellt nach Hans Heumann, Problemorientierter Geschichtsunterricht, Bd. 1, Frankfurt/M. (Cornelsen) 1989, S. 115.

Die Welt der frühen Griechen

Mehr Rechte für die Volksversammlung

Die Ordnung Solons bestand nicht lange. 561 v. Chr. eroberte der Adlige Peisistratos mit Waffengewalt die Athener Akropolis. Er wurde zum Tyrannen*, dem alleinigen Herrscher im Stadtstaat. Doch die Alleinherrschaft währte nicht lange. Den Athenern gelang es 508 v. Chr., mit Unterstützung der Spartaner die Söhne des Peisistratos zu entmachten.

Als der Athener Kleisthenes das athenische Volk hinter sich gebracht hatte, führte er eine Reform durch, die verhindern sollte, dass Adlige mit ihrer Anhängerschaft eine Tyrannis errichteten.

Um für alle Zeiten eine weitere Tyrannenherrschaft zu verhindern, führte Kleisthenes das „Scherbengericht" ein. Wenn die Gefahr bestand, dass ein Bürger zu viel Macht erlangte, konnte er für zehn Jahre aus Athen verbannt werden. Notwendig war, dass mindestens 6000 Bürger seinen Namen bei einer Abstimmung auf Tonscherben schrieben (siehe S. 102 f.).

M3 Die Reformen Solons

Durch Solon wurden folgende in den Quellen überlieferte Reformen durchgeführt:

1. Aufhebung der Schuldknechtschaft: Die Bauern erhalten ihr Land zurück, das sie den Adligen für ihre Schulden überlassen haben. Alle Schulden der Bauern werden gestrichen. In Zukunft darf
5 kein Bürger mehr in Schuldknechtschaft* fallen.
2. Die Bauern, die als Sklaven verkauft worden sind, konnten als athenische Bürger zurückkehren.
3. Beteiligung der Bürger an öffentlichen Angelegenheiten: Die Athener Bürgerschaft wird in vier
10 Vermögensklassen eingeteilt. Die Klassenzugehörigkeit richtet sich nach dem jährlichen Ertrag an Getreide, Wein und Oliven. Alle nehmen an der Volksversammlung teil und leisten Militärdienst.
4. Einführung eines Volksgerichts*: Jeder Bürger
15 hat Anspruch auf ein Gerichtsverfahren, wenn ihm selbst oder einem anderen Bürger Unrecht geschehen ist.

Verfassertext

---

1 Stelle mithilfe von M1 fest, wie groß die Polis Athen war. Wo lagen wohl die besten Landgüter?

2 Lies M2 und verfasse ein Flugblatt, das auf die Situation der attischen Bauern hinweist und Forderungen enthält.

3 Erarbeite aus M3, mit welchen Maßnahmen Solon auf welchen Missstand reagierte. Notiere deine Ergebnisse in zwei Spalten.

4 Unter Solon haben viele Athener begonnen, sich für ihren Stadtstaat verantwortlich zu fühlen. Überlege, wie Solon das wohl erreicht hat.

5 Erarbeite aus dem Darstellungstext die Ziele, die Kleisthenes verfolgte.

6 Betrachtet M4 und diskutiert darüber, was es bedeutete, Gesetze zu veröffentlichen.

Gesetze werden veröffentlicht, Rekonstruktionszeichnung, 1999. Ähnlich einer heutigen Litfaßsäule wurden die solonischen Gesetze auf drehbare Holztafeln geschrieben und an öffentlichen Plätzen aufgestellt.

Krieg gegen das Großreich Persien

Das Persische Reich

Im Norden und Osten grenzte Griechenland an einen Staat, der sich in fast allem von der Poliswelt unterschied: das Persische Reich. Dieses Land, dessen Zentrum am Ostufer des Persischen Golfs lag, hatte seit 550 v. Chr. zahlreiche kleinere Königreiche erobert und sich weiter nach Westen ausgedehnt. Die griechischen Städte Kleinasiens, die im Osten des Mittelmeers lagen, befanden sich unter persischer Herrschaft und waren dem Großkönig zu hohen Tributzahlungen verpflichtet.

In den Grenzen des Persischen Reichs lebte eine Vielzahl von Völkern. Der Großkönig Dareios I. (522–486 v. Chr.) gab dem Reich eine straffe Verwaltung. Dareios ließ große Fernstraßen bauen, schuf ein Postsystem und führte eine einheitliche Währung für das ganze Land ein. Um sein riesiges Reich kontrollieren zu können, verwendete der Großkönig die meisten seiner Einkünfte für die königliche Verwaltung und sein Heer. Auch in den einzelnen Satrapien (Herrschaftsbezirke) wurden eigene Truppen aufgestellt.

Ein starker und ein schwacher Nachbar?

Gerade zu der Zeit, als die Athener nach Unruhen und Tyrannis ihre Polisordnung erneuert hatten, kam es zu dem ersten Konflikt zwischen Dareios und den Griechen: 494 v. Chr. wagten die griechischen Städte Kleinasiens mit Unterstützung Athens einen Aufstand. Die Perser zerstörten daraufhin Milet und schlugen die Aufständischen nieder. 490 gelang es den Griechen unter der Führung des Feldherrn Miltiades, die Perser bei Marathon zurückzuschlagen. Unmittelbar nach der Schlacht lief ein Bote nach Athen, um die Nachricht vom Sieg zu überbringen.

Als Rache beschloss der persische Herrscher, ganz Griechenland zu unterwerfen. Am Ende einer Reihe von grausamen Kriegen, die auf griechischer wie persischer Seite viele Opfer forderten, konnte schließlich die Athener Flotte das persische Heer besiegen.

1 Bestimme mithilfe der Karte M1 die Ausdehnung des Persischen Reichs. Welche Staaten befinden sich heute auf diesem Gebiet?

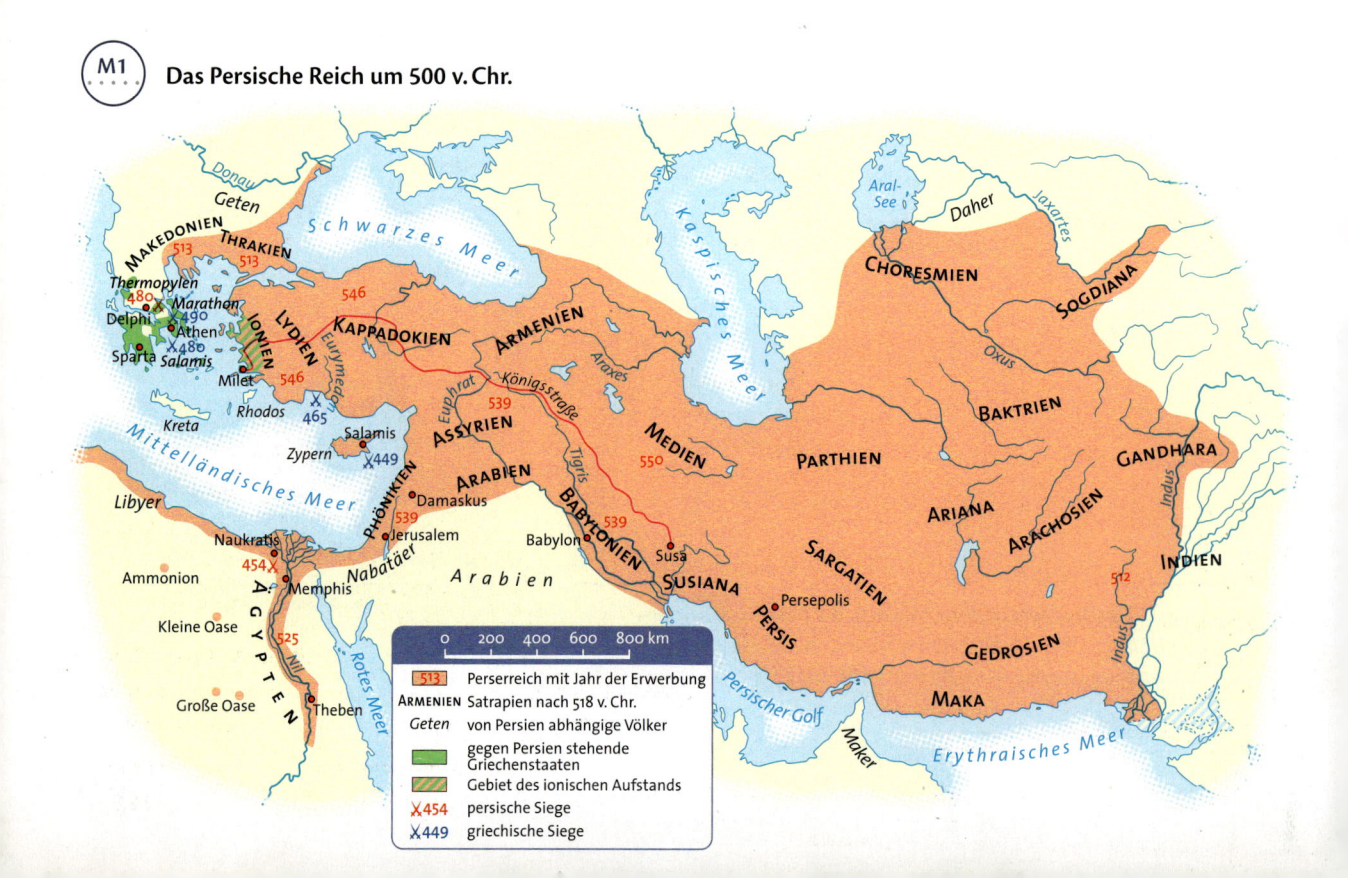

M1 Das Persische Reich um 500 v. Chr.

Legende:
- 513 Perserreich mit Jahr der Erwerbung
- ARMENIEN Satrapien nach 518 v. Chr.
- Geten von Persien abhängige Völker
- gegen Persien stehende Griechenstaaten
- Gebiet des ionischen Aufstands
- X454 persische Siege
- X449 griechische Siege

Schriftliche Quellen entschlüsseln

M1 **Die Perserkriege aus der Sicht des Herodot**

Herodot (484–425 v. Chr.) entstammte einer adligen Familie aus Halikarnassos (Kleinasien). 457 wurde er wegen der Beteiligung an einer Verschwörung gegen die persische Tyrannenherrschaft verbannt und musste ins Exil auf die Insel Samos. Später unternahm er viele Reisen durch Griechenland, nach Kleinasien, Babylon und Ägypten, bevor er sich 447 in Athen niederließ. Zu seinen Freunden zählten der Dramatiker Sophokles und der Staatsmann Perikles (S. 128). Seine Darstellung geschichtlicher Ereignisse machte ihn berühmt. Der römische Philosoph und Staatsmann Cicero nannte ihn „Vater der Geschichte". Über die Perserkriege schrieb Herodot:

Ich fühle mich veranlasst, meine Ansicht darzulegen, die freilich den meisten Menschen nicht gefallen wird; aber das, was mir die Wahrheit zu sein scheint, werde ich nicht zurückhalten. Wenn die
5 Athener aus Furcht vor der nahenden Gefahr ihr Land verlassen oder auch geblieben wären und sich Xerxes ergeben hätten, hätte zur See niemand versucht, dem Perserkönig entgegenzutreten. Zu Lande wäre es aber so gekommen: Wenn die Peloponne-
10 sier auch noch so viele Mauergürtel über den Isthmos gezogen hätten, so wären die Spartaner doch alleine geblieben; denn die Bundesgenossen hätten sie im Stich gelassen, nicht aus eigenem Antriebe, sondern unter dem Zwang der Not, da ihre Städte
15 der Reihe nach von der persischen Flotte eingenommen worden wären. Hätten sie dann allein auch noch so große Taten vollbracht, so wären sie höchstens den Heldentod gestorben oder sie hätten nach
20 dem Beispiel anderer doch einen Vertrag geschlossen. In beiden Fällen wäre Griechenland den Persern untertan geworden. Wenn man daher die Athener als die Retter Griechenlands bezeichnet, so entspricht das wohl der Wahrheit. Nach welcher Seite sich die
25 Athener wandten, musste den Ausschlag geben. Da sie die Freiheit Griechenlands vorzogen, so waren sie es auch, die das ganze übrige griechische Volk – soweit es nicht persisch gesinnt war – aufrichteten. Sie allein haben – vom Beistand der Götter abgesehen – den persischen Großkönig zurückgewiesen.

Herodot. Übers. und bearb. d. Verf.

Arbeitsschritte

Fragen stellen ...

Deine Aufgabe ist es nun, die schriftlichen Quellen weiter zu entschlüsseln. Eine Textquelle kannst du auswerten, indem du Fragen an sie stellst.

1. Schritt: Aufbau und Inhalt des Textes

a) Wovon berichtet der Text? Stelle „W-Fragen": Wer? Wo? Wann? Was?
b) Gibt es unbekannte Wörter? Schlage im Lexikon nach.
c) Wie ist der Text gegliedert? Suche treffende Überschriften für die einzelnen Abschnitte.

2. Schritt: Verfasser/ Verfasserin

d) Welche Informationen besitzen wir über den Verfasser?
e) Hat der Verfasser selbst erlebt, was er aufgeschrieben hat?
f) Wird erkennbar, welche Einstellung der Verfasser zum Geschehen hat?
g) Ergreift der Verfasser Partei?
h) Welche Absicht verfolgte der Verfasser mit dem Text? Wollte er etwas bewusst für die Nachwelt festhalten?

zu Schritt 1:
a) Perserkriege: Die Perser führten gegen die Griechen einen Eroberungskrieg, in dem die Griechen nach einigen Kämpfen ihre Selbstständigkeit bewahren konnten.
b) Isthmos: Landenge, Gebiet
c) Bekenntnis zu historischer Wahrheit; Mögliche Reaktionen der Athener; Gefahren für die Spartaner; Folgen für alle Griechen; Tatsächliche Bedeutung der Athener

zu Schritt 2:
d) siehe Vorspann zur Quelle
e) Zeitgenosse mit Überblick und genauen Kenntnissen
f) Hinweis auf Gefahr und Möglichkeiten eines persischen Sieges
g) eindeutige Befürwortung des Vorgehens der Athener
h) Darstellung der Bedeutung der Athener in den Perserkriegen; Hervorheben der Rolle Athens im Vergleich zu den Spartanern

M2 **Auswertung in Stichworten**

1 Erschließe die Quelle mithilfe der Arbeitsschritte 1 und 2 (linke Spalte oben).
2 Vergleiche deine Ergebnisse mit der Auswertung in Stichworten (links).

Die Welt der frühen Griechen

Die Olympischen Spiele

Mehr als ein Sportfest

Die ersten Olympischen Spiele fanden im Jahr 776 v. Chr. statt. Alle vier Jahre veranstaltete die auf dem Peloponnes gelegene Stadt Elis sportliche Wettkämpfe. Wie heute gab es Regeln und Preise. Ein Verstoß gegen diese Regeln war mit einer hohen Geldstrafe belegt.

Im Unterschied zu den heutigen Olympischen Spielen hatten die antiken allerdings einen streng religiösen Charakter: Der Veranstaltungsort war das alte Heiligtum Olympia, wo die Wettkämpfe zu Ehren des Göttervaters Zeus ausgetragen wurden. Aus allen griechischen Poleis reisten Sportler und Zuschauer dorthin und erlebten ihre Zusammengehörigkeit. Während der Spiele musste in ganz Griechenland Frieden herrschen. Den Zeitraum zwischen den Spielen nannten die Griechen Olympiade. Er bildete die Grundlage des griechischen Kalenders.

Aber längst nicht jeder konnte nach Olympia fahren. Ein Handwerker z. B. konnte es sich nicht leisten, seine Werkstatt wochenlang zu schließen. Außerdem war das Reisen beschwerlich und teuer. Frauen, Unfreien und Nichtgriechen war es streng verboten, den heiligen Bezirk von Olympia zu betreten.

Im 5. Jahrhundert n. Chr. wurden die Spiele vom christlichen Kaiser Theodosius I. abgeschafft, weil sie als heidnisch galten. Die ersten Olympischen Spiele der Neuzeit fanden 1896 in Athen statt. Bis heute legen die Sportlerinnen und Sportler zu Beginn der Spiele ein Gelöbnis ab: Sie versprechen, die Regeln zu achten, zum Ruhme des Sports und zur Ehre der Mannschaften zu kämpfen.

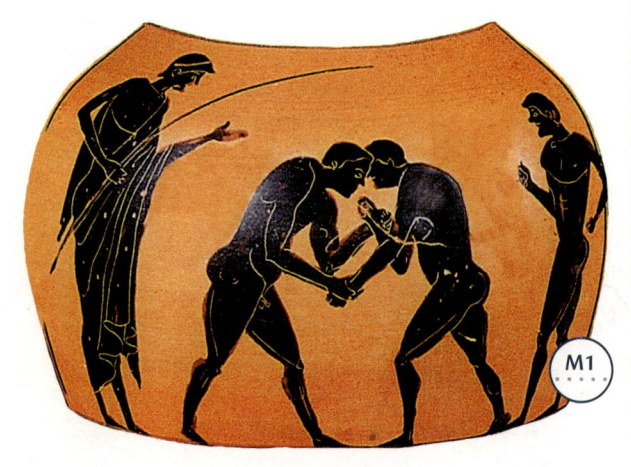

M2 Der Ablauf der Olympischen Spiele

So liefen die Olympischen Spiele im 5. Jahrhundert v. Chr. ab:

1. Tag: feierliche Eröffnung der Spiele durch Opfer im heiligen Bezirk. Aufstellung der Kämpferlisten. Die Athleten leisten den olympischen Eid vor dem Standbild des Zeus.

2. Tag: Wagenrennen. Fünfkampf, bestehend aus Diskus, Weitsprung, Speerwurf, Stadionlauf (192 m), Ringen. Totenopfer für Pelops.

3. Tag: Festprozession zum heiligen Bezirk. Entzünden der Fackeln am Altar der Göttin Hestia. Teilnehmer an der Prozession sind: Herolde [Boten] und Trompeter, Kampfrichter, Priester und Opfertiere, Vertreter der Behörden und „ausländische" Gesandtschaften, die Wettkämpfer, Pferde und Wagen der Teilnehmer an den Wagenrennen. Am Altar vor dem Zeustempel wird das heilige Opfer dargebracht. Am Abend findet ein großes Festessen statt.

4. Tag: schwerathletische Kämpfe: Ringen, Faustkampf, Allkampf, Waffenlauf.

5. Tag: Siegerehrung im Zeustempel. Dankopfer zu Ehren des Zeus.

Zusammengestellt nach Heinz Dieter Schmid, Fragen an die Geschichte, Bd. 1, 6. Aufl., Berlin (Cornelsen) 1983, S. 46.

M3 Mehr als ein Wettkampf

Der Redner Isokrates (436–338 v. Chr.) schrieb über die griechischen Feste:

Mit Recht werden unsere Vorfahren gelobt, weil sie unsere Festversammlungen stifteten und uns dadurch eine Sitte überlieferten, die uns so viel Gutes bringt. Seither kommen wir zu den verschiedenen Spielen zusammen, sobald der Gottesfriede verkündet ist und alle Feindschaften begraben sind. Wir bringen hier gemeinschaftlich unsere Opfer dar, verrichten gemeinsam Gebete, werden uns unserer Verwandtschaft bewusst, erneuern Gastfreundschaften und schließen für die Zukunft neue Freundschaften.

Isokrates, Reden. Übers. d. Verf.

M1 Allkampf, Vasenmalerei, 332/331 v. Chr. Im Allkampf waren Ringergriffe und Faustschläge erlaubt. Links steht ein Kampfrichter, rechts ein zuschauender Athlet.

Die Welt der frühen Griechen

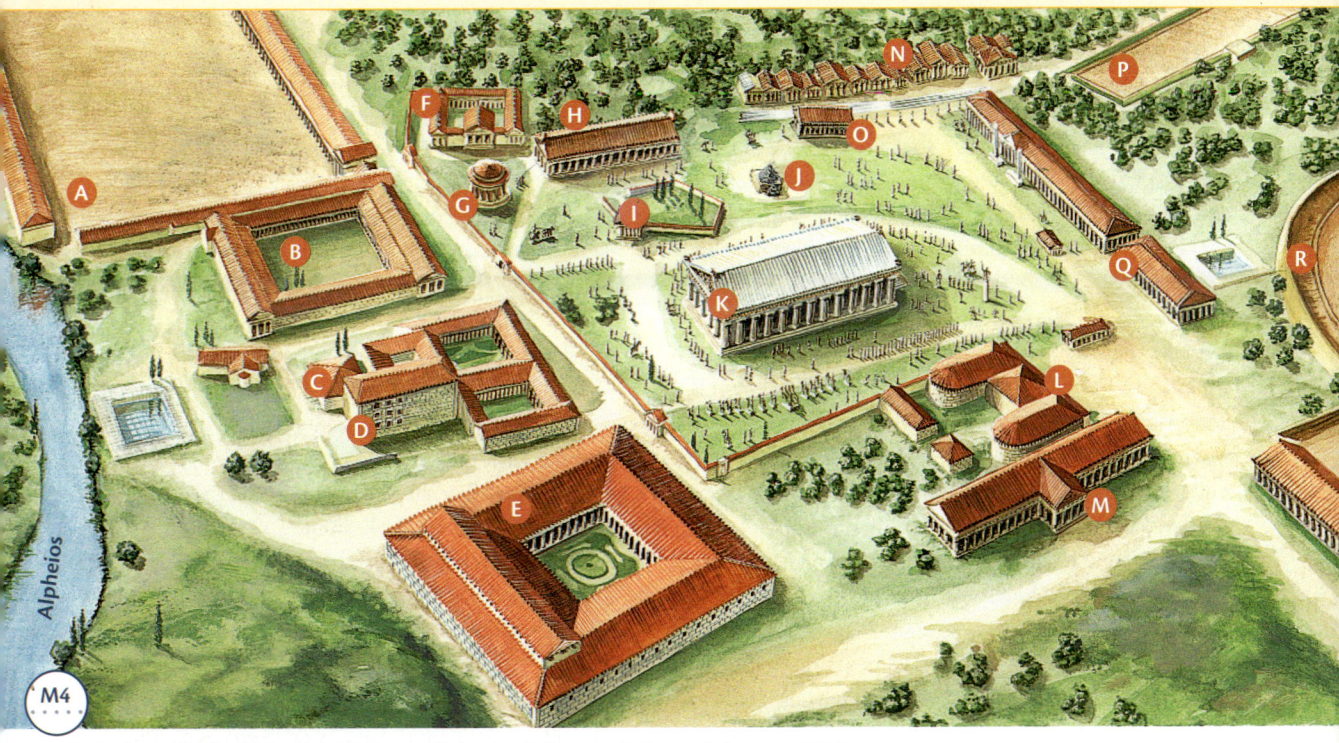

Die Anlage des heiligen Bezirks von Olympia, Rekonstruktionszeichnung, 1995.
A Gymnasion (Sportplatz); **B** Trainingsplatz für Ringer und Faustkämpfer; **C** Amtssitz der olympischen Priester; **D** Werkstatt des Bildhauers Phidias (hier wurde die Statue des Zeus hergestellt); **E** Gästehaus; **F** Amtssitz hoher Verwaltungsbeamter; **G** Grab des Königs Philipp; **H** Heratempel; **I** Grab des Königs Pelops (nach ihm wurde die griechische Halbinsel Peloponnes benannt); **J** Zeusaltar; **K** Zeustempel mit Zeusstatue; **L** Buleuterion (hier wurde der olympische Eid abgelegt); **M** Südhalle; **N** Schatzhäuser; **O** Tempel der Kybele; **P** Stadion (Bahn für Wettläufe); **Q** Ostbäder; **R** Pferderennbahn.

Wettlauf der Frauen, Vasenmalerei, 5. Jh. v. Chr. Zu Ehren der Göttin Hera wurden alle vier Jahre zwischen den Olympischen Spielen Frauenwettkämpfe ausgetragen. Es gab nur eine einzige Übung: einen Lauf von ca. 160 Metern, der in drei Altersklassen ausgetragen wurde.

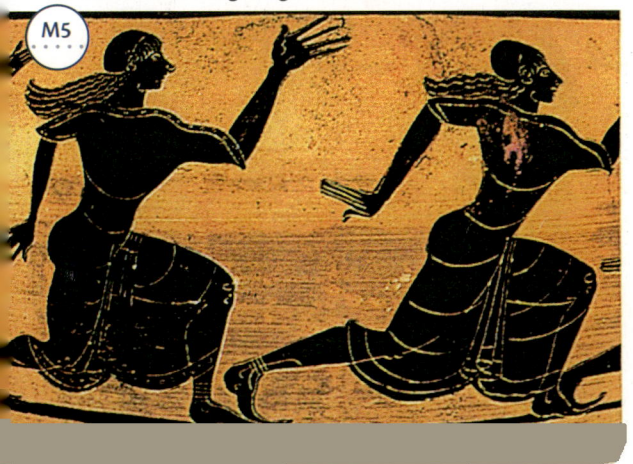

1 Stelle zusammen, in welchen der in M2 aufgelisteten Sportarten heute noch Wettkämpfe stattfinden.
2 a) Beschreibe M1.
b) Erläutere, wie der Vasenmaler den Wettkampf dargestellt hat.
3 a) Stelle anhand von M5 dar, welche Rolle Frauen – im Vergleich zu Männern (M1) – bei Sportwettkämpfen in Griechenland spielten.
b) Vergleiche mit der heutigen Zeit.
4 a) Erarbeite aus M4, welchen Verwendungszweck die einzelnen Gebäude hatten.
b) Erkläre, warum das Olympiagelände „heiliger Bezirk" genannt wurde. Ziehe den Darstellungstext heran.
5 **Recherche:** Informiert euch in Partnerarbeit über die „Friedenspflicht" früher (M3) und heute.

Die Griechen deuten ihre Welt

Die griechischen Götter – menschliche Wesen?

Die Griechen glaubten, dass die Götter auf dem Olymp in einer großen familiären Hausgemeinschaft lebten. Der Hausherr war Zeus. Jeder Gott war für einen eigenen Bereich zuständig und wurde mit einem entsprechenden Gegenstand dargestellt. Der Meeresgott Poseidon zum Beispiel hatte einen Dreizack, mit dem er das Meer aufwühlte. Apollon, der Gott der Wahrheit und der Kunst, trug eine Leier. Die Götter unterschieden sich aber auch von den Menschen: Sie blieben ewig jung, schön und galten als unsterblich.

In der griechischen Sagenwelt treten die Götter neben den Menschen als handelnde Personen auf. So erzählt Homer in seinen Epen, wie sich die Götter in den Kampf um Troja eingemischt und beide Kriegsparteien unterstützt haben. Dazu verkleideten sie sich als menschliche Helden, verhüllten den Angreifern die Augen mit Nebel oder lenkten die Lanzen der Krieger nach ihrem Willen.

Feste zu Ehren der Götter

Alle Griechen, ganz gleich, ob sie aus Samos, Milet, Athen, Sparta oder Korinth kamen, glaubten an dieselben Götter. Sie begegneten ihnen mit Respekt und Ehrfurcht. Vor wichtigen Entscheidungen fragten sie sie um Rat und versuchten, sie günstig zu stimmen. Wenn sich eine griechische Familie zur Mahlzeit traf, wurde auf dem Hausaltar ein Teil der Speise und des Weins geopfert. In jeder Polis gab es Tempel zu Ehren des Zeus, der Athene oder des Apollon, wo man seine Opfer darbringen konnte. Viele Städte veranstalteten große Feste zu Ehren der Götter und luden dazu die Menschen aus allen Kolonien ein. Das wichtigste Fest der Griechen waren die Olympischen Spiele.

Die Suche nach Weisheit

Wenn wir heute ein Gewitter oder ein Erdbeben erklären wollen, greifen wir auf die Erkenntnisse der entsprechenden Naturwissenschaften, wie z. B. die Meteorologie und die Geologie, zurück. Im alten Griechenland wurden lange Zeit Götter als Ursprung der Natur, der Menschen und der Dinge betrachtet. Aber es gab auch Menschen, die diese Ansicht infrage stellten: Philosophen (= griech. Weisheitsliebende oder Weisheitssuchende) suchten seit dem 6. Jahrhundert v. Chr. die Ursache für die Entstehung der Welt und der Menschen in der Natur selbst.

M1 Zweikampf im Trojanischen Krieg, Vasenmalerei, um 490 v. Chr. Zwischen dem Griechen Achilleus (links) und dem Trojaner Hektor (rechts) steht die Göttin Athene. Die Tochter des Zeus wird meist mit Helm, Schild oder Speer dargestellt.

Die Welt der frühen Griechen

M2 Wie sich drei griechische Philosophen vielleicht vorgestellt hätten

Sokrates (470–399 v. Chr.):

Platon (427–347 v. Chr.):

Aristoteles (384–322 v. Chr.):

2A „Ich weiß, dass ich nichts weiß." Das ist mein Leitgedanke für meine philosophische Arbeit. Ich beschäftige mich vor allem mit der Frage, was „richtiges" und was „falsches" Handeln ist.
Mit meinen Reden errege ich in der Öffentlichkeit viel Aufmerksamkeit. Man wirft mir vor, die Jugend verführt und zum Aufruhr überredet zu haben. Nun bin ich deshalb zum Tode verurteilt worden. Obwohl ich fliehen könnte, werde ich den Becher mit dem Gift trinken.

2B Ich war einer der Schüler von Sokrates und habe die Gespräche und Gedanken meines Lehrers aufgezeichnet. Ich reise gerne. Außerdem befasse ich mich mit der Frage, welcher Staat für die Menschen am besten ist. Ich bin überzeugt, dass es irgendwann einmal die ideale Polis geben wird.

2C Ich war Platons Schüler und habe nach seinem Tod in Athen eine Schule und eine Bibliothek gegründet. Nach meiner Auffassung brauchen wir einen Ort, wo das ganze Wissen unserer Zeit zusammengefasst wird. Alle Dinge müssen wir genau beobachten, wenn wir herausfinden wollen, wie sie funktionieren. Außerdem beschäftige ich mich mit den Gesetzen, nach denen unser Denken funktioniert.
M2A–M2C: Verfassertext

M3 Götter und Menschen
In dem Epos „Ilias" warnt der griechische Gott Apollon Diomedes:
Gegen Aeneas aber stürmte der gute Rufer Diomedes, / Der doch erkannte, dass selbst über ihn die Hände hielt Apollon. / Aber er scheute auch nicht den großen Gott und strebte immer, / Aeneas zu töten und ihm die berühmten Waffen abzuziehen. / Dreimal sprang er an, ihn zu töten begierig; dreimal stieß ihm gegen den schimmernden Schild Apollon. / Doch als er nun das vierte Mal anstürmte, einem Daimon gleichend, / Da sprach mit schrecklichem Zuruf zu ihm der Ferntreffer Apollon: „Besinne dich, Tydeus-Sohn, und weiche! und wolle nicht Göttern / Gleich gesonnen sein, da niemals vom gleichen Stamm / Die unsterblichen Götter sind und die am Boden schreitenden Menschen!"
Homer, Ilias V, 432–442. Übers. v. W. Schadewaldt, Homer, Ilias, 1975, S. 84.

Begriffe und Daten

Antike
Mit dem Ausdruck Antike bezeichnet man allgemein die politische Geschichte des klassischen Altertums. Damit werden aber nicht nur die besonderen Ereignisse der griechischen (und römischen) Geschichte angesprochen, sondern auch die hervorragenden kulturellen Leistungen dieser Völker, wie z. B. deren Literatur und Philosophie, die bis in unsere Gegenwart hinein wirken.

1 Untersuche, wie in M1 das Verhältnis von Göttern und Menschen bei den Griechen dargestellt wird.
2 a) Kläre anhand von M3: Wer ist „Aeneas", „Apollon" und „Diomedes". b) Beantworte die Überschrift des linken Darstellungstextes.
3 Gib die „Leitgedanken" der Philosophen mit deinen eigenen Worten wieder (M2). Ziehe die Internetseite www.blindekuh.de/philosophie heran.
4 **Recherche:** Suche in der Schulbibliothek nach Sagen des griechischen Altertums. Stelle deine Lieblingssage vor.

Methode

Kunstwerke entschlüsseln

Kunstwerke sind Quellen
Kunstwerke wie zum Beispiel Statuen, Bauwerke oder Gemälde vermitteln uns eine anschauliche Vorstellung vom Alltag, von der Wirtschaft oder der Politik in früheren Zeiten. Sie teilen uns auch viel über die Ideen und den Geschmack der Menschen mit, die die Kunstwerke damals schufen oder bewunderten.
Im Unterschied zu schriftlichen Quellen sind Kunstwerke oft schwerer zu entschlüsseln. Wie bei der Entschlüsselung eines Bildes stellst du Fragen an das Kunstwerk.

Die Kunst der Griechen
Tempel und Statuen, bemalte Schalen und Vasen zeugen von dem großen handwerklichen und künstlerischen Können der Griechen. Heute noch beeindrucken uns die Genauigkeit und die Klarheit der Formen, mit denen die Griechen uns ihre Vorstellung von idealer Schönheit überliefert haben. Die Darstellungsweise der Kunstwerke veränderte sich im Laufe der Jahrhunderte. Kunsthistoriker teilen die griechische Kunst in folgende Epochen ein:
– Die geometrische Kunst (11.–8. Jahrhundert v. Chr.)
– Die archaische Kunst (8.–6. Jahrhundert v. Chr.)
– Die klassische Kunst (5.–4. Jahrhundert v. Chr.)
– Die hellenistische Kunst (4.–1. Jahrhundert v. Chr.)

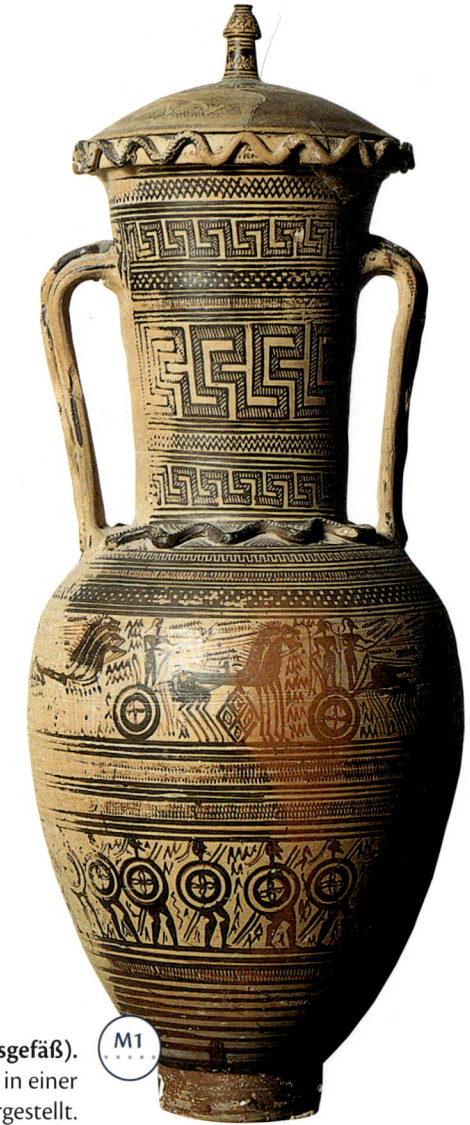

Amphore (Aufbewahrungsgefäß). Die Tonvase wurde 894 v. Chr. in einer Athener Werkstatt hergestellt. M1

Arbeitsschritte

1. Schritt: Künstlerische Auswertung
– Was ist dargestellt? Aus welchem Material wurde das Kunstwerk geschaffen?
– Wie wirkt das Dargestellte auf mich? Warum gefällt es mir (nicht)? Was wirkt fremd, was kommt mir bekannt vor?
– Wie bildet der Künstler die Personen ab? Achte auf Einzelheiten des menschlichen Körpers und der abgebildeten Gegenstände.

2. Schritt: Historische Auswertung
– Wann, wo und für welchen Zweck ist das Kunstwerk entstanden? Beachte die Bildlegende.
– Welche Informationen vermittelt das Dargestellte über den Alltag der damaligen Zeit? Beachte z. B. die Kleidung, Frisur und Einrichtungsgegenstände.
– In welcher Beziehung stehen die dargestellten Personen zueinander?

Methode

Faustkämpfer nach dem Sieg, Bronzestatue, Rom, um 50 v. Chr. M2

Attischer Jüngling („Kuros"), Marmorstatue aus Attika, um 530 v. Chr. Mit diesen Statuen junger Männer („Kuroi") schmückten die Griechen Heiligtümer und Tempel. M4

zu Schritt 1:
- Mit geometrischen Mustern verzierte Tonvase; im Bauchteil Darstellung von Soldaten auf Streitwagen, darunter Hopliten.
- Wirkt ruhig durch regelmäßiges Muster; warme Farben; Kriegsszene auf einer Vase ungewohnt.
- Menschen und Pferde in einfachen Pinselstrichen gezeichnet, ungenaue Größenverhältnisse, Gesichter undeutlich; „Strichmännchen".

zu Schritt 2:
- 894 v. Chr., Töpferwerkstatt in Athen, Verzierung eines Gebrauchsgegenstandes.
- Hopliten mit Schild, Speer, Helm, Beinschienen bewaffnet; im Kampf wurden Streitwagen eingesetzt.
- Durch die Anordnung (Streitwagen oben und Hopliten unten) könnte eine Rangordnung zum Ausdruck gebracht werden.

M3 **Auswertung von M1 in Stichworten**

1 Beschreibe die beiden Figuren M2 und M4 mithilfe der Arbeitsschritte. Erläutere die Unterschiede in der Darstellungsweise.
2 a) Prüfe bei allen Kunstwerken dieser Doppelseite, welche Informationen du über das Leben in Griechenland erhältst.
b) Ordne sie anschließend einer der vier griechischen Kunstepochen zu.
3 Nicht nur Vasen und Statuen sind Kunstwerke. Suche in diesem Kapitel Abbildungen, von denen du meinst, dass sie Kunstwerke darstellen, und begründe deine Ansicht.

Werkstatt

Kindheit in der griechischen Antike

M1 Moderne Erziehung?
Die Archäologin Martina Seifert, die über Kinder und Jugendliche in der griechischen Antike geforscht hat, sagte in einem Interview (2004):

Kinder mussten gleich nach ihrer Geburt vom Hausherrn … anerkannt werden. [Kinder, die nicht anerkannt wurden] … wurden vermutlich in einen anderen Haushalt gegeben. Oder in die Sklaverei
5 verkauft. Oder zum Sterben ausgesetzt … [Babys sollen] von ihrer Amme bis zum Alter von zwei Jahren gewickelt und wohl auch gestillt werden … Auch die Betreuung im dritten Lebensjahr ist Sache der Amme oder eines Kindermädchens … Vom
10 dritten bis zum sechsten Geburtstag sollen die Kinder viel spielen, Erziehung erfolgt durch milde Disziplinierung. Das siebte Lebensjahr markiert einen
15 Einschnitt: Zumindest die Jungen verlassen zeitweilig das Haus und werden auswärts erzogen – die Erziehung erfolgt nun nach Geschlechtern getrennt … Zum Elementarunterricht gehörten Grammatik, also die Grundformen von Sprache und Literatur,
20 sowie Rhetorik, die Kenntnis der freien Rede. Lese- und Schreibkenntnisse waren zumindest in der Oberschicht weit verbreitet … Es wurde gepaukt … Archäologen haben aber auch Tontafeln mit eingeritzten Schriftzeichen gefunden – die „Schreibhefte" der Antike.

Martina Seifert, Streben nach Perfektion. In: Geo Epoche Nr. 13, Das antike Griechenland, Hamburg (Gruner+Jahr) 2004, S. 146 f.

M2 Antiker Kindersitz (Toilettensitz), Innenbild einer Knopfhenkelschale des Sotadesmalers, um 450 v. Chr.

M3 Ein Kind aussetzen?
Im Jahr 1. v. Chr. schrieb der Grieche Hilarion in Alexandria in einem Brief an seine schwangere Frau:
Ich, Hilarion, grüße herzlich meine Frau Alis, meine Mutter Berus und mein Kind Apolinarin. Ich werde nicht mit den anderen mitkommen, sondern noch hier in Alexandria bleiben. Ich bitte
5 Dich: sorge für das Kind. Sobald wir Lohn bekommen, sende ich ihn Dir. Wenn Du, was die Götter gut wenden mögen, ein Kind gebierst, lass es leben, wenn es männlich ist, ist es aber weiblich, so setze es aus! Du hast mir ausrichten lassen: „Vergiss
10 mich nicht!" Wie kann ich Dich vergessen? Ich bitte Dich also, Dich nicht zu ängstigen.

M4 Vom Umgang mit Babys
Der griechische Dichter Aischylos kleidet die Trauer der Amme über den Tod ihres früheren Zöglings in folgende Worte:
Ich zog ihn auf, nahm ihn, den Neu-Geborenen, aus seiner Mutter Arme. Ach, wie oft schrie er nach mir in der Nacht, machte mich aufstehen, wollte dieses oder jenes haben … Ein Baby weiß es
5 nicht besser, du musst dich gleich um es kümmern wie um ein stummes Tier … Ein Kind in der Wiege kann dir nicht erklären, was es quält; ob es essen, trinken oder aufs Töpfchen will. Der Bauch eines Kindes nimmt keine Befehle an; es ist zu jung.

M3, M4 zit. nach Freya Stephan-Kühn, Kindheit in Griechenland. In: Praxis Geschichte, H. 4, 1992, S. 43 f.

Partnerarbeit: Beantwortet anhand von M1 bis M4 die folgenden Fragen:
1 Wie lauten die wichtigsten Grundsätze in der Erziehung der Griechen?
2 Vergleicht die Erziehung bei den Griechen mit der in unserer Zeit. Legt eine zweispaltige Tabelle an.
3 Was findet ihr an der Erziehung der Griechen modern, was nicht?

Kompetenz-Check

Die Welt der frühen Griechen

M1

Über Alleinherrscher

Zwischen 650 und 550 v. Chr. hatten sich in einigen Teilen Griechenlands tyrannische Alleinherrscher an die Spitze des Staates gestellt. Der griechische Philosoph Aristoteles (384-322 v. Chr.) nennt die Methoden, mit denen eine solche Tyrannis erhalten wurde:

Die Überragenden beseitigen, die Stolzen wegschaffen, ... keine Klubs und keinerlei Erziehung und nichts dergleichen gestatten, sondern alles verhindern, woraus Stolz und gegenseitiges Vertrauen zu
5 entstehen pflegen, ebenso auch keine Muße und feiertäglichen Zusammenkünfte gestatten, sondern alles tun, damit alle Bürger einander gegenseitig so fremd als möglich bleiben (denn wenn man sich kennt, gewinnt man leichter Vertrauen zueinander).
10 Außerdem sollen die ansässigen Bürger immer kontrollierbar sein und sich stets außer dem Haus aufhalten; denn so können sie am wenigsten heimlich etwas unternehmen und werden sich an demütige Gesinnung gewöhnen, da sie immer in Knecht-
15 schaft gehalten werden ...

Weiterhin wird sich der Tyrann bemühen, stets zu wissen, was die Untertanen sagen oder tun; er unterhält Beobachter... Außerdem wird der Tyrann die Menschen gegeneinander aufhetzen ... Er wird
20 auch die Untertanen arm machen, um seine eigene Wachmannschaft besolden zu können, und damit sie dauernd ihrem Lebensunterhalt nachgehen müssen und keine Zeit zu Verschwörungen haben ... Der Tyrann ist auch kriegerisch, damit die Leute
25 beschäftigt sind und dauernd auf einen Anführer angewiesen.

Zit. nach Aristoteles, Politik, 2. Aufl., 1976, S. 199 f.

Überprüfe, was du kannst

Sachkompetenz

1 Kläre: Oikos (S. 106), Polis (S. 107), Monarchie (S. 107), Aristokratie (S. 107), Kolonisation (S. 108 f.), Olympiade (S. 116 f.), Philosophen (S. 118 f.).

2 Nenne mindestens drei Beispiele, in denen die Götter im antiken Griechenland eine wichtige Rolle spielten.

Methodenkompetenz

3 Entschlüssele M1 mithilfe der Methode „Schriftliche Quellen entschlüsseln" (S. 115).

Urteilskompetenz

4 Beurteile die folgende Aussage: In der Vorstellung der Griechen unterschieden sich die Götter nicht von den Menschen.

Kommunikations- und Handlungskompetenz

5 Versetze dich in die Rolle eines der Auswanderer. Seit einem Jahr wohnst du in Kyrene. Schreibe einen Brief an deine Verwandten in Thera, in dem du von deinen Erlebnissen berichtest.

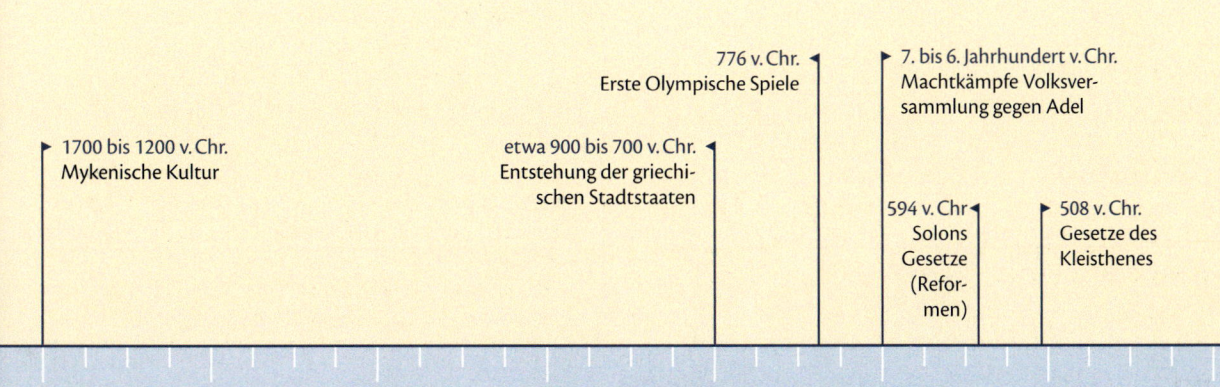

- 1700 bis 1200 v. Chr. Mykenische Kultur
- etwa 900 bis 700 v. Chr. Entstehung der griechischen Stadtstaaten
- 776 v. Chr. Erste Olympische Spiele
- 7. bis 6. Jahrhundert v. Chr. Machtkämpfe Volksversammlung gegen Adel
- 594 v. Chr. Solons Gesetze (Reformen)
- 508 v. Chr. Gesetze des Kleisthenes

1700 1500 1300 1100 900 700 500 300

4. Das antike Griechenland

Athenische Demokratie und hellenistische Welt

> **Wissen • Urteilen • Kommunizieren/Handeln • Methoden anwenden**
>
> Am Ende dieses Unterkapitels kannst du
> - Merkmale der athenischen Demokratie erläutern
> - die Rollenverteilung in der athenischen Gesellschaft darstellen
> - Ziele Athens als Wirtschaftsmacht erläutern
> - Gründe benennen, warum Sparta als Gegenmodell zu Athen gesehen wird
> - **Methode** Schaubilder verstehen

Die Welt des Hellenismus

Einführung der Demokratie in Athen	Ausbreitung der hellenistischen Kultur
um 500 v. Chr.	ab 4. Jahrhundert v. Chr.

Methode

Informationen präsentieren

Sehen und besser verstehen
Bei Referaten fällt das Verstehen leichter, wenn die Vortragenden ihre Aussagen mit Bildern, Tabellen oder Grafiken visuell unterstützen. Dafür können z. B. die Tafel, ein Overheadprojektor, Plakate oder auch ein Beamer eingesetzt werden. Ein Vortrag, bei dem Medien zur Veranschaulichung („Visualisierung") verwendet werden, wird auch Präsentation genannt.

Arbeitsschritte

1. Schritt: Thema, Ziel und Form klären
- Kläre Thema und Ziel des Vortrags/des Referats.
- Beachte, für wen (welche Gruppe) präsentiert werden soll.
- Beachte die Zeitvorgabe für den Vortrag.

2. Schritt: Vortrag vorbereiten
- Sammle Material zum Thema (Bücher, Internet).
- Ordne die Informationen so, dass sie leicht nachzuvollziehen sind.
- Bilde Themenblöcke mit Behauptungen oder Fragen als Überschriften.
- Gliedere nach: Einleitung, Hauptteil und Schluss.

3. Schritt: Aussagen visualisieren
- Notiere die wichtigsten Aussagen deines Vortrags.
- Überlege, welches Medium sich zur Visualisierung eignet.
- Gestalte die Visualisierung so, dass der Inhalt schnell erfasst wird.

4. Schritt: Präsentation vorbereiten
- Entscheide, an welchen Stellen du visualisieren möchtest.
- Übe die Präsentation, bevor du an die Öffentlichkeit trittst.
- Sorge dafür, dass alle Materialien bereitstehen.

5. Schritt: Präsentation
- Prüfe, ob alle Medien und Materialien richtig geordnet sind.
- Trage deinen Vortrag möglichst ruhig vor und halte Blickkontakt mit den Zuhörern.
- Gib deinem Publikum nach dem Vortrag Zeit für Fragen oder für eine Diskussion.

M1 **Eine Schülerin präsentiert ihre Arbeitsergebnisse mithilfe eines Overheadprojektors,** Foto, 2005

Arbeitsanleitung

Der Aufbau der Präsentation:
1. Einleitung
- soll Aufmerksamkeit wecken
- soll Themen/Probleme vorstellen, die geklärt werden sollen
- soll zeigen, wie du vorgehen willst

2. Hauptteil
- muss schlüssig sein und sich auf das Thema des Vortrags beziehen
- muss auf überzeugenden Aussagen und Beispielen aus den Quellen beruhen

3. Schlussteil
- fasst die wesentlichen Ergebnisse zusammen
- beinhaltet Fragen, die offengeblieben sind

1 Erarbeitet in Partnerarbiet mithilfe der Arbeitsschritte eine Präsentation. Geht von den Informationen im Schulbuch aus und ergänzt sie (Lexikon, Internet, Fachbücher). Vorschläge für Themen:
– Die Olympischen Spiele in der Antike
– Die Griechen gründen Kolonien
– Griechische Philosophen deuten die Welt
– Kinderleben in der griechischen Antike

Demokratie in Athen

Athen verändert sich

Wir begleiten den 16-jährigen Kleon im Jahr 442 v. Chr. auf einem Spaziergang durch Athen: Von der Akropolis tönt Baulärm herüber. Am höchsten Ort der Stadt soll Athene ein prachtvoller Tempel errichtet werden. Denn ohne den Beistand der Schutzgöttin hätte der mutige Kampf der Griechen gegen die Perser keinen Erfolg gehabt. Kleon blickt über die Stadt: Unten auf der Agora herrscht geschäftiges Markttreiben. Seitdem Perikles in Athen das Sagen hat, verändert sich ständig etwas. Überall wird gebaut: Tempel, Wohnhäuser, Straßen ... Um Athens Zugang zum Meer zu schützen, ist die breite Straße zum Hafen Piräus gesichert worden. Die „Langen Mauern" sind jetzt schon berühmt in ganz Griechenland. Stolz hat Kleon neulich seinen Onkel aus Eretria dorthin geführt. Der hat aber nur laut geschimpft. Dass die Bauwerke Athens auf Kosten der Bundeskasse entstehen, findet er nicht in Ordnung. Die Polis Eretria zahle einen hohen Beitrag in die gemeinsame Kasse des Seebundes! Warum aber solle seine Heimatstadt für Athen in die Tasche greifen?

Die Pnyx

Im Südwesten liegt die Pnyx. Auf diesem in eine Felskuppe gehauenen Platz findet 40-mal im Jahr die Volksversammlung der Athener statt. Dicht gedrängt stehen dann die Männer zusammen. Gut, dass nie alle Mitglieder Zeit haben, an der Volksversammlung teilzunehmen. Denn über 20 000 Personen würden hier niemals Platz finden! Die Versammlung kann über alles abstimmen, auch über die kleinsten Dinge. Jeder Athener Bürger hat das Recht, auf der Pnyx zu reden. Tatsächlich aber gehört einiges dazu, eine Versammlung dieser Größe zu überzeugen. Nur die Männer mit genügend Bildung, Erfahrung und Redekunst bringen Anträge ein. Sie heißen Demagogen*. Perikles ist das beste Beispiel: Von seinen Auftritten auf der Pnyx spricht ganz Athen. Den armen Athenern, von denen viele als Ruderer den Sieg gegen die Perser errungen haben, hat er neulich noch mehr politische Rechte versprochen. Kein Wunder, dass gerade sie ihn zum Feldherrn gewählt haben. Aber die Athener konnten auch einen Politiker absetzen: Auf der Versammlung schrieben sie seinen Namen auf Tonscherben. Die Mehrheit der Stimmen entschied.

Der Areopag

Nicht weit von der Pnyx liegt der Areopag. Nach diesem Hügel wird auch der Rat genannt, der hier tagt. Früher war der Areopag das wichtigste Gericht und er kontrollierte die Beamten. Im Areopag saßen reiche und einflussreiche Adlige, die vorher hohe Ämter in Athen innegehabt hatten. Seitdem haben sich die Zeiten aber geändert. Kleons Vater erzählt noch oft, welchen Aufruhr es 461 v. Chr. gab, als die Macht des Adelsrats endgültig gebrochen wurde. Damals war es Ephialtes und seinen Anhängern, den Theten, gelungen, die Volksversammlung auf ihre Seite zu bringen. Der Areopag hatte seitdem nur noch die Aufgabe, bei Mordfällen das Urteil über Leben und Tod zu sprechen. Sämtliche Regierungsaufgaben waren an den Rat der Fünfhundert und an die Volksversammlung gefallen. Seit dieser Zeit, so hatte der Vater erklärt, herrsche in Athen die Staatsform der Demokratie.

Athenische Demokratie und hellenistische Welt

Der Rat der Fünfhundert

Am Rand der Agora kann Kleon die beiden viereckigen Gebäude erkennen, in denen die Ratsvorsitzenden tagen. Kleon erinnert sich noch gut an das Jahr, als sein Vater in den Rat der Fünfhundert gelost worden war. Er half dort, die Volksversammlungen vorzubereiten, und wachte mit anderen darüber, dass die Beamten Athens die Beschlüsse der Volksversammlung richtig ausführten. Für einen Monat führen 50 der Ratsmitglieder den Vorsitz im Rat der Fünfhundert. Während dieser Zeit wohnen sie im Zentrum der Stadt. Kleon hatte nach der Schule immer den Umweg über die Agora gemacht, um einen Blick von seinem Vater zu erhaschen, wenn der zum Essen in den Rundbau hinüberging.

M1 Die Agora, Rekonstruktionszeichnung, 1999

Das Volksgericht

Voller Ehrfurcht blickt Kleon auf den ummauerten Platz, der neben der breiten Marktstraße liegt. Jeden Tag werden hier die Richter für die einzelnen Abteilungen des Volksgerichts ausgelost. So verhindern die Athener, dass Kläger oder Angeklagte die Richter vor dem Prozess bestechen können. Neuerdings werden die Richter und alle anderen Athener, die ein politisches Amt erhalten haben, aus der Staatskasse bezahlt. Schließlich sollen auch die ärmeren Bürger die Möglichkeit haben, ein politisches Amt zu übernehmen. Ohne die Bezahlung der so genannten Diäten könnten sie es sich nicht leisten, ihre Landwirtschaft oder ihren Handwerksbetrieb zu verlassen.

Politik kommt von Polis

Von dem Wort „Polis" ist das Wort „Politik" abgeleitet. Dieses Wort verwenden wir heute, wenn Menschen darüber verhandeln, welche Rechte und Pflichten sie als Bürger in ihrem Staat haben und Gesetze beschlossen werden, an die sich alle Bürger halten müssen.
„Politik" kommt nicht ohne Grund von „Polis". In den Stadtstaaten Griechenlands stand immer eine Frage im Mittelpunkt: Wie kann das Zusammenleben der Bewohner am besten organisiert, die Macht am besten verteilt werden? Von den Athenern wissen wir, dass sie im Laufe der Jahrhunderte eine Ordnung fanden, in der viele der Polisbewohner zufrieden lebten. Das lag vor allem daran, dass sich die Athener, wenngleich nur die freien Männer, gleichberechtigt an den Entscheidungen der Polis beteiligen konnten und sich für die Geschicke ihres Stadtstaates verantwortlich fühlten. Diese Ordnung nannten die Griechen „Demokratie". Wenn heute viele Europäer behaupten, dass ihre Wurzeln im antiken Griechenland liegen, dann denken sie meistens an die demokratische Staatsform, die die Bürger der Polis Athen „erfunden" haben.

---

1 Kleon, der (erfundene) Jugendliche im Darstellungstext, spricht davon, dass sich in Athen viel verändert hat. Liste die Veränderungen auf.
2 Kleon erklärt seinem Freund aus Korinth, wie die athenische Demokratie funktioniert. Formuliere, was er ihm sagen könnte.

Das Zeitalter des Perikles

Biografie

Perikles

Perikles (um 490–429 v. Chr.) war nach 460 v. Chr. ein führender Politiker in Athen. Von 443 bis 429 v. Chr. wurde er jedes Jahr erneut zum Strategen gewählt, also zu einem der zehn Beamten, die das Landheer und die Flotte Athens führten. Der attische Geschichtsschreiber Thukydides (um 460–400 v. Chr.) sagte, Athen sei in dieser Zeit nur dem Namen nach eine Demokratie gewesen, in Wirklichkeit habe der erste Mann (nämlich Perikles) geherrscht. Aber auch Perikles musste immer wieder die Volksversammlung für sich gewinnen.

Begriffe und Daten

Demokratie

Nach den griechischen Wörtern demos (= Volk) und kratein (= herrschen) Bezeichnung für eine Staatsform, in der das Volk über die Politik eines Staates entscheidet. In vielen griechischen Stadtstaaten nahmen alle männlichen Bürger an den Beratungen und Beschlüssen der Polis teil. In den meisten modernen demokratischen Staaten dagegen wählen alle erwachsenen Männer und Frauen ein Parlament, das ihre Interessen vertritt.

Die Polis Athen

Die Ausformung der Demokratie machte Athen zu einem Staat, der auch für die modernen Staaten unserer Zeit als Vorbild dienen kann. Nicht ohne Grund stammen die Begriffe Politik (von Polis) und Demokratie aus dem Griechischen. Politik und Wirtschaft schufen gute Voraussetzungen für ein Staatswesen, das vielen Menschen Entfaltungsmöglichkeiten bot. Gleichberechtigt im modernen Sinne waren die Bewohner der Polis jedoch nicht.

M1 Athen als Vorbild?

Es war in Athen üblich, die im Krieg Gefallenen öffentlich zu bestatten. Nach dem ersten Jahr des Peloponnesischen Krieges hielt Perikles die Lobrede auf die Toten, die Thukydides (um 460–400 v. Chr.) überlieferte:

Wer für sein Hauswesen sorgt, achtet auch auf das Wohl des Staates. Während er seiner eigenen Arbeit nachgeht, bedenkt er auch die öffentlichen Angelegenheiten. Wir nennen einen Bürger, der
5 sich darum nicht kümmert, zwar nicht faul, aber unnütz. So erreichen wir die Fertigkeit, die Dinge zu beurteilen und durchzuführen. Die Aussprache darüber halten wir keineswegs für hinderlich oder unnötig; im Gegenteil: Es bringt Schaden, wenn
10 man sich über Geplantes nicht unterhält und es nicht berät.

Thukydides, Geschichte des Peloponnesischen Krieges II 40, übertr. und überarb. von Josef Feix, München, 1959, S. 45.

M2 „Mit Recht hat das Volk mehr Macht"

Aus der Streitschrift eines Atheners, um 430 v. Chr.:
Mit Recht hat in Athen das Volk mehr Macht als die Adligen und mit Recht wird das Volk bevorzugt. Es sind nämlich die Steuerleute, die Kommandogeber der Ruderer auf den Schiffen, ihre
5 Unterführer und die Schiffszimmerleute, die der Stadt ihre Machtstellung verschaffen, und weniger das schwer bewaffnete Fußvolk des Heeres und die Adligen. Deshalb ist es richtig, dass die Ämter allen offenstehen und dass jeder sich öffentlich zu
10 Wort melden kann.

Pseudo-Xenophon, Vom Staat der Athener, 1–10. Übers. und bearb. d. Verf.

---

1 a) Gib den Inhalt von M1 mit deinen Worten wieder.
b) Erläutere, wie die Athener in den Augen von Perikles eine gute Staatsordnung gefunden haben.
2 Nimm zu der Behauptung in M2 Stellung, die Verfassung Athens würde das Volk den Adligen vorziehen.
3 Beschreibe die politische Stellung des Perikles in Athen (Darstellungstext S. 126 f., Kasten).

Schaubilder verstehen

Die Verfassung als Schaubild

Verfassungen regeln das Zusammenleben in einem Staat. Sie sind das „Grundgesetz", in dem politische Regeln und Machtverhältnisse, in unserer Zeit auch die Grundrechte der Menschen, festgelegt sind. Um sie besser zu verstehen, können sie in Schaubildern dargestellt werden.

Arbeitsschritte

1. Schritt: Elemente der Abbildung erfassen
- Welche Fachbegriffe werden verwendet und sind zu klären?
- Welche Zeichen sind zu erschließen (z. B. Pfeile, Farben)?

2. Schritt: Den Aufbau untersuchen
- Wie ist das Schaubild zu lesen (z. B. von unten nach oben, von links nach rechts, von der Mitte)?
- Wo ist der beste „Einstieg" in die Beschreibung des Schaubildes?

3. Schritt: Den Inhalt erschließen und bewerten
- Welche Informationen geben die einzelnen Elemente zur Machtverteilung, z. B.: Wer kann mitbestimmen, wer nicht?
- Sind die Elemente gleichgestellt; gibt es ein „Oben" und „Unten"?
- Lassen sich Grundaussagen, „Stärken" und „Schwächen", z. B. der Verfassung, formulieren?

4. Schritt: Den historischen Zusammenhang einbeziehen
- Welche weiteren Informationen zur Einordnung und Bedeutung des Schaubildes sind notwendig?

1 Werte M1 nach den Arbeitsschritten aus. Ziehe die Lösungshilfe und die Seiten 126 bis 128 heran und ergänze die fehlenden Antworten.

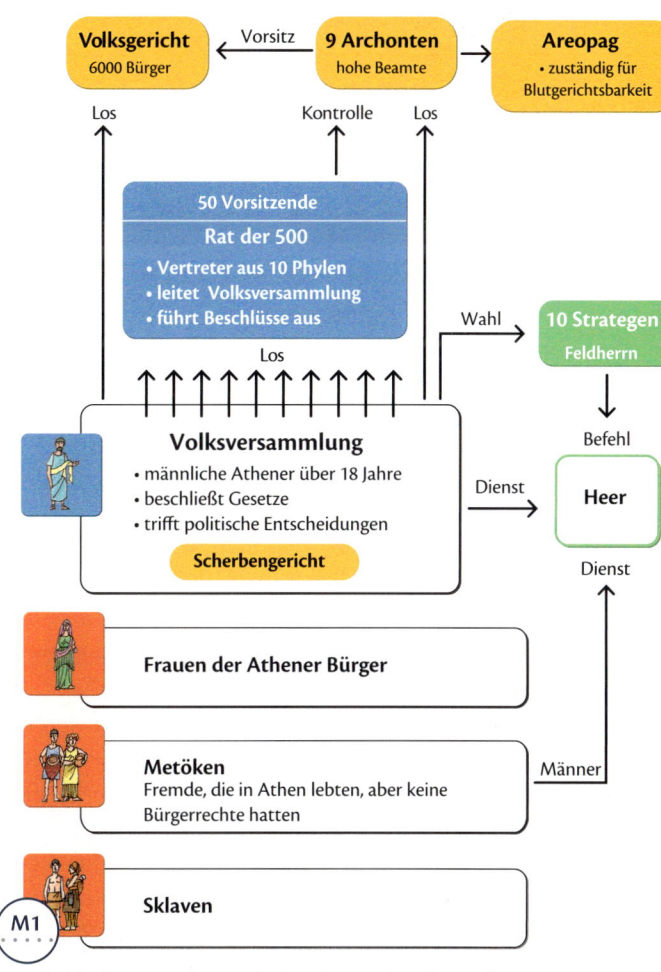

M1 Die Verfassung der attischen Demokratie nach 461 v. Chr.

Zu Schritt 2:
Sinnvoll ist zunächst, danach zu fragen, welche Gruppen in welcher Weise (z. B. Wahl, Los, Kontrolle, Dienst) beteiligt sind. Zu sehen ist, dass wichtige Pfeile von der Volksversammlung ausgehen, was auf eine bedeutende Stellung hinweist. So könnte hier der „Einstieg" liegen.

Zu Schritt 3:
„Oben" und „Unten" ist erkennbar. Stärke z. B.: Macht geht vom „Volk" aus; Schwäche z. B.: nicht alle sind politisch beteiligt

Zu Schritt 4:
Das Schaubild kann z. B. nicht ausdrücken, wer tatsächlich welche Macht ausübte (vgl. Perikles!).

M2 Lösungshilfe zu M1

Die Gesellschaft in Athen

Was heißt hier „gleichberechtigt"?

„Männer und Frauen sind gleichberechtigt." So heißt es im Grundgesetz der Bundesrepublik Deutschland. Wie stand es damit im antiken Athen? Die Athener hatten die Demokratie eingeführt, weil möglichst viele Bürger gleiche politische Rechte haben sollten. Dennoch waren die Frauen aus der Volksversammlung und von Ämtern ausgeschlossen.

Die Rollen der Jungen und Mädchen

Die Ausbildung von Mädchen und Jungen unterschied sich erheblich: Die Söhne der Athener Bürger wurden bis zum Alter von 13 Jahren von Pädagogen in Lesen, Schreiben, Musik und Sport unterrichtet. Sie begleiteten außerdem den Vater zu den öffentlichen Plätzen der Stadt und trieben viel Sport. Mit 18 Jahren erhielten sie das Recht, an der Volksversammlung teilzunehmen, mussten militärischen Dienst leisten und Aufgaben bei religiösen Festen übernehmen. Dieser Weg führte sie in die Gesellschaft der erwachsenen Männer ein, die für den Schutz, das Ansehen und Fortbestehen Athens und seiner Familien zu sorgen hatten.

Die Mädchen dagegen erhielten keine öffentliche Ausbildung und bekamen lediglich einige grundlegende Kenntnisse im Lesen und Schreiben vermittelt. Ansonsten wurden sie von der Mutter bzw. den im Haus tätigen Frauen auf die Aufgaben im eigenen Haushalt vorbereitet: Gebären, Erziehen der Kinder und Hauswirtschaften. Rechtlich blieben sie auch als Erwachsene unter der Vormundschaft des Vaters oder des Ehemanns. Allerdings heißt das nicht, dass es Mädchen und Frauen prinzipiell untersagt war, sich außerhalb des Hauses zu bewegen. So waren gerade die zahlreichen religiösen Feste weiblicher Gottheiten beliebte Gelegenheiten, sich zu treffen. Sklavinnen und Metökenfrauen waren als Dienerinnen, Bäuerinnen, Marktfrauen und Wäscherinnen sogar darauf angewiesen, außerhalb des Hauses zu arbeiten.

Der Alltag der Sklaven

Zur Zeit des Perikles lebten ungefähr 100 000 Sklavinnen und Sklaven mit ihren Kindern in Attika. Die Sklaven waren Kriegsgefangene oder wurden von fremden Herrschern als Handelsware an Athen verkauft. Sklaven wurden fast überall zur Arbeit eingesetzt: in der Landwirtschaft, auf Baustellen, im Haus als Erzieher oder Köchinnen. Einige von ihnen hatten auch öffentliche Aufgaben: Aus Quellen wissen wir, dass Sklaven zum Beispiel als Polizisten tätig waren.

Für Athen war der Silberabbau eine wichtige Einnahmequelle. Die Sklaven – unter ihnen viele Kinder – , die in den Silberbergwerken arbeiten mussten, hatten ein hartes Los. Sie mussten sich durch die oft nur 90 cm hohen Gänge tief in die Berge hineinwühlen.

Hochzeitsszene, Vasenmalerei, um 425 v. Chr.
Der Bräutigam führt die Braut in das Haus seiner Eltern. Seine Mutter (rechts) erwartet das Paar mit Fackeln. Links ist eine Begleiterin der Braut zu sehen.

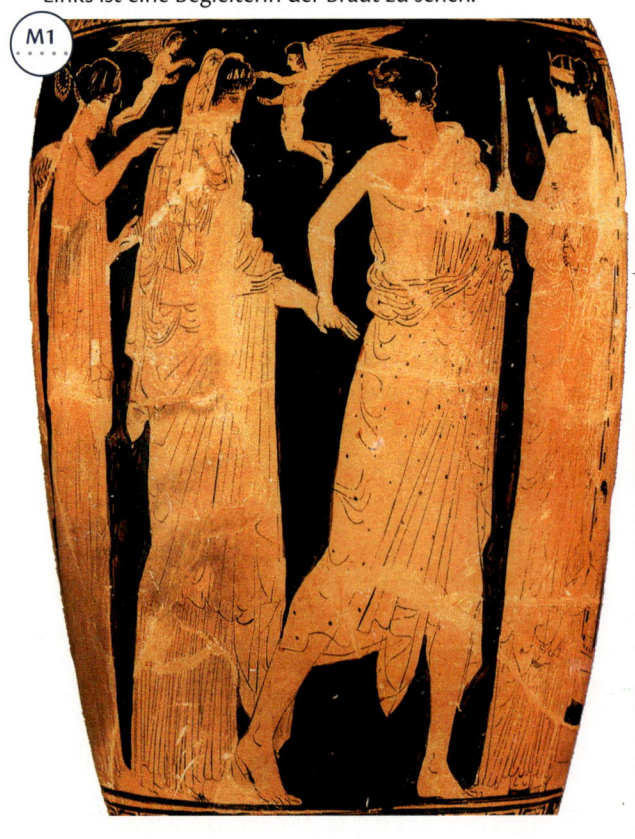

M1

Athenische Demokratie und hellenistische Welt

M2

Abbau von Tonerde, Tontäfelchen aus Korinth, 6. Jh. v. Chr. Der Ton für die zahlreichen Vasen, Amphoren, Krüge oder Teller Attikas wurde von Sklaven in Tongruben abgebaut.

M3

Ein Gesetz über Sklavinnen und Sklaven

Der Philosoph Platon (427–347 v. Chr.) schrieb:
Wenn ein Sklave oder eine Sklavin irgendetwas von fremdem Eigentum beschädigt, ohne dass der Geschädigte … daran mitschuldig geworden ist, so soll der Herr des Schädigers entweder den
5 Schaden ohne Rest ersetzen oder den Schädiger selbst ausliefern … Und wenn ein Zugtier oder ein Pferd oder ein Hund oder sonst ein Haustier etwas vom Besitz des Nachbarn beschädigt, soll der Besitzer in gleicher Weise den Schaden ersetzen.
Platon, Gesetze XI 936 c–e, zit. nach Rolf Rilinger (Hg.), Leben im antiken Griechenland, 1. Aufl., München (Piper) 1990, S. 290.

M4

Die athenische Ehe

Die Historikerin Ruth Röwer-Döhl erläuterte 1989 die rechtlichen Grundlagen einer Ehe in Athen:
Entscheidende Gesichtspunkte bei der Brautwahl waren der gesellschaftliche Stand der Familie und die Vermögensverhältnisse der Brauteltern. Gesetzlich geregelt war, dass nur eine Ehe zwischen
5 attischen Vollbürgern legitim[1] war, nur deren Kinder wieder legitime Vollbürger werden konnten. Die rechtsgültige Ehe setzte die feierliche Absprache zwischen dem Bräutigam und den männlichen Rechtsvertretern der Braut voraus. Bestand-
10 teil des Ehevertrages war auch die Festsetzung der Mitgift. Sollte die Ehe später einmal geschieden werden, musste der Ehemann die Frau mit ihrer Aussteuer wieder in ihre alte Familie entlassen …
Für die Auflösung des Zusammenlebens gab es
15 vornehmlich drei Gründe:
– wenn die Frau das Haus ihres Mannes verließ mit der Absicht, es nie wieder zu betreten;
– wenn der Mann seine Frau in ihr Elternhaus zurückschickte (Kinder blieben in beiden Fällen
20 beim Vater, nur zu dessen Familie gehörten sie!);
– wenn der Vater oder eine andere vom Gesetz ermächtigte Person die Frau zwang, sich von ihrem gegenwärtigen Gatten zu trennen[2] …
Das Gericht sprach die Frau demjenigen Anwärter
25 zu, der ihr nächster Verwandter war (also auch dem Onkel).
Ruth Röwer-Döhl, Die Frau im antiken Griechenland. In: Waren sie nur schön?, hg. v. Bettina Schmitz und Ute Steffgen, Mainz (Philipp von Zabern) 1989, S. 190 f.

[1] nach dem Gesetz gültig, anerkannt
[2] Das war z. B. der Fall, wenn der Vater keinen Sohn hatte und dadurch der Erhalt des Familienvermögens gefährdet war, weil Töchter kein Testament machen durften.

Begriffe und Daten

Sklaven

Nach griechischem Recht waren Sklaven eine „Sache", über die ihr Besitzer frei verfügen konnte. Sie wurden als Kriegsgefangene in das Land gebracht und konnten gekauft werden (Sklavenmarkt). Meist wurden sie in besonders belastenden Arbeitsbereichen eingesetzt. Ihre Kinder erwartete das gleiche Schicksal.

1 Erarbeite anhand von M2, M3 und des rechten Darstellungstextes die Lage der Sklaven in Athen.
2 Fasse anhand des linken Darstellungstextes die Rolle der Mädchen und Jungen in Athen zusammen.
3 Beschreibe die Szene in M1 mithilfe der Methode „Ein Bild als Quelle" (siehe S. 86 f.).
4 Begründe mithilfe von M4, warum die Hochzeit einer Tochter eine Angelegenheit war, die zum Vorteil der Familie geplant und verhandelt wurde.
5 Der griechische Geschichtsschreiber Herodot urteilte nach seiner Reise durch Ägypten, wo er Frauen Handel treiben und Männer zu Hause weben gesehen hatte, die Welt stehe auf dem Kopf. Erkläre, was er damit meinte.

Wirtschaft und Arbeit in Athen

Attika – ein neues Handelszentrum

Wir befinden uns etwa im Jahr 430 v. Chr: Im Hafen von Piräus treffen täglich Handelsschiffe ein, die mit Waren angefüllt sind. Die Segelschiffe können 30 bis 100 Tonnen Ladung transportieren. Bevor die Ware in Athen verkauft wird, stellen athenische Beamte fest, wie viel Zoll* die Händler in die Stadtkasse zahlen müssen. Bald danach werden die Schiffsbäuche wieder mit Waren gefüllt, denn die Handwerker Athens produzieren viele Produkte für den Export*: Besonders bekannt waren beispielsweise die Athener Töpferwaren. Hochbeladen verlassen die Schiffe Athen in Richtung anderer Städte. Von Piräus nach Rhodos zum Beispiel brauchen sie etwa 3 1/2 Tage, zur Küste Nordafrikas über 7 Tage.

Beim Anblick des regen Hafenbetriebs in Piräus könnte ein Athener sich folgende Frage gestellt haben: „Warum brauchen wir in Athen so viele ausländische Waren?" In Attika leben zu dieser Zeit etwa 300 000 Menschen. Sie müssen vor allem mit Getreide versorgt werden, denn der eigene Ernteertrag reicht bei weitem nicht für die ganze Bevölkerung aus. Das Gleiche gilt für andere Waren, die in Athen begehrt sind. Weil die Athener Geld benötigen, um den Import* zu bezahlen, ist der Export von Waren für sie lebenswichtig.

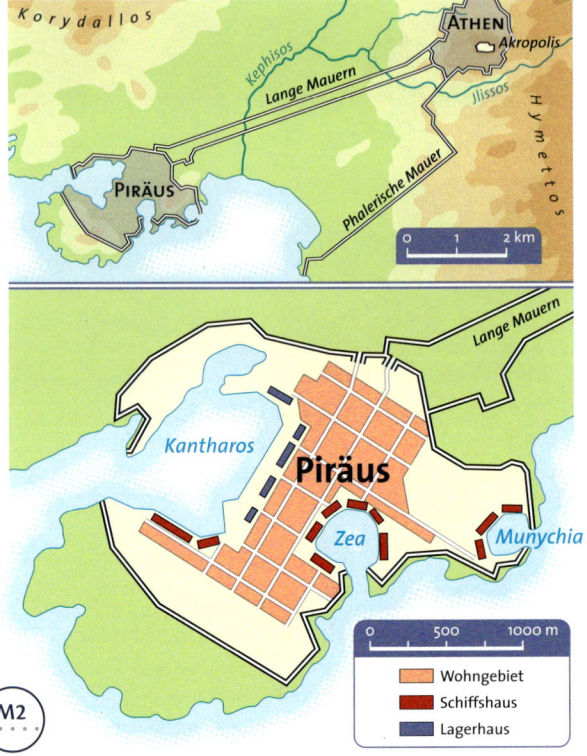

M2

Athen und Piräus im 5. Jh. v. Chr. Neben dem Handelshafen Piräus gab es zwei Kriegshäfen: Zea und Munychia. Insgesamt konnten im Hafen von Piräus etwa 400 Schiffe liegen. Er war ummauert und durch die „Langen Mauern" mit der Stadt Athen verbunden.

M1 **Händler beim Abwiegen von Ware,** Vasenmalerei, um 550 v. Chr.

M3 **Werkstatt eines Schuhmachers,** Vasenmalerei, um 640 v. Chr.

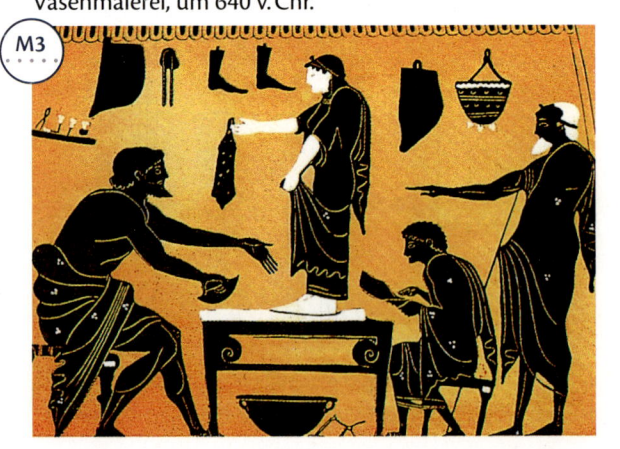

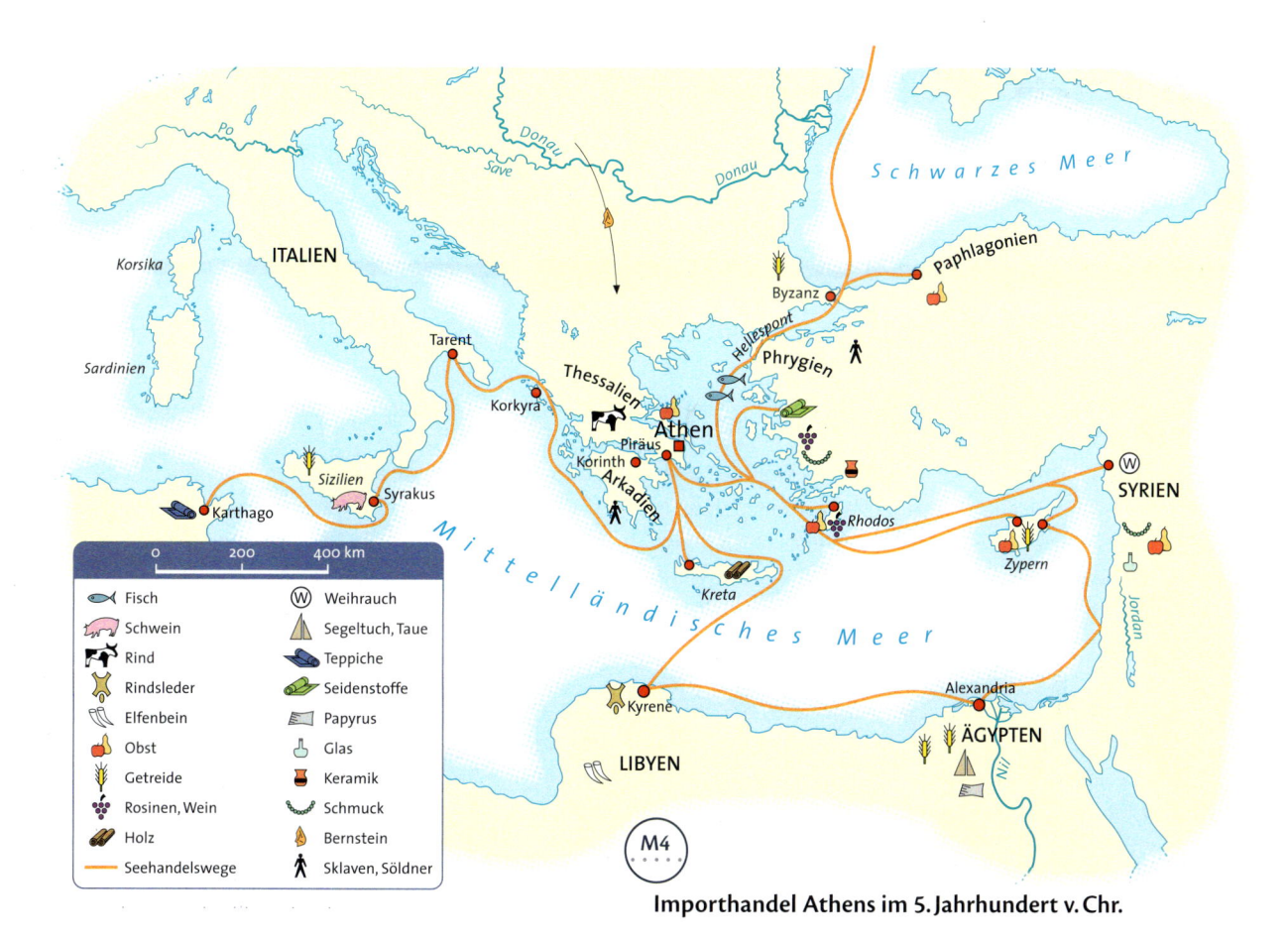

Athenische Demokratie und hellenistische Welt

Importhandel Athens im 5. Jahrhundert v. Chr. (M4)

Legende:
- Fisch
- Schwein
- Rind
- Rindsleder
- Elfenbein
- Obst
- Getreide
- Rosinen, Wein
- Holz
- Seehandelswege
- Weihrauch
- Segeltuch, Taue
- Teppiche
- Seidenstoffe
- Papyrus
- Glas
- Keramik
- Schmuck
- Bernstein
- Sklaven, Söldner

M5 Athen – nur eine Handelsmacht?

Ein Gelehrter aus Athen schrieb um 430 v. Chr.:

Nur die Athener können über die Erzeugnisse aller Griechen und Barbaren verfügen. Wie will eine andere Stadt ihre Überschüsse an Schiffsholz, Eisen, Kupfer und Flachs ausführen, ohne dass das see-
5 beherrschende Athen zustimmt oder die Waren abnimmt? Würde sie gegen den Willen Athens Waren verfrachten, würde ihr die herrschende Seemacht die Handelswege abschneiden. Außerdem trifft eine Missernte die Seemacht weniger
10 als die Landmacht. Denn da Missernten nicht überall gleichzeitig auftreten, kann die herrschende Seemacht immer noch Ernteerzeugnisse aus Überschussländern einführen.

Pseudo-Xenophon 1, 11–14. Übers. und bearb. d. Verf.

---

1 Beschreibe die Lage und die Sicherung von Athen und Piräus (M2).

2 Begründe, warum Athen auf Importe angewiesen war. Denke auch an die Landschaft Attikas (S. 105).

3 a) Zeichne eine Tabelle mit den Spalten „Ware" und „Herkunftsland" und fülle sie mithilfe von M4 aus.
b) Erläutere die Verwendung der Produkte.

4 a) Erarbeite anhand von M5 die Bedeutung Athens als Handels- und Seemacht.
b) Erkläre, wie Handel und militärische Macht zusammenhängen.

5 Zeige an M1 und M3, wie Handel und Handwerk dargestellt sind.

6 **Recherche:** Erkundet in Partnerarbeit, welche Produkte aus Griechenland bei uns im Handel sind. Fragt zu Hause nach oder achtet beim Einkauf im Supermarkt darauf. Findet auch heraus, ob es ein griechisches Geschäft in eurer Nähe gibt, und besucht es. Legt eine Liste zu einigen Produkten an und berichtet in der Klasse.

Sparta – ein Gegenmodell zu Athen

Eroberung statt Kolonisation

Im Süden der Halbinsel Peloponnes lag die Landschaft Lakonien. Dort hatte um 900 v. Chr. der griechische Stamm der Dorier das Land unterworfen und die verstreuten Siedlungen zur Polis Sparta zusammengefasst. Sparta war im Westen und Osten von hohen Gebirgsketten umschlossen, aus denen zahlreiche Flüsse und Bäche herabflossen und die Ebene zu einem fruchtbaren Landstrich machten. Die Bevölkerung Spartas wuchs schnell, und Lakonien wurde zu klein für alle. Im Gegensatz zu anderen Stadtstaaten entschlossen sich die Spartaner aber nicht dazu, Kolonien zu gründen. Sie dehnten ihren Machtbereich durch kriegerische Eroberungszüge auf der Halbinsel aus.

M1 Die Landschaft Lakonien, Foto, 1990. Im Vordergrund sind Reste eines Apollotempels zu sehen.

Spartiaten, Heloten und Periöken

Die Bürger der Polis Sparta nannten sich Spartiaten*. Sie hatten nach der Eroberung Lakoniens und der sich im Westen anschließenden Landschaft Messenien zusätzliche Gebiete erhalten. Obwohl die Spartiaten einen großen Teil des Bodens besaßen, arbeiteten sie nicht in der Landwirtschaft. Auch Handel zu treiben war ihnen verboten. Sie sollten sich ganz und gar dem Kriegsdienst widmen.

Das Schicksal der Menschen in den eroberten Gebieten war hart: Sie verloren ihr Land und ihre Freiheit. Sie wurden zu Heloten*, das heißt Sklaven, die von den spartanischen Eroberern zur Feld- und Hausarbeit gezwungen wurden.

Die Menschen, die das Umland Spartas in der Ebene Lakonien und dem eroberten Messenien bewohnten, hießen Periöken*. Das bedeutet auf Griechisch „Umwohnende". Sie siedelten als freie Bauern auf dem geringerwertigen Land oder arbeiteten als Handwerker und Händler für die Spartiaten.

Bereits die Kinder der Spartiaten wurden einer strengen körperlichen Ausbildung unterzogen. Die Männer lebten in Zeltlagern und bildeten Gruppen, die ihre Zeit mit sportlichem und militärischem Training verbrachten. Erst ab dem 30. Lebensjahr durften die Spartiaten wieder in ihren Häusern wohnen. Sie nahmen jedoch weiterhin ihre Mahlzeiten außerhalb des Hauses in Tischgemeinschaften ein. Die Gruppen, die in Friedenszeiten zusammen trainierten und aßen, stellten im Krieg gemeinsam eine Phalanx (Schlachtenreihe). Nach der Lebensweise der Spartaner ist in unserem Sprachgebrauch noch der Ausdruck „spartanisch" üblich – im Sinne von hart, streng, genügsam, anspruchslos.

M2 Die Bevölkerung Spartas

Ungefähre Angaben für das frühe 5. Jahrhundert v. Chr.:

Spartiaten (Bürger)	ca. 9000
Periöken	ca. 40 000–60 000
Heloten	ca. 140 000–200 000

Zusammengestellt nach Jochen Martin/Norbert Zwölfer (Hg.), Geschichtsbuch N. A., Bd. 1, Berlin (Cornelsen) 1992, S. 79.

M3 Der Lebensweg der Jungen in Sparta

Der folgende Text stammt aus einer Lebensbeschreibung über den spartanischen König Lykurgos (7. Jh. v. Chr.), die der griechische Schriftsteller Plutarch (um 45–120 n. Chr.) verfasst hat:

Das zur Welt Gekommene aufzuziehen, unterlag nicht der Entscheidung des Erzeugers, sondern er hatte es an einen Ort zu bringen, wo die Ältesten … das Kind untersuchten und, wenn es wohlgebaut
5 und kräftig war, seine Aufzucht anordneten …; war es aber schwächlich und missgestaltet, so ließen sie es zu … einem Felsabgrund am [Gebirge] Taygetos [bringen]. Denn sie meinten, für ein Wesen, das von Anfang an nicht fähig sei, gesund und kräftig heran-
10 zuwachsen, sei es besser, nicht zu leben, sowohl um seiner selbst wie um des Staates willen … Die Knaben der Spartaner aber [nahm] Lykurgos … selbst alle, sobald sie sieben Jahre alt waren, zu sich und teilte sie in „Horden", in denen sie miteinander auf-
15 wuchsen, erzogen und gewöhnt wurden, beim Spiel wie bei ernster Beschäftigung immer beisammen zu sein. Als Führer der „Horde" wählten sie sich denjenigen, der sich durch Klugheit und Kampfesmut auszeichnete. Auf ihn blickten sie, hörten auf seine
20 Befehle und unterwarfen sich seinen Strafen, sodass die Erziehung wesentlich in der Übung im Gehorsam bestand … Lesen und Schreiben lernten sie nur so viel, wie sie brauchten; die ganze übrige Erziehung war darauf gerichtet, dass sie pünktlich
25 gehorchen, Strapazen ertragen und im Kampfe siegen lernten … Sobald sie zwölf Jahre alt waren, gingen sie stets ohne Unterkleidung, bekamen nur einen Mantel aufs Jahr … und durften weder baden noch sich salben … Sie schliefen zusammen in
30 Gruppen …
Die Zucht erstreckte sich bis auf die Erwachsenen. Keinem stand es frei, zu leben, wie er wollte, sondern sie lebten … nach strengen Vorschriften für all ihr Verhalten und ihre Beschäftigung in der Öffent-
35 lichkeit, und überhaupt glaubten sie, nicht sich, sondern dem Vaterlande zu gehören.

Plutarch, Lykurgos 15–24. Zit. nach Geschichte in Quellen, bearb. von Walter Arend, Bd. 1, 3. Aufl., München (bsv), S. 143 f.

---

1 Beschreibe M1 und erläutere, welche Siedlungsbedingungen die lakonische Landschaft bot.
2 Erarbeite, wie Sparta auf den Bevölkerungsanstieg reagierte. Vergleiche mit anderen Poleis.
3 Werte M2 aus und ziehe Rückschlüsse auf das Zusammenleben der Bevölkerungsgruppen. Ziehe den Darstellungstext heran.
4 Beschreibe die Ausrüstung der Hopliten (M4) und begründe den Erfolg dieser Anordnung.
5 Fasse die Gründe zusammen, die den Kriegsdienst für Sparta offensichtlich unentbehrlich machten. Ziehe M1 heran.
6 Lies dir M3 durch und fasse die Erziehungsziele in einer Tabelle zusammen.
7 „Sie gehörten dem Vaterlande und nicht sich selbst", schrieb Plutarch. Diskutiert und bewertet Folgen für den Einzelnen.
8 Kläre: Spartiaten, Heloten, Periöken.

M4 Eine Phalanx spartanischer Hopliten, Vasenmalerei, um 640 v. Chr. Flötenspiel und Schlachtgesang begleiteten die Soldaten in den Kampf.

Werkstatt

Ein Griechenland-Quartett

Vorbereitung
– Stellt 24 Spielkarten aus dünnem Karton her (Blankospielkarten, Karteikarten o. Ä.). Vorsicht: Die Rückseite muss bei allen Karten gleich aussehen!
– Kopiert alle Karten dieser Doppelseite auf ein DIN-A3-Blatt (evtl. 120% vergrößern) und klebt dann die Abbildungen auf die Karten.

Spielanleitung
1. Bildet Gruppen von mindestens drei Personen. Jede Spielergruppe erhält ein Kartenspiel.
2. Alle Karten werden gut gemischt und im Uhrzeigersinn verteilt. Wer Glück hat, kann schon jetzt fertige Quartette offen auslegen – also vier Karten, die zusammengehören. Ein Quartett erkennst du an seinem Oberbegriff. Zum Beispiel hat das Quartett „Kunst" die Karten Amphore, Kuros, Faustkämper und Parthenon.
3. Jetzt geht es los: Der Spieler links vom Kartengeber fragt einen anderen Spieler in der Runde nach einer bestimmten fehlenden Karte. Wenn der andere Spieler die Karte hat, muss er sie herausrücken und der Frager darf weiterfragen. Wenn der andere Spieler die Karte nicht hat, ist er jetzt an der Reihe mit Fragen.
4. Gewonnen hat der, der am Ende die meisten fertigen Quartette vor sich liegen hat.

Variante
Sicher könnt ihr noch eine Reihe anderer Quartette bilden. Bastelt weitere Spielkarten zum Thema „Das antike Griechenland".

Viel Spaß!

Kunst — Amphore / Kuros / Faustkämpfer

Arbeit — Töpfer / Sklaven / Händler

Kunst — Faustkämpfer / Parthenon / Kuros

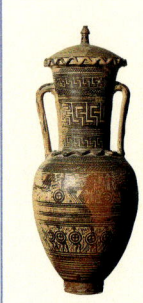

Arbeit — Frau / Sklaven / Händler

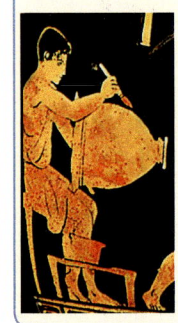

Kunst — Parthenon / Faustkämpfer / Amphore

Arbeit — Frau / Sklaven / Töpfer

Kunst — Parthenon / Amphore / Kuros

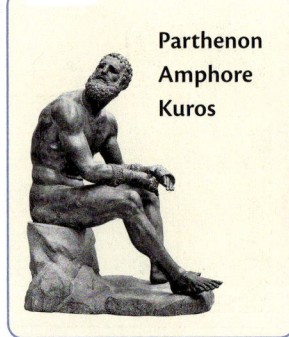

Arbeit — Frau / Töpfer / Händler

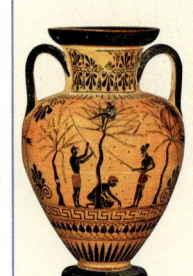

136

Werkstatt

Politik	Auf dem Olymp	Theater / Philosophie	Olympische Spiele
Scherbengericht Perikles Bürger	Zeus Apollon Poseidon	Maske Sokrates Aristoteles	Faustkampf Langstreckenlauf Schiedsrichter
Perikles Solon Bürger	Athene Apollon Poseidon	Komödie Sokrates Aristoteles	Siegerehrung Langstreckenlauf Schiedsrichter
Scherbengericht Solon Perikles	Zeus Athene Poseidon	Maske Komödie Sokrates	Faustkampf Siegerehrung Schiedsrichter
Bürger Solon Scherbengericht	Zeus Apollon Athene	Maske Komödie Aristoteles	Faustkampf Siegerehrung Langstreckenlauf

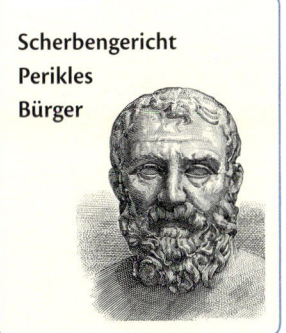

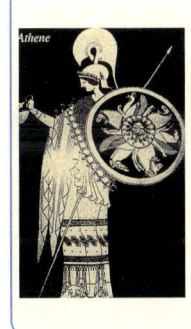

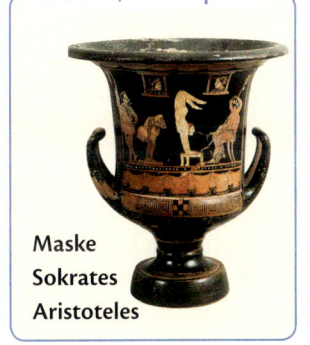

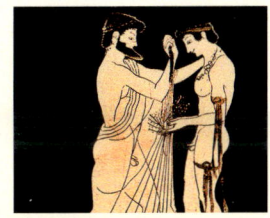

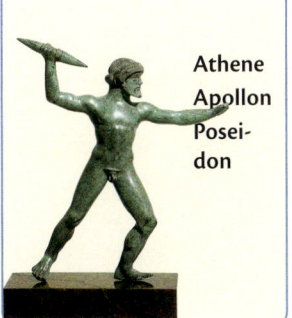

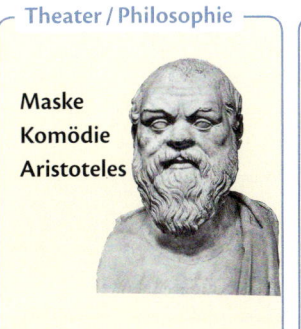

Athenische Demokratie und hellenistische Welt

Das Reich Alexanders

Alexander – Heerführer und Eroberer

Im Jahre 336 v. Chr. bestieg Alexander, Sohn des makedonischen Königs Philipp II., der die griechischen Stadtstaaten unterworfen hatte, den Königsthron. Zwei Jahre später begann Alexander einen Feldzug gegen das Perserreich. Mit 32 000 Fußsoldaten und 15 500 Reitern setzte er nach Asien über. In zwei großen Schlachten am Fluss Granikos und bei Issos (333 v. Chr.) siegte Alexander über das zahlenmäßig überlegene Heer der Perser. Er sah sich als Nachfolger des persischen Königshauses und kleidete sich häufig wie ein persischer Großkönig.

Danach besetzte Alexander Ägypten. Die Ägypter begrüßten ihn als Befreier von der persischen Herrschaft und krönten ihn zum Pharao. Sein Versuch, auch noch das Reich des indischen Königs Poros zu erobern, scheiterte am Widerstand seiner Soldaten. Sie verweigerten ihm den Gehorsam, weil sie die jahrelangen Strapazen und grausamen Kämpfe nicht länger auf sich nehmen wollten. Beim Rückzug verdurstete ein großer Teil seiner Armee in der Gedrosischen Wüste. Von seinen 60 000 Soldaten kehrten nur 15 000 nach Hause zurück. Die Regierungszeit des makedonischen Königs endete unerwartet: Alexander erkrankte an einem schweren Fieber und starb 323 v. Chr. in Babylon.

Kontakte zwischen Okzident und Orient

Den europäischen Eroberern unter Alexanders Führung fiel bei ihren Feldzügen durch das persische Reich zum ersten Mal auf, dass sie es nicht mit unbedeutenden Völkern zu tun hatten, sondern auf große und alte Kulturen trafen. Dazu kam die unendliche räumliche Ausdehnung des Reiches. Inzwischen war ihnen auch klar geworden, dass der Indus nicht der Oberlauf des Nils war. Weiter östlich befand sich sogar ein weiterer unbekannter Strom, der Ganges. Alexander musste also seine Weltvorstellung immer wieder erweitern.

Wie konnte es ihm gelingen, ein so großes Reich zu beherrschen? Alexander nahm persische Statthalter, Offiziere und Soldaten in seine Dienste und nutzte die Verkehrswege und die Verwaltung. Die Verbindung zwischen Makedoniern und Persern sollte durch eine erzwungene Massenhochzeit in Susa gefestigt werden. 10 000 makedonische und griechische Soldaten vermählten sich mit Perserinnen. Alexander selbst nahm eine Tochter des Perserkönigs Dareios zu seiner zweiten Frau. Am königlichen Hof führte Alexander die persische Art der Verbeugung („Proskynese") ein.

1 Kläre die Bedeutung Alexanders als Heerführer und Eroberer (Darstellungstext links, M1).

2 Stelle fest, welche Erkenntnisse Alexander und seine Gefährten bei ihren Eroberungen gewannen (Darstellungstext rechts).

Der Zug Alexanders des Großen und die Ausdehnung seines Reiches

Hellenismus – die Welt wird griechisch

Griechisch wird Weltsprache

Nach Alexanders Tod entbrannte unter den hohen Offizieren aus den Familien des makedonischen Adels der Kampf um die Nachfolge. Am Ende langer Diadochenkämpfe (Nachfolger = griech. Diadoche) wurde das Reich zwischen drei Herrscherfamilien aufgeteilt: Die Seleukiden erhielten Kleinasien, Syrien, Mesopotamien und das Kernland Persiens. Die Ptolemäer beherrschten Nordafrika und Palästina, die Antigoniden Makedonien und Teile von Griechenland, darunter Attika.

Das Großreich wurde zwar aufgeteilt, im Ganzen aber blieben die Eroberungen erhalten. Und etwas Überraschendes geschah im Laufe der Zeit: Die griechische Kultur dehnte sich immer weiter aus. Von Gibraltar bis zum Indus, vom Don bis zum Nil setzten sich griechische Lebensweise und Kultur immer mehr durch, wie sie sich in den Stadtstaaten entwickelt hatten. Vor allem erwies sich – nach dem Vorbild der Polis – die Entfaltung der einzelnen Persönlichkeit, ihre politische, künstlerische und wissenschaftliche Aktivität, als den anderen Lebensformen überlegen. Zwischen dem Mittelmeer und Indien war Griechisch „Weltsprache". Diese Entwicklung hatte mit der griechischen Philosophie und Literatur schon vor Alexander begonnen. Diese Zeit wird die Epoche des Hellenismus genannt.

Griechen in Ägypten und Asien

Viele Griechen hatten sich auf Dauer in den eroberten Gebieten niedergelassen. Die griechischen Bewohner brachten ihre Lebensweise mit, aber sie übernahmen auch viele Dinge von der einheimischen Bevölkerung. Besonders die reicheren Schichten in den Städten bewahrten ihre griechischen Sitten. Sie bauten Häuser und Tempel, wie man sie zum Beispiel in Athen fand, und förderten die Wissenschaften und die Kunst. Manche Städte, von denen Alexander bereits viele gründen ließ, entwickelten sich zu bedeutenden Zentren für den Handel und die Wissenschaft.

Obwohl die Monarchie die Herrschaftsform war, blieb den Städten doch eine gewisse Freiheit für ihre Selbstverwaltung. Das Zentrum des Hellenismus lag im Raum des östlichen Mittelmeeres.

Die einheimische Bevölkerung hatte die griechische Lebensweise – vor allem die Sprache – zum Teil übernommen. Eine wirkliche Mischbevölkerung ist trotz ehelicher Verbindungen zwischen Griechen-Makedoniern und Einheimischen aber nicht entstanden.

Insgesamt blieb es häufig beim Nebeneinander. So lebten unter der „offiziellen" Sprache des Griechischen auch die alten Sprachen weiter – als Muttersprachen, wie zum Beispiel das Ägyptische und das Aramäische.

> **Begriffe und Daten**
>
> ### Hellenismus
>
> Der Begriff Hellenismus (griech. Hellas = Griechenland) bezeichnet eine Epoche der griechischen Geschichte. Sie begann mit der Regierung Alexanders des Großen und dauerte bis zur Eroberung der Diadochenreiche durch die Römer (1. Jh. v. Chr.). In einigen Bereichen beeinflusste die griechische Kultur das Leben in den Städten von Ägypten bis zur Grenze Indiens und vermischte sich mit der Lebensweise der einheimischen Bevölkerung. Diese Mischkultur wird als hellenistische Kultur bezeichnet.

M1 Alexandermünze, 3. Jahrhundert v. Chr.
Abgebildet ist das Gesicht Alexanders. Die Widderhörner sind das Zeichen des ägyptischen Gottes Amun. Alexander ließ Münzen mit seinem Porträt in großer Zahl prägen.

1 „Hellenismus – die Welt wird griechisch." Erkläre diese Aussage (Darstellungstexte, Kasten).
2 Prüfe, worin sich an M1 eine Verbindung verschiedener Kulturen zeigt.

Athenische Demokratie und hellenistische Welt

Das hellenistische Alexandria

Eine Stadt für die Wissenschaft

Die ägyptische Hauptstadt Alexandria wurde zum Anziehungspunkt für viele griechische Forscher. Die ptolemäischen Könige hatten hier ein Gebäude errichten lassen, das Museion genannt wurde. Hier trafen sich Wissenschaftler aus der ganzen Welt. Sie beschäftigten sich mit philosophischen Fragen, übersetzten Bücher aus vielen Sprachen und befassten sich mit technischen Experimenten. Das neue Wissen breitete sich in der ganzen griechischen Welt aus, denn viele Herrscher wollten es den Ptolemäern gleichtun und errichteten Bildungsstätten („Gymnasien") und Bibliotheken. Doch zwei Erdbeben (365 und 1303 n. Chr.) sowie Erdsenkungen zerstörten das antike Alexandria. Stadtteile und Hafenanlagen verschwanden unter Wasser, in Schlick und Sand. Bis in unsere Zeit hinein versuchen Meeresarchäologen, das alte Alexandria zu rekonstruieren.

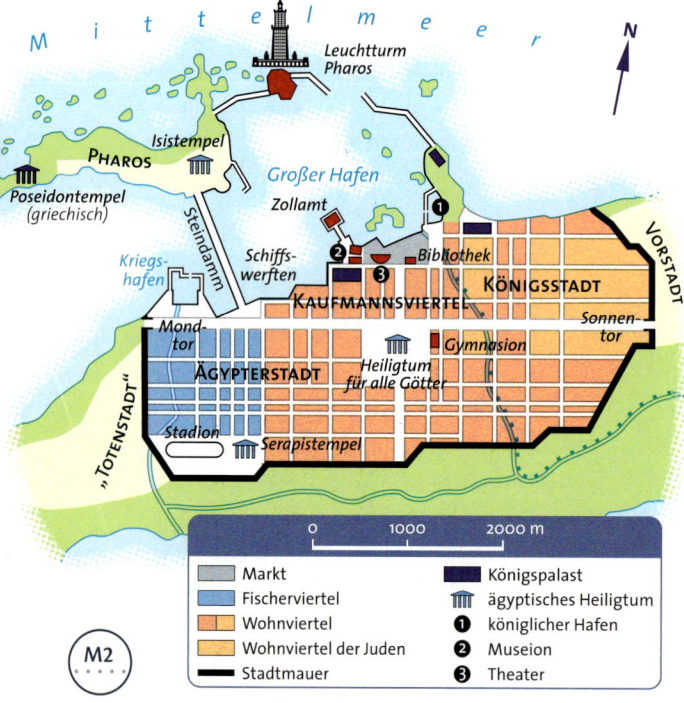

M2 Plan der ägyptischen Stadt Alexandria im 3. Jahrhundert v. Chr.

M1 Ein Brief von Nikephóros

Im 3. Jahrhundert v. Chr. schickten viele Athener ihre Kinder zur Ausbildung in die ägyptische Hauptstadt Alexandria. Stellen wir uns vor, einer dieser jungen Griechen hätte nach Hause geschrieben:

Liebe Eltern,
Poseidon sei Dank, ich bin heil in Alexandria angekommen! Diese Stadt ist voller Wunder. Schon bei der Einfahrt in den Hafen bin ich aus dem Stau-
5 nen nicht herausgekommen. Auf der Insel Pharos steht ein gigantischer Leuchtturm: Er ist unglaubliche 120 Meter hoch und seine Feuer sind 50 Kilometer weit zu sehen! Ein künstlicher Damm, der 1500 Meter lang ist, verbindet die Insel mit der
10 Stadt. Stellt euch vor: Täglich legen in den beiden Häfen 400 Schiffe an!
Ich glaube, in Alexandria kommen alle Völker der Welt zusammen: Griechen, Ägypter und Juden machen den größten Anteil der über 500 000 Be-
15 wohner der Stadt aus. Man sagt, Alexandria sei die größte Stadt der Welt. Und stellt euch vor: Alle sprechen griechisch!
Vieles in Alexandria erinnert mich an Athen: Es gibt hier ein Theater, ein Stadion und ein Gymna-
20 sion wie das, das ich in Athen besucht habe. Alexandria ist nach einem Plan erbaut. Zwei große Prachtstraßen führen durch die Stadt. Sie sind 30 Meter breit! Was hier alles auf sechs Kilometern Länge zwischen dem Mond- und dem Sonnentor
25 an buntem Leben geboten wird, ist fantastisch. Dagegen ist die Agora in Athen langweilig! Allein die Königsstadt nimmt schon ein Drittel des gesamten Stadtgebietes ein. Da ihr mich so großzügig mit Geld ausgestattet habt, werde ich be-
30 stimmt Gelehrte finden, die mich unterrichten. Am hiesigen Museion sind die gelehrtesten Wissenschaftler der ganzen Welt versammelt. Ich kann mich in Anatomie, Medizin, Physiologie, Astronomie, Zoologie, Botanik, Philologie, Mathe-
35 matik, Technik und Mechanik unterrichten lassen. Zum Museion gehören auch ein Tiergarten und die größte Bibliothek der Welt. Die große Alexander-Bibliothek umfasst über 700 000, die kleine über 40 000 Buchrollen! Könnt ihr euch das vor-
40 stellen? Hier ist alles Wissen der Welt versammelt! Liebe Eltern, ich bin ganz erschlagen von den Eindrücken. Beim nächsten Mal kann ich euch vielleicht schon berichten, dass ich einen Lehrer gefunden habe.
45 Athene beschütze euch! Euer Nikephóros.
Verfassertext

---

1 Stelle aus M1 und M2 zusammen, was Griechen in Alexandria fremd und was ihnen vertraut war. Ziehe den Darstellungstext heran.

Athenische Demokratie und hellenistische Welt

M1 **Spartanische Frau,** Bronzestatue, Ende 6. Jh. v. Chr. Im Gegensatz zu anderen Griechinnen trugen die spartanischen Frauen kurze Gewänder.

M2 **Schreiben auf Griechisch**

Die Griechen übernahmen ihre Schrift ungefähr um 800 v. Chr. von den Phönikern. Da diese jedoch keine Vokale kannten, fügten die Griechen noch fünf Zeichen hinzu (a, e, i, o, u):

griechisch		deutsch	griechisch		deutsch
A	alpha	a	N	ny	n
B	beta	b	Ξ	xi	x
Γ	gamma	g	O	omikron	o
Δ	delta	d	Π	pi	p
E	epsilon	e	P	rho	r
Z	zeta	z	Σ	sigma	s
H	eta	e	T	tau	t
Θ	theta	th	Υ	ypsilon	y
I	iota	i	Φ	phi	f
K	kappa	k	X	chi	ch
Λ	lambda	l	Ψ	psi	ps
M	my	m	Ω	omega	o

Überprüfe, was du kannst

Sachkompetenz

1. Kläre: Athenische Demokratie (S. 126–129), Antike (S. 119), spartanisch (S. 134 f.), Hellenismus (S. 139 f.)
2. Nenne Merkmale, in denen sich Sparta und Athen voneinander unterschieden.

Methodenkompetenz

3. Deute M1 mithilfe der Methode „Kunstwerke entschlüsseln" (S. 120 f.).

Urteilskompetenz

4. Beurteile die folgende Aussage: Athenische Demokratie und Tyrannenherrschaft sind miteinander vereinbar. Begründe dein Ergebnis.

Handlungskompetenz

5. Schreibe deinen Vor- und Nachnamen mit griechischen Buchstaben (M2). Welche Schwierigkeiten treten auf?

- um 900 v. Chr. Entstehung Spartas
- um 500 v. Chr. Demokratie in Athen
- um 450 v. Chr. Zeitalter des Perikles
- 334–323 v. Chr. Alexander der Große; Ausbreitung des Hellenismus

1000 v. Chr. — 500 v. Chr. — 100 v. Chr.

Das antike Griechenland

Die frühen Griechen
Wie im alten Ägypten und in Mesopotamien waren auch im frühen Griechenland die Lebensweise und die politische Entwicklung stark von den geografischen Lebensbedingungen bestimmt.

Durch die vielen Gebirge zerfiel Griechenland in kleine selbstständige Herrschaftsgebiete, die Stadtstaaten. Damit unterschied sich Griechenland von dem Flächenstaat Ägypten.

Obwohl sich die Stadtstaaten getrennt voneinander entwickelten, entstand im Laufe der Zeit ein starkes Zusammengehörigkeitsgefühl unter den Griechen. Ihre Einheit stützten sie auf eine gemeinsame Sprache und seit dem 8. Jahrhundert v. Chr. auf eine gemeinsame Schrift. Sie fühlten sich außerdem durch ihren Glauben an dieselben Götter verbunden. Wichtig waren den Griechen besonders ihre gemeinsamen religiösen Feste und Wettkämpfe, wie zum Beispiel die Olympischen Spiele.

Vom 8. bis zum 6. Jahrhundert v. Chr. gründeten viele Stadtstaaten im Mittelmeergebiet Kolonien, weitgehend nach dem Vorbild ihrer Mutterstädte.

Die Entwicklung der Stadtstaaten
Die bekanntesten Stadtstaaten waren Sparta und Athen. Sie entwickelten sich unterschiedlich. In Sparta war das Leben der Bevölkerung durch den Staat geregelt. Die Spartiaten, Männer und Frauen, erhielten von Kindheit an eine militärische Ausbildung. Die Bewohner eroberter Gebiete mussten als rechtlose Heloten für die Spartiaten arbeiten.

In Athen herrschte bis zum 7. Jahrhundert v. Chr. der Adel. 594 v. Chr. begann mit den Gesetzen des Politikers Solon in Athen die Entwicklung zur Staatsform der Demokratie. Alle Bürger wurden zur Volksversammlung zugelassen. Nach weiteren Reformen durch den Politiker Kleisthenes 508 v. Chr. wurde schließlich um 450 v. Chr. die demokratische Verfassung Athens vollendet: Der Politiker Perikles sicherte allen männlichen Bürgern politische Mitsprache zu. Alle Männer konnten sich an den Beschlüssen der Polis beteiligen und hatten durch Los Zugang zu allen Ämtern. Frauen aber waren in Athen von der Politik ausgeschlossen.

Sicherung der Demokratie und kulturelle Blüte in Athen
Von 490 bis 479 v. Chr. führten die griechischen Stadtstaaten gemeinsam Krieg gegen das Persische Reich. Durch einen Sieg der Athener Flotte konnten sie am Ende ihre Freiheit behaupten. Danach wurde Athen zur wichtigsten See- und Handelsmacht Griechenlands. Durch den blühenden Seehandel mit allen griechischen Kolonien floss viel Geld in die Stadt. Die Waren, die Athen für den Export brauchte, wurden von der großen Bevölkerungsgruppe der Metöken und Sklaven hergestellt. Athen verlor seine Hegemonie nach dem Peloponnesischen Krieg (431–404 v. Chr.) an Sparta.

In Athen entstanden große Bauwerke und bedeutende Kunstwerke. Die Athener erfanden das Theater und verfassten die ersten Tragödien und Komödien. Philosophen legten mit ihren Ideen über die Welt und das menschliche Handeln die Grundlage für die modernen Wissenschaften.

Die Epoche des Hellenismus
Das Zeitalter des Hellenismus begann mit der Herrschaft Alexanders des Großen. 334 v. Chr. führte er einen Feldzug gegen die Perser, der ihn innerhalb von zehn Jahren zum Herrscher über ein großes Weltreich machte. Als Gebieter über viele Völker wurde Alexander wie ein Gott verehrt. Nach seinem frühen Tod zerfiel sein Reich. In zahlreichen Kämpfen zwischen seinen Nachfolgern bildeten sich schließlich drei große Diadochenreiche heraus. Die Städte wurden zu bedeutenden Handels-, Wirtschafts- und Wissenschaftszentren. Dort breitete sich griechische Lebensweise aus und beeinflusste andere Kulturen.

Die hellenistischen Reiche wurden im 1. Jh. v. Chr. von den Römern erobert. Dennoch sind die Ideen der Griechen durch viele Jahrhunderte überliefert worden und beeinflussen unser Leben bis heute.

Zusammenfassung

Das antike Griechenland

Das frühe Griechenland
- Zusammenhang zwischen Landschaftsform und politischer Struktur
- in der Frühzeit: Königsherrschaft über Poleis
- führende Adelsfamilien
- Zusammengehörigkeitsgefühl durch gemeinsame Religion, Kultur und Sprache
- Leben in der Hausgemeinschaft (Oikos)
- Ehrung der Götter: Beispiel Olympische Spiele
- bedeutende Rolle der Philosophen als „Weltdeuter"
- Gründung von Kolonien nach Vorbild der Mutterstädte

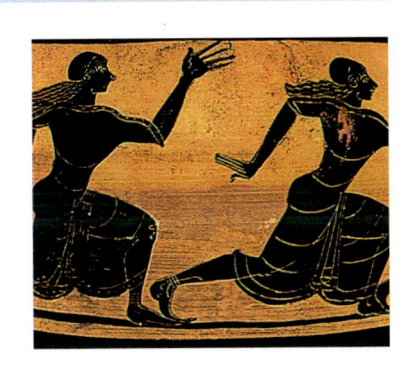

Die griechische Polis
- athenische Demokratie: Reformen (Solon, Kleisthenes, Perikles) schränkten die Rechte des Adels ein und setzten eine demokratische Verfassung durch: politische Mitsprache für alle männlichen Bürger; Frauen und Sklaven von der politischen Teilhabe ausgeschlossen
- Kindererziehung und Bildung: Vorrang der Knaben vor den Mädchen, Kindesaussetzung, gute Bildung, jedoch nur für die gesellschaftliche Oberschicht, feste Rollenverteilung
- Sparta: strenge Erziehung, militärische Ausbildung, Rechtlosigkeit der Besiegten (Heloten)

Die Welt des Hellenismus
- Hellenismus: Vorherrschen der griechischen Lebensweise im Reich Alexanders des Großen und Einfluss auf andere Kulturen
- Bedeutung der „alexandrinischen" Städte als Zentren von Handel, Gewerbe und Wissenschaft
- Zerfall des Reiches nach Alexanders Tod (Diadochenkämpfe)
- Nachwirken griechischer Kultur und des Hellenismus bis in unsere Zeit

5. Das Römische Reich

Als sich vor rund 3000 Jahren die ersten Hirten und Bauernvölker auf dem Gebiet des heutigen Roms niederließen, konnten sie nicht voraussehen, dass aus ihren Siedlungen einmal die Hauptstadt des römischen Weltreiches werden würde. Wie war es möglich, dass eine einzelne Stadt eine so große Bedeutung erlangen konnte? Wie haben die Römer ihre Herrschaft über ein Gebiet ausgeweitet, das sich von Afrika bis nach England, von Spanien bis in den Orient erstreckte und als Imperium Romanum (Römisches Reich) bezeichnet wird? Welche Auswirkungen hatte die Ausdehnung des Landes auf das Leben der Menschen?

Das Gemälde von 1901 zeigt das Leben auf dem „Forum Romanum", dem Zentrum Roms, um 300 n. Chr. Gerade wird die Eroberung eines fremden Landes mit einem Triumphzug gefeiert.

Folgende Fragen leiten dich durch das Kapitel:

– **Wie entstand das römische Weltreich?**
– **Wie lebten die Menschen im Römischen Reich?**

1 Tragt zusammen, welche Informationen ihr der Abbildung entnehmen könnt.
2 Formuliert Fragen zum Thema, die ihr im Laufe der Arbeit mit dem Kapitel beantworten könnt.

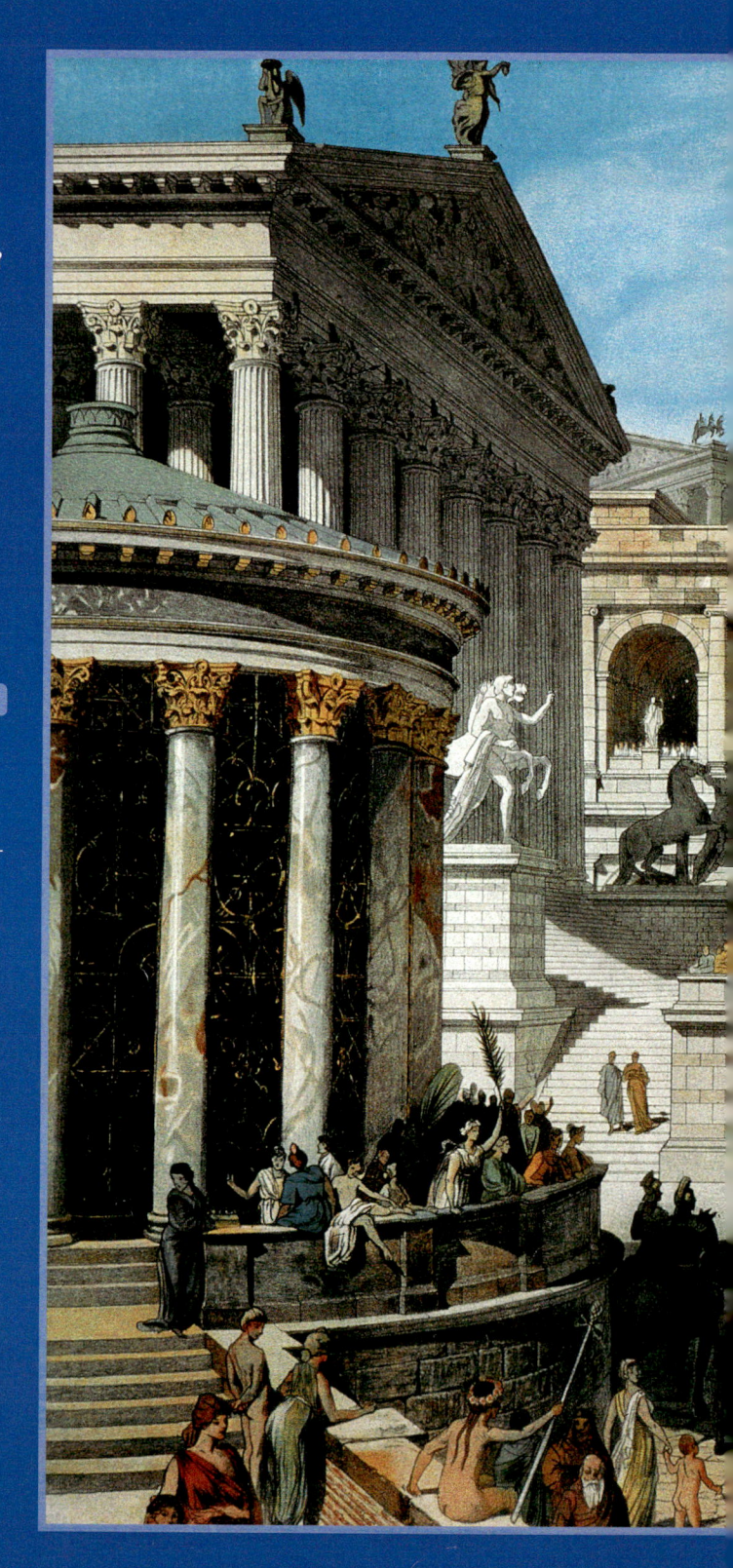

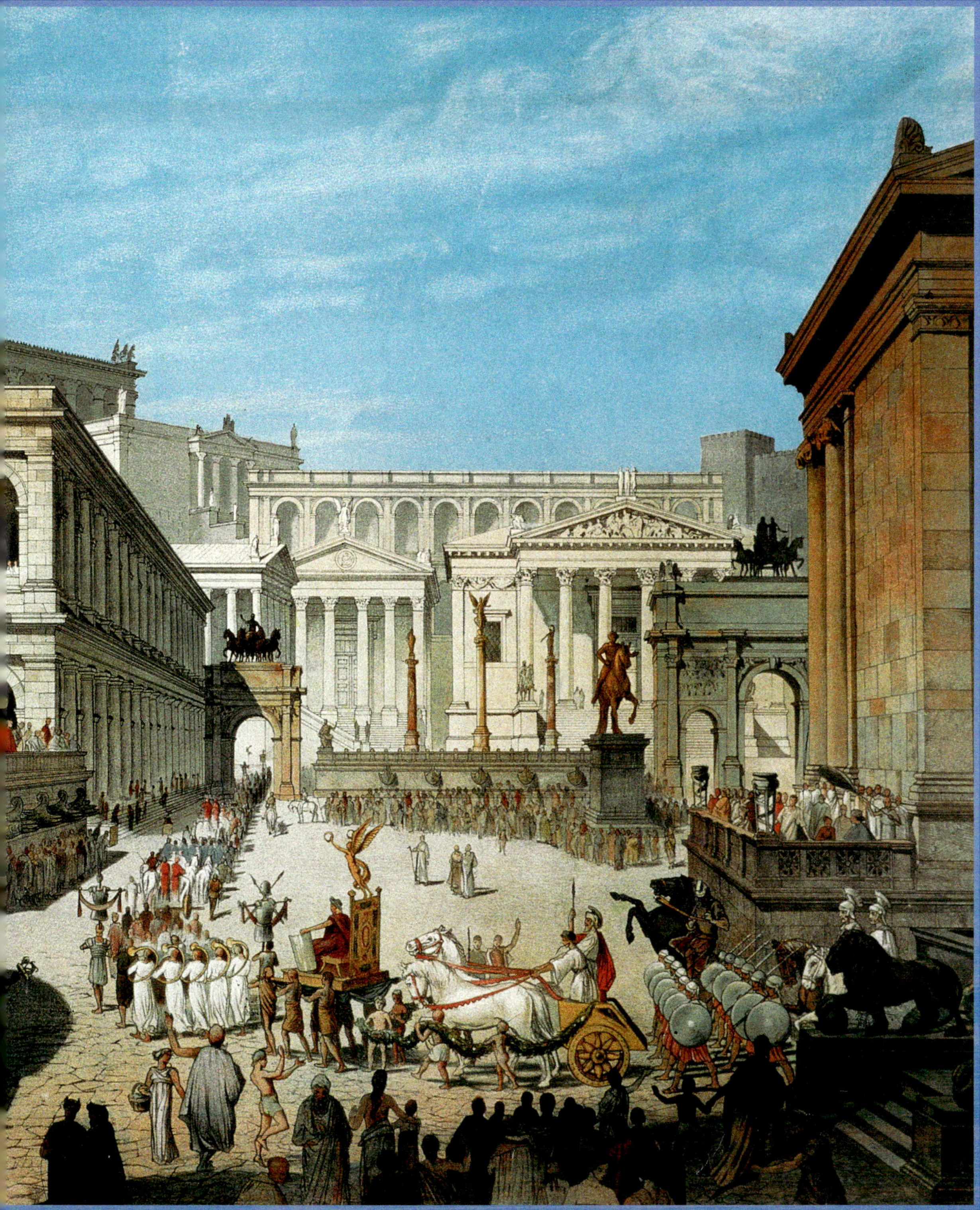

5. Das Römische Reich

Rom – vom Stadtstaat zur Weltmacht

Wissen • Urteilen • Kommunizieren/Handeln • Methoden anwenden

Am Ende dieses Unterkapitels kannst du
- die Gründung Roms beschreiben
- Wissen und Mythos über die Gründung Roms unterscheiden
- den Aufbau der Familie und der Gesellschaft in der römischen Republik erklären
- die Verteilung der Macht im römischen Staat darlegen
- die Schritte zur Errichtung der Weltmacht Rom darstellen
- die Krise des römischen Staats und den Untergang der Republik erklären

Das Römische Reich 44 v. Chr.

▶ Sagenhafte Gründung Roms   ▶ Rom wird Republik   ▶ Ende der Republik

753 v. Chr.   510 v. Chr.   27 v. Chr.

Rom – vom Stadtstaat zur Weltmacht

Rom wird besiedelt

Ein günstiger Standort?
Eine Siedlung, die sich zu einer großen Stadt entwickeln will, braucht eine günstige Lage. Was machte die Gegend um Rom so anziehend, dass sie zum Zentrum einer Weltmacht wurde?

Hirten und Bauern besiedeln Rom
Um 1000 v. Chr. zogen ganze Völkergruppen nicht nur nach Griechenland, sondern auch in das heutige Italien. An der Stelle, an der später die Stadt Rom entstand, ließen sich die Sabiner und Latiner nieder. Dort, wo der Fluss Tiber wegen einer Insel in seiner Mitte leicht durchquert werden konnte und der Boden fruchtbar war, siedelten die Sabiner auf dem Hügel Palatin, die Latiner auf dem nahe gelegenen Hügel Quirinal.

Sabiner und Latiner waren wie alle Einwanderer Hirten- und Bauernvölker, die in strohgedeckten Hütten lebten. Bis heute haben die Latiner ihre Spuren in der Geschichte Roms hinterlassen: Die alte Völkerstraße Via Latina, auf der sie nach Süden gewandert sind, trägt ihren Namen. Auch der Name der Landschaft am unteren Tiberlauf – Latium – und die Sprache der Bewohner – Latein – kommen von den Latinern.

Rom wird eine Stadt
Um 700 v. Chr. folgten die Etrusker, deren Herkunft nicht ganz geklärt ist. Sie ließen sich zunächst nördlich vom heutigen Rom nieder und brachten eine neue Lebensweise mit. Sie bauten Städte mit Häusern aus Stein und Ziegeln, waren Fachleute für Wassertechnik, importierten Kunst aus Griechenland und Ägypten, kannten neue Verfahren zur Metallverarbeitung und sprachen eine neue Sprache: das Etruskische.

Als sie um 600 v. Chr. schließlich die Gegend des heutigen Roms besiedelten, betätigten sie sich auch dort als Handwerker, Kaufleute, Baumeister und Ärzte. Sie kamen als Herrscher, die die bäuerlich lebenden Latiner und Sabiner zur Gründung einer Stadt bewogen. Um die Stadt weiterentwickeln zu können, legten sie zunächst tief liegende Gebiete trocken und bauten das Forum als Stadtmittelpunkt auf.

Die Griechen nannten die Etrusker „Tyrrhenoi". Das westlich von Rom gelegene Tyrrhenische Meer hat daher seinen Namen. Die Latiner bezeichneten sie hingegen als „Tusci". Der Landschaftsname Toskana erinnert noch heute daran.

Rom und sein Umland im 7./6. Jahrhundert v. Chr. M1

1 a) Erarbeite, ausgehend von M1, die Siedlungsbedingungen in Rom. Ziehe einen Erdkundeatlas hinzu.
  b) Vergleiche mit Athen und arbeite Gemeinsamkeiten und Unterschiede heraus.
2 Nenne Gründe, warum die Latiner und Sabiner in Rom siedelten (Darstellungstext).
3 Die Etrusker hatten andere Interessen als die Latiner. Stelle Vermutungen an, warum sie die Hüttensiedlung Rom in eine Stadt umwandelten.

Rom – Mythos einer Stadtgründung

Was soll ein Gründungsmythos bewirken?
In einer Gruppe von Menschen, die in einer Stadt oder einem Staat zusammenleben, gibt es meistens ein Gefühl der Gemeinsamkeit. Dieses Gefühl kann zum Beispiel durch Fahnen oder gemeinsame Lieder wie Nationalhymnen verstärkt werden. Bei den Römern, wie bei vielen anderen Völkern, gehörten dazu Geschichten über die eigene Herkunft, in denen sich Glauben und Wissen, Erfundenes und Wahres mischten.

In Rom konnten nur Personen oder Familien Bedeutung erlangen, die über einen Stammbaum nachwiesen, dass sie mit alteingesessenen Familien, berühmten Helden (meist Feldherren) oder Göttern bzw. Halbgöttern verwandt waren. Dies erscheint uns heute merkwürdig – aber die Menschen in der Antike stellten die Möglichkeit keineswegs infrage, dass in einem Familienstammbaum ein Gott oder Halbgott auftauchte. Und so verwundert es nicht, dass die Römer den Ursprung ihrer Stadt in eine Gründungssage kleideten, in der Götter, Menschen und Tiere vorkommen. Obwohl darin Unglück und Glück, Liebe und Hass, Neid und Mitleid aufeinandertreffen, siegen schließlich die „guten Kräfte" zugunsten der künftigen Weltmacht Rom. Wann die Sage um die Gründung Roms, wie sie auf der nächsten Seite vorgestellt wird, entstanden ist, lässt sich schwer sagen, denn sie wurde nur mündlich überliefert. Bis heute ist man sich nicht sicher, ob es sich um eine römische Sage handelt oder um eine Mischung aus verschiedenen Sagen der Volksgruppen, die in der Frühzeit Roms Einfluss besaßen.

Aber bekannt ist, dass Personen im Mittelpunkt des Gründungsmythos stehen, denen in der römischen Mythologie eine enge Verbindung zu den Göttern nachgesagt wurde: nämlich der Trojaner Äneas, der mit Vater, Sohn und den Hausgöttern aus dem brennenden Troja floh, und die Zwillinge Romulus und Remus, die auf Befehl des unrechtmäßigen Königs ausgesetzt und durch eine Wölfin vor dem Tod gerettet wurden.

> **Begriffe und Daten**
>
> **Die – sagenhafte – Gründung Roms**
> Nach der Überlieferung der alten römischen Geschichtsschreiber wird die Gründung Roms auf das Jahr 753 v. Chr. datiert. In diesem Jahr soll die Stadt der Sage nach durch Romulus, der als erster König Roms gilt, gegründet worden sein. Da die Stadtgründung nicht wissenschaftlich exakt nachweisbar ist, sondern auf einer Mischung von Wahrem und Erfundenem beruht, spricht die Geschichtsforschung von einem Gründungsmythos.

Die römische Wölfin, M1 angeblich etruskische Bronzeplastik, um 500 v. Chr. Sie stand auf dem wichtigsten Hügel der Stadt, dem Kapitol, und ist heute im Museo Palazzo dei Conservatorii in Rom zu besichtigen. Die Zwillinge Romulus und Remus wurden um 1500 n. Chr. hinzugefügt. Nach neuesten Metallanalysen soll auch die Wölfin erst im Mittelalter hergestellt worden sein.

Rom – vom Stadtstaat zur Weltmacht

M2 „Sieben-fünf-drei – Rom kroch aus dem Ei"?

Die alten römischen Geschichtsschreiber datierten die Gründung der Stadt Rom nach unserer heutigen Zählung auf das Jahr 753 v. Chr. Dabei rankten sich um dieses Datum zunächst zwei unabhängig voneinander existierende Sagen, die sich später zu einem Gründungsmythos verbanden: die Sage von Romulus, Remus und der Wölfin sowie die Sage von dem Helden Äneas. Julius, eine (erfundene) Figur aus der altrömischen Gesellschaft, erzählt:

Unser Stammvater ist Äneas, einer der großen Helden der Trojaner. Sein Vater war Anchises, seine Mutter war die Göttin Aphrodite; sie wird von uns Venus genannt. Als Troja dem Untergang nahe war, befahl die besorgte
5 Mutter dem Sohn, mit dem altersschwachen Vater zu fliehen. Also machten sich Äneas und Anchises auf den Weg, der sie nach einer göttlichen Vorsehung nach Italien führen sollte.
Nach langen Irrfahrten gelangten sie zunächst zur Köni-
10 gin Dido von Karthago. Dido verliebte sich in Äneas und wollte ihn immer bei sich behalten. Äneas aber folgte seiner Bestimmung und fuhr weiter. Aus lauter Verzweiflung tötete sich Dido. Das nehmen uns die Karthager bis heute übel.
15 Schließlich gelangten Äneas und sein Vater, wie vorhergesagt, nach Italien und Äneas heiratete dort die Tochter des latinischen Königs. Aus ihren Nachkommen gingen die Könige Latiums hervor.
Eines Tages gerieten zwei Königssöhne in Streit um den
20 Thron. Der unrechtmäßige Erbe vertrieb dabei den rechtmäßigen Nachfolger und bestimmte, dass dessen Tochter Rea Silvia Priesterin werden, unverheiratet und kinderlos bleiben sollte. Da schritt Gott Mars[1] ein
25 und zeugte mit Rea Zwillinge: Romulus und Remus. Als der unrechtmäßige König von diesem unerwünschten Nachwuchs hörte, ließ er die Zwillinge in einem Korb auf dem Tiber aussetzen. Doch
30 der Korb wurde in Rom am Fuße des Hügels Palatin angeschwemmt, wo eine Wölfin von dem jämmerlichen Geschrei angelockt wurde. Aber die Wölfin tat den beiden nichts, sondern säugte sie, bis ein Hirte die Jungen bei sich aufnahm und aufzog.
35 Jahre später, als Romulus und Remus von ihrer Herkunft erfuhren, töteten sie den unrechtmäßigen König von Latium und gründeten auf dem Palatin, dem Ort ihrer Rettung, eine Stadt. Die Frage, wer Herrscher werden sollte, ließen sie durch Vogelflug entscheiden: Sieger
40 und Herrscher sollte der sein, der in seinem Bereich des Himmels die meisten Adler vorbeifliegen sah. Romulus zählte zwölf Adler, Remus nur sechs. Aber Remus hatten sich die Vögel zuerst gezeigt, und so wollte er nicht nachgeben. Da begann Romulus, um das künftige
45 Stadtgebiet eine Mauer zu errichten. Remus verspottete den Bruder, indem er über die noch niedrige Mauer sprang. Voller Zorn tötete daraufhin Romulus den Bruder und schrie: „So soll es jedem ergehen, der über die Mauern dieser Stadt steigt!" Auf diese Weise wurde Ro-
50 mulus zum Gründer der Stadt und gab ihr den Namen „Roma".

Verfassertext

[1] Gott der Landwirtschaft, später Kriegsgott

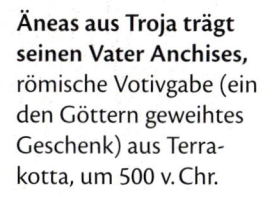

M3 Äneas aus Troja trägt seinen Vater Anchises, römische Votivgabe (ein den Göttern geweihtes Geschenk) aus Terrakotta, um 500 v. Chr.

1 Lies die Gründungssage Roms (M2) und fasse sie in einem mündlichen Vortrag vor der Klasse zusammen. Ziehe M3 mit heran.
2 a) Beschreibe die Rolle der Frauen in dieser Sage.
b) Erkläre, welche Wirkung der Mythos auf mögliche Rivalen Roms haben sollte.
3 Vergleiche den Inhalt der Sage mit den historischen Befunden über die Entstehung Roms (S. 147).
4 Diskutiert gemeinsam, ob die Entlarvung der Bronzeplastik M1 als Fälschung Einfluss auf den Gründungsmythos Roms haben könnte.
5 **Erkundung:** Findet heraus, ob es für euren Wohnort einen Gründungsmythos gibt. Berichtet in der Klasse.

Ist eine „familia" eine „Familie"?

Die „familia" der Römer

Unter Familie stellen wir uns meistens Mutter, Vater und Kinder vor. Auch in der altrömischen Gesellschaft lebten Eltern und Kinder unter einem Dach zusammen. Aber bei den Römern gab es weitere Personen innerhalb und außerhalb des Hausverbandes, die zur „familia" zählten: die Sklaven und die Klientel*. Klienten waren Abhängige der Familie (z. B. Handwerker), die außerhalb des Hauses lebten und arbeiteten.

Eine besondere Stellung hatte der Vater einer adligen Familie. Als Hausvater (= lat. pater familias) herrschte er über alle Güter und Personen. Es gab kein Gesetz, das seine Gewalt einschränkte. Er war Herrscher über die Familienmitglieder und Sklaven, Gutsbesitzer, Opferherr* und Beschützer (= Patron) seiner Klientel. Die Macht des „pater familias" war entstanden, als es noch keinen Staat und daher keine staatliche Macht gab. Die Herrschaft der Familienoberhäupter wird als „Patriarchat" bezeichnet.

Bei der Heirat ging es dem freien römischen Mann vor allem darum, rechtmäßige Nachkommen zu zeugen und sich eine Mitgift zu sichern. Es gab zwei Formen der Eheschließung. Bei der älteren Form ging das Erbe der Frau in die Hausgewalt des Mannes über. Die Ehe konnte nur unter besonderen Bedingungen (Kinderlosigkeit, Ehebruch) vom Mann aufgehoben werden. Bei der zeitlich später aufkommenden Eheform blieb die Frau rechtlich unter der Hausgewalt ihres Vaters. Eine Scheidung war durch Erklärung eines Ehepartners möglich, und die Frau erhielt ihre Mitgift zurück.

Die Kinder unterstanden ebenso wie die Ehefrau und andere Familienangehörige der Hausgewalt des „pater familias". Er bestimmte über die Erziehung, die Berufswahl und die Eheschließung – ohne Einschränkungen und lebenslänglich. Im Gegenzug musste er für die Ernährung und den militärischen und religiösen Schutz der Kinder sorgen. Angehörige der „familia" konnte er auch mit dem Tode bestrafen. Er musste dies allerdings im „Hausgericht" gegenüber den Verwandten rechtfertigen.

Aus der „familia" ausscheiden konnten Söhne und Töchter nur, wenn sie der Vater durch eine Rechtshandlung, die „emancipatio", entließ (lat. = aus der väterlichen „Hand" entlassen).

Die Bedeutung der Religion

Die Religion spielte im Leben der Römer eine wichtige Rolle. Wie die Griechen verehrten die Römer eine Vielzahl an Göttern. Ausgeübt wurde die Religion sowohl in der Familie als auch vom Staat in Form öffentlicher Gottesdienste. In vielen Familien gab es das Lararium, eine Art Hausaltar, der die Form eines Wandbildes oder eines Steinsockels haben konnte. Unter Aufsicht des „pater familias" wurden hier das häusliche Herdfeuer oder die Hausgötter verehrt. Auch die Büsten verstorbener Vorfahren erfuhren religiöse Verehrung. Vor einem Kriegszug befragten die Römer die Götter. Durch Deuten von Zeichen, zum Beispiel des Vogelflugs, versuchten sie, den Willen der Götter zu erfassen und durch kultische Handlungen (Gebete, Opfer) Unheil zu bannen.

Öffentliche Kulte lagen in der Hand von Priestern. Die Vestalinnen zum Beispiel wachten über das öffentliche Herdfeuer auf dem Forum Romanum, das als Zentrum des Staates galt. Alle Priester waren Beamte (= Magistrate), und der oberste Priester hieß „pontifex maximus". Im Staat wie in der Familie ging es immer darum, Schuld wiedergutzumachen und die Götter gnädig zu stimmen, um Gefahr abzuwehren. Die Erlösung des einzelnen Menschen spielte dabei keine Rolle, vielmehr diente die Religion der Stärkung des römischen Staates und der Ordnung in der Familie.

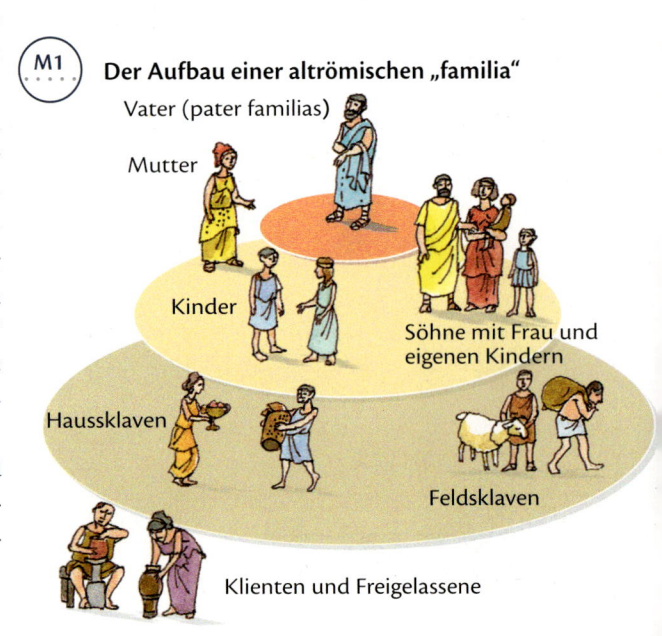

M1 Der Aufbau einer altrömischen „familia"

Vater (pater familias)
Mutter
Kinder
Söhne mit Frau und eigenen Kindern
Hausklaven
Feldsklaven
Klienten und Freigelassene

Rom – vom Stadtstaat zur Weltmacht

M2 **Quintus – Sohn des Marcus Romilius**

Quintus, ein (erfundener) römischer Junge, stellt sich vor:

Ich bin Quintus. Ich bin schon zwölf Jahre alt! Leider sind meine Geschwister schon aus dem Haus. Mein Bruder Lucius ist 17. Lucius war ein Jahr bei meinem Großvater Gaius Aemilius, das ist der Vater meiner
5 Mutter. Der war früher einmal Konsul. Großvater hat Lucius in die Politik Roms eingeführt. Nun wird Lucius seinen Wehrdienst beginnen. Wenn Großvater etwas von den Taten unserer Vorfahren erzählt, höre ich gerne zu. Auch mit meinem Hauslehrer
10 würde ich gerne solche Erzählungen lesen. Aber der hat mir Texte über Viehzucht vorgelegt, ausgesucht vom Vater. So etwas Langweiliges! Aber gegen Vaters Hausgewalt kommt halt keiner an. Wenn ich doch bloß erst so alt wäre wie Lucius. Vor zwei Jah-
15 ren durfte er am Altar, der unseren Familiengottheiten geweiht ist, seine Kindertoga ablegen. Meine Schwestern Romilia und Claudia sind schon verheiratet. Meine dritte Schwester Caecilia ist Priesterin im Vestatempel und darf daher nicht heiraten. Aber
20 alle sind stolz auf sie, auch unsere Sklaven und Klienten.

Verfassertext

M3 **Cornelia – Ehefrau des Marcus Romilius**

Cornelia, eine (erfundene) Römerin, stellt sich vor:

Ich bin die Frau von Marcus Romilius. Seit zwanzig Jahren sind wir verheiratet. Mein Vater, Gaius Aemilius, hatte mit seinem Vater die neue Form der Eheschließung vereinbart. Deshalb unterstehe ich nicht
5 der Verfügung meines Mannes, sondern der meines Vaters. So kann ich meine schöne Mitgift zurückverlangen, wenn Marcus und ich uns trennen sollten. Im Haus gibt es für mich viel zu tun, obwohl nur noch Quintus, der Jüngste, bei uns lebt. Ich bin
10 für den Speisezettel verantwortlich und beaufsichtige die Köchin beim Brotbacken. Von meiner Mutter habe ich gelernt, wie man webt und spinnt. Hätte ich doch nur nicht so viel Arbeit damit, die Vorräte der Gutswirtschaft zu verwalten: Mehl, Eier
15 und Unmengen von Trockenobst! Jupiter[1] sei gedankt, dass Marcus mir nicht viel hineinredet. Nur sparsam muss ich sein. Aus dem Haus gehe ich nicht so oft wie mein Mann.

Verfassertext

[1] Jupiter war der höchste römische Gott.

M4 **Grabstein einer vornehmen römischen Familie aus Köln,** ca. 2. Jh. n. Chr.

1 a) Beschreibe anhand des linken Darstellungstextes die Stellung des „pater familias", der Ehefrau und der Kinder in der römischen „familia".
b) Zeichne das Schaubild M1 in dein Heft ab. Trage Pfeile und Stichworte ein, die die Rechte und Pflichten der Mitglieder der „familia" zeigen.
c) Vergleiche die römische „familia" mit heutigen Familien.

2 Beschreibe die Rolle des Quintus und nimm Stellung (M2).

3 Ordne die Rolle der Cornelia in die „familia" ein (M3).

4 Nenne mithilfe des rechten Darstellungstextes Gründe, warum Opferkulte für Bauern wichtig waren.

151

Gesellschaft und Herrschaft in der Republik

Von der Königsherrschaft zur Republik

Die Etrusker hatten in Rom seit spätestens 600 v. Chr. geherrscht. Wie die etruskischen Könige an die Macht gekommen waren und warum ihre Herrschaft 510 v. Chr. zu Ende ging, ist in der Wissenschaft umstritten. Mit Gewissheit kann man nur sagen, dass adlige Römer, die über Pferde und Waffen verfügten, gegen Ende des 6. Jahrhunderts immer wichtiger geworden waren, weil die Etrusker sie zur Kriegsführung benötigten.

Nachdem die adligen Römer (Patrizier) die etruskischen Könige gestürzt hatten, stellte sich die Frage, wer in Rom zukünftig das Sagen haben sollte. Von 490 bis 287 v. Chr. kämpften die beiden Stände der Patrizier und der übrigen Bevölkerung, der Plebejer, um die Macht in Rom, das nun eine Republik geworden war. Die Plebejer konnten in den sogenannten Ständekämpfen schrittweise Zugeständnisse von den Patriziern erstreiten, weil diese sie für ihre Kriege als Fußsoldaten benötigten. Zwischen 450 und 250 v. Chr. erreichten sie z. B. mit den „Zwölf-Tafel-Gesetzen" Rechtssicherheit, indem bestehende und neue Gesetze schriftlich festgehalten wurden. Das Heiratsverbot zwischen Patriziern und Plebejern wurde aufgehoben, den Plebejern wurde Land zugeteilt, und sie konnten Konsuln werden.

Die politische Ordnung

Das Zentrum der Politik war der Senat („Ältestenrat"). Er hatte zunächst 300, später 600 Mitglieder. Hier saßen die Häupter bzw. Angehörigen der patrizischen Familien. Der Senat bestimmte die Grundlinien der Politik, beriet die Magistrate in Staatsangelegenheiten und konnte bei Krieg oder Unruhe einen „Diktator" als Heerführer für sechs Monate berufen. Seine Beschlüsse waren für die Magistrate bindend. Die Mitglieder des Senats wurden von den Zensoren aus dem Kreis der Magistrate ausgewählt und konnten von ihnen auch wieder abgesetzt werden.

Die Staatsaufgaben wurden von den Magistraten wahrgenommen. Alle Beamten amtierten nur ein Jahr lang (Annuität*), und jedes Amt musste mit mindestens zwei Personen besetzt werden (Kollegialität*). Von besonderer Bedeutung waren die zwei Konsuln, die den Staat leiteten und das Heer führten. Die Prätoren waren für die Gerichte zuständig, die Ädilen für die öffentliche Ordnung und die Quästoren für die Finanzen. Weil römische Magistrate als Ehrenämter nicht bezahlt wurden, konnten nur Reiche diese Ämter ausüben. Die Volkstribune waren eingerichtet worden, um die Plebejer zu schützen. Sie wurden jedoch durch das Vetorecht schnell zu einem Machtinstrument gegen politische Entscheidungen des Senats und zu einem begehrten Amt, denn es ermöglichte reichen und angesehenen Plebejern, Mitglied im Senat zu werden.

Neben den Senatoren und den Magistraten waren die Versammlungen der dritte Ort, an dem in der Republik Politik gemacht wurde – allerdings auch hier ohne Frauen. Es gab die Volksversammlung, in der das gesamte männliche Volk versammelt war, und die Versammlung der (männlichen) Plebejer. In der Versammlung des Gesamtvolkes wurde nicht nach Personen, sondern nach Vermögensklassen oder Wohnbezirken abgestimmt, in der Versammlung der Plebejer nach Wohnbezirken. In der Versammlung des Gesamtvolkes wurde jede Vermögensklasse als eine Stimme gezählt, egal, ob 50 oder 500 Männer zu ihr gehörten. Da es mehr arme als reiche Bürger gab, hatte ein reicher Bürger größeren Einfluss, denn in seiner Klasse waren weniger Menschen. Ein armer Bürger hatte dagegen weniger Einfluss, weil zu seiner Klasse mehr Menschen gehörten. Jeder der 35 Wohnbezirke hatte ebenfalls eine Stimme. Doch auch hier hatten die reichen Römer mehr Einfluss, da der größte Teil der armen Bevölkerung in der Stadt wohnte und damit nur in den vier städtischen Bezirken mitbestimmen konnte. Hinzu kam, dass die ärmeren Römer aus den ländlichen Bezirken es sich nicht leisten konnten, für die Versammlungen in die Stadt zu kommen. Deshalb wurden die 31 ländlichen Bezirke ausnahmslos von reichen Römern bestimmt.

Wer herrschte in Rom?

Das Schaubild M1 stellt vereinfacht die verschiedenen politischen Einrichtungen der Römischen Republik und ihr Verhältnis zueinander dar. Einzelheiten, wie z. B. die Mitgliederzahl des Senats und seine Aufgaben, werden oben ausführlich beschrieben. Beide zusammen, Darstellungstext und Schaubild, helfen dir, die komplizierte Ordnung der Römischen Republik zu begreifen und die wichtigste Frage zu beantworten: Wer herrschte in Rom?

Rom – vom Stadtstaat zur Weltmacht

Die politische Ordnung der Römischen Republik

Senat

Magistrate
- Zensoren
- Konsuln, Prätoren, Ädile, Quästoren
- Volkstribune

M1: suchen aus (Zensoren → Senat)
Veto[1] (Volkstribune → Konsuln/Prätoren/Ädile/Quästoren)
berufen ein (Volkstribune → Versammlung der Plebejer)

wählt (Volksversammlung → Zensoren)
wählt (Volksversammlung → Konsuln/Prätoren/Ädile/Quästoren)
wählt (Versammlung der Plebejer → Volkstribune)

Volksversammlung

Versammlung der Plebejer

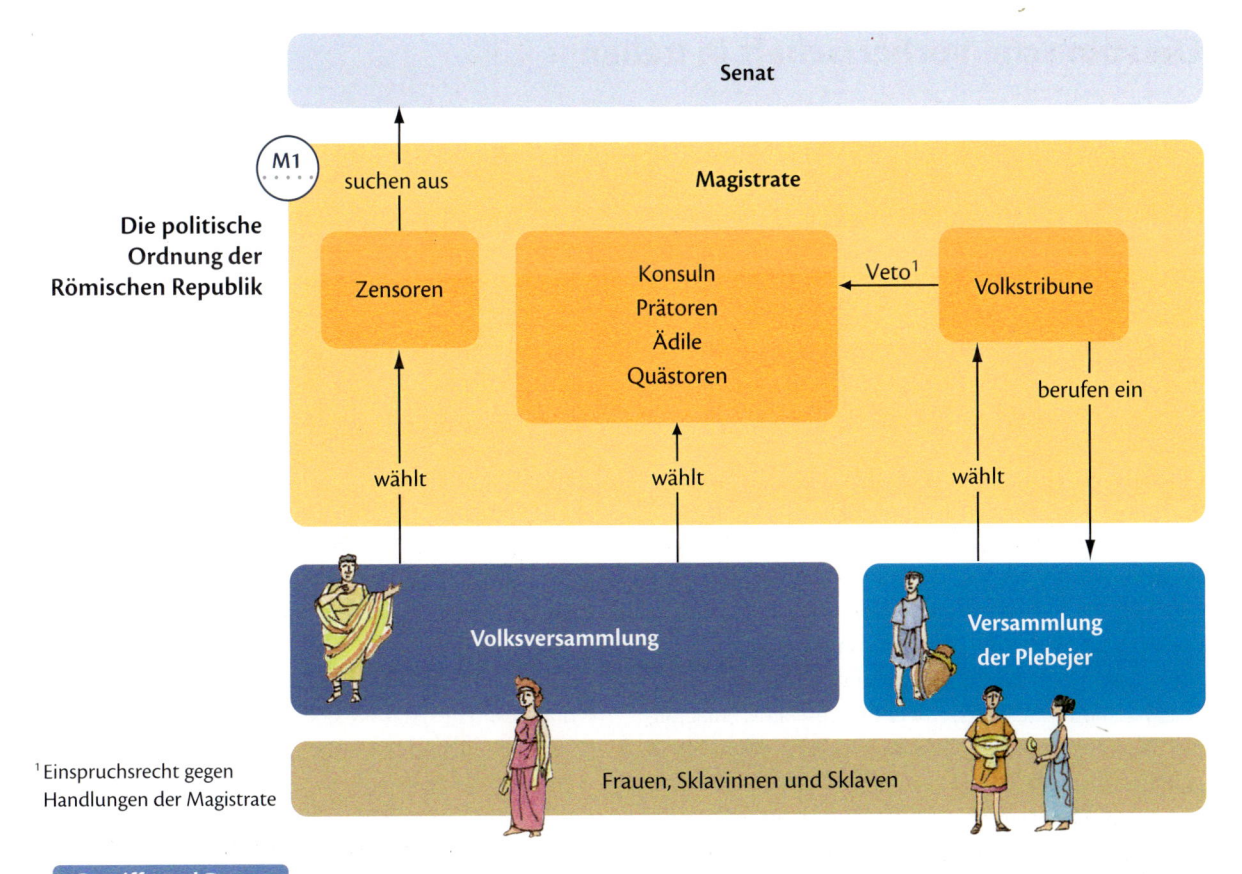

Frauen, Sklavinnen und Sklaven

[1] Einspruchsrecht gegen Handlungen der Magistrate

Begriffe und Daten

Stände
Gesellschaftliche Gruppen, die durch unterschiedliche Rechte klar voneinander getrennt sind, heißen Stände. So auch die Patrizier und die Plebejer in Rom.

Republik
(lat. res publica = öffentliche Sache) Eine Staatsform, in der kein König herrscht. Die Macht wird vom Volk oder von Teilen des Volkes ausgeübt, z. B. von Patriziern.

Patrizier
Gesellschaftliche Gruppe (Adel) mit eigenen Rechten. Standeszugehörigkeit durch Geburt.

Plebejer/Proletarier
(lat. plebs = niederes Volk) Die gesamte Bevölkerung, die nicht zu den Patriziern gehörte. Als Proletarier galten Bürger der untersten Klasse, die keinen Besitz hatten und keine Steuern zahlten.

1. Kläre mithilfe des Darstellungstextes (linke Spalte), wie sich das Verhältnis zwischen Patriziern und Plebejern nach dem Ende der Monarchie entwickelt hat.
2. Beschreibe anhand von M1 die politischen Einrichtungen in der Römischen Republik und ihr Verhältnis zueinander. Nimm den Darstellungstext und den Kasten zu Hilfe. Notiere deine Ergebnisse in einer Tabelle (Senat / Magistrate / Volksversammlung usw.) und berichte.
3. Überprüfe die folgenden Aussagen. Schreibe sie richtig auf und erläutere sie:
   a) Der Senat ist dem Magistrat unterstellt.
   b) Die zwei Zensoren suchen die Magistrate aus.
   c) Ein Diktator wird vom Magistrat ernannt und übt sein Amt zwölf Monate aus.
   d) In den Volksversammlungen der Römer haben alle das gleiche Stimmrecht.
   e) Frauen und Sklaven können in der Versammlung der Plebejer mitwirken.
   f) Das Prinzip der Kollegialität sollte dazu beitragen, Entscheidungen schneller zu treffen.
4. Beantwortet gemeinsam die Frage: Wer herrschte in Rom?

Die römische Vorherrschaft in Italien

Rom breitet seine Herrschaft über Italien aus

Um 500 v. Chr. war Rom ein kleiner Bauernstaat am Tiber – im Jahr 272 v. Chr. hingegen stand ganz Italien unter römischer Herrschaft. Diese Gebietserweiterung war das Ergebnis vieler Kriege, die die Römer mit ihren benachbarten Völkern in Mittel- und Süditalien geführt hatten und aus denen sie in der Regel als Sieger hervorgegangen waren.

Ein Krieg zwischen den Römern und den Städten des Latinerbundes* endete in den 490er-Jahren mit einem Sieg Roms und führte zum Abschluss eines „Nachbarschaftsvertrages". Fast das ganze 5. Jahrhundert v. Chr. hindurch kämpften die Römer dann mit der benachbarten Etruskerstadt Veji. Nachdem es ihnen 396 v. Chr. gelungen war, die Stadt einzunehmen, zerstörten sie diese und verteilten das Land an römische Bauern.

Nach dem Sieg über Veji gerieten sie in Kämpfe mit Nachbarstämmen, die sie ebenfalls für sich entscheiden konnten. Nur einmal wäre Rom beinahe untergegangen: Als die keltischen Gallier in Norditalien einfielen, plünderten sie 387 v. Chr. die Stadt Rom und waren nur durch ein Lösegeld zum Abzug zu bewegen.

Strategien der Römer in Italien

Aufgrund einer überlegenen politischen Organisation und wegen der militärischen Erfolge wuchs das Ansehen der Römer. Bedrängte Staaten in Süditalien haben daher Rom häufig um Hilfe angerufen, andere schlossen freiwillige Bündnisse.

Der Umgang mit den Eroberten war unterschiedlich: Einige Gebiete eigneten sich die Römer gewaltsam an und machten sie zu Staatsland*. Manche Städte behielten ihre innere Selbstständigkeit, und die Bürger erhielten das römische Bürgerrecht. In unsicheren Gebieten gründeten sie selbstständige Kolonien, siedelten Römer und Nichtrömer an und ordneten die Verwaltung nach römischen Grundsätzen. Manche ihrer ehemaligen Gegner erklärten die Römer zu Bundesgenossen*.

In vielen Fällen haben die Römer den Unterworfenen ein Stück Selbstständigkeit belassen. So wurden aus ehemaligen Feinden Verbündete.

Die Ausdehnung Roms in Italien bis 200 v. Chr. M1

Rom – vom Stadtstaat zur Weltmacht

M2 Ein Vertrag Roms mit seinen Nachbarn

Um 493 v. Chr. schlossen die Römer mit dem Latinischen Städtebund einen „Nachbarschaftsvertrag", den der griechische Geschichtsschreiber Dionysios von Halikarnassos (1. Jh. v. Chr.) überliefert hat. Ähnliche Verträge schlossen die Römer auch mit anderen Städten oder Völkern, die sie besiegt hatten oder die sich ihnen freiwillig unterwarfen:

Es soll Friede herrschen zwischen den Römern und allen Latinerstädten, solange Himmel und Erde die gleiche Stellung haben. Und sie sollen weder selbst gegeneinander Krieg führen noch von
5 anderswo Feinde heranführen noch denen, die Krieg beginnen, sicheren Durchzug gewähren; sondern sie sollen dem, der mit Krieg überzogen wird, mit aller Macht zu Hilfe kommen, und beide sollen gleichen Anteil haben an der Beute jeder
10 Art aus der gemeinsamen Kriegsführung … Und es soll nicht erlaubt sein, diesen Verträgen etwas hinzuzufügen oder etwas davon zu streichen, es sei denn auf gemeinsamen Beschluss aller Römer und Latiner.

Dionysios von Halikarnassos 6, 95, 1 ff., zit. nach Walter Arend (Hg.), Geschichte in Quellen, Bd. 1, 3. Aufl., München (bsv) 1978, S. 413.

M4 Das Schicksal der Besiegten

Um 340 v. Chr. erhoben sich die Latiner erneut gegen die Römer. Der Schriftsteller Livius (59 v. Chr. bis 17. n. Chr.) berichtet über die Senatssitzung, in der über das Schicksal der besiegten Latiner beratschlagt wurde:

[Der Konsul Camillus äußerte sich folgendermaßen:] Was durch Krieg und Waffengewalt in Latium zu tun war, das ist bereits durch die Gnade der Götter und die Tapferkeit der Soldaten bis
5 zum Ende durchgeführt. Erschlagen sind … die Heere der Feinde; alle latinischen Städte … sind entweder im Sturm erobert oder ihre Unterwerfung auf Gnade und Ungnade angenommen worden … Wir müssen nun beschließen, auf welche
10 Weise wir sie denn, da sie uns öfter durch Wiederaufnahme des Krieges zu schaffen machen, in ständigem Frieden ruhig halten können.
[Der Senat kam zu folgendem Beschluss:] Den Tusculanern[1] wurde das Bürgerrecht, welches
15 sie [bereits] hatten, gelassen und die Anklage wegen Empörung von staatlichen Umtrieben auf wenige Anstifter abgewälzt. Gegen die Veliterner[1], alte römische Bürger, wurde, weil sie sich so oft empört hatten, mit Härte verfahren, … ihre Mau-
20 ern wurden niedergerissen. Nach Antium[1] wurde eine Ansiedlung von Kolonisten beordert mit der Bestimmung, es sollte den Antiaten erlaubt werden, sich diesen Siedlern anzuschließen. Die Kriegsschiffe wurden von dort weggebracht und
25 der Bevölkerung von Antium der Seeverkehr untersagt und das Bürgerrecht verliehen … Die Tiburter[1] wurden mit Landabtretung bestraft … Den übrigen latinischen Völkerschaften nahm man das Recht auf Verehelichung, Kaufgeschäfte
30 und Versammlungen untereinander.

Livius 8, 13/14, zit. nach Volkmar Wittmütz, Das Römische Reich, 3. Aufl., Berlin (Cornelsen) 1996, S. 9 f.

[1] Mitglieder des Latinischen Städtebundes

M3

Samnitische Krieger, Malerei aus einem Grab bei Paestum, 4. Jh. v. Chr. Die Samniten schlossen 354 v. Chr. ein Bündnis mit Rom. Aufstände der Samniten schlugen die Römer in langjährigen Kriegen (343–290 v. Chr.) nieder.

---

1 Beschreibe die Ausbreitung Roms (M1).

2 Kläre mithilfe von M2 und M4, wie die Römer bei der Sicherung der eroberten Gebiete vorgingen.

3 Nenne mögliche Vor- und Nachteile, die die Herrschaftsmethoden für Römer und Nichtrömer hatten. Ziehe M3 mit heran.

4 Äußere dich begründet zu folgender Aussage: Nach den Eroberungen vernichteten die Römer ihre Gegner und ließen keinerlei Eigenständigkeit zu.

Expansion im Mittelmeerraum

Der Erste Punische Krieg
Karthago war eine Stadt in Nordafrika. Die Beziehungen zwischen den Römern und den Puniern – so wurden die Karthager von den Römern genannt – waren lange Zeit friedlich gewesen. Nachdem Rom aber die griechischen Städte in Süditalien erobert hatte, gerieten Römer und Punier in einen Konflikt. 264 v. Chr. kam es zum Krieg. Was war der Anlass?

Als die sizilianische Stadt Messana von ihrer Nachbarstadt Syrakus angegriffen wurde, bat sie sowohl die Karthager als auch die Römer um militärische Hilfe. Karthager und Römer hofften nun, ihren Einfluss in Sizilien ausbauen zu können, und kämpften erbittert gegeneinander. Die Römer, die nur über ein Landheer verfügten, ließen erstmals Kriegsschiffe bauen. Als diese von der Flotte der Karthager zerstört wurden und das Geld für neue Schiffe fehlte, übernahmen Patrizier deren Finanzierung. So wurde der Erste Punische Krieg 241 v. Chr. zugunsten der Römer entschieden.

Im Friedensvertrag verlangte Rom die Herausgabe Siziliens und 80 Tonnen Silber. Von nun an reichte das römische Herrschaftsgebiet über Italien hinaus. Dabei verfuhr man in Sizilien anders als in den italischen Gebieten: Ein römischer Beamter, ein Prätor, verwaltete das Gebiet und zog von den Bewohnern Tribute (= Steuern) ein. 227 v. Chr. wurde in Sizilien die erste römische Provinz eingerichtet.

Der Zweite Punische Krieg
Nach dem Verlust von Sizilien eroberten die Karthager weite Teile Spaniens und erschlossen dort reiche Silbergruben. Um zu verhindern, dass sich die Karthager weiter in Spanien ausbreiteten, schlossen die Römer einen Vertrag mit ihnen. Jedoch verletzte der karthagische Feldherr Hannibal diesen Vertrag, indem er die mit Rom verbündete Stadt Sagunt zerstörte und mit seinen Truppen den Ebro überschritt. Daraufhin erklärten die Römer Karthago den Krieg. Dieser Zweite Punische Krieg (218–202 v. Chr.) brachte Rom fast den Untergang: Die Römer wollten die Karthager in Spanien bekämpfen, wurden aber durch das plötzliche Erscheinen Hannibals in Norditalien überrascht. Hannibal soll in nur 15 Tagen mit einem gewaltigen Heer von 50 000 Soldaten, 9000 Reitern und 37 Kriegselefanten die Alpen überquert haben. Drei Jahre zog er unbesiegt durch Italien, ohne allerdings Rom anzugreifen. Zu seinen größten Erfolgen zählt die Schlacht bei Cannae, in deren Verlauf 50 000 von 86 000 Römern gefallen sein sollen. Im Jahr 212 v. Chr. kam die Wende, als die Römer einige Städte in Süditalien zurückeroberten. Weil der römische Feldherr Scipio nach Afrika übersetzte und Karthago angriff, war Hannibal gezwungen, mit seinem Heer nach Afrika zurückzukehren. Scipio, der den Beinamen Africanus erhielt, schlug Hannibal 202 v. Chr. in der nordafrikanischen Stadt Zama.

Die Friedensbedingungen der Römer waren für Karthago hart: In Südspanien wurden zwei neue römische Provinzen eingerichtet, die Karthager mussten alle Kriegselefanten und alle Kriegsschiffe bis auf zehn herausgeben und 260 Tonnen Silber zahlen. Kriege, auch wenn sie der eigenen Verteidigung dienten, durften sie künftig nur mit Zustimmung Roms führen.

Der Dritte Punische Krieg
In den Friedensbedingungen des Zweiten Punischen Krieges hatte Rom den Karthagern untersagt, ohne Einwilligung Roms Kriege zu führen. Dies sollte sich für die Karthager als folgenschwer erweisen. Als im Jahr 150 v. Chr. die benachbarten Numider den Kampf gegen die Karthager eröffneten, wehrten sich diese, ohne die Erlaubnis Roms einzuholen. Die Römer nahmen dies als Anlass, um Karthago 149 v. Chr. erneut den Krieg zu erklären. Nach dreijähriger Belagerung besetzten sie 146 v. Chr. die Stadt, machten sie dem Erdboden gleich und brachten die Überlebenden als Sklaven nach Rom. Das Land der Karthager wurde zur römischen Provinz Africa.

Begriffe und Daten

Provinz
Provinzen waren römische Besitzungen, die außerhalb Italiens lagen. Sie wurden von einem Statthalter verwaltet. Die Bewohner einer Provinz (Provinzialen) waren römische Untertanen ohne Bürgerrecht. Sie leisteten Abgaben (Tribute). In Sizilien war das zum Beispiel ein Zehntel der Ernte.

Rom – vom Stadtstaat zur Weltmacht

M1 Die Ausbreitung des Römischen Reiches von 220 v. Chr. bis 14 n. Chr.

Legende:
- 58 Jahr der Unterwerfung der Provinz
- 51 Jahr der Eingliederung der Provinz
- Rom und Italien um 200 v. Chr. (römischer Machtbereich)
- römische Provinzen bis 133 v. Chr.
- römische Provinzen bis 44 v. Chr.
- Erwerbungen unter Augustus (bis 14 n. Chr.)

M2 Kriegselefant mit Kampfturm, etruskischer Teller, 3. Jh. v. Chr.

Vorschlag für eine Gruppenarbeit

Einen kriegerischen Konflikt untersuchen

Bildet Gruppen, die jeweils einen der Punischen Kriege mithilfe der vier Schritte untersuchen.

Nach Ursachen und Anlass des Krieges fragen
Nenne die Ursachen und den Anlass des Krieges.

Den Verlauf des Krieges klären
Beschreibe den Krieg, indem du Anfang, Verlauf und Ende berücksichtigst. Gab es kritische Phasen? Für wen?

Das Ergebnis des Krieges feststellen
Stelle fest, wer der Sieger und wer der Unterlegene war. Gab es einen Friedensvertrag? Welche Regelung sah er vor?

Eine eigene Stellungnahme formulieren
Bewerte die Rolle der beteiligten Parteien, indem du zu klären versuchst, wer Schuld an dem Konflikt hatte. Äußere dich zu den Folgen für die Sieger und die Besiegten. Begründe deine Meinung.

Gibt es einen gerechten Krieg?

Krieg und Frieden in der Antike
In der Antike war das Verhältnis der Menschen zu einem Krieg anders als heute, denn Kriege wurden fast als selbstverständlich betrachtet. Aus Quellen wissen wir, dass die Römer das Recht zur Kriegführung nicht infrage stellten. Allerdings galten Kriege nur unter bestimmten Voraussetzungen als gerecht, etwa wenn ein Land bestraft werden sollte, das einen Vertrag verletzt oder einen Bundesgenossen angegriffen hatte. Zwar machten die Römer die Erfahrung, dass Kriege Not und Unheil bringen, aber sie waren auch der Meinung, dass sie zu Ordnung und Stabilität führen.

Den Anspruch auf unbegrenzte Macht und Herrschaft leiteten die Römer von ihren Göttern ab. Erfolgreiche Eroberungsfeldzüge werteten sie als Lohn für ihre Frömmigkeit.

Die Ausbreitung der römischen Herrschaft wurde unterschiedlich gesehen: Zeitgenössische Schriftsteller lobten den Mut der Römer und erkannten ihre Weltherrschaft an, während die Gegner die römische Kriegführung kritisierten.

M2
Szene aus dem Krieg gegen das Volk der Daker, Relief der Trajansäule, 113 n. Chr.

M1 Was ist ein Krieg?
In einem Jugendlexikon wird der Begriff „Krieg" folgendermaßen erklärt (1996):
Krieg ist die mit Waffengewalt ausgetragene Auseinandersetzung zwischen Staaten oder Völkern. Eine besondere Form des bewaffneten Kampfes ist der Bürgerkrieg zwischen Gruppen in-
5 nerhalb eines Staates oder in der Form eines Aufstandes gegen die Regierung …
Die Frage nach der … Berechtigung des Krieges beschäftigt die Menschen seit Jahrtausenden. Dabei spielt häufig die Idee eines „gerechten Krieges"
10 (lateinisch: bellum iustum) eine Rolle. Nach der Satzung der „Vereinten Nationen" (= UNO)¹ ist ein Krieg nur noch erlaubt als Mittel der Selbstverteidigung oder als Maßnahme der UNO, den Frieden aufrechtzuerhalten oder wiederherzustellen.
Der Jugend-Brockhaus, Bd. 2, Leipzig/Mannheim (Brockhaus) 1996, S. 175 f.

¹ Die UNO ist eine Vereinigung zur Sicherung des Friedens auf der Welt. Sie wurde 1945 gegründet und umfasst 192 Staaten (Stand 2008).

M3 Wann ist ein Krieg „gerecht"?
Der römische Politiker Cicero äußerte sich dazu im 1. Jh. v. Chr.:
Das sind ungerechte Kriege, die ohne Grund unternommen worden sind. Denn nur dann kann ein Krieg … als gerecht gelten, wenn es sich darum handelt, Rache an den Feinden zu nehmen oder
5 diese abzuwehren … Ein Krieg gilt nur dann als gerecht, wenn er vorher angekündigt und erklärt wurde und wenn er zur Wiedergutmachung geführt wird … Unser Volk hat sich durch die Verteidigung der Bundesgenossen bereits aller Länder
10 bemächtigt.
Cicero, Über den Staat, 3. Buch, Kap. 23. Übers. d. Verf.

1 Schildere, welche Gedanken dir beim Betrachten von M2 kommen.
2 Erarbeite anhand von M3, wie Cicero gerechte und ungerechte Kriege unterscheidet.
3 Stelle mithilfe von M1 fest, wie Krieg in unserer Zeit beschrieben wird. Vergleiche mit M3.

Die Expansion verändert die Gesellschaft

Den Krieg gewonnen – und doch verloren?
Sein Leben als Kleinbauer hatte sich Julius – so könnte sein Name lauten – anders vorgestellt. Immer wieder musste er in den vergangenen zwanzig Jahren in den Krieg ziehen. Wochen- und monatelang, einmal sogar zwei Jahre, war er vom Hof weg. Für die kürzeren Zeiten hatten seine Frau und die Kinder die Mehrarbeit übernehmen können, doch beim letzten Mal schafften sie das nicht mehr. Sie brauchten eine Hilfskraft, die Geld kostete. Dafür musste ein Kredit aufgenommen werden, dessen Rückzahlung nun ansteht.

„Je größer das Reich wird, umso ärmer werden wir Kleinbauern", hatte sein ehemaliger Nachbar Tiberius gesagt. Und regte sich auf: „Zwischen 327 und 30 v. Chr. gab es nur sieben Jahre, in denen Rom keinen Krieg führte. Wir haben die meisten Feldzüge gewonnen, aber nicht alle haben daraus Gewinne gezogen. Wer profitiert denn davon? Doch hauptsächlich die patrizischen Großgrundbesitzer! Sie kaufen unsere Höfe auf und fassen sie zu immer größeren Landgütern – Latifundien – zusammen. Diese lassen sie von Sklaven, die billige Arbeitskräfte sind, bewirtschaften." „Was ist eigentlich mit den Rittern?", wollte Julius noch wissen. Auch darauf wusste Tiberius eine Antwort: „Die Ritter! Die kamen aus wohlhabenden bäuerlichen Familien und konnten somit zu Pferde in den Krieg ziehen. Mit der Weltherrschaft der Römer übernahmen sie neue Aufgaben: Sie zogen in den Provinzen Abgaben und Pachtbeträge ein, versorgten als Händler, Transportunternehmer oder Inhaber handwerklicher Großbetriebe die großen Heere mit Lebensmitteln und Geräten. Zudem beuteten sie im Auftrag des Staates Bergwerke und Salinen (= Anlagen zur Gewinnung von Kochsalz) aus. Auf diese Weise gewannen sie riesige Vermögen und wurden zu einem eigenen „Stand". Schlimm steht es dagegen um die Landlosen, die nun auch eingezogen werden. Was soll aus ihnen nach dem Kriegsdienst werden?"

Tiberius hat inzwischen seinen Hof aufgegeben und ist mit seiner Familie in die Stadt gezogen. Er hofft, als Tagelöhner Arbeit zu finden. Gehört hat Julius noch nichts von ihm. Wenn sich nichts ändert, wird er ihm mit seiner Familie wohl folgen müssen.

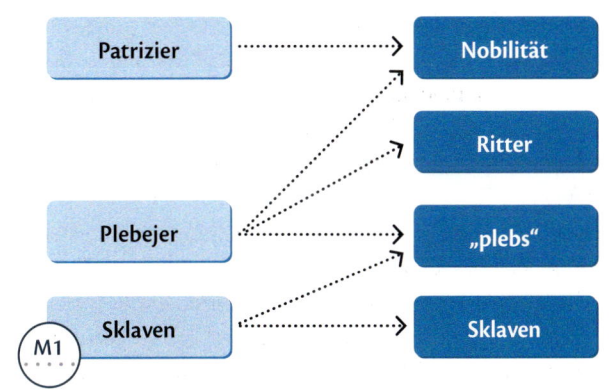

M1 **Wandel der römischen Gesellschaftsschichten in der Zeit der Republik.** Nobilität = führende patrizische und plebejische Familien, die unter ihren Vorfahren mindestens einen Konsul hatten, Ritter = siehe Darstellungstext, „plebs" = soziale Unterschicht, v. a. in den Städten.

M2 **Zur Lage der Soldaten**
Der römische Schriftsteller Plutarch (um 45–120 n. Chr.) überlieferte eine Rede, die der Volkstribun Tiberius Gracchus (162–133 v. Chr.) in Rom gehalten hat:

Die wilden Tiere, die Italien bevölkern, haben ihre Höhlen und kennen ihre Lagerstätte, ihren Schlupfwinkel. Die Männer aber, die für Italien kämpfen und sterben, haben nichts als Luft und
5 Licht; unstet, ohne Haus und Heim, ziehen sie mit Weib und Kind im Lande umher. Die Feldherren lügen, wenn sie in der Schlacht ihre Soldaten aufrufen, Gräber und Heiligtümer gegen die Feinde zu verteidigen. Denn keiner von diesen armen Rö-
10 mern hat einen Altar von seinen Vätern geerbt, kein Grabmal seiner Ahnen. Für Wohlleben und Reichtum setzen sie im Krieg ihr Leben ein. Herren der Welt werden sie genannt: In Wirklichkeit gehört kein Krümchen Erde ihnen zu eigen.
Plutarch, Tiberius Gracchus 8 f., zit. nach Walter Arend, Geschichte in Quellen, Bd. 1, München (bsv) 1965, S. 472.

1 Stelle anhand des Darstellungstextes und M1 zusammen, wie sich die gesellschaftlichen Gruppen entwickelten.
2 Beurteile die Aussagen des T. Gracchus in M2.

Krise und Reformversuche

Die Krise spitzt sich zu

Mitte des 2. Jahrhunderts v. Chr. verschärfte sich die Krise im Reich. Viele der in Not geratenen kleinbäuerlichen Familien hofften, in Rom Arbeit zu finden. Dadurch vergrößerte sich die Zahl der „plebs". Die Kluft zwischen Arm und Reich wuchs. Auch die Mehrheit der Bevölkerung in den Provinzen fühlte sich benachteiligt: Sie besaß nicht das römische Bürgerrecht und wurde sowohl von ihren eigenen Herren als auch vom römischen Staat ausgebeutet. Die Krise zeigte sich vor allem in den großen Sklavenaufständen zwischen 135 und 71 v. Chr., in denen verschiedene Gruppen versuchten, ihre Rückführung in die Heimat außerhalb der Reichsgrenzen oder ihre Freilassung zu erreichen. In dieser Situation suchten Mitglieder alteingesessener plebejischer und patrizischer Adelsfamilien nach Wegen, die Krise zu entschärfen. Ihre Führer fanden sie 133 v. Chr. in dem Volkstribun Tiberius Gracchus (162–133 v. Chr.) und zehn Jahre später in dessen Bruder Gaius Gracchus (153 bis 121 v. Chr.).

Römisches Mosaik, 2. Jh. n. Chr.
Das Mosaik zeigt eine öffentliche Getreideverteilung an arme Stadtbewohner; schon Gaius Gracchus hatte sich um deren Versorgung gekümmert.

Begriffe und Daten

Die Reformversuche der Gracchen
Die wichtigsten Inhalte (133–121 v. Chr.):

– Das Ackergesetz des Tiberius, erweitert durch Gaius Gracchus: Der Besitz von Staatsland wird für jeden Einzelnen auf 125 Hektar (1 Hektar = 100 m x 100 m) begrenzt; Söhne können zusätzlich jeweils ca. 60 Hektar beanspruchen. Frei werdendes Staatsland wird in Einheiten zu je ca. 7 Hektar an besitzlose römische Bürger verteilt. Die Größe des Grundbesitzes wird begrenzt. Ein Land wird auf Erbpacht vergeben (d. h. es ist unverkäuflich), damit Großgrundbesitzer es nicht aufkaufen können.

– Gaius setzt ein Gesetz durch, das den Staat verpflichtet, die arme Stadtbevölkerung monatlich preisgünstig mit Getreide zu versorgen, Getreidespeicher und Zufahrtsstraßen zu bauen.

– Gaius weist den Rittern wichtige Funktionen in der Rechtsprechung und Provinzialverwaltung zu, damit sie die Amtsführung der Senatoren kontrollieren können.

– Er beantragt, dass Soldaten künftig auf Staatskosten eingekleidet werden und das Mindestalter für den Heeresdienst 17 Jahre sein soll.

– Er stellt Gesetzesanträge für die Anlage neuer Kolonien in Italien und Karthago.

– Sein Antrag, Bundesgenossen das Bürgerrecht zu erteilen, scheitert.

Der Ausgang der Reformversuche:

– Die meisten Reformvorschläge treffen auf heftigen Widerstand der Senatoren und vieler Ritter.

– Die politischen Auseinandersetzungen eskalieren: Tiberius wird in einer Volksversammlung von aufgebrachten Senatoren zusammen mit mehr als 300 seiner Anhänger erschlagen; Gaius lässt sich auf der Flucht von einem Sklaven töten; 250 seiner Anhänger werden ermordet, 3000 zum Tode verurteilt.

– Die Reformgesetze werden nach und nach aufgehoben: Den Bauern wird erlaubt, das Land, das sie durch das Ackergesetz erhalten haben, zu veräußern.

– Viele Bauern nutzen diese „Chance", um in die Stadt zu ziehen. Sie finden in den Reichen interessierte Käufer für ihr Land.

M2 Neuer Reichtum?

Der Historiker Michael Crawford schrieb 1984:
[Die römische Führungsschicht war] in den Einfluss der griechischen Welt geraten …; die Kenntnis dieser Welt und der Zugang zu ihren Reichtümern ermöglichte es der römischen Führungsschicht auch, sich die griechische Kultur und den aufwändigen und prunkvollen Lebensstil zu eigen zu machen … Die Folge war, dass das Gleichgewicht innerhalb der Führungsschicht immer stärker gefährdet war …

Darüber hinaus floss nun Geld aus Reparationszahlungen[1], vornehmlich aus Karthago, Makedonien und Syrien …, an Rom … Zudem hatten Generäle und Statthalter im Ausland nahezu unbegrenzte Möglichkeiten, sich auf unrechtmäßige Weise zu bereichern. P. Cornelius Scipio Africanus etwa legte nie genau Rechenschaft ab über die 18 Millionen Denare, die er von Antiochos [dem syrischen König] für den Unterhalt des römischen Heeres nach der Schlacht bei Magnesia 190 v. Chr. erhalten hatte.

Michael Crawford, Die Römische Republik, dt. Übers. von Barbara und Silke Evers, München (dtv) 1984, S. 84 ff.

[1] Geld- oder Sachleistungen, die besiegten Staaten auferlegt werden, um die im Krieg erlittenen Verluste zu entschädigen

M3 Sklavinnen und Sklaven

Sklaverei war in der römischen Wirtschaft eine wichtige Grundlage. Der Historiker Hans-Joachim Gehrke schrieb 1998:
[Die Sklaven] waren dadurch gekennzeichnet, dass sie sich in der Verfügungsgewalt … eines anderen befanden, dem sie prinzipiell auf Leben und Tod unterworfen waren. So galten sie in gewissem Sinne nicht als Mensch, sondern als Sache. Sie genossen nicht den Rechtsschutz des Bürgers und konnten zum Beispiel gefoltert werden … [Man muss aber] doch betonen, dass es innerhalb der Sklavenschaft erhebliche Abstufungen gab: Der Sklave war in die familia eingebunden … Durch die Nähe der persönlichen Beziehungen konnte das Abhängigkeitsverhältnis gemildert werden, sodass gerade verdiente Sklaven freigelassen[1] wurden … Durch die römische Expansion …, besonders durch die Errichtung von großen Gütern und Latifundien, nahm die Sklavenhaltung vor allem im 2. Jahrhundert v. Chr. erheblich zu. Sie wurde zu einem Massenphänomen … [Sklaven] wurden jetzt nicht selten in gefängnisartigen Gebäuden … gehalten und gingen ihrer Arbeit teilweise in Fesseln nach.

Hans-Joachim Gehrke, Die römische Gesellschaft. In: Jochen Martin (Hg.), Das Alte Rom, Gütersloh (Bertelsmann) 1998, S. 168 ff.

[1] Im Römischen Reich konnten Sklaven von ihren Herren freigelassen werden. Sie blieben aber auch danach an ihren Herrn gebunden und trugen dessen Vor- und Geschlechternamen als Beinamen.

---

1 Kläre, welche Anzeichen der Krise der Darstellungstext nennt.

2 Stelle fest, welche Auswirkungen der Autor von M2 durch die römische Expansion sieht.

3 a) Erarbeite anhand von M3 die Stellung der Sklavinnen und Sklaven in der römischen Gesellschaft.
b) Ziehe einen Vergleich mit den Sklaven im antiken Griechenland (siehe S. 130 ff.).

4 Im Jahr 121 v. Chr. berichtet ein Kleinbauer seinem Bruder in Rom über die Reformen der Gracchen (Kasten). Schreibe einen Brief.

5 Diskutiert zusammenfassend die Reformvorhaben der Gracchen. Welche Gruppen hatten Vorteile, welche Nachteile von einzelnen Reformvorschlägen?

6 M1 ist mehr als 200 Jahre nach dem Getreidegesetz des Gaius Gracchus entstanden. Nenne mögliche Gründe, warum die Getreideversorgung der Stadtbewohner ein wichtiges politisches Thema war.

Bürgerkrieg und Untergang der Republik

Die Führungsschicht bricht auseinander

In der Krise spalteten sich die Politiker in zwei Gruppen: Die Popularen (wörtl. „Volksmänner") wollten über die Volkstribune und die Volksversammlung Reformen durchsetzen. Die Optimaten (lat. = die Besten) vertraten die Interessen der Reichen und wollten die alte Verfassung mit der Vormachtstellung des Senats beibehalten.

Gleichzeitig verstärkte sich der Druck auf die Grenzen des Reichs durch germanische Stämme im Norden und heftige Kämpfe in Nordafrika. In diesen Kriegen zeichneten sich zwei Männer aus: der Popular Gaius Marius (156–86 v. Chr.) und der Optimat Lucius Cornelius Sulla (138–78 v. Chr.). Marius konnte als Konsul die Germanengefahr abwehren und setzte eine Heeresreform durch: Freiwillige aus der „plebs" sowie Bundesgenossen nahm er in seine Legionen auf und versprach ihnen für die Zeit nach dem Heeresdienst ein Stück Land.

Sulla, 88 v. Chr. zum Konsul gewählt, sollte in Asien gegen König Mithridates kämpfen, doch kaum dort angekommen, entzog ihm die Volksversammlung den Oberbefehl und übertrug ihn Marius. Als Sulla nach Rom zurückkehrte, wurden Marius und seine Anhänger geächtet. Diese rächten sich, sobald Sulla wieder in Asien war.

Schließlich besiegte Sulla 82 v. Chr. das Heer der Popularen und wurde vom Senat auf unbegrenzte Zeit zum Diktator* „für die Neuordnung des Staates" ernannt. Er schränkte das Vetorecht der Volkstribunen ein, und Gesetzesanträge an die Volksversammlung mussten künftig vom Senat genehmigt werden. 79 v. Chr. legte Sulla zur Überraschung aller seine Diktatur nieder.

Caesar – vom Triumvirat zur Alleinherrschaft

Nach Sullas Tod (78 v. Chr.) brach die wieder gestärkte Vorherrschaft des Senats innerhalb von zehn Jahren zusammen. Die Popularen strebten danach, die Rechte der Volkstribunen wiederherzustellen. Dies gelang Gnaeus Pompeius und M. Licinius Crassus 70 v. Chr. in ihrem gemeinsamen Konsulat. Zehn Jahre später gingen sie ein Bündnis mit Gaius Julius Caesar ein. Sie bildeten eine Dreierherrschaft, das sogenannte erste Triumvirat, und teilten zunächst die Macht im Staat unter sich auf. Solange jeder von dem Zweckbündnis profitieren konnte, arbeiteten sie gut zusammen. Den Senat schalteten sie weitgehend aus und ließen ihre Abmachungen als „Gesetze" verkünden.

Mit der Eroberung Galliens (58–51 v. Chr.) gewann Caesar zunehmend politischen Einfluss und überragte darin seine Mitherrscher. In die Enge gedrängt, stellte sich Pompeius (Crassus war 53 v. Chr. gestorben) gegen Caesar, auf die Seite des Senats. Doch Caesar zog mit seinem Heer nach Rom und besiegte die Truppen Pompeius' und des Senats. Caesar war nun unbestrittener Alleinherrscher. Da er im Bürgerkrieg mit seinen Feinden relativ milde umgegangen war, gewann er rasch Sympathien. 46 v. Chr. ließ er sich für zehn Jahre zum Diktator ernennen und 44 v. Chr. zum Diktator auf Lebenszeit. In der Öffentlichkeit zeigte er sich mit einem goldenen Lorbeerkranz und trug bei allen offiziellen Handlungen das Purpurgewand des Triumphators. Im Senat saß er auf einem goldenen Stuhl. Ehrenbeschlüsse rückten ihn immer stärker in die Nähe der Göttlichkeit. Er besaß fast die Stellung eines Königs – nur der Titel fehlte. Der jedoch war nach der Verfassung der Republik verboten; auf ihn stand die Todesstrafe. Seine Gegner im Senat hegten immer stärker den Verdacht, dass er die Monarchie anstrebe. Deshalb schlossen sich 60 Verschwörer zusammen und ermordeten Caesar am 15. März 44 v. Chr. während einer Senatssitzung mit 23 Dolchstichen.

M1 **Caesar,** römische Silbermünze (Denar), 44 v. Chr. (vor Caesars Tod). Die Umschrift lautet: Caesar Dict(ator) Quart(um). Der Kranz aus Gold ist der Schmuck Jupiters, Auszeichnung des Triumphators und Herrschaftszeichen des etruskischen Königs. Porträts lebender Personen auf Münzen hat es vordem in Rom nicht gegeben.

Rom – vom Stadtstaat zur Weltmacht

M2

Caesars Tod,
Ölgemälde von Karl Theodor von Piloty, 1865

M3 Zwei Münzpräger im Gespräch über Caesar

Das Gespräch zwischen Secundus (S) und Tertius (T) spielt in einer Druckerwerkstatt, in der Denare mit dem Bildnis von Caesar hergestellt werden. Der Dialog ist erfunden, gibt aber die Stimmung, die in Rom zu Beginn des Jahres 44 v. Chr. herrschte, wieder:

S: Schau dir diesen Caesar an, jetzt ist er größenwahnsinnig geworden: Diktator auf Lebenszeit! Er muss doch wissen, dass der Senat das nicht mitmacht.
T: Warum denn? In den Senat hat er doch erst neulich seine Gefolgsleute gesetzt.
S: Aber die alten Senatoren wissen doch, dass Konsuln wie andere Beamte nur für ein Jahr gewählt werden dürfen – und nun das: lebenslänglich!
T: Vielleicht will er damit zeigen, dass er das Prinzip der Annuität nicht mehr für zeitgemäß hält. Denn wie soll auch ein Konsul einen Feldzug gegen unsere Feinde weit im Norden und Osten vorbereiten und durchführen, wenn er nach wenigen Monaten zurückkehren muss, weil die Amtszeit zu Ende geht?
S: Hm …
T: Überlege, was Caesar in acht Jahren in Gallien erreicht hat. Da gibt's jetzt Straßen und blühende Städte!

S: Gibt es eigentlich noch einen Unterschied zwischen seiner Stellung und der eines Königs?
T: Glaube ich nicht. Vielleicht will er ja tatsächlich ein König werden? Schau dir nur den Goldkranz an. Vielleicht meint er, erst noch einen Sieg erringen zu müssen, damit seine Herrschaft auch voll akzeptiert wird.
S: Man munkelt, er wolle im Osten einen Feldzug gegen die Parther durchführen …
T: Und wenn er wiederkommt, ordnet er alles neu …
S: Meinst du, er würde dann alle Senatoren umbringen und die Alleinherrschaft anstreben?
T: Glaube ich nicht. Es ist doch egal, ob es 300, 600 oder 900 Senatoren gibt – er und seine Berater machen einfach die bessere Politik. Und wenn er einen Feldzug siegreich beendet und mit reicher Beute nach Hause kommt – wer fragt da schon nach?
S: Und wenn man ihn gar nicht erst zu diesem Krieg aufbrechen lässt?
T: Wie willst du ihn daran hindern?

Verfassertext

1 Livia hört zu Hause die Geschichte über die Popularen, Optimaten und die Herrschaft Caesars. In einem Brief will sie ihrem Freund Titus davon berichten. Schreibe anhand der Informationen auf dieser Doppelseite diesen Brief.

Einen historischen Sachverhalt aus verschiedenen Perspektiven betrachten

Verschiedene Sichtweisen: Multiperspektivität

Wenn ihr über einen Sachverhalt sprecht, kann es zu unterschiedlichen Meinungen kommen. In der Literatur werden unterschiedliche Sichtweisen – auch Perspektiven genannt – durch verschiedene Erzählfiguren dargestellt. In der Geschichte lassen sich an den Handlungen der Akteure, z. B. Herrschern und ihren Gegnern, unterschiedliche Perspektiven erkennen. Gibt es zwei oder mehr Sichtweisen, wird auch von „Multiperspektivität" gesprochen. Die Ermordung Caesars kann z. B. aus zwei Perspektiven betrachtet werden: 1. aus der Sicht der Anhänger Caesars und 2. aus der Sicht der Gegner Caesars.

1 Partnerarbeit:
a) Erarbeitet anhand von M1, aus welcher Perspektive die Gegner Caesar beurteilen.
b) Stellt die Sichtweise der Caesar-Anhänger der Perspektive seiner Gegner gegenüber. Zieht die Seiten 162 f. heran.

2 Stellt die verschiedenen Perspektiven in kurzen Rollenspielen in der Klasse dar.

M1 Durfte Caesar umgebracht werden?

In seinem Buch „Caesar und die Fäden der Macht" schrieb der Autor Harald Parigger 2007 aus der Sicht des fiktiven Augenzeugen Eusebios Gibber, Sklave eines Regierungsbeamten, der eine Versammlung der Verschwörer gegen Caesar belauscht:

Die Stimmen waren gedämpft, ich konnte nur Bruchstücke verstehen. Immerhin war es genug, um zu begreifen, dass von Caesar die Rede war. „Hochmut des Tyrannen", hörte ich, „Todesstoß für die Re-
5 publik", „Wiederherstellung der Freiheit", „Kampf um jeden Preis" ...
Dann ergriff ein Mann das Wort, bei dessen mächtiger Stimme die Wand durchlässig wie Papyrus wurde. Keinem anderen als Cicero gehörte sie, dem Ex-
10 konsul und gewaltigen Redner ... „Wie lange noch", donnerte er, „will Caesar unsere Geduld missbrauchen, indem er um seiner Vorrangstellung willen alles göttliche und menschliche Recht umstürzt? Indem er mit Spielen, Bauten, Spenden und Spei-
15 sungen den einfältigen Pöbel an sich bindet? Indem er sich Anhänger kauft und seine Gegner sich mit scheinbarer Milde verpflichtet? Sollen wir ihn gewähren lassen, bis wir uns an die Unfreiheit gewöhnt haben? Hat er nicht seine glänzenden Bega-
20 bungen und Fähigkeiten nur dazu benutzt, um seine Sucht nach Ruhm, Herrschaft und Macht zu befriedigen? Zustimmendes Trommeln, Klatschen und Brüllen unterbrach ihn. „Er verhöhnt die Traditionen der Republik, indem er die Tracht der Könige
25 trägt, die Senatoren macht er zu Hampelmännern, er tritt die guten Sitten mit Füßen, indem er mit diesem unausstehlichen, zügellosen Weib Kleopatra in aller Öffentlichkeit ein Verhältnis unterhält!" Wieder brach ein stürmischer Beifall los. „Ihr werdet vielleicht
30 fragen, bist du nicht, Cicero, sein Freund? Ich werde euch entgegnen: Ist nicht die Freiheit des Vaterlandes dem Leben des Freundes vorzuziehen?"
Ich zuckte hinter meiner Statue zusammen. Leben? Ging es hier um Caesars Leben? Nein, das konnte
35 nicht sein! ... [Im Tempel der Eintracht belauschte Eusebios die Verschwörer weiter.]: „Aber wir haben einen Eid geleistet, wonach er nicht nur für uns unantastbar ist, sondern wir sogar noch sein Leben unter Einsatz unseres eigenen schützen müssen!" „Hast du
40 ihn freiwillig geleistet, Tillius?" „Nun ja, ich habe nicht daran gedacht, ihn zu verweigern, denn wer weiß, was geschehen wäre, wenn ...". „Na, siehst du! Meinst du wirklich, du müsstest dich an einen erzwungenen Eid halten?", fragte Cassius Longinus. Brutus fügte mit
45 scharfer Stimme hinzu: „Was wiegt wohl schwerer, Tillius, dem Staat die Treue zu brechen oder einem einzelnen Menschen, noch dazu einem, der die Ideale eben dieses Staates verraten hat?" ... [Longinus ergänzte:] „Im Übrigen ist dies hier keine Verschwörung,
50 die sich gegen den Staat richtet. Was wir vorhaben, ist legitimer Widerstand gegen einen Tyrannen, der die geltenden Gesetze missachtet und der die Grundlagen des Staates zerstört. Wir haben nicht nur das Recht, wir haben geradezu die Pflicht, ihn zu töten."

Harald Parigger, Caesar und die Fäden der Macht, 2. Aufl., Würzburg (Arena Verlag) 2007, S. 87 f., 97 ff.

Rom – vom Stadtstaat zur Weltmacht

> **Überprüfe, was du kannst**
>
> ### Sachkompetenz
> 1. Stelle dar, wie die Gesellschaft der römischen Republik aufgebaut war und wie sie sich wandelte (S. 152/153, 159).
> 2. Beschreibe die Schritte und Methoden, mit denen die Römer ihre Weltmacht aufbauten (S. 154–157).
> 3. Erläutere, warum die römische Republik in die Krise geriet, welche Reformen versucht wurden und wie die Republik unterging (S. 160/161, 162/163).
>
> ### Methodenkompetenz
> 4. Analysiere M1 mithilfe der Methode „Kunstwerke entschlüsseln" S. 120 f.
>
> ### Urteilskompetenz
> 5. Vergleiche die römische Republik mit der griechischen Polis. Gehe auf die gesellschaftlichen Gruppen und die Machtverteilung im Staat ein. Berichte in der Klasse.
>
> ### Kommunikations- und Handlungskompetenz
> 6. Rollenspiel: Gestaltet in Gruppen ein Streitgespräch zwischen den Popularen und den Optimaten (S. 162) über die Verteilung der Macht im Staat.

M1 **Bronzestatuette eines römischen Soldaten mit Feldzeichen** (= Abzeichen für die Zugehörigkeit eines Soldaten zu seinem Truppenteil. Es konnte am Reitersattel befestigt werden).

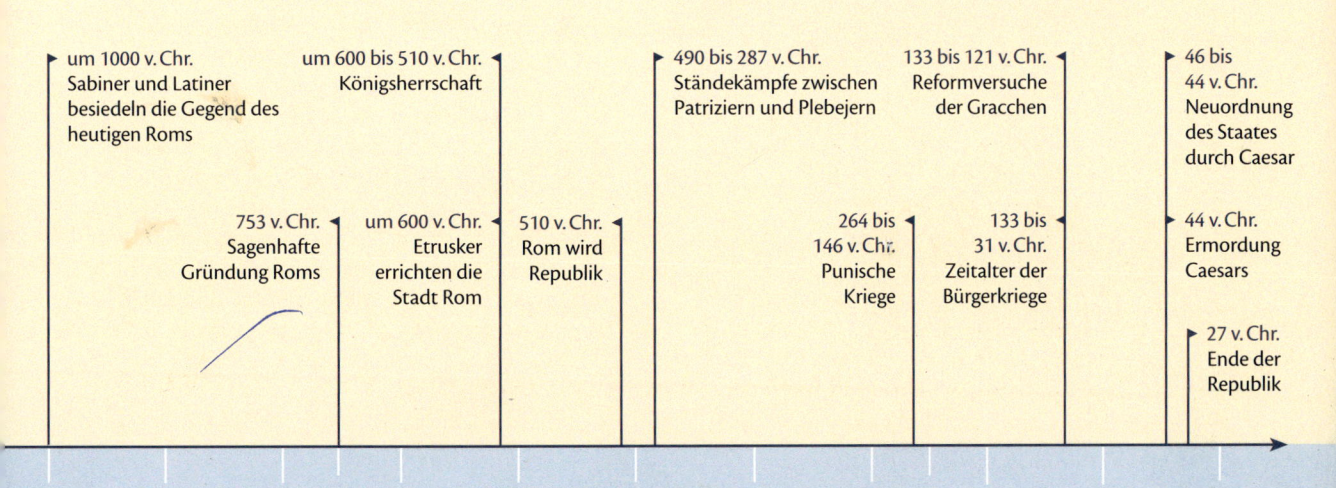

Zeitleiste

- **um 1000 v. Chr.** Sabiner und Latiner besiedeln die Gegend des heutigen Roms
- **753 v. Chr.** Sagenhafte Gründung Roms
- **um 600 v. Chr.** Etrusker errichten die Stadt Rom
- **um 600 bis 510 v. Chr.** Königsherrschaft
- **510 v. Chr.** Rom wird Republik
- **490 bis 287 v. Chr.** Ständekämpfe zwischen Patriziern und Plebejern
- **264 bis 146 v. Chr.** Punische Kriege
- **133 bis 121 v. Chr.** Reformversuche der Gracchen
- **133 bis 31 v. Chr.** Zeitalter der Bürgerkriege
- **46 bis 44 v. Chr.** Neuordnung des Staates durch Caesar
- **44 v. Chr.** Ermordung Caesars
- **27 v. Chr.** Ende der Republik

5. Das Römische Reich

Lebenswelt Imperium Romanum

Wissen • Urteilen • Kommunizieren/Handeln • Methoden anwenden

Am Ende dieses Unterkapitels kannst du

- die Herrschaft des Augustus beschreiben
- die Bedeutung Roms als „Haupt der Welt" bewerten
- Ziele und Methoden römischer Herrschaft in der Kaiserzeit erklären
- den Ausdruck „Romanisierung" der Provinzen erläutern
- Ursachen für den Untergang des Römischen Reiches nennen
- **Methode** Eine Mindmap entwerfen

Das Römische Reich vom 1. bis 3. Jahrhundert n. Chr.

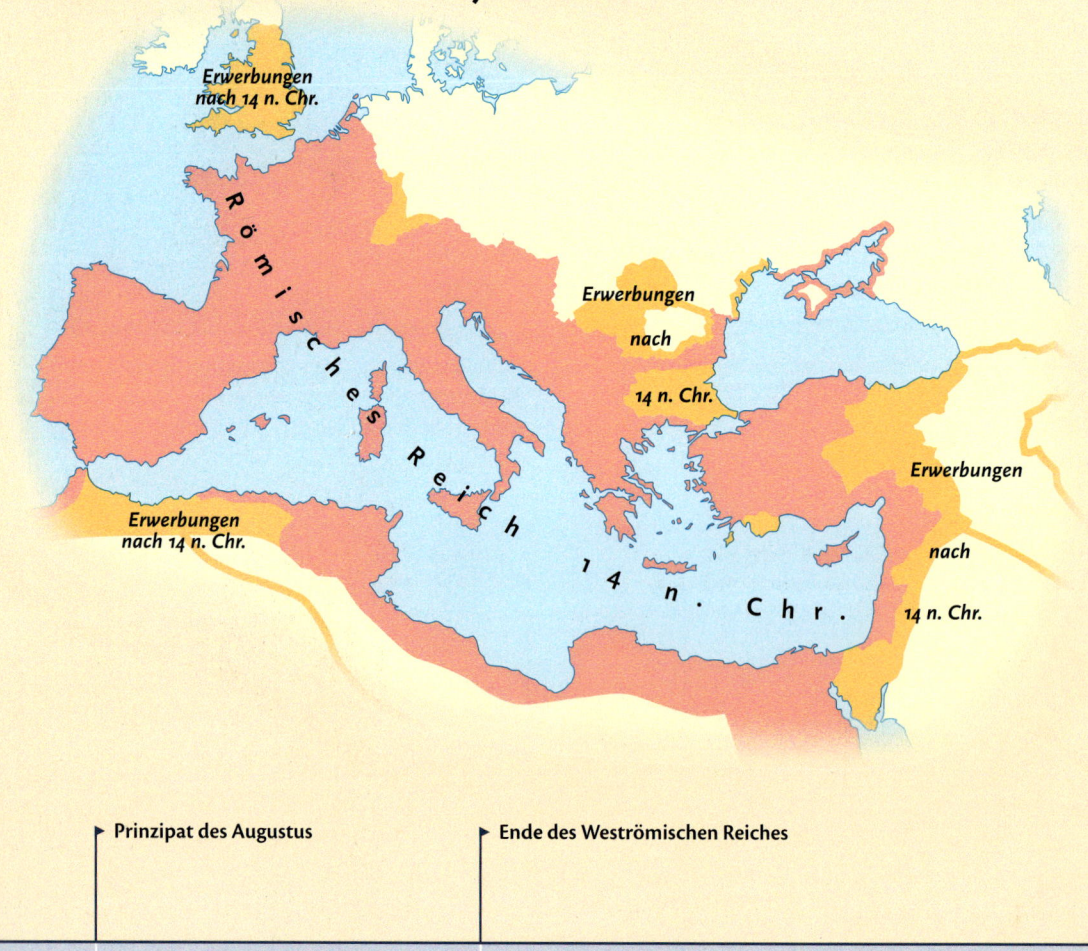

Erwerbungen nach 14 n. Chr.

Römisches Reich 14 n. Chr.

Erwerbungen nach 14 n. Chr.

Erwerbungen nach 14 n. Chr.

Erwerbungen nach 14 n. Chr.

▶ Prinzipat des Augustus — 27 v. Chr. bis 14 n. Chr.

▶ Ende des Weströmischen Reiches — 476 n. Chr.

Octavian – der Erbe Caesars wird „Augustus"

Der Kampf um die Herrschaft in Rom

Nach der Ermordung Caesars 44 v. Chr. entbrannte erneut der Kampf um die Spitze im römischen Staat. Dieses Mal hieß der Sieger Octavian, ein Großneffe Caesars. Caesar hatte Octavian adoptiert und ihm damit die Befehlsgewalt über die von ihm abhängigen Soldaten und Veteranen vererbt.

Zu Beginn der Kämpfe verfolgte und tötete Octavian seine Gegner. Nach seinem militärischen Sieg bei Actium (31 v. Chr.) ging er vorsichtiger vor. Er wusste, dass seine Herrschaft nur dann stabil sein würde, wenn er möglichst viele Anhänger gewann und seine Herrschaft anerkannt wurde. Um seine Gegner davon zu überzeugen, dass er keine Alleinherrschaft anstrebte, gab er 27 v. Chr. seine außerordentlichen Vollmachten an Volk und Senat zurück. Damit hatte er die Republik äußerlich wiederhergestellt, und der Senat verlieh ihm daraufhin den Ehrennamen „Augustus" (= der Erhabene). In den folgenden Jahren errichtete Augustus eine Form der Vorherrschaft, die „Prinzipat" genannt wird. Zwar nannte sich Augustus nicht „Rex" (= Monarch*), sondern „Princeps" (lat. der Erste im Staate). Tatsächlich herrschte er aber wie ein Monarch: Er hielt den Oberbefehl über das Heer und die wichtigsten Provinzen, hatte lebenslang die Befugnisse eines Volkstribuns* und leitete alle Senats- und Volksversammlungen. Dazu war er oberster Priester und bestimmte seinen Nachfolger selbst. Der Name „Caesar Augustus" wurde nach seinem Tod 14 n. Chr. zum Titel aller römischen Kaiser (= Caesar).

M1 Marmorstandbild des Augustus, Höhe 2,03 m. Die Figuren auf dem Brustpanzer zeigen einen besiegten Gegner, der den Römern erbeutete Truppenabzeichen zurückgibt; darüber schweben Himmelsgötter. Die kleine Figur am Fuß könnte Gott Amor sein. Die Barfüßigkeit antiker Statuen ist ein Zeichen für eine gottähnliche Stellung.

M2 Augustus, Rekonstruktion der Farbgebung nach Farbresten anhand eines Modells durch Wissenschaftler im Münchner Museum für Ur- und Frühgeschichte.

> **Begriffe und Daten**
>
> **Der Prinzipat**
> (abgeleitet von lat. „princeps": der Erste im Staat); als Herrschaftsform von Augustus eingeführt, äußerlich eine Republik, tatsächlich eine Monarchie.

1 Stelle mithilfe des Darstellungstextes fest, wie Augustus seine Macht errang und wie er sie sicherte.
2 a) Beschreibe M1.
   b) Stelle Vermutungen an, wie die Darstellung möglicherweise auf die Menschen gewirkt hat.
3 Schildere deinen Eindruck von M2 im Vergleich zu M1.

Herrschaft im Zeitalter des Augustus

Die „Pax Romana": Römischer Friede
Im Bürgerkrieg hatten die Angehörigen der Oberschicht – Senatoren, Ritter und Feldherren – um persönlichen Ruhm gekämpft und damit die Republik und den Frieden zerstört. Augustus wollte die Oberschicht wieder dazu bringen, Verantwortung für das Gesamtwohl des Staates zu übernehmen.

Zu diesem Zweck beteiligte er Senatoren und Ritter an seiner Macht: Senatoren konnten das Kommando über ein Heer haben, allerdings blieb Augustus Oberbefehlshaber. Er entschied zum Beispiel, die jahrhundertelange Eroberungspolitik zu beenden. Weiterhin konnte ein Senator in einer Provinz als Statthalter* tätig sein und Steuern eintreiben. Vor korrupten Steuereintreibern wurden die Provinzbewohner jedoch geschützt, indem sie sich bei Verstößen direkt an den Kaiser wenden konnten.

Mit „Brot und Spielen" versuchte Augustus, die Einwohner der Hauptstadt zu „befrieden": Er ließ kostenlos Getreide verteilen und viele Pferderennen und Gladiatorenkämpfe veranstalten.

Mit Feuerwehr- und Polizeistationen erhöhte er die Sicherheit. Zudem ließ er in Rom neue Tempel, Theater und Triumphbögen bauen sowie Bauwerke aus der Republikzeit wieder herrichten. Er ermahnte die Römer, die Götter zu verehren, denen Rom die Weltherrschaft verdankte.

> **Begriffe und Daten**
>
> **Das Zeitalter des Augustus**
> Augustus (63 v. Chr.–14 n. Chr.) wurde als Garant des Friedens im Römischen Reich (Pax Romana) angesehen. Dennoch blieben die Spannungen zwischen Friedenserhalt und Weltherrschaft bestehen. Heute wird er auch als „Medienkaiser" bezeichnet, der sich geschickt selbst darstellte bzw. sich darstellen ließ – durch Skulpturen, Bilder, Dichtung und Prachtbauten.

M1 Augustus auf einem Schmuckanhänger, um 10 n. Chr., 19 x 23 cm. Oberer Teil: Augustus thront neben der Göttin Roma. Hinter ihm sieht man, dargestellt als Personen, das Meer, die Erde und die Städte des Reiches. Eine Figur hält ihm die römische Bürgerkrone. Das Füllhorn rechts ist ein Zeichen der Fruchtbarkeit. Links der erfolgreiche Feldherr Tiberius, Stiefsohn des Augustus. Unterer Teil: Römische Soldaten errichten ein Siegeszeichen; am Boden liegen besiegte Gegner.

Lebenswelt Imperium Romanum

M2

Das Tellusrelief mit der Friedensgöttin Pax. Es ist Teil des Altars (der Ara Pacis Augustae), den der Senat zu Ehren des Kaisers Augustus auf dem Marsfeld errichten ließ. Er wurde 9 v. Chr. der Göttin Pax geweiht. Das Relief zeigt in der Mitte die Göttin Pax, von zwei Frauengestalten umgeben, die Landwinde (links auf einem Schwan sitzend) und Meerwinde (rechts auf einem Meeresungeheuer). Es ist eine bildhafte Darstellung des von Augustus verkündeten Friedens.

M3

Augustus – Urteile über seinen Weg zur Macht

Augustus schrieb 13 n. Chr. in seinem „Tatenbericht", den er in Stein meißeln und öffentlich aufstellen ließ:

3A Im Alter von 19 Jahren [44 v. Chr.] brachte ich aus eigenem Entschluss und mit eigenen Mitteln ein Heer auf, mit dessen Hilfe ich den Staat, der durch die Gewaltherrschaft einer Partei unterdrückt
5 war, in die Freiheit zurückgeführt habe. Aus diesem Grunde nahm mich der Senat … in seine Reihen auf [43 v. Chr.] … und gab mir die militärische Befehlsgewalt … Die meinen Vater ermordet haben, sie habe ich in die Verbannung gejagt und ihr Ver-
10 brechen gerächt durch gesetzmäßige Gerichtsurteile … Die Diktatur, die mir abwesend und anwesend sowohl vom Volk als auch vom Senat … angetragen wurde, habe ich nicht angenommen … Als … Senat und Volk Roms übereinkamen, dass ich allein zum
15 Walter der Gesetze und Sitten mit höchster Machtvollkommenheit gewählt werde, habe ich kein Amt, das wider den Brauch der Vorfahren übertragen werden sollte, angenommen.

Res gestae 1 ff., zit. nach Walter Arend, Geschichte in Quellen, Bd. 1, München (bsv) 1965, S. 581 f.

Der römische Geschichtsschreiber Tacitus (55–120 n. Chr.) gab zeitgenössische Urteile über Augustus wieder:

3B Dagegen sagten nun die anderen: die Anhänglichkeit gegen seinen Vater und die allgemeine Lage habe er bloß zum Vorwande genommen. Im Grunde sei es Herrschsucht gewesen, wenn er als junger
5 Mensch ohne Amt die Veteranen durch freigebige Spenden an sich zog, ein Heer warb, die Legionen des Konsuls bestach … Er habe vom Senat das Konsulat erzwungen und das Heer … gegen den Staat geführt … Dann ist allerdings Friede geworden, aber ein bluti-
10 ger: Lollius und Varus sind geschlagen worden, in Rom sind Varro, Egnatius und Jullus hingerichtet worden … Für die Götterverehrung hat er keinen Raum mehr gelassen: Er wollte selber Tempel haben und von … Priestern als Gott angebetet werden. Er hat
15 auch Tiberius nicht aus Liebe … zu seinem Nachfolger bestimmt; nein, er hat dessen anmaßende und grausame Natur wohl erkannt und darauf gerechnet, dass der Vergleich mit einem solchen Scheusal seinem Ruhm zugute kommen werde.

Tacitus, Annalen 1, 9 f., zit. nach Walter Arend, Geschichte in Quellen, Bd. 1, München (bsv) 1965, S. 585 f.

1 Erarbeite aus dem Darstellungstext, was der Begriff „Pax Romana" bedeutet.
2 Erschließe anhand von M1 und M2, wie Augustus hier dargestellt ist. Was wird über seine Herrschaft ausgesagt? Nimm die Methode „Ein Bild als Quelle" (siehe S. 86 f.) zu Hilfe.
3 Erarbeite M3 nach der Methode „Schriftliche Quellen entschlüsseln" (siehe S. 115). Ziehe auch die Werkstattseite 164 heran.
4 Beurteile die folgende Aussage: Augustus hat die Republik wiederhergestellt.

Lebenswelt Imperium Romanum

Spiele – ein Mittel kaiserlicher Politik?

Im Circus Maximus

Livia und Titus – so könnten unsere beiden Jugendlichen aus Rom heißen – stehen vor dem Haupteingang des Circus Maximus und beobachten den feierlichen Einzug der Wagenlenker und Reiter. Auf dem Fuße folgen Tänzer, Musikanten und natürlich Männer, die Weihrauchfässer, Opferzeug und Götterbilder tragen.

„Jeder Fahrer", erklärt Livia, „gehört einer bestimmten Factio an. Das ist ein Rennstall mit einer Menge Personal: Tierärzte, Ärzte, Fahrlehrer, Handwerker, Schneider, Boten, Verwalter."

„Und was bedeuten die Farben der Wagen?"

„Jede Factio wird nach ihrer Farbe benannt: die rote, grüne, blaue, weiße Factio. In den Farben spiegelt sich noch der alte Gegensatz zwischen Volk und Adel: Die Weißen gehören zum Beispiel zur plebejischen Factio, die Roten zur senatorischen."

„Wer hat die heutigen Rennen eigentlich veranstaltet?", fragt Titus. „War es Senator Flavius?"

„Nein, es war mal wieder der Kaiser persönlich, und es soll eine Menge Geld gekostet haben."

Als der Spielgeber sein Tuch fallen lässt, stürmen die Vierergespanne aus den Rennboxen: „Jetzt wirst du einen Hexenkessel erleben!", ruft Livia. „Denn die Zuschauer haben alle in den Wettbüros Geld gewettet. Es müssen sieben Runden gefahren werden. Siehst du auf der Mittelbarriere die großen klappbaren Marmordelfine? Das sind die Rundenanzeiger."

Plötzlich geht ein Aufschrei durch das Publikum. An einer Wendemarke sind zwei Wagen zusammengestoßen. Sind die Lenker verletzt?

Das Rennen läuft bis zum Schluss weiter. Unter dem Beifall der Zuschauer wird der Sieger geehrt. Während er sich beim Publikum mit einer Ehrenrunde bedankt, warten in den Boxen schon die nächsten Gespanne.

M1 Wagenrennen im Circus Maximus in Rom, Rekonstruktionszeichnung, 1999. Zur Zeit von Caesar bot die Arena 60 000 Zuschauern Platz, nach Erweiterungen in der Kaiserzeit etwa 185 000.

1 Arbeite aus dem Darstellungstext die Merkmale der „zirzensischen" Spiele im kaiserzeitlichen Rom heraus (z. B. Veranstalter, Ziele, Verhalten der Zuschauer). Ziehe M1 hinzu.

2 a) Vergleiche die Spiele im Circus Maximus mit Massenveranstaltungen heute. Benenne Gemeinsamkeiten und Unterschiede.
b) Begründe, welche Veranstaltungen dir besser gefallen, alte römische oder heutige?

Eine Abendgesellschaft in Rom

Im Liegen essen?
Die reichen Römer luden am Abend oft Gäste zu einem ausgiebigen Essen in ihre Villa ein. Dabei machten es sich die Gäste auf weichen Liegen bequem. Sklaven reichten Speisen und Getränke. Zauberer, Musiker und Akrobaten sorgten für Unterhaltung. Der Duft exotischer Öle trug zur Entspannung bei.
Die Römer zeigten ihren Wohlstand, indem sie Speisen und Getränke aus allen Teilen des Reiches servieren ließen. Aus Syrien kamen Pflaumen und Granatäpfel, aus Afrika Datteln und Gewürze, aus Gallien Wurstwaren und aus Spanien Salzlake, die die Römer zum Würzen ihrer Speisen verwendeten.

Eine Toga anlegen
Wollt ihr euch einmal fühlen wie ein Römer? Dazu benötigt ihr eine Toga. Allen frei geborenen Männern war es gesetzlich erlaubt, eine Toga zu tragen. Doch weil das so umständlich war, trugen nur Männer aus der Oberschicht die Toga, wenn sie zum Beispiel eine Rede hielten oder zu einer Abendgesellschaft gingen.
Eine Toga herzustellen, ist gar nicht so schwierig. Ihr braucht dazu ein halbkreisförmiges Stück Stoff mit einer Kantenlänge von mindestens vier Metern. Legt ein Stoffende so über den linken Arm, dass etwa ein Drittel nach vorne überhängt. Führt das andere Ende über die linke Schulter, den Rücken und unter dem rechten Arm durch und werft dann dieses Ende über die linke Schulter zurück. Die Toga ist nun angelegt, der rechte Arm bleibt frei.
Ihr werdet merken, dass eure Bewegungsfreiheit eingeschränkt ist, dass ihr ruhig und langsam gehen müsst, was euch einen würdevollen Ausdruck verleihen wird.

Römische Abendgesellschaft, Illustration, 1997

Einen Grapefruit-Trunk mixen
Dieses würzige Getränk durfte bei keiner römischen Abendgesellschaft fehlen. Ihr könnt es zum Beispiel als euren Beitrag für das nächste Schulfest mixen:

Zutaten für 4 Personen:
4 Teelöffel Honig, 2 zerkleinerte Lorbeerblätter, 2 Datteln, 1 l Grapefruitsaft, jeweils eine Prise Zimt und Pfeffer, Zitronen
- Zerhackt die Datteln fein und entfernt die Kerne.
- Gebt alle Zutaten in einen Topf und erhitzt sie auf kleiner Flamme.
- Lasst das Getränk abkühlen, verziert die Gläser vor dem Servieren mit einer Zitronenscheibe.

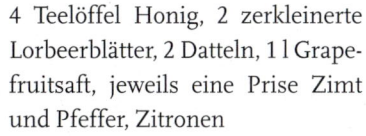

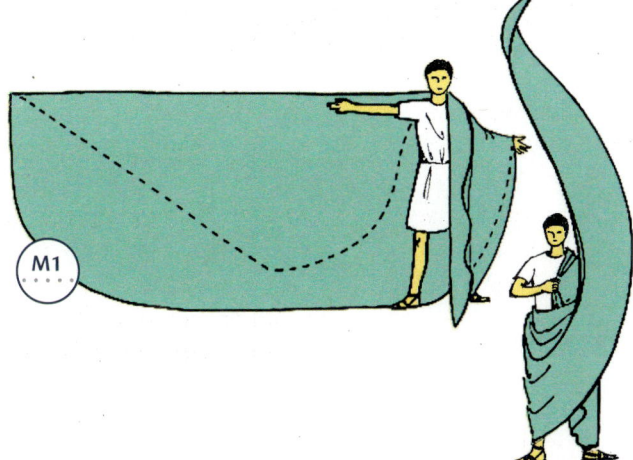

So legt ihr eine Toga an, Zeichnung, 1995

Lebenswelt Imperium Romanum

Rom im Kaiserreich

Das „Haupt der Welt"

„Ich bin froh, dass ich heute geboren bin!" Dies schrieb zur Zeit des Augustus der römische Dichter Ovid, und er lobte die „goldene Stadt" Rom mit ihren Hügeln, wo das Weideland für die Rinder lag.

In der Kaiserzeit zählte Rom fast eine Million Bewohner. Mit Amphitheater, Forum, Bädern und über 46 000 Mietskasernen wurde die Stadt zum Vorbild für viele andere des Imperiums. Zum Beispiel für die berühmte süditalische Stadt Pompeji, die 79 n. Chr. durch einen Vulkanausbruch verschüttet, aber von Archäologen wieder vollständig ausgegraben wurde.

Zeitgenossen meinten, frühere Könige hätten über leeres Land und Wehranlagen geherrscht, die Römer aber seien Herren über Städte.

Spätestens seit Augustus sprachen viele von Rom als dem „Haupt der Welt". Denn die Stadt war mehr als ein groß gewordenes Dorf, in dem riesige Menschenmassen in engen Mietswohnungen lebten. Rom war Großstadt und Herrschaftssitz des Imperiums (Weltreichs) zugleich. Hier residierte der Kaiser mit seinen Beamten und lebten Angehörige ganz unterschiedlicher Völker und Kulturen, die aus allen Provinzen des Reichs kamen.

Viele von ihnen waren nicht freiwillig in Rom, sondern nach Kriegszügen als Sklaven oder als Geiseln nach Rom gebracht worden. Andere kamen dorthin, um als Handwerker oder Händler Gewinn zu machen. Auf dem Palatin, einem der sieben Hügel in Rom, wo sich ein vornehmes Stadtviertel befand, stellten Großhändler ihre Villen und ihren luxuriösen Lebensstil zur Schau. Politischer Ehrgeiz trieb viele junge Adlige aus den Provinzen in die Hauptstadt. Hier hofften sie, Karriere zu machen, denn am Hof des Kaisers liefen die Fäden der Politik zusammen, verhandelten und feierten die einflussreichsten Männer des Reichs.

Rom in der Kaiserzeit, Modell, 1980.
A Tiber; **B** Circus Maximus; **C** Palatin (Hügel, auf dem kaiserliche Paläste standen); **D** Wasserleitung; **E** Kolosseum; **F** Thermen (Bäder); **G** Forum des Augustus; **H** Kapitol.

Lebenswelt Imperium Romanum

Wohnhaus einer unbekannten Adelsfamilie in Pompeji, Rekonstruktionszeichnung, 1999

Wohn- und Handwerkerhaus in einem ärmeren Stadtteil, Rekonstruktionszeichnung, 1999

> **Begriffe und Daten**
>
> **Imperium**
> (lat. Befehlsgewalt); Herrschaftsbereich, Weltreich; die unter römischer Herrschaft stehenden Gebiete.

1. a) Schau dir M1 genau an und schildere deinen Eindruck von der Stadt Rom.
   b) Vergleiche mit heutigen Großstädten.
2. Schreibe aus dem Darstellungstext die „Schlüsselinformationen" heraus, die Rom als besondere Stadt in der Antike bezeichnen.
3. Vergleiche anhand von M2 und M3 die Wohnverhältnisse in einem Wohn- und Handwerkerhaus mit denen einer Adelsfamilie.
4. Lucia, die Frau eines in Rom lebenden Senators, schreibt ihrer ägyptischen Freundin Hathor: „Liebe Hathor, du fragtest in deinem letzten Brief, warum Rom als Wohnort so bekannt und beliebt ist. Das ist eine schwierige Frage …" Schreibe den Brief zu Ende.
5. **Recherche:** Informiert euch in Partnerarbeit über Pompeji und berichtet in der Klasse.

Arbeit und Berufe

Vom Ansehen der Arbeit

Das Ansehen der Arbeit im Römischen Reich war von den Wertvorstellungen des Adels geprägt. Danach waren die Tätigkeiten des Politikers, des Kriegers und die selbstständige Arbeit in der Landwirtschaft anerkannt und ehrenhaft. Jede Arbeit, die von Aufträgen und Anweisungen abhing, insbesondere Lohnarbeit, wurde als unwürdig angesehen.

Eine Erklärung für diese Unterscheidung könnte darin liegen, dass der Aufstieg Roms vor allem den Bauern zu verdanken war, die Kriegsdienst leisteten. Der Landmann hatte also am Ruhm des Reiches besonderen Anteil. Ebenso galt die Verwaltung von Besitz als ehrenhafte Arbeit, waren doch viele Adelsfamilien Großgrundbesitzer.

Als sich im Laufe der Zeit spezialisierte Handwerksberufe herausbildeten, wandelten sich die Vorstellungen: Wer technisch und künstlerisch hochwertige Produkte wie Schmuck und Kleidung herstellte, konnte das Ansehen seines Berufs steigern. Darstellungen von Handwerkern und Produkten auf Grabsteinen zeugen von dieser Absicht, Handwerks- und Dienstleistungsarbeit als wertvoll herauszustellen.

Frauenberufe in Rom

Da es für verheiratete freie Frauen nur „statthaft" war, im häuslichen Bereich zu arbeiten, wurden auf Grabinschriften und in anderen Quellen, die sie ehren sollten, keine beruflichen Tätigkeiten außerhalb des Hauses genannt.

Über die Geschäftsfrau Eumachia aus Pompeji wurde allerdings erwähnt, dass sie in ihrem Namen und dem ihres Sohnes ein Gebäude, die Wollbörse, finanzierte und gestaltete.

Über Freigelassene und Sklavinnen wissen wir, dass sie als Kellnerinnen, Buchhalterinnen und Hausangestellte, Bibliothekarinnen und Vorleserinnen arbeiteten. Ebenso waren sie in gesellschaftlich geächteten Bereichen tätig: als Flötenspielerin, Wirtin, Tänzerin, Schauspielerin und Prostituierte.

Viele Frauen sind im Gesundheits- und Bildungswesen zu finden: Hebammen, Ärztinnen und Erzieherinnen. Für den Handwerksbereich liegen nur Belege für Weberinnen vor. Keine Belege gibt es für Frauenarbeit in der Holz-, Metall-, Ton- und Lederverarbeitung.

M1 „Unsaubere" Berufe

Der römische Philosoph Cicero (106–43 v. Chr.) schrieb:

Als unedel und unsauber gilt ... der Erwerb aller ungelernten Tagelöhner ... Alle Handwerker fallen auch unter diese unsaubere Zunft; was kann schon eine Werkstatt Edles an sich haben? ... Am 5 allerwenigsten kann man sich einverstanden erklären mit Berufen, die nur sinnlichen Genüssen dienen: Fischhändler, Fleischer, Köche, Hühnermäster, Fischer ..., Tänzer und das ganze leicht geschürzte Schauspiel. 10 Diejenigen Berufszweige aber, die eine tiefere Vorbildung verlangen und höheren Nutzen anstreben, wie die Heilkunde, die Baukunst, der Unterricht in den edlen Wissenschaften, sind anständig ... Der Kleinhandel aber ist zu den unsauberen 15 Geschäften zu rechnen, während der ... Großhandel, der die Verbrauchsgüter aus aller Welt heranschafft und den Massen zugute kommen lässt, nicht ganz zu tadeln ist ... Von allen Erwerbsarten ist die Landwirtschaft die beste, die ergie- 20 bigste und angenehmste, die des freien Mannes würdigste.

Cicero, De officiis I., zit. nach Karl Christ, Die Römer, 3. Aufl., München (Beck) 1994, S. 102.

M2

Lebenswelt Imperium Romanum

M3

M4

M5

1 Ordne die Bilder M2 bis M5 den Bildunterschriften A bis D richtig zu. Begründe deine Zuordnungen.
   A Gastwirtschaft
   B Großbäckerei
   C Kleinhandel
   D Schlosserwerkstatt

2 a) Erarbeite aus M1, was Cicero über das Ansehen der Berufe im Römischen Reich schreibt.
   b) Vergleiche mit dem Ansehen von Berufen heute.
   c) Untersuche, aus welcher Sicht Cicero seine Aussagen formuliert (siehe Darstellungstexte).

3 Beurteile anhand des Darstellungstextes die Stellung der Frauen in der römischen Arbeitswelt.

4 Stelle ausgehend von M1 und den Bildunterschriften Vermutungen an, wie wir zu Kenntnissen über Arbeit und Berufe im Römischen Reich gelangen.

Lebenswelt Imperium Romanum

Römische Wasserbaukunst – zum Wohle aller?

Wasserversorgung bei den Römern
Die Versorgung mit Wasser war für die Bewohner römischer Städte eines der wichtigsten Anliegen. Zwei Dinge galt es zu beachten: Wasser musste in ausreichender Menge herbeigeschafft und dann als Trink-, Brauch- und Löschwasser gerecht unter die Leute verteilt werden. Verhältnismäßig einfach war es, Wasser aus nahe gelegenen Flüssen zu entnehmen oder Brunnen anzulegen. Um die Menschen in den ständig wachsenden Städten zu versorgen, reichten diese Möglichkeiten jedoch nicht aus. Daher musste Wasser aus Quellflüssen nahe gelegener Gebirge in die Stadt transportiert werden. Die Römer bewältigten dies mit dem Bau spezieller Fernwasserleitungen. Dabei galt es, Täler, Flussläufe und Senken zu überwinden und zu diesem Zweck gigantische brückenartige Bauwerke, Aquädukte, zu konstruieren.
Aquädukte gelten auch heute noch als eine der größten technischen Leistungen römischer Ingenieurskunst. Die meisten Fernwasserleitungen gab es in der Gegend von Rom: 11 Stück mit einer Länge zwischen 17 und 91 Kilometern. Das Wasser aus den Fernleitungen wurde zunächst zu höher gelegenen Sammelstellen in Stadtnähe geführt und dann über unterirdische Blei- und Tonrohre weitergeleitet.
Knapp die Hälfte der Hauptstadtbewohner verfügte über einen Wasseranschluss im Haus. In Mietskasernen jedoch, in denen viele römische Familien lebten, war er selten. Ein eigener Hausanschluss musste zur Zeit der Republik bei den Ädilen* oder Zensoren* beantragt werden, in der Kaiserzeit bei der kaiserlichen Verwaltung. Genehmigungen erhielten aber meist nur Angehörige der Oberschicht, z. B. Senatoren und Ritter. Ein Privatmann ohne Vermögen hatte kaum Chancen, einen Wasseranschluss zu erhalten, weil die Zuleitungen von den Verteilerstellen zum Haus selbst bezahlt werden mussten.
Wasser war deshalb ein wertvolles Gut. Wer es verschmutzte, musste mit hohen Geldstrafen rechnen.

Öffentliche Toilette in einer römischen Stadt (Vaison-la-Romaine/Südfrankreich), 2. Jh. n. Chr.

Wasserzuleitung und Abwasserkanal in einer römischen Stadt, Rekonstruktionszeichnung, 1985

Lebenswelt Imperium Romanum

M3 *Mit ihren neumodischen Bauwerken verschandeln die Römer noch die ganze Gegend.*

Ein Urteil zur römischen Ingenieurskunst. Die Äußerung der Comicfigur Asterix, der im von Römern besetzten Gallien lebt, könnte es tatsächlich gegeben haben.

M4 **Aquäduktbrücke** in einer römischen Stadt (Segovia/Spanien), 1. Jh. n. Chr., Foto, um 1980. Das Wasser kam aus einer 16 km entfernten Quelle und floss durch einen mit Steinplatten abgedeckten Kanal auf dem obersten Brückenbogen.

M5 **„Wo geht's hier zur Latrine?"**
Der Historiker Helmuth Schneider schrieb (1985):
Da die Mietskasernen nicht an die Schwemmkanalisation angeschlossen waren, gab es in den Wohnungen der Armen keine Toiletten; ... üblicherweise wurde der Topf nachts aus dem Fenster
5 entleert, die Fußgänger mussten sehen, dass sie von den Fäkalien nicht beschmutzt wurden ... Tagsüber konnte die Bevölkerung auch die mit der cloaca [Abwasserkanal] verbundenen öffentlichen Latrinen [Toiletten] benutzen, die mehrere
10 Sitze nebeneinander aufwiesen; es gab keine Trennwände.
Helmuth Schneider, Cloaca Maxima. In: Journal für Geschichte, Weinheim (Beltz) Juli/August 1985, S. 17.

1 Beschreibe mithilfe von M1 und M2, wie die Römer in ihren Städten Abwasserprobleme lösten.
2 Nimm Stellung zu der Behauptung: „Rom war eine sehr saubere Stadt, in der jedes Haus einen eigenen Wasseranschluss hatte."
3 Erläutere mithilfe von M4 die Anlage und Funktion eines Aquäduktes.
4 Ein römischer Wasserbaumeister erhält den Auftrag, für die Stadt Nîmes eine Fernwasserleitung aus den 20 km entfernt liegenden Bergen zu bauen. Welche technischen Aufgaben muss er meistern (M4, Darstellungstext)?
5 Unterscheide an M3 reale und erfundene Bestandteile des Dargestellten.
6 **Recherche:** Sammelt in Gruppen Informationen über die Wasserversorgung in eurem Wohnort und wertet sie aus. (Fragt bei der Gemeindeverwaltung oder den Stadtwerken nach.)

Frieden nach Art der Römer

Die Welt zum Frieden zwingen?
Rom im Jahr 320 n. Chr.: Antonia, aus der Provinz Gallien, und ihr Freund Flavius – zwei erfundene Figuren – spazieren durch die Stadt. Vor dem Konstantinsbogen bleiben sie stehen und schauen sich das große Relief an (M1). Flavius' Familie lebt seit Generationen in Rom, und schon oft hat er mit seinem Großvater hier gestanden und über die auf dem Relief dargestellte Szene gesprochen:
„Schau, Antonia, in der Mitte siehst du einen der Kaiser", erklärt Flavius.
„Ist das Konstantin?", fragt Antonia.
„Nein. An diesem Triumphbogen haben die Baumeister auch Reliefs aus alten Zeiten angebracht. Das hier ist zweihundert Jahre alt und zeigt entweder Kaiser Trajan oder Domitian." Flavius fährt fort:
„Den Kaiser begleiten Feldzeichenträger. Sieh, wie der Kaiser auf seinem Ross in die Gruppe der ‚Barbaren' einfällt! Die armen Kerle sind wahrscheinlich Daker."
„Der eine da fällt auf die Knie", ergänzt Antonia.
„Ja, er will sich dem Kaiser unterwerfen."
„Freiwillig?!", ruft Antonia entsetzt.
„Siehst du rechts im Hintergrund, wie römische Soldaten abgeschlagene Köpfe des Gegners hochhalten, als Trophäen für den Kaiser? Der Daker wusste, warum er auf die Knie fiel. Denn so konnte er zumindest auf die Milde, die ‚clementia', des Imperators hoffen. Es war bekannt, dass die Imperatoren der Kaiserzeit den Widerstand der Feinde – der ‚Stolzen', wie unser Gott Jupiter sagt – grausam brachen. Aber es war auch bekannt, dass sie schonten, die sich unterwarfen."
„Und die Unterworfenen fanden das alle ganz toll ...", mokiert sich Antonia und denkt daran, dass Gallien, ihre Heimat, einst von den Römern erobert wurde.
„Das weiß ich nicht", erwidert Flavius, „aber du musst zugeben: Nachdem Kaiser Augustus die Eroberungen fast ganz beendet hatte, haben wir in unserem Reich fast keine Kriege mehr erlebt."
„Frieden ja, aber im römischen Sinne", erwidert Antonia. „Mir leuchtet das immer noch nicht ganz ein: die Welt beherrschen, Nichtrömern mit grausamen Taten drohen und das Ganze Friedensherrschaft nennen?"

Ziele römischer Herrscher in der Kaiserzeit
Nach den gewaltigen Eroberungen in der Zeit der Republik und nach dem Tode von Augustus weiteten die Kaiser das Reich nur noch an wenigen Stellen aus. Im 2. Jahrhundert n. Chr., als die größte Ausdehnung erreicht war, lebten 50 bis 60 Millionen Menschen in fast 40 Provinzen. Das Ziel, im Norden die Reichsgrenze vom Rhein an die Elbe vorzuschieben, mussten sie jedoch aufgeben.

Was Augustus begonnen hatte, wurde für zwei Jahrhunderte Ziel römischer Herrschaft: aus den vielen eroberten Gebieten ein zusammenhängendes Reich zu schaffen und die 16 000 km langen Grenzen zu sichern. Die Kaiser sahen sich im Gefolge von Augustus nicht nur als Eroberer, sondern auch als Hüter des Friedens. Das Ziel, Eintracht im Inneren und Frieden nach außen zu schaffen, wurde unter den Schutz der Göttin Pax, der Friedensgöttin, gestellt.

212 n. Chr. war das Reich so weit zusammengewachsen, dass alle freien Männer das römische Bürgerrecht* erhielten.

... und wie die Ziele durchgesetzt wurden
1. Die nichtrömischen Bürger in den Provinzen bekamen im 1. und 2. Jahrhundert n. Chr. mehr Rechte. Nichtrömische Soldaten zum Beispiel, die als Hilfstruppen dienten, erhielten nach ihrem Ausscheiden aus dem Heeresdienst das volle Bürgerrecht.
2. Die Kaiser förderten die Städte. Vorhandene Städte wurden ausgebaut, andere neu gegründet und die Verwaltung in Anlehnung an Rom organisiert. Die Kaiser sorgten dafür, dass die Reichen aus der örtlichen Regierung die Vorzüge römischer Lebensart genießen konnten. Auch die Massen kamen nicht zu kurz: Wie in Rom wurden überall Amphitheater, Thermen, Tempel und Wasserleitungen gebaut.
3. Die Kaiser stärkten den Austausch zwischen Provinzen und Städten durch den Ausbau des Straßennetzes.

Lebenswelt Imperium Romanum

M1 Kaiserzeitliches Relief, um 100 n. Chr. Das Relief wurde an einem Triumphbogen angebracht, den die Römer 315 n. Chr. in Rom zu Ehren Kaiser Konstantins (306–337 n. Chr.) errichteten.

M2 Römischer Legionär mit Marschgepäck, Rekonstruktionszeichnung, 1992. Das Gepäck bestand unter anderem aus Grundnahrungsmitteln, die für ein bis drei Tage reichen mussten. Das Gepäck wog etwa 48 kg: **A** Wurflanzen; **B** Helm; **C** Kurzschwert; **D** Schild; **E** Feldflasche; **F** Korb; **G** Zeltplane; **H** Getreidevorrat; **I** Spaten; **J** Spitzhacke; **K** „Tornister" mit Löffel, Sichel, Topf, Säge und Kettengliedern.

1. Erläutere mithilfe des Darstellungstextes und M1, wie die Römer im Weltreich der Kaiserzeit ihre Herrschaft ausübten. Ziehe M2 heran.
2. Diskutiert über den letzten Satz von Antonia. Formuliert gemeinsam eine Stellungnahme.
3. Erarbeite mithilfe der Darstellungstexte Ziele der römischen Herrschaft, ihre Durchsetzung und Ausdehnung. Ziehe die Karte S. 166 heran. Notiere dein Ergebnis in Stichworten und trage sie erläuternd vor.
4. Beurteile die Aussage: Die römischen Kaiser sahen sich nur als Feldherren und Eroberer.

Lebenswelt Imperium Romanum

Die „Romanisierung" der Provinzen

Die Legionen – Grundlage der Herrschaft

Eine der größten Aufgaben in der Kaiserzeit war die Sicherung der Grenze. Diese Aufgabe übernahm eine große Armee, die in den Grenzprovinzen stationiert war. Die Armee setzte sich aus Legionen mit je 6000 Mann zusammen. Jede Legion bestand aus zehn Kohorten. Insgesamt standen im 2. Jahrhundert n. Chr. rund 250 000 Mann unter Waffen.

Alle Legionäre waren römische Bürger. Unterstützt wurden sie von Hilfstruppen, die sich aus nichtrömischen Bewohnern der Provinzen zusammensetzten. In der Kaiserzeit wurde die Armee zu einem Berufsheer* mit fest besoldeten und sozial abgesicherten Soldaten umgebildet. Nach innen wie nach außen war sie die Grundlage der Macht Roms und das wirksamste Mittel, um die römische Friedensordnung durchzusetzen.

Die Legionen waren in der Nähe der Grenzen stationiert. Zwar mussten die Grenzregionen die Lasten der Truppenversorgung tragen. Aber mit ihrer Kaufkraft* und ihrem technischen Wissen stärkte die Armee auch die Wirtschaft der Region.

Die Legionäre – nicht nur Soldaten

Das Leben der Legionäre war nicht immer von Kampf und Krieg bestimmt. Sie mussten ihre Festungsanlagen, Kasernen, Straßen und Kanäle selbst anlegen und auch Äcker in der Nähe des Lagers bewirtschaften. Soldaten mit speziellen Kenntnissen waren von den allgemeinen Dienstpflichten befreit: Feldvermesser, Architekten, Tierärzte, Schiffbauer, Wagenbauer, Schwertschmiede, Trompetenbauer, Bogenmacher, Bleigießer, Metzger, Jäger und Buchführer. Die Dienstzeit in der Legion dauerte 20 Jahre, bei den Hilfstruppen 25 Jahre. Nach ihrer Dienstzeit ließen sich die altgedienten Soldaten (Veteranen) mit ihren Familien zumeist in Siedlungen nieder, die in der Nähe der Festungen entstanden waren, zum Beispiel in Bonna (Bonn), Mogontiacum (Mainz), Novaesium (Neuss). Dort lebten sie als angesehene Bürger mit besonderen Rechten.

Was ist „Romanisierung"?

Die römische Herrschaft veränderte das Leben in den Provinzen nachhaltig. Vor allem mit den Städtegründungen kam die römische Lebensweise in die eroberten Regionen. In der Geschichtswissenschaft wird dieser Vorgang „Romanisierung" genannt. Von den Bewohnern der Provinzen wurde die römische Lebensart meist bereitwillig aufgenommen, weil sie ein komfortableres Leben bot.

Mit ihrer Sprache und ihrer Schrift haben die Römer das Leben in Europa bis heute beeinflusst. Die heutigen „romanischen" Sprachen (Französisch, Spanisch, Italienisch, Portugiesisch, Rumänisch) sowie die Buchstaben, mit denen dieses Buch gedruckt ist, sind aus dem Lateinischen hervorgegangen. Daneben sind als weitere Merkmale der Romanisierung zu nennen: die Bauweise der Städte, der Häuser und ihrer Einrichtungen, alltägliche Lebensgewohnheiten, der Straßenbau, das römische Recht und die römischen Götter.

M1 Lehrer mit Schülern, Marmorrelief aus Neumagen an der Mosel, Ende 2. Jh. n. Chr. Zwei Schüler werden unterrichtet.

Lebenswelt Imperium Romanum

M2 Grenzen der Romanisierung?

Im 2. Jh. n. Chr. sprach Tacitus über die Lebensweise der nicht besiegten, vom Römischen Reich weit entfernt lebenden Fennen:

> Bei den Fennen herrscht entsetzliche Wildheit, abstoßende Dürftigkeit. Sie haben keine Waffen, keine Pferde, kein Heim. Zur Nahrung dienen Pflanzen, zur Kleidung Tierfelle, als Lager der Erdboden. Ihr Hoffen beruht allein auf den Pfeilen,
> 5 die sie aus Mangel an Eisen mit spitzen Knochen versehen. Mann und Frau ernähren sich in gleicher Weise von der Jagd … Die kleinsten Kinder birgt man zum Schutz gegen wilde Tiere in einem
> 10 notdürftigen Gezelt von Zweigen. Dort sucht auch der Erwachsenene immer wieder sein Heim … Und doch halten sie dieses Leben für glücklicher, als bei der Feldarbeit zu seufzen, sich mit Häusern zu plagen, in Furcht und Erwartung um
> 15 eigenes und fremdes Gut besorgt zu sein. Unbekümmert um Menschen, unbekümmert um Götter, haben sie das Schwerste erreicht: völlige Wunschlosigkeit.

Tacitus, Germania 46, zit. nach Walter Arend, Geschichte in Quellen, Bd. 1, München (bsv) 1965, S. 666.

M4 Römische Feldzüge zur Eroberung Germaniens

M3

Verschiedene Bauformen des Limes um 200 n. Chr., Rekonstruktionszeichnungen. Der Limes war eine etwa 550 km lange Befestigung an der Außengrenze des Römischen Reiches zwischen Rhein und Donau.

---

1 a) Ziehe aus M1 Rückschlüsse auf die Lebensweise der Römer.
b) Vergleiche mit M2. Verwende dabei den Begriff „Romanisierung" (Darstellungstext).

2 Erläutere den Aufbau der römischen Armee und deren Rolle bei der Sicherung der Macht.

3 Eine römische Legion soll nach Köln verlegt werden. Erörtere Vor- und Nachteile aus der Sicht von Kölner Bürgerinnen und Bürgern.

4 Nach dem berühmten Heerführer Marius (157–86 v. Chr.) wurden die Legionäre „Muli Mariani", also „Maultiere des Marius", genannt. Erkläre diese Bezeichnung mithilfe von M2, S. 179.

5 Beschreibe anhand von M3, wie die Römer die eroberten Gebiete gesichert haben.

6 Erläutere anhand von M4 die Versuche der Römer, germanische Gebiete zu erobern.

7 **Recherche:** Informiert euch in Partnerarbeit über den gegenwärtigen Wissensstand zur sogenannten „Varusschlacht" (www.kalkriese-varusschlacht.de). Berichtet in der Klasse.

Lebenswelt Imperium Romanum

Leben im römischen Rheinland

Die Landwirtschaft

Im Römerreich arbeiteten 70 bis 80 Prozent der Einwohner, so schätzen Wissenschaftler, in der Landwirtschaft. Produziert wurden vor allem Getreide (Weizen und Gerste), Wein und Oliven. Oliven dienten als Tafelfrüchte, das aus ihnen gewonnene Öl als Speiseöl, Körperöl und Brennstoff für Lampen. Mit Getreide, Wein und Oliven konnte man als Großgrundbesitzer, wie die Ritter und Senatoren oder Angehörige der Oberschicht, gute Geschäfte machen. Für die vielen Sklaven dagegen war die Landarbeit ein hartes Los.

In der Provinz Germania Inferior (siehe Karte S. 181), die zum Teil dem heutigen Rheinland entsprach, hatten die Römer in weiten Teilen schon eine entwickelte, ertragreiche Landwirtschaft vorgefunden. Unter dem Feldherrn Agrippa (64–12 v. Chr.) wurden die Ländereien vermessen und neu aufgeteilt. Es gab vor allem Kleingüter, die durch Ansiedlung von Veteranen unter Caesar und Augustus stark vermehrt wurden. Grabungsbefunde von Back- und Räucheröfen, Mühlen, Webstühlen und Schmieden zeigen, dass der römische Gutshof im Rheinland trotz mancher Spezialisierung ein „ganzheitlicher" Wirtschaftsbetrieb war.

Die römischen Provinzstädte

Städte entwickelten sich in der Nähe von Militärstandorten oder aus kleinen Siedlungen eroberter Stämme. Sie waren meist an Handels- oder Verkehrsknotenpunkten gelegen. In ihrem Weltreich haben die Römer über 1000 Städte mit Verwaltungen aufgebaut, um von dort aus zu herrschen. Im Rheinland gründeten sie zum Beispiel die heutigen Städte Köln, Xanten und Trier. Köln entstand, als 38 v. Chr. Agrippa, ein Freund des Augustus, am linken Rheinufer unterworfene germanische Ubier ansiedelte. 50 n. Chr. wurde der Ort von Agrippina, der Frau des damaligen Kaisers Claudius zur römischen Kolonie erhoben, der „Colonia Claudia Ara Agrippinensium" (CCAA).

Jede Stadt in der Provinz glich in gewisser Weise dem Vorbild Rom: An der Spitze standen zwei oberste Beamte, die für ein Jahr gewählt wurden. Die Mitglieder des Stadtrats wurden auf Lebenszeit gewählt. In vielen Bereichen konnten sich die Städte selbst verwalten. Steuern wurden jedoch nur von kaiserlichen Beamten eingetrieben. Der Vorgang der Städtegründungen und der Verbreitung städtischer Lebensweisen wird als „Urbanisierung" (lat. urbs = die Stadt) bezeichnet.

Römischer Gutshof im Rheinland aus dem 4. Jh. n. Chr., Rekonstruktionszeichnung, 1999.
A Wohnhaus für Gesinde; **B** Herrenhaus mit Fußbodenheizung, Warmbad, Abort mit Wasserspülung; **C** Trockenspeicher; **D** große Scheune; **E** offener Schuppen; **F** Getreidespeicher; **G** Pferdestall; **H** Schafstall; **I** Schweinestall; **J** Kuhstall; **K** Keller.

Lebenswelt Imperium Romanum

DIE CCAA – GOLDENER BODEN FÜR IHR HANDWERK

Rom sind wir nicht – aber ...

Wo liegt die CCAA?
Unsere Stadt liegt verkehrsgünstig am Ufer des Rheins und hat einen leistungsfähigen Hafen. Gut ausgebaute Straßen verbinden die Stadt mit anderen städtischen Siedlungen in Untergermanien.

Welche Handwerke werden gesucht?
Töpfereien, Metallgießereien, Schmieden, Glasbläsereien, Gerbereien. Grundstücke können wir am Rhein und am Duffesbach zur Verfügung stellen. Unsere Gewerbegebiete liegen stadtnah.

... leben und arbeiten können Sie in unserer Provinzhauptstadt wie in Rom

Energie und Rohstoffe?
Kein Problem. Die Wasserversorgung für Ihren Betrieb ist durch das Fluss- und Bachwasser gesichert. Trinkwasser führen wir über einen 50 Meilen langen Aquädukt aus der Eifel heran. Rohstoffe für die Betriebe – Quarzsand, Ton, Kalk – werden mit Schiffen auf dem Rhein oder über die Landstraßen transportiert.

Was gibt es sonst noch in der CCAA?
Leben wie in Rom! Forum, Arena, Theater, Thermen, der Jupitertempel auf dem Capitolshügel, der Marstempel, das Praetorium (die Residenz des Statthalters) gehören zu den wichtigsten Einrichtungen. Einkaufsstraßen, viele überdacht, und Geschäfte mit Waren aus dem ganzen Reich machen hier, wo Römer und Ubier friedlich zusammenleben, das Leben angenehm.

Viele Gründe, sich bei uns niederzulassen!
Amt für Gewerbeansiedlungen der CCAA
Niedergermanien

M2 Werbung für die „Colonia Claudia Ara Agrippinensium" (CCAA). Stellen wir uns vor, es hätte vor etwa 2000 Jahren schon Werbeprospekte gegeben – vielleicht hätte ein Prospekt für Handwerker wie M2 ausgesehen. Verfassertext.

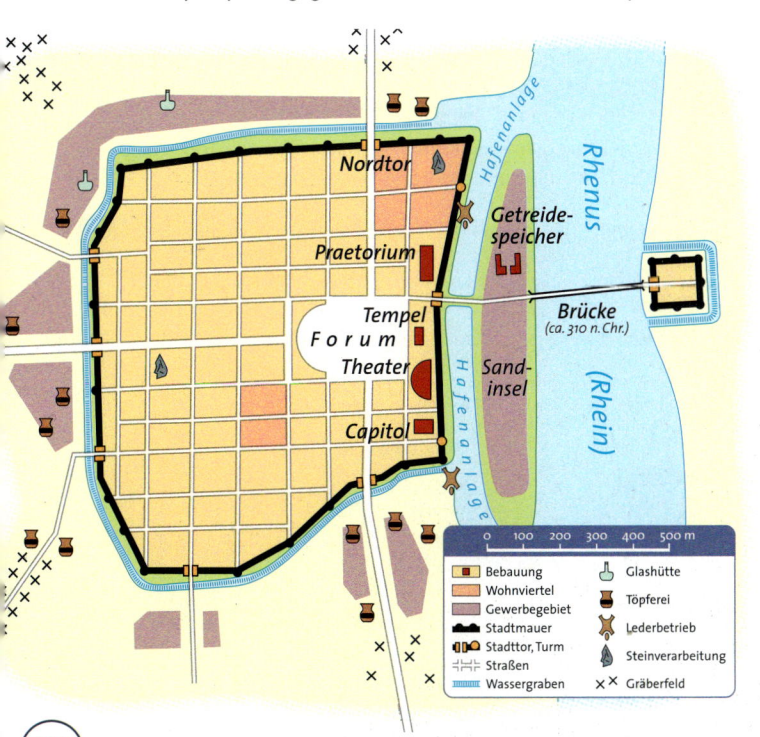

M3 Das römische Köln, Anfang 4. Jh. n. Chr.

1. Erkläre mithilfe des Darstellungstextes die Bedeutung der Landwirtschaft für die römische Wirtschaft.
2. Beschreibe anhand von M1 einen römischen Gutshof. Kläre: „ganzheitlicher" Wirtschaftsbetrieb.
3. „Leben auf dem römischen Gutshof war ein Leben im Luxus." Nimm dazu begründet Stellung.
4. „Die Provinzstädte waren ganz eigene, in Anlage und Verwaltung von Rom unabhängige Zentren des Lebens im Römerreich." Prüfe die Aussage anhand des Darstellungstextes.
5. Arbeite an M3 heraus, was du über das Leben im römischen Köln erfahren kannst.
6. Stelle mithilfe von M2 zusammen, was dir am römischen Köln „modern" erscheint.
7. Stell dir vor, du wärst ein Reporter aus dem antiken Rom, der über das römische Rheinland schreiben soll. Verfasse einen Artikel.

Lebenswelt Imperium Romanum

Norddeutschland in der Römerzeit – das Wurtendorf Feddersen Wierde

Überlieferte Vorstellungen und Ausgrabungen

Norddeutschland in der Römerzeit um Christi Geburt war in den Überlieferungen antiker Geschichtsschreiber eine dunkle, fremde Landschaft mit sumpfigen Niederungen und undurchdringlichen Wäldern in den Mittelgebirgen. Diese Vorstellungen gingen von den Lebenserfahrungen in der antiken, städtisch geprägten, klimatisch angenehmeren Mittelmeerwelt aus. Demgegenüber kann die Archäologie in unserer Zeit ein immer genaueres Bild von der Landschaft und den Menschen in Norddeutschland in jener Zeit vermitteln.

Die Siedlung Feddersen Wierde

Das Beispiel des Wurtendorfes Feddersen Wierde (Wurten oder Wierden = Wohnhügel) im Kreis Cuxhaven lässt erkennen, wie wir uns die Lebenswelt der Menschen vorstellen können. Ausgrabungen in der Marsch zwischen 1955 und 1963 ergaben für dieses Gebiet eine Besiedlung vom 1. Jahrhundert v. Chr. bis zum 5. Jahrhundert n. Chr.

Als im 1. Jahrhundert n. Chr. der Meeresspiegel erneut stieg, mussten die Wohnplätze erhöht werden. Der Wurtenbau begann. Die Siedlung musste bis zum 5. Jahrhundert siebenmal erhöht werden und erreichte eine Höhe von vier Metern. Im Verlauf des 4./5. Jahrhunderts ging die Besiedlung zurück. Ständig zunehmende Überflutungen führten dazu, dass sich die Bevölkerung von den Erträgen aus dem Ackerbau (Gerste, Hafer, Pferdebohnen, Lein und Leindotter als Ölpflanzen) und der Viehhaltung nicht mehr ernähren konnte. Im 5. Jahrhundert n. Chr. wurde die Siedlung aufgegeben. Ihre Bewohner siedelten sich auf der Geest an oder wanderten nach England aus.

Eine Dorfgesellschaft der Gleichen?

Die aus der Frühzeit der Besiedlung ausgegrabenen fünf Wohnplätze zeigen Wohn-Stall-Häuser mit jeweils einem Speicher. Dazu kamen im Laufe der Zeit kleinere Handwerkerhäuser. Die frühen Wohn-Stall-Häuser waren untereinander etwa gleich groß. Daraus wurde gefolgert, dass der Besitz und die soziale Stellung der frühen bäuerlichen Siedler gleich waren. Bis zum 1. Jahrhundert n. Chr. wuchs die Ansiedlung auf elf Wirtschaftsbetriebe mit nun unterschiedlich großen Wohn-Stall-Häusern. In dieser Zeit ist ein Zusammenschluss mehrerer Betriebe zu einem „Mehrbetriebsgehöft" mit großem Wohn-Stall-Haus und kleineren Wohnbauten ohne Stallteil festzustellen. Wachsende Bevölkerungszahlen und schlechtere wirtschaftliche Bedingungen (häufigere Überflutungen) zwangen offenbar zu diesem Schritt.

Im 3. Jahrhundert n. Chr. bildete sich eine größere Betriebseinheit heraus – mit mehreren Wohn-Stall-Gebäuden und einem Handwerkerhaus, dazu eine Versammlungs- oder Wohnhalle, ein Speichergelände, ein Viehauftriebsplatz und ein Werkstattgebiet. Gefunden wurden auch viele aus dem Römischen Reich eingeführte Waren und auch Raubgegenstände. Die Archäologen bezeichnen den Betrieb als „Herrenhaus".

M2 Der Naturraum des Elbe-Weser-Dreiecks mit den Grabungsplätzen Feddersen Wierde und Flögeln

Ausgrabung der Feddersen Wierde mit Hausresten, Luftaufnahme

M1

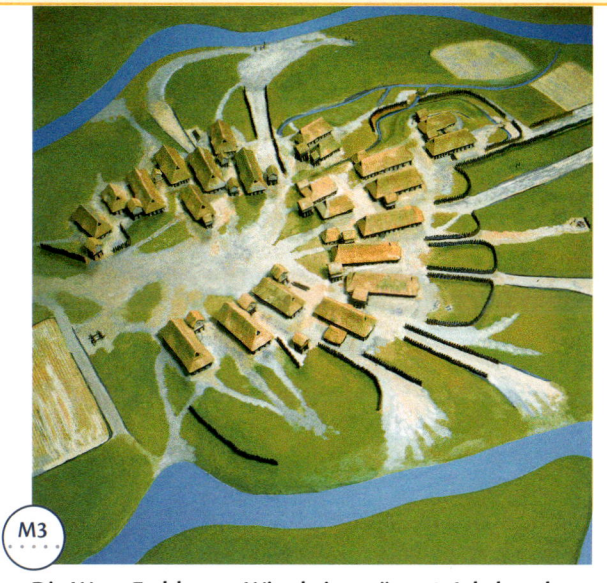

Lebenswelt Imperium Romanum

M3 Die Wurt Feddersen Wierde im späten 2. Jahrhundert n. Chr., Modell

M5 Wohn-Stall-Haus mit Speicher, Modell

M4 Wohn-Stall-Haus im 2. Jahrhundert n. Chr., Rekonstruktionszeichnung

M6 Anteile der Haustiere auf der Feddersen Wierde.

M7 Römische Funde

1. Beschreibe anhand von M2 die geografische Lage des Wurtendorfes Feddersen Wierde. Kläre die Begriffe Marsch, Geest, Moor.
2. Zeige an M1, welche ersten Erkenntnisse sich aus der Ausgrabung gewinnen lassen. Notiere deine Schlüsse.
3. Erläutere mithilfe von M3–M5, wie die Menschen in Feddersen Wierde gewohnt haben. Nenne Vor- und Nachteile dieser Wohnform. Vergleiche mit deinen Ergebnissen aus Aufgabe 2.
4. Untersuche an M6, welche Bedeutung die einzelnen Haustierarten für die Ernährung bzw. Tätigkeiten der Menschen auf der Feddersen Wierde hatten.
5. Vermute, wie sich die „römischen Waren" (M7) in Feddersen Wierde erklären lassen.
6. Beschreibe mithilfe des Darstellungstextes in genauen Schritten die Entwicklung der Siedlung.
7. Baut ein Modell (Dorfanlage, Wohn-Stall-Haus) nach.

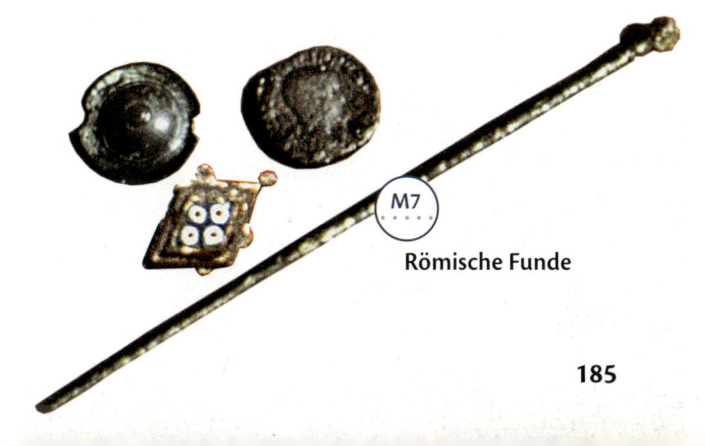

185

Die Ausbreitung des Christentums im Römischen Reich

Die Entstehung der christlichen Kirche

Jesus von Nazareth lebte als Wanderprediger in der römischen Provinz Judäa. In seinen Reden forderte er die Menschen zur Nächstenliebe auf und weckte in ihnen die Hoffnung auf das kommende Reich Gottes und ein ewiges Leben nach dem Tod. Er lehrte, dass er der von den Juden erwartete Messias (= Erlöser) und Sohn Gottes sei, was aber die jüdischen Priester nicht anerkannten. Um 30 n. Chr. klagten sie ihn beim römischen Provinzstatthalter Pontius Pilatus an, der Jesus zum Tod am Kreuz verurteilte. Wahrscheinlich sah Pilatus in Jesus auch eine Gefahr für die römische Herrschaft in Judäa.

„Sendboten", vor allem die Apostel Petrus und Paulus, verbreiteten die Lehre von Jesus Christus als dem Erlöser. Sie gewannen viele Anhänger aus allen Schichten der Bevölkerung, aber besonders bei den Armen, Sklaven und Frauen. Zuerst in Jerusalem, dann überall im Reich entstanden so nach dem Tod von Jesus christliche Gemeinden. Aus dieser Zeit stammen auch die Texte des Neuen Testaments der Bibel, die von den Worten und Taten Jesu berichten.

Die rasch wachsende Zahl der Christen erforderte alsbald eine Organisation: Bischöfe als Leiter der Gemeinden sollten das Zusammenleben der Christen regeln und die Einheit des Christentums garantieren. So entstand die christliche Kirche.

Christentum und römischer Staat

Die Christen gerieten mit ihrem Glauben bald in Gegensatz zum römischen Staat, der fremde Religionen akzeptierte, solange sie die öffentliche Ordnung nicht störten. Doch die Christen waren oft Vorurteilen ausgesetzt. Wusste man doch nicht so recht, was sie taten, wenn sie sich zu Gebet und Gottesdienst in Privathäusern trafen. Wurden hier Verschwörungen geplant? Auch lehnten die Christen die Anbetung mehrerer Götter und die gottähnliche Verehrung der Kaiser ab.

Als 64 n. Chr. in Rom ein verheerender Brand wütete, schob Kaiser Nero den Verdacht auf die Christen und ließ viele im Circus Maximus qualvoll hinrichten. Dabei sollen auch die Apostel Petrus und Paulus als Märtyrer gestorben sein. Seither häuften sich die Verfolgungen, so z. B. unter Kaiser Diokletian, der christliche Versammlungsorte zerstören ließ.

Unter dessen Nachfolgern kam es zur Wende: Kaiser Konstantin erkannte 313 das Christentum offiziell als gleichberechtigte Religion an. Dieses Umdenken wird auch damit erklärt, dass Konstantin vor einer wichtigen Schlacht das Zeichen der Christen an den Schilden der Soldaten anbringen ließ und dann den Sieg errang. „In diesem Zeichen wirst du siegen!" (In hoc signo vinces!), lautete die Botschaft, die Konstantin erhielt. Er hoffte, dass das Christentum die Einheit des Reichs förderte, und so durften die Christen große Kirchen bauen. Der Sonntag wurde Feiertag, und schließlich ließ sich Konstantin kurz vor seinem Tod 337 n. Chr. selbst taufen. Die enge Verbindung zwischen Christentum und Staat führte 391 n. Chr. zum Verbot aller heidnischen Kulte und zur Erhebung des Christentums zur alleinigen Staatsreligion durch Kaiser Theodosius.

Vorschlag für eine Gruppenarbeit

Roms Untergang – eine Gruppenarbeit

Die Darstellungstexte und Materialien auf den Seiten 186 bis 189 thematisieren aus verschiedenen Perspektiven den Untergang Roms und können in Gruppen bearbeitet werden. Jede Gruppe bearbeitet eine Seite und stellt ihre Ergebnisse in der Klasse vor.

Begriffe und Daten

Christentum
Die auf Jesus Christus (= „der Gesalbte"), sein Leben und seine Lehre gegründete Religion.

Staatsreligion
Religion, die im ganzen Staat als verbindlich gilt. Gläubige anderer Religionen werden benachteiligt oder verfolgt. 391 wurde das Christentum durch Kaiser Theodosius zur alleinigen Staatsreligion im Römischen Reich erhoben.

M1 **Christus als guter Hirte**, Malerei aus der Priscilla-Katakombe, 2. Jh. n. Chr. In der Antike sind Menschen, die Gaben als Opfer zum Tempel brachten, häufig in ähnlicher Weise dargestellt worden. Die christliche Darstellung steht also in Verbindung mit älteren religiösen Traditionen.

Lebenswelt Imperium Romanum

M2 Wie die Römer die Christen sahen

Ein Nichtchrist greift in einem Streitgespräch im 3. Jahrhundert einen Christen an:

Warum bemühen sie sich denn so sehr, den Gegenstand ihrer Verehrung, was er auch sein mag, zu verbergen und zu verheimlichen? Anständigkeit lässt sich immer gern sehen, nur Laster hält
5 man geheim! Weshalb sonst haben sie keine Altäre, keine bekannten Heiligtümer? Warum reden sie nie öffentlich, treffen sich nie frei, wenn nicht das, was sie heimlich tun, Strafe einbrächte oder Schande? ... Seht doch das, was euch droht:
10 Zwangsedikte, Strafe, Foltern; Kreuze, aber nicht zum Anbeten, sondern zum Erleiden; Feuersgluten, die ihr prophezeit und für euch selbst fürchten müsst. Wo bleibt da dieser Gott, der den Auferstehenden helfen kann, den Lebenden aber
15 nicht? Gebieten die Römer nicht ohne euern Gott über ihr Reich, nutzen den gesamten Erdkreis und herrschen auch über euch? Ihr dagegen lebt immer in Sorge und Angst, ihr haltet euch von allen Vergnügungen fern, auch von den anständigsten.
20 Ihr besucht keine Schauspiele, nehmt an den Festzügen nicht teil, verschmäht die öffentlichen Speisungen; ihr verabscheut die Spiele zu Ehren der Götter, das Opferfleisch und den Opferwein der Altäre. So sehr fürchtet ihr die Götter, deren Da-
25 sein ihr doch leugnet! Ihr schmückt euch das Haupt nicht mit Blumen, pflegt euren Körper nicht mit wohlriechenden Essenzen; Spezereien werden bei euch nur für die Toten verwendet und Kränze habt ihr nicht einmal für eure Gräber üb-
30 rig. Ihr hässlichen, verschreckten Gestalten, ihr seid nur Erbarmen wert.

Minucius Felix, Octavius, 10 ff. Übers. v. Bernhard Kytzler, Stuttgart (Reclam) 1983, S. 29 ff.

M4 Aus der Botschaft von Jesus Christus

In der „Bergpredigt", im Matthäus-Evangelium der Bibel, Kap. 5–7, steht:

Wohl denen, die gewaltlos sind und Freundlichkeit üben. Erben werden sie das Land.
Wohl denen, die barmherzig sind. Sie werden Barmherzigkeit finden.
5 Wohl denen, die Frieden bringen. Gottes Kinder werden sie heißen.
Alles nun, was ihr wollt, dass euch die Leute tun sollen, das tut ihnen auch! Das ist das Gesetz und die Propheten.
10 Liebt eure Feinde und bittet für die, die euch verfolgen.

Zit. nach Frieder Burkhardt u. a. (Hg.), Ethik 5/6, Berlin (Cornelsen) 1995, S. 140.

M5

Jesus Christus, Ausschnitt aus einem Mosaik der Kirche Santi Cosma e Damiano am Forum Romanum, 4. Jh. n. Chr. Christus hat die rechte Hand erhoben und hält in der linken die Gesetzesrolle. Er trägt Tunika und Toga und wird als Verkünder eines neuen Zeitalters dargestellt.

M3

Münze des Kaisers Konstantin, 315 n. Chr. Auf dem Schild ist die römische Wölfin abgebildet, im Helm zeigt eine runde Scheibe das sogenannte Christogramm. Die griechischen Buchstaben X (CH) und P (R) sind die Anfangsbuchstaben von „Christus".

---

1 Finde mithilfe von M1, M4 und M5 heraus, worin die Anziehungskraft der christlichen Religion lag.
2 Erläutere Entstehung und Verbreitung der christlichen Glaubenslehre (Darstellungstext).
3 Stelle dar, wie ein nicht-christlicher Römer die Christen beurteilte (M2 und Darstellungstext).
4 Arbeite heraus, wie sich das Verhältnis des Christentums zum römischen Staat entwickelte (Darstellungstext, M3).

Lebenswelt Imperium Romanum

Warum ging das Römische Reich unter?

M1

Römische Wirtschaft in der Krise?

Der Bischof und christliche Kirchenlehrer Johannes Chrysostomos schrieb Ende des 4. Jh. n. Chr. über Bauern und Grundbesitzer im Römischen Reich:

1A Wenn man nämlich untersucht, wie sie [die Grundbesitzer] mit den armen und elenden Landleuten verfahren, kommt man zu der Überzeugung, dass sie unmenschlicher sind als Barbaren. Den Leuten, die ihr Leben lang hungern und sich quälen müssen, legen sie fortwährend unerschwingliche Abgaben auf, bürden auf ihre Schultern mühsame Dienstleistungen und gebrauchen sie wie Esel und Maultiere, ja wie Steine, gestatten ihnen auch nicht die mindeste Erholung, und gleichviel, ob die Erde Erträgnis abwirft oder nicht: man saugt sie aus und kennt keine Nachsicht ihnen gegenüber … Von ihren Arbeiten, von ihrem Schweiße füllt man Speicher und Keller, ohne sie auch nur ein weniges mit heimnehmen zu lassen; man heimst vielmehr die ganze Ernte in die eigenen Truhen und wirft jenen ein Spottgeld als Lohn dafür hin.

Johannes Chrysostomos, Matthäuskommentar, 61, Homilie, 3., zit. nach Karl Christ, Die Römer, 3. Aufl., München (C.H. Beck) 1994, S. 203 f.

Der Historiker Norbert Brockmeyer schrieb über die Wirtschaft im Römischen Reich seit dem 3. Jh. n. Chr (1972):

1B Der Kaufmannsstand konnte sich nicht mehr weiterentwickeln. Wurde ein Unternehmen gegründet, so musste es sofort Mitglied in einer Zwangsvereinigung (Korporation) werden. Solche Vereinigungen waren zum Beispiel die navicularii und die mercatores. Der Unternehmer musste dann für eine geringe Entschädigung für den Staat arbeiten und Frachtgut transportieren oder bei Absatz seiner Ware dem Staat den Vortritt vor anderen Kunden lassen; natürlich zu einem geringeren Preis. Ähnlich war es auch im Bereich des Gewerbes. Der Staat wurde zum Hauptauftraggeber. Er setzte aber die Preise so niedrig an, dass sie für Handwerker und andere Produzenten zum Ruin werden mussten. Da der Staat diese Betriebe aber brauchte, wurden sie wie die Kaufleute zu Zwangskorporationen vereinigt.

Norbert Brockmeyer, Sozialgeschichte der Antike, Stuttgart (Kohlhammer) 1972, S. 118 ff. Bearb. d. Verf.

M2 Europa vom 4. bis zum 6. Jahrhundert n. Chr.

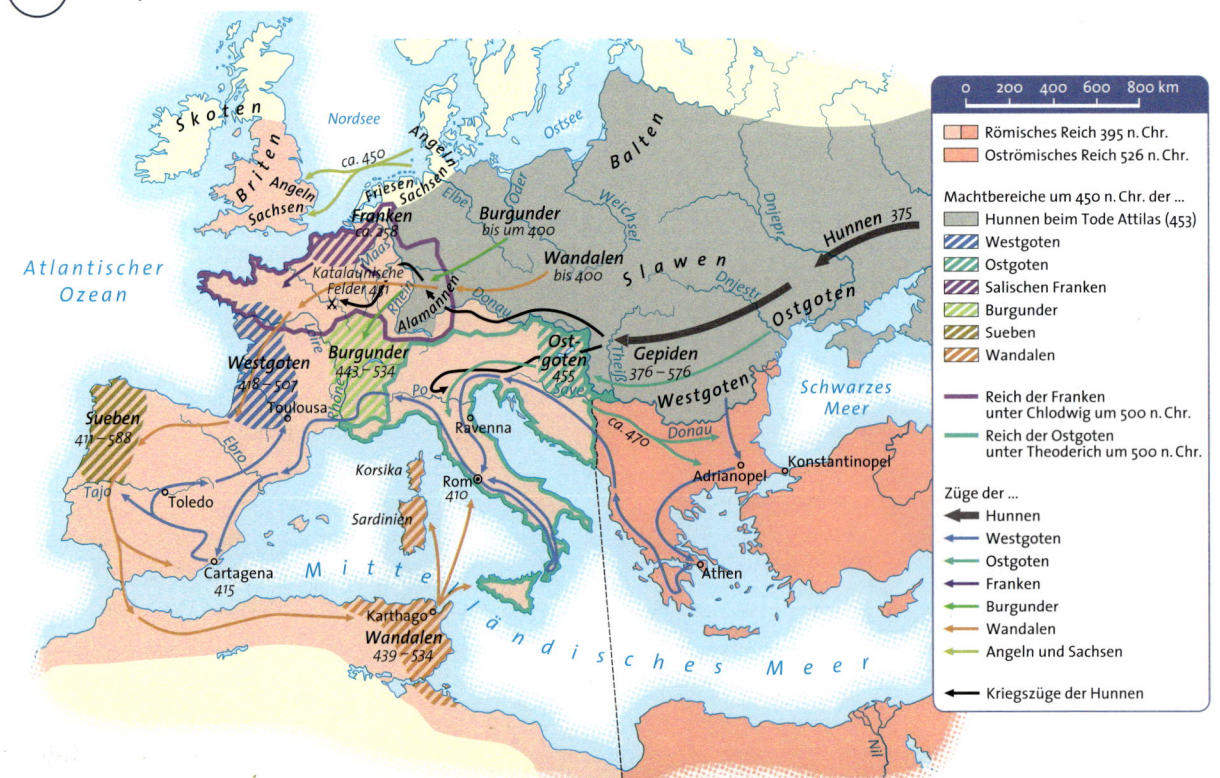

Lebenswelt Imperium Romanum

I. Das Christentum
- 1. Jh. Verbreitung des Christentums von der römischen Provinz Judäa aus.
- Die Christen werden verfolgt, weil sie den römischen Staat ablehnen wegen der Verehrung mehrerer Götter und gottähnlicher Verehrung des Kaisers.
- 313 n. Chr. Kaiser Konstantin erkennt das Christentum an.
- 391 n. Chr. Kaiser Theodosius erhebt das Christentum zur einzigen Staatsreligion.

→ **Christliche Kirche als neue (europäische) Macht im Reich**

II. Der Weg zum „Zwangsstaat"
- Seit etwa 200 greifen fremde Stämme (z. B. Germanen und Perser) die Grenzen des Reiches an.
- Das Heer muss vergrößert, die Grenzbefestigungen müssen ausgebaut werden.
- Die Folgen sind höhere Staatsausgaben, höhere Steuern und Abgaben, Druck auf die Landwirtschaft, den Handel und das Gewerbe. Strafen werden bei Widerstand gegen den Staat verhängt.

→ **Finanz- und Wirtschaftskrise im „Zwangsstaat"**

III. Mehrkaisertum
- Die Heerführer in den Grenzregionen gewinnen an Macht und werden von ihren Soldaten zu „Kaisern" ausgerufen.
- Die „Soldatenkaiser" kämpfen gegeneinander.
- Ende des 3. Jh. „Viererherrschaft" (Tetrarchie)

→ **Machtzersplitterung im Reich**

Ursachen für das Ende des Römischen Reiches

IV. Teilung des Reiches
- 395 n. Chr. Das Römische Reich wird in das Oströmische Reich mit der Hauptstadt Byzanz und das Weströmische Reich mit der Hauptstadt Rom geteilt.
- 476 n. Chr. Der letzte weströmische Kaiser wird abgesetzt.
- Konstantinopel (vorher Byzanz) wird neues Machtzentrum im Osten (bis 1453).

→ **Auflösung der Reichseinheit, Machtverlust Roms zugunsten Konstantinopels**

V. Völkerwanderung
- Asiatische Steppenvölker (z. B. Hunnen) ziehen nach Westen.
- Germanische und slawische Völker (z. B. die Goten) greifen die Reichsgrenzen an und dringen in das Reich ein.
- Diese Völker gründen auf römischem Gebiet neue Reiche.
- 476 n. Chr. Der letzte weströmische Kaiser Romulus Augustulus wird durch den germanischen Heerführer Odoaker abgesetzt.

→ **Ende des Weströmischen Reiches, neue nichtrömische Reiche**

M3 **Das Ende des Römischen Reiches**

1. Arbeite aus M1 Merkmale der wirtschaftlichen Krise im Römerreich heraus. Achte auf die Rolle des Staates.
2. Beschreibe mithilfe von M2 die Wanderungsbewegungen der Völkerwanderungszeit und nenne mögliche Folgen für das Römerreich.
3. **Recherche:** Untersuche, wie die christliche Religion sich verbreitete und worin ihre Anziehungskraft lag (Lexika, Fachbücher, Internet). Berichte in der Klasse.
4. Erarbeite die Ursachen für das Ende des Römischen Reiches (M3):
    a) Kläre unbekannte Begriffe.
    b) Erläutere die einzelnen Ursachen und gewichte sie.
    c) Notiere die Schlüsselwörter zu jeder Ursache.
    d) Halte anhand dieser Schlüsselwörter einen Kurzvortrag.

Lebenswelt Imperium Romanum

Römische Antike und europäische Gegenwart

Das „Haus Europa" – auf „Rom" gebaut?

In den vorigen Kapiteln hast du Spuren der Römer kennen gelernt, die bis in unsere Zeit überliefert sind: Kunstgegenstände wie die Augustusstatue aus Rom, Amphitheater, Aquädukte oder das Straßennetz der Römer. Zum römischen „Erbe" gehören aber auch geistige Traditionen: die lateinische Schrift, in der wir schreiben, und die lateinische Sprache, die Eingang in moderne Sprachen gefunden hat, lateinische Literatur oder das römische Recht. Auch die christliche Religion hat sich zuerst im Römerreich verbreitet.

Wenn Politikerinnen und Politiker heute eine europäische Einigung anstreben, verweisen sie meist unter zwei Aspekten auf das Römische Reich. Zum einen werden die Leistungen römischer Zivilisation hervorgehoben: vor allem die hohe Schriftkultur und das städtische Leben mit einer geordneten Verwaltung (Polizei, Feuerwehr, Getreideversorgung, Wasserleitungen, schriftliches Recht usw.) und seinen angenehmen Lebensbedingungen, die die meisten Menschen als Bürger (= lat. civis) beanspruchen. Zum anderen gilt das Römische Reich als Beispiel dafür, wie man einen großen Raum mit verschiedenen Völkern und Sprachen politisch organisiert, d. h. dass sich trotz aller nationalen und regionalen Unterschiede Franzosen und Tschechen, Schweden und Italiener, Friesen und Basken in einem gemeinsamen Europa wiedererkennen können. Der Begriff Zivilisation ist eng mit der Entwicklung von Städten verbunden, denn er meinte ursprünglich die verfeinerte Lebensweise in den Städten gegenüber dem einfachen Landleben der Bauern. Man spricht von „zivilisierten" Verhältnissen, wenn sich eine Gesellschaft so organisiert, dass jeder ein freies und sicheres Leben führen kann. Dazu gehören: Schul- und Berufsausbildung, ärztliche Versorgung, Sicherheitseinrichtungen (Polizei, Feuerwehr), Kunst, Wissenschaft und Technik, wirtschaftliche Einrichtungen wie Handel, Handwerk und Industrie, eine öffentliche Verwaltung, aber auch bestimmte Umgangsformen.

M1 **Römische Münze** mit Kaiser Konstantin, Prägung von 336/337 n. Chr. Der Schriftzug lautet: D(ominus) N(oster) Constantinus Max(imus) Aug(ustus).

M2 **Euro-Münze,** Prägung von 1999. Seit dem 1. Januar 1999 ist der Euro die Währung etlicher Mitgliedsstaaten der Europäischen Union; als Bargeld ist er ab 1. Januar 2002 im Umlauf.

Lebenswelt Imperium Romanum

Der römische Denar war ein Vorläufer

Der Euro hat einen erfolgreichen Vorläufer: Bereits vor rund 2000 Jahren bestand im weit gespannten Römischen Reich ein einheitlicher Wirtschaftsraum, in dem vor allem mit dem Silberdenar ein allgemein anerkanntes Zahlungsmittel kursierte. Über Jahrhunderte hinweg konnten die Völker der Antike im Schutz des Reichsfriedens zwischen Mittelmeer und Nordsee, Atlantik und Schwarzem Meer praktisch ungehindert Handel treiben und bei stabilen Preisen allerorten mit einer Währung zahlen … „Es war vielleicht die erfolgreichste Währung der Welt", meint der Numismatiker[1] Wolfram Weiser von der Universität Köln zu der römischen Devise[2] … Die hohe Zeit der einheitlichen Wirtschaftszone mit ungehindertem Warenverkehr und weitgehender Freiheit vor staatlichen Eingriffen ins Erwerbsleben begann dann um Christi Geburt im römischen Kaiserreich unter Augustus: Ein Friedensimperium mit hervorragender Infrastruktur[3] wie den zum Teil bis heute zurückzuverfolgenden Römerstraßen gestattete die Einfuhr von Zinn aus Britannien und Bernstein von der Ostsee, von Gold aus Sudan und Seide aus China … „Zweihundert Jahre lang hat das System hervorragend funktioniert", sagt Weiser. Nicht zuletzt ein außerordentlich stabiles Preisniveau habe der römischen Welt einen erheblichen wirtschaftlichen Aufschwung beschert.

Einheitswährung war in der gesamten antiken Welt begehrt.

Bericht der französischen Nachrichtenagentur „Agence France Presse" in der Braunschweiger Zeitung vom 29.12.1998. Gekürzt v. Verf.

[1] Münzkundler
[2] ausländisches Zahlungsmittel
[3] wörtlich „Unterbau": Sammelbegriff für die Grundlagen der Wirtschaft, z. B. Verkehrs- und Informationseinrichtungen

M3 Die römische Währung und der Euro

M4

Das Haus Europa, Karikatur von Karl-Gerd Striepecke, 1992. Die Europäische Union (EU) ist ein Zusammenschluss von 27 europäischen Staaten (Stand: 2008) mit unterschiedlichen Sprachen und kulturellen Traditionen zu einer politischen und wirtschaftlichen Gemeinschaft. Die Mitgliedsstaaten bilden einen gemeinsamen großen „Markt", in dem Waren ohne Kontrollen und Zölle zirkulieren und Menschen frei reisen können.

1 Beschreibe die Münzen M1 und M2 und vergleiche.
2 Untersuche, wie die römische Währung in dem Zeitungsartikel M3 beurteilt wird.
3 Erarbeite, welche Aussagen in M3 zur Wirtschaft im römischen Kaiserreich gemacht werden.
4 Beschreibe M4 und überlege, wie der Zeichner den Zustand Europas 1992 sah.
5 Erkunde, welche Staaten heute Mitglied in der EU sind und berichte in der Klasse (Internet).
6 Diskutiert in einer Gesprächsrunde, welche Gemeinsamkeiten und Unterschiede zwischen dem Römischen Reich und Europa in unserer Zeit bestehen. Berücksichtigt dabei auch eure Kenntnisse über das Ende des Römischen Reichs (siehe S. 188/189). Formuliert Fragen, die sich nicht sofort beantworten lassen und sucht nach Antworten.
7 Berichte über europäische Partnerschulen deiner Schule oder Städtepartnerschaften deines Heimatortes. Nutze für die Informationsbeschaffung auch das Internet.

Methode

Eine Mindmap entwerfen

Wissen strukturieren und visualisieren

Wenn du z. B. den Begriff Rom hörst oder liest, fallen dir dazu schnell weitere Wörter ein, etwa: Gründungsmythos, Römisches Reich, Punische Kriege, Caesar, Kapitol, Senat, Popularen usw. Diese noch ungeordneten Begriffe können in eine bestimmte Ordnung (Struktur) gebracht werden, indem zwischen ihnen Beziehungen durch Linien oder Pfeile hergestellt werden. Auf diese Weise entsteht eine „Mindmap", auf deutsch: „geistige Landkarte" oder „Gedächtnislandkarte".

Eine strukturelle Anordnung des Wissens kommt der Arbeitsweise unseres Gehirns entgegen: Durch die anschauliche Verkettung von Informationen (Begriffe, Daten, Ereignisse, Personen) wird die Fülle der einzelnen Lerninhalte verringert, das Kurzzeitgedächtnis entlastet und das Erinnern über längere Zeiträume (Langzeitgedächtnis) gestärkt. Die Mindmap ist deshalb vor allem eine Lernhilfe. Herstellen kannst du sie per Hand oder am Computer.

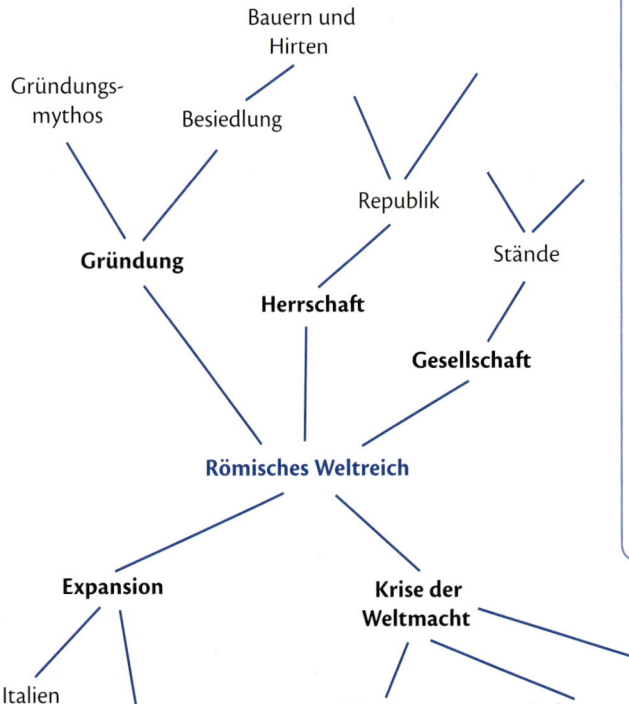

1 Übertrage die Mindmap M1 in dein Heft und vervollständige sie. Ergänze Symbole und Bilder.
2 Halte mithilfe deiner Mindmap einen freien Kurzvortrag zum Thema „Römisches Weltreich".
3 Diskutiert in einer Gesprächsrunde, wie das Problem der zeitlichen Folge in der Geschichte in einer Mindmap berücksichtigt werden könnte.

Arbeitsschritte

1. Schritt: Hauptthema formulieren
– Das Hauptthema (Hauptzweig) formulieren, z. B. „Römisches Weltreich", und in der Mitte des Blattes notieren. Als Vorstufe kannst du auch einen zusammenhängenden Text aus dem Gedächtnis zum Thema schreiben, aus dem du dann die „Schlüsselwörter" herausschreibst und danach deine Mindmap entwirfst.
– Verschiedene Hauptäste zeichnen und benennen, die in verschiedene Richtungen vom Hauptthema ausgehen.

Tipp: Nur Stichworte notieren, evtl. unterschiedliche Farben (Symbole, Bilder) für Haupt- und Unteräste verwenden.

2. Schritt: Unterthemen finden
– Die Hauptthemen mit Unterthemen benennen und zu jedem Ast Informationen notieren.
– Weitere Unteräste zeichnen, um Details einzuordnen.

3. Schritt: Auswertung
– Ergebnisse in Kurzvorträgen vorstellen (Tafel, Folie o. Ä.) und im Gespräch prüfen.
– Offenheit und Ergänzbarkeit der Entwürfe feststellen und begründen.

M1 Mindmap zum Thema „Römisches Weltreich"

Kompetenz-Check

Lebenswelt Imperium Romanum

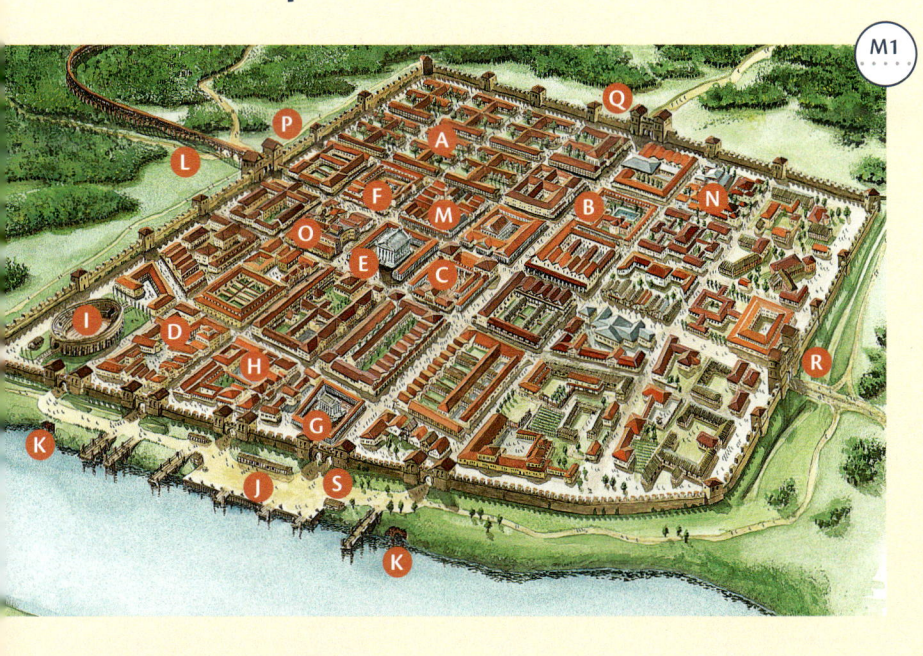

M1 Die „Colonia Ulpia Traiana" in Xanten, Rekonstruktionszeichnung, 1994.
A Wohnhäuser; **B** Thermen; **C** Forum; **D** Wohn- und Gewerbeviertel; **E** Haupttempel der Siedlung; **F** Tempel für einheimische Schutz- und Fruchtbarkeitsgöttinnen; **G** Hafentempel; **H** Lagergebäude; **I** Amphitheater; **J** Rheinhafen; **K** Kanalisation; **L** Wasserleitung; **M** Verwaltungspalast; **N** Villenviertel; **O** Handwerkerviertel; **P** Vetera-Tor; **Q** Maas-Tor; **R** Burginatium-Tor; **S** Mittleres Hafentor.

Überprüfe, was du kannst

Sachkompetenz

1. Zeige am Beispiel Xantens (M1), wie städtisches Leben in der Römerzeit aussah. Gehe auf die Bereiche Wohnen, Arbeit und Wirtschaft, Religion und Architektur ein (S. 174–183).
2. Kläre: Pax Romana (S. 168), Rom – „Haupt der Welt" (S. 172), Herrschaftsmethoden römischer Kaiser (S. 178), Romanisierung (S. 180).

Methodenkompetenz

3. Entwerft in Partnerarbeit eine Mindmap zum Thema „familia" und stellt sie der Klasse vor. Nehmt die Methode „Eine Mindmap entwerfen" (S. 192) zu Hilfe.

Urteilskompetenz

4. Beurteile die folgende Aussage: Die Ursache für den Untergang des Römischen Reiches liegt in der Wirtschaftskrise seit dem 3. Jh. n. Chr.

Kommunikations- und Handlungskompetenz

5. Mit dem Ende des Römischen Reiches endet für manche Historiker die Antike. Vieles aus dem Römerreich ist jedoch bis in unsere Zeit überliefert bzw. lebt weiter: z. B. die lateinische Sprache, römisches Recht, Architektur, römische Kaiser als Vorbilder für spätere Herrscher, die römisch-katholische Kirche. Informiert euch im Kapitel und in Lexika, Fachbüchern und im Internet über das „Erbe" Roms und berichtet in der Klasse.

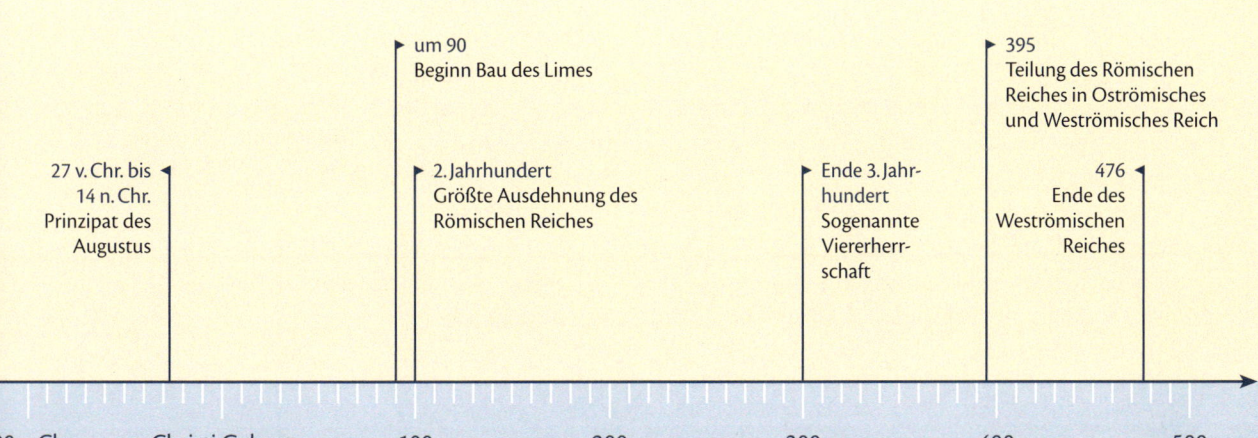

- 27 v. Chr. bis 14 n. Chr. Prinzipat des Augustus
- um 90 Beginn Bau des Limes
- 2. Jahrhundert Größte Ausdehnung des Römischen Reiches
- Ende 3. Jahrhundert Sogenannte Viererherrschaft
- 395 Teilung des Römischen Reiches in Oströmisches und Weströmisches Reich
- 476 Ende des Weströmischen Reiches

Das Römische Reich

Vom Dorf zum Weltreich

Im Gegensatz zum sagenhaften Gründungsdatum Roms (753 v. Chr.) zeigen die historischen Befunde, dass schon um 1000 v. Chr. Sabiner und Latiner in das Gebiet des heutigen Roms eingewandert waren. Später kamen die Etrusker, errichteten eine Königsherrschaft und bauten das Dorf zur Stadt aus. Mit der Vertreibung der etruskischen Könige um 510 v. Chr. wurde Rom eine Republik, die von adligen Patrizierfamilien regiert wurde.

Die Plebejer konnten sich erst im Laufe der Ständekämpfe (ca. 450 – 287 v. Chr.) Mitspracherechte im Staat erkämpfen – unter anderem, weil die Patrizier in dieser Zeit zahlreiche Kriege führten, für die sie die Plebejer als Soldaten benötigten.

Die Kriege, die Rom bis 272 v. Chr. die Vorherrschaft in Italien brachten, sowie die Ständekämpfe veränderten die altrömische Gesellschaft. Es entstand eine neue Oberschicht aus patrizischen und reichen plebejischen Familien: die Nobilität. Sie bestimmte vom Senat aus die Entscheidungen der Magistrate und Volksversammlungen. In drei Kriegen gegen Karthago erlangten die Römer im 3. und 2. Jahrhundert v. Chr. die Herrschaft über das westliche Mittelmeer – und bis zum 1. Jahrhundert v. Chr. die Vorherrschaft im Osten.

Expansion und Krise

Der Aufstieg Roms zur Weltmacht hatte tief greifende Folgen:
– Die langen Kriege entwurzelten die Masse der Kleinbauern und machten sie zu landlosen Bettlern und Tagelöhnern.
– Die Oberschicht hingegen wurde durch Beute und Tribute immer reicher.
– Sklaven kamen durch die vielen Gefangenen massenhaft nach Rom und verdrängten als billige Arbeitskräfte die römischen Tagelöhner.
– Weil die Zahl der Kleinbauern sank, fehlten zunehmend Soldaten. Die militärische Stärke Roms war gefährdet.

Mehrere Politiker versuchten, die Krise zu lösen. Caesar setzte schließlich die republikanischen Traditionen außer Kraft. Nach seiner Ermordung 44 v. Chr. sicherte sich Octavian, der spätere Augustus, die Alleinherrschaft (27 v. Chr.).

Die Kaiserzeit: Leben im Zentrum und in der Provinz

Unter Augustus begann die römische Kaiserzeit. Mit ihm wurde eine Friedenszeit von fast 200 Jahren eingeleitet, in der Rom ein zusammenhängendes Reich wurde. Das bedeutete für die Menschen eine relative Rechtssicherheit und die Ausweitung des römischen Bürgerrechts.

Die Kaiser regierten das Reich mit seinen Provinzen und zahlreichen Völkern und Sprachen von der Millionenstadt Rom aus. Die Sicherung der Reichsgrenzen lag in den Händen eines gewaltigen Berufsheeres, das überall in den Grenzgebieten stationiert war. Durch die Grenzlegionen und den Bau zahlreicher Provinzstädte fanden Recht und Sprache, Lebensart und Technik der Römer überall im Reich Verbreitung.

Die militärischen Vorstöße der Römer zwischen 12 v. Chr. und 16. n. Chr. scheiterten am Widerstand der germanischen Stämme. Die römischen Truppen mussten sich unter großen Opfern hinter den Rhein zurückziehen. Die Sicherung der römischen Herrschaft erfolgte im südwestdeutschen und süddeutschen Raum vor allem durch den Limes. Die Grenzsicherung diente dabei nicht nur der äußeren Sicherheit, sondern förderte auch den Warenaustausch und ein friedliches Zusammenleben an der römisch-germanischen Grenze.

Fernhandel, Handwerk und Landwirtschaft bildeten die Grundlagen der Wirtschaft in den römisch beherrschten Regionen, wie zum Beispiel dem Rheinland. Die Wirtschaft war zumeist lokal und regional ausgerichtet und versorgte das Militär und die Zivilbevölkerung. Die Römer brachten zahlreiche Errungenschaften in die Provinzen mit. Handel mit den germanischen Gebieten lässt sich besonders durch Funde von Gebrauchsgegenständen und Schmuck nachweisen. Die Ausgrabungen der Wurtensiedlung Feddersen Wierde zeigen für die Zeit vom 1. Jahrhundert v. Chr. bis zum 5. Jahrhundert n. Chr. eine entwickelte Landwirtschaft mit Ackerbau und Viehhaltung sowie mit Handwerkstätigkeit und Metallverarbeitung (Bronze und Eisen).

Der Untergang des Römischen Reiches war ein langer Vorgang, der auf innere und äußere Ursachen zurückzuführen ist.

Zusammenfassung

Lebenswelt Römisches Reich

Aufstieg zur Weltmacht
- Gründung Roms: Mythos und Wissen
- etruskische Königsherrschaft
- altrömische familia auf der Grundlage des Patriziats
- Republik: Patrizier und Plebejer als Machtfaktoren (Stände)
- militärische und politische Überlegenheit Roms in Italien und im Mittelmeerraum: Eroberungen wurden zu Staatsland oder zu Kolonien
- Eroberungsstrategien: teilweise Selbstständigkeit, römisches Bürgerrecht, Grundsätze römischer Verwaltung
- Krise, Reformen und Untergang in der Republik (Caesar, Octavian/Augustus)

Weltstadt Rom
- Leben in Rom: Theater, Bäder, Forum; Leben zwischen Reichtum und Armut
- Herausbildung spezialisierter Berufe und hochentwickelter Technik (z. B. Straßen- und Brückenbau)
- vielfältige Frauenberufe und -tätigkeiten, wohl nicht im technischen Bereich
- Prinzipat: Herrschaftsform des Augustus („Medienkaiser")
- Kaiserzeit: Ausdehnung des Reiches, Spannung zwischen Friedenssicherung und Weltherrschaft
- Pax Romana: Römischer Friede, Sicherung des Reiches im Inneren und nach außen, „Brot- und Spielepolitik"

Leben in der Provinz
- Roms Legionen: Basis der Weltherrschaft
- vielfache Aufgaben der römischen Legionäre (Zivilberufe)
- Städtebau in den Provinzen – nach dem Muster Roms
- Vorrang der Landwirtschaft (römischer Gutshof); Fernhandel und Handwerk
- Romanisierung: Übernahme von Sprache, Schrift, Lebensart, Bauweise der Städte, Straßenbau, römisches Recht, römische Götter
- im germanischen Raum (Feddersen Wierde: bäuerliche Siedlung mit Ackerbau und Viehzucht)

6. Von der Antike zum Mittelalter

Nach dem Ende des Römischen Reiches kam die „Mittelmeerwelt" in Bewegung. Es bildeten sich neue Machtzentren heraus, wie das Oströmische Reich mit der Hauptstadt Konstantinopel und ein islamisches Reich in Arabien. Im Westen schufen die Könige der Franken, deren Nachfahre Karl der Große (768-814) war, eine neue dauerhafte Ordnung.

Die Abbildungen zeigen etwas über Herrschaft zur Zeit Karls und über gesellschaftliche Gruppen im Frankenreich. Die Pfalzkapelle zu Aachen (großes Bild) mit dem Thron ließ Karl bauen. Schon zu seinen Lebzeiten wurde er „der Große" genannt und im Jahre 800 vom Papst in Rom zum Kaiser gekrönt. Er verband die Königswürde der Germanen mit dem römischen Kaisertitel.

Folgende Fragen leiten dich durch das Kapitel:

– Wie ist das Frankenreich entstanden?
– Wie kam es zur Auflösung des Frankenreiches und zur Gründung des Deutschen Reiches?
– Welche Formen der Herrschaft gab es im Fränkischen bzw. im Deutschen Reich?

1 Beschreibe die Abbildungen und erarbeite, was sie über Herrschaft und Gesellschaft im frühen Mittelalter zeigen.

Bauern bei der Arbeit, Monatsbilder aus einem Salzburger Kalender von 818. Abgebildet sind die Arbeiten von April bis Juni.

Reiterstatuette Karls des Großen, Bronze, Frankreich, um 870

Fränkischer Adliger, Wandbild in einer Kirche von Mals in Südtirol, um 800

6. Von der Antike zum Mittelalter

Vom Frankenreich zum Deutschen Reich

Wissen • Urteilen • Kommunizieren/Handeln • Methoden anwenden

Am Ende dieses Unterkapitels kannst du

- die Dreiteilung der Mittelmeerwelt im Übergang von der Antike zum Mittelalter beschreiben
- die Entstehung und Bedeutung des Frankenreichs darstellen und bewerten
- den Übergang vom Ostfränkischen Reich zum Deutschen Reich erläutern
- Wahl, Krönung und Regierungsweise des Königs darstellen
- Merkmale der Herrschafts- und Gesellschaftsordnung im Mittelalter nennen
- **Methode** Eine Sachquelle untersuchen
- **Methode** Symbole und Gesten deuten

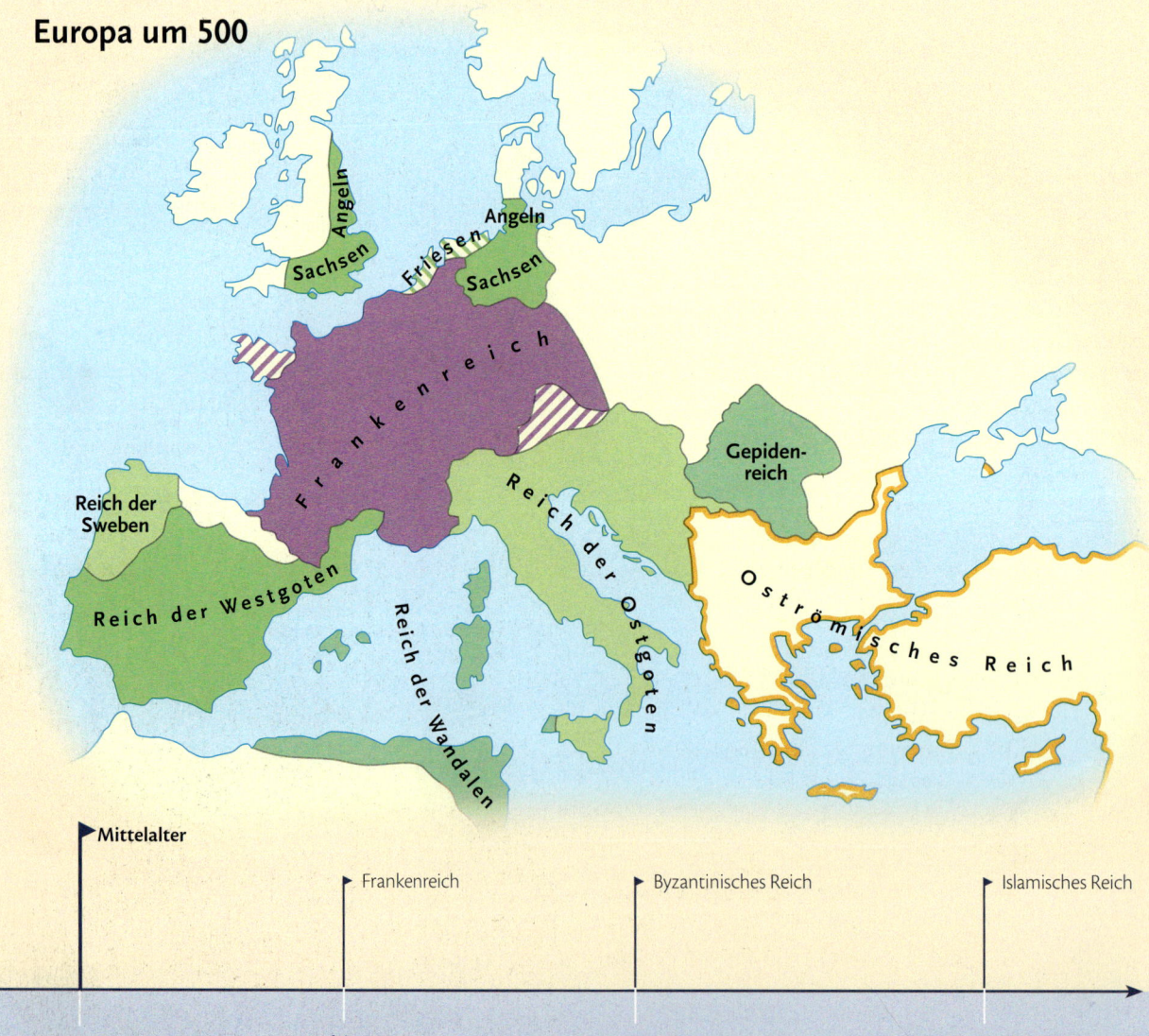

Europa um 500

Mittelalter	Frankenreich	Byzantinisches Reich	Islamisches Reich
500 bis 1500	482 bis 911	seit um 500	um 630 bis 9. Jahrhundert

Die Dreiteilung der Mittelmeerwelt

Neue Reiche entstehen

Nach dem Ende des Römischen Reiches um 500 n. Chr. kam die „Mittelmeerwelt" in Bewegung. In den Wirren der Völkerwanderung bildeten sich drei neue Machtzentren heraus:

1. In Arabien entstand mit dem durch den Propheten Mohammed begründeten Islam nicht nur eine neue Religion, sondern auch ein mächtiger Staat, der von den Kalifen, den Stellvertretern des Propheten Mohammed, in vielen Kämpfen gefestigt und erweitert wurde.
2. Das Oströmische Reich mit der Hauptstadt Konstantinopel (früher Byzantion genannt) entwickelte sich nach 500 zu einem eigenständigen Reich, in dem die Tradition der griechischen und römischen Antike weiterlebte. Griechisch wurde zur Amtssprache des Reiches, das auch Byzantinisches Reich genannt wird. Konstantinopel wurde mit gewaltigen Verteidigungsmauern, riesigen Palästen und Kirchen prachtvoll ausgebaut. Der Kaiser war Gesetzgeber, oberster Richter, Befehlshaber des Heeres und sah sich als Auserwählter Gottes. Als Schutzherr des Christentums beanspruchte er auch in kirchlichen Fragen die höchste Entscheidungsgewalt.
3. Im Westen schufen die Franken eine neue dauerhafte Ordnung. Nach der Ausschaltung verschiedener fränkischer „Kleinkönige" und der Einigung der fränkischen Stämme legte Chlodwig (482–511) mit seinem „Großkönigtum" die Grundlage für das Frankenreich. Dieses wurde der Vorläufer der heutigen Staaten Frankreich und Deutschland. Eng verbunden mit der Entstehung des Frankenreiches ist die Verbreitung des christlichen Glaubens und die Gründung von Klöstern, die für die kulturelle und wirtschaftliche Entwicklung des Fränkischen Reiches bedeutsam werden sollten.

M1 Der Kalif von Bagdad Harun ar-Raschid (763 oder 766–809), Ölgemälde, 1864

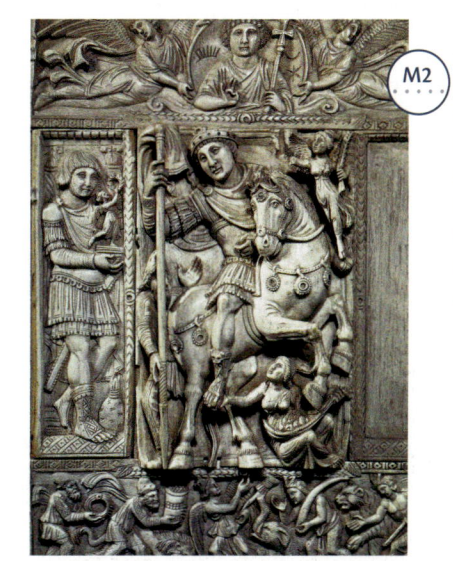

M2 Oströmischer Kaiser, vermutlich Anastasius, Herrscher in Konstantinopel (491–518), Elfenbeinrelief, um 500

M3 Die Taufe des fränkischen Königs Chlodwig I., französische Buchmalerei 1375/1379

1 Beschreibe die Abbildungen M1 bis M3. Beachte die Datierungen der Kunstwerke.
2 Stelle Gemeinsamkeiten und Unterschiede in den Darstellungen der drei Herrscher fest. Ziehe den Darstellungstext heran.

Die Franken – vom Stamm zum Großreich

Straßennamen können erzählen ...
Anna und Carlo erkunden Straßennamen ihres Ortes.
Anna: „Merowinger" – das hört sich sehr fremd an. Lass uns im Lexikon nachschlagen.
Carlo: Und was bedeutet „Franken"? Hat das vielleicht etwas mit Frankreich zu tun? Ich weiß, dass Franken eine Region in Bayern ist – in der Gegend von Nürnberg und Würzburg.
Die Suche der beiden ist rasch erfolgreich.

Anna: Also, die Merowinger: Das war eine fränkische Königsfamilie im 5. bis 8. Jahrhundert n. Chr. Durch Eroberungen vergrößerten die Merowinger ihr Reich. Und was hast du zu den Franken gefunden?
Carlo: Die waren ein germanisches Volk, aus vielen Kleinstämmen, wie z. B. den Salfranken, zusammengesetzt. Der Name bedeutet eigentlich „die Freien" oder „kühne Krieger". Das Reich der Franken war das bedeutendste im Europa des frühen Mittelalters. Aber wie ist dieses Reich eigentlich entstanden?

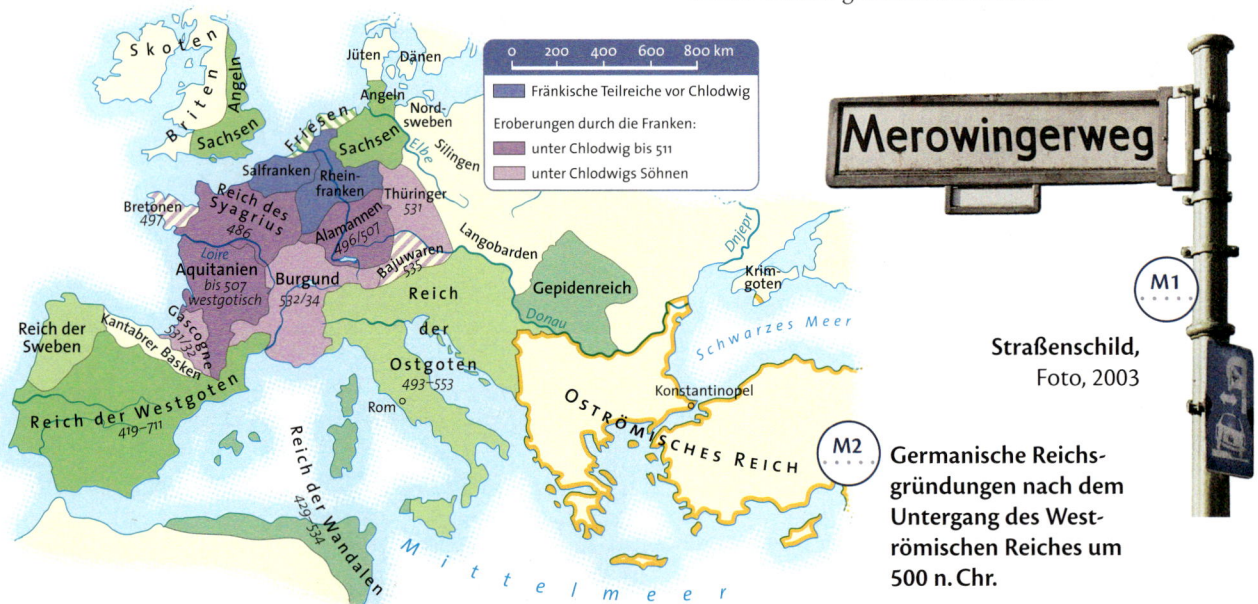

M1 Straßenschild, Foto, 2003

M2 Germanische Reichsgründungen nach dem Untergang des Weströmischen Reiches um 500 n. Chr.

M3 Karriere bei den Merowingern

Der Historiker Josef Fleckenstein schrieb 1974 über die Entstehung des fränkischen Großkönigtums:

Unter den frühen fränkischen Kleinkönigen ... hebt die Überlieferung die salfränkischen Könige hervor. Sie waren nach ihr älter und mächtiger als die anderen und gehörten einem einzigen Geschlecht an mit
5 dem halb geschichtlichen, halb sagenhaften Stammvater Merowech: Der Sage nach geht die Verbindung des Geschlechts zu den Göttern zurück. Das merowingische Königtum ist also seiner Herkunft nach ein Sakral[1]- und Kleinkönigtum. Mit der Er-
10 oberung beginnt es sich dann in ein Heerkönigtum zu verwandeln ... Dabei gelang es einem dieser Könige, Chlodwig I., seine Mitkönige zu überflügeln ...
Er verdankte seine Machtstellung der Heerführerschaft und dem Erfolg. Sein Königtum erscheint als
15 ein Heerkönigtum, war dies aber nicht allein; denn Chlodwig war schon als Sohn und Erbe eines Königs König geworden, das heißt: als Erbe königlichen Geblüts. So fließen bei ihm Heer- und Sakralkönigtum zusammen, und seine Siege bestätigen nur, dass er der
20 Träger königlichen Blutes und königlichen Heils war.
Josef Fleckenstein, Grundlagen und Beginn der deutschen Geschichte, Göttingen (Vandenhoeck & Ruprecht) 1974, S. 35 f. Vereinf. d. Verf.

[1] heiliges

Vom Frankenreich zum Deutschen Reich

M4 Rettung durch den Christengott?

Gregor von Tours (um 540–594) war Bischof und schrieb „Zehn Bücher fränkische Geschichte". Über die Bekehrung Chlodwigs zum Christentum berichtete er:

Die Königin aber ließ nicht ab, in ihn zu dringen, dass er den wahren Gott erkenne und ablasse von den Götzen. Aber auf keine Weise konnte er zum Glauben bekehrt werden, bis er endlich einst mit
5 den Alamannen in einen Krieg geriet: Da zwang ihn die Not, zu bekennen, was sein Herz vordem verleugnet hatte. Als die beiden Heere zusammenstießen, kam es zu einem gewaltigen Blutbad, und Chlodwigs Heer war nahe daran, völlig ver-
10 nichtet zu werden. Als er das sah, erhob er seine Augen zum Himmel, sein Herz wurde gerührt, seine Augen füllten sich mit Tränen und er sprach: „Jesus Christ, Chrodechild verkündet, du seiest der Sohn des lebendigen Gottes; Hilfe, sagt man, ge-
15 best du den Bedrängten, Sieg denen, die auf dich hoffen – ich flehe dich demütig an um deinen Beistand: Gewährst du mir jetzt den Sieg …, so will ich an dich glauben und mich taufen lassen auf deinen Namen …" Und da er solches ausge-
20 sprochen hatte, wandten die Alamannen sich und fingen an zu fliehen. Als sie aber ihren König getötet sahen, unterwarfen sie sich Chlodwig und sprachen: „Lass … nicht noch mehr des Volkes umkommen; wir sind ja dein." Da tat er dem
25 Kampfe Einhalt, ermahnte das Volk und kehrte in Frieden heim.
Zit. nach Gottfried Mayr/Wilhelm Störmer, Königsherrschaft im Mittelalter, München (Oldenbourg) 1984, S. 25.

Begriffe und Daten

Reichsbildung der Franken

Als das Weströmische Reich in der Völkerwanderung zerfiel, entstanden auf seinem Gebiet mehrere Germanenreiche. Aber nur das Reich der Franken, die seit dem 3. Jahrhundert n. Chr. in Gallien eingedrungen waren, konnte sich dauerhaft behaupten. Zunächst waren die Franken Verbündete der Römer, doch König Chlodwig I. (482–511) aus der Familie der Merowinger gelang es, den letzten römischen Herrscher Galliens sowie die übrigen Frankenkönige auszuschalten und andere germanische Reiche zu besiegen. Durch den Übertritt zum Christentum gewann Chlodwig in der Kirche eine wichtige Herrschaftsstütze. Er schuf so die Grundlage für die Verschmelzung der germanischen und der christlich-römischen Kultur. Das fränkische Großreich wurde zur Keimzelle der heutigen Staaten Frankreich und Deutschland.

Mittelalter

Bezeichnung für den Zeitraum zwischen Antike und Neuzeit. Das Ende des Weströmischen Reichs 476 n. Chr. und die Gründung des Frankenreichs um 500 bedeutet für viele Historiker den Beginn des Mittelalters. Es endet um 1500 in einer Zeit religiöser Umwälzungen (1517 Reformation), wichtiger Erfindungen und der Entdeckung Amerikas (1492).

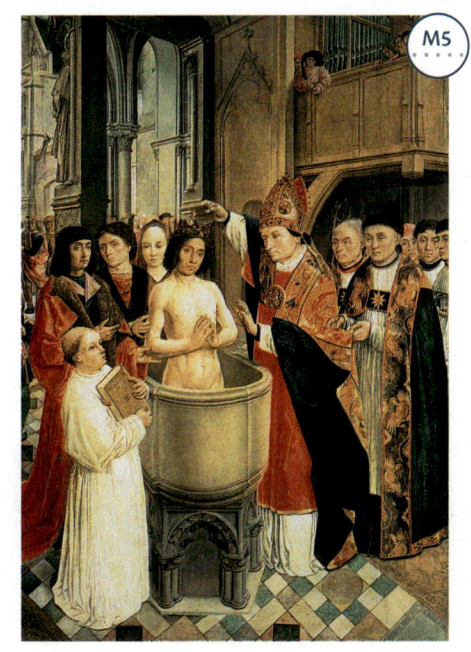

M5 Taufe Chlodwigs I. (482–511) um 497/498 durch Bischof Remigius in Reims, Ausschnitt aus einem Altargemälde, 15. Jh. Remigius trägt die Bischofsmütze (Mitra).

---

1 Erarbeite aus M3 den Ursprung der Merowingerfamilie und ziehe Schlüsse auf ihre Religion. Kläre „Heerkönigtum" und „Sakralkönigtum".
2 Erläutere mithilfe der Karte M2 Stationen der fränkischen Reichsbildung. Beziehe auch den Grundwissenkasten mit ein.
3 Beschreibe, wie Gregor in M4 die Bekehrung Chlodwigs darstellt. Gibt es auch andere mögliche Erklärungen für Chlodwigs Sieg? Überlege, welche Absicht Gregor mit seiner Erzählung verfolgte.
4 Bischof Remigius soll bei Chlodwigs Taufe gesagt haben: „Beuge still deinen Nacken, verehre, was du verfolgtest, verfolge, was du verehrtest!" Ziehe daraus Schlüsse auf das Verhältnis von König und Kirche. Ziehe auch M5 mit heran.

201

Vom Frankenreich zum Deutschen Reich

Frauen im Reich der Merowinger

Herrschaftschancen?

Die Geschichtswerke, die in der Zeit der Merowinger entstanden, erzählen von vornehmen Frauen, die zeitweise über großen politischen Einfluss verfügten. Zum Beispiel regierte Balthild (gest. 680) als Königinwitwe fast acht Jahre lang für ihre minderjährigen Söhne, bevor sie von einigen Adligen gestürzt wurde und ins Kloster ging. Nach alter Sitte verwalteten die Frauen der merowingischen Könige den Königsschatz und konnten, besonders während der Abwesenheit ihrer Männer, hohe Adlige durch Geschenke an sich binden und sich damit auch Unterstützung in politischen Angelegenheiten sichern.

Unter dem Kölner Dom wurde 1959 das Grab einer Adligen gefunden. Bei der Toten handelte es sich vermutlich um Wisigarde, die Braut König Theudeberts, die 547 starb. Grabbeigaben waren unter anderem: eine mit Goldfäden durchwirkte Stirnbinde (Zeichen für eine frei geborene Fränkin), Ohrringe aus Gold, Fingerringe, ein Armring aus massivem Gold, Goldketten, Münzanhänger, Gürtelgehänge, Schuhschnallen mit vergoldeten Riemenzungen, Gläser und Münzen. Über das harte Leben der Frauen aus dem einfachen Volk haben wir dagegen kaum Informationen.

M1 Ansehen und Rechte fränkischer Frauen

Die Historikerin Suzanne Wemple schrieb 1997 über Frauen im Merowingerreich:

Sie bekehrten ihre Männer zum Christentum ... Königinnen gründeten oft Klöster und Kirchen auf ihren eigenen Ländereien. Sie ernannten auch Günstlinge zu Bischöfen und erweiterten auf diese
5 Weise ihren Einflussbereich. Archäologische Funde zeigen, dass Frauen mit ihrem Schmuck als Statussymbol begraben wurden ... Germanische Frauen waren ursprünglich nicht erbberechtigt und durften kein Eigentum besitzen. Aber zum
10 Ende des 5. Jahrhunderts ... glichen die gesetzlichen Regelungen die Stellung der germanischen Braut dem günstigeren Los der römischen Frau an ... Frauen aus den unteren Schichten hatten wahrscheinlich größere Freiheit, Männer ihrer
15 Wahl zu heiraten.

Suzanne Fonay Wemple, Frauen im frühen Mittelalter. In: Georges Duby/Michelle Perrot, Geschichte der Frauen, Bd. 2, hg. v. Christiane Klapisch-Zuber, Frankfurt/M. (Campus) 1997, S. 189 und 192 f.

M2 König Chilperich (gest. 584) und Königin Fredegunde (gest. 597), Buchmalerei, 14. Jh. Fredegunde reitet hinter ihrem Mann, neben ihr vermutlich eine Nebenfrau des Königs. 584 ließ Fredegunde Chilperich töten, als er von ihrem Verhältnis zum Leiter der Hofhaltung erfahren hatte.

1 Fasse anhand des Darstellungstextes zusammen, woher wir etwas über Frauen in der Merowingerzeit wissen.
2 Erarbeite, wie in M1 die Stellung der Frauen beschrieben wird. Welche Entwicklung wird deutlich?
3 Vergleiche die Funde von Köln mit M2. Was lässt sich jeweils über die gesellschaftliche Stellung der Frauen erkennen? Was bleibt unsicher?

Die Karolinger kommen an die Macht

Die Hausmeier erringen die Herrschaft

Im 7. Jahrhundert war die Herrschaft der Merowinger durch mehrere Reichsteilungen und Kriege der Familienmitglieder untereinander geschwächt. Die eigentliche Macht lag bald bei den Verwaltern der Königsgüter, den sogenannten Hausmeiern, die aus der Adelsfamilie der Karolinger stammten. Um aber selbst König zu werden, fehlte den Hausmeiern das königliche Blut, das nach fränkischer Vorstellung dem ganzen Volk göttliches Heil, Kraft und Fruchtbarkeit brachte. Erst der Hausmeier Pippin fand einen Weg: Er fragte Papst Zacharias in Rom, die höchste kirchliche Autorität, ob es richtig sei, dass der König heiße, der in Wirklichkeit über keine Macht verfüge. Der Papst anwortete, es sei besser, denjenigen als König zu bezeichnen, der auch die Macht habe. So ließ sich der Karolinger Pippin mit der Zustimmung des Papstes 751 von den fränkischen Adligen zum König erheben. Dem letzten Merowingerkönig schnitt man seine langen Haare, das Symbol der Königswürde, ab, und er wurde in ein Kloster gesperrt. Zur selben Zeit wurde der Papst durch die Langobarden in Italien bedroht. Er bat die Franken um Hilfe. Im Vertrag von Ponthion (754) versprach König Pippin dem Papst Stephan II. und der römischen Kirche Schutz und schenkte ihr Land für einen Kirchenstaat.

M1 König Pippin trifft Papst Stephan II.

Im Januar 754 trafen sich der Frankenkönig Pippin und Papst Stephan II. (752–757) in der Pfalz von Ponthion (Marnetal). Darüber berichten die Metzer Annalen, ein Buch, in dem Jahr für Jahr wichtige Ereignisse notiert wurden:

In demselben Jahr ertrug Papst Stephan ... den Druck der Langobarden ... nicht mehr und kam, um [persönlich] die Hilfe des Königs Pippin anzurufen. Als Pippin davon hörte, befahl er erfreut
5 seinem erstgeborenen Sohn Karl, ihm entgegenzureisen und ihn ehrenvoll zu sich in die Pfalz[1] von Ponthion zu führen. Dort wurde der Papst von König Pippin ehrenvoll empfangen. Viele Geschenke spendete er dem König und auch seinen
10 Großen. Am folgenden Tage warf er sich zusammen mit seinem Gefolge in Sack und Asche auf die Erde und beschwor den König Pippin bei der Gnade des allmächtigen Gottes ..., dass er ihn selbst und das römische Volk aus der Hand der
15 Langobarden ... befreie. Und nicht eher wollte er sich von der Erde erheben, als bis ihm König Pippin mit seinen Söhnen und den Großen der Franken die Hand reichte und ihn selbst zum Zeichen des künftigen Bündnisses und der Befreiung von
20 der Erde aufhob.

Annales Mettenses priores, 754, zit. nach Geschichte in Quellen, Bd. 2, hg. und übers. von Wolfgang Lautemann, 2. Aufl., München (bsv) 1978, S. 60 f.

[1] königlicher Fronhof

M2 Papst Stephan II. trifft König Pippin

Seit dem 4. Jahrhundert entstanden in kirchlichem Auftrag Lebensbeschreibungen der Päpste. Zu Stephan II. hieß es:

Wie aber Pippin die Ankunft des Papstes vernahm, zog er ihm eilig entgegen mit seiner Gemahlin, seinen Kindern und den Großen des Reiches. Seinen Sohn Karl schickte er ... zu seinem
5 Empfang voraus. Er selbst ging ihm von seiner Pfalz Ponthion aus beinahe eine Stunde weit zu Fuß entgegen und schritt eine Strecke Weges als sein Marschall neben dem Saumross des Papstes einher.
10 Am 6. Januar ... betraten sie die Pfalz von Ponthion. Da bat nun Papst Stephan alsbald flehentlich den allerchristlichsten König, dass er sich den Schutz des Friedens und die Sache des heiligen Petrus angelegen sein lasse, und der König
15 versprach dem Heiligen Vater eidlich, allen seinen Befehlen und Wünschen mit ganzer Kraft nachzukommen.

Liber Pontificalis Stephan II., zit. nach Geschichte in Quellen, Bd. 2, hg. und übers. von Wolfgang Lautemann, München (bsv) 1970, S. 58 f.

1 Vergleiche die beiden Berichte über dasselbe Ereignis (M1 und M2).
2 Die Vereinbarung zwischen dem Frankenkönig und dem Papst war ein Zweckbündnis. Erschließe, welche „Zwecke" die beiden Seiten verfolgten. Beziehe dabei auch den Darstellungstext ein.

Christliche Missionare im Frankenreich

Missionare verbreiten den christlichen Glauben

Zwar breitete sich das Christentum seit der Taufe König Chlodwigs im Frankenreich aus, aber viele Menschen waren nur dem Namen nach Christen und verehrten weiterhin die alten Götter. Geistlichen waren ein Leben in Luxus und weltliche Macht oft wichtiger als die christlichen Gebote. In irischen und englischen Klöstern dagegen lebten die Mönche in echter Frömmigkeit. Deshalb zogen viele von ihnen als Wanderprediger durch das Fränkische Reich, um dort die Kirche zu erneuern und Nichtchristen zu bekehren. Der erfolgreichste Missionar (Glaubensbote, von lat. mission = Entsendung) war wohl der Angelsachse Winfried, der 719 vom Papst den Namen Bonifatius (lat. Wohltäter) bekam und mit der Christianisierung der germanischen Völker im östlichen Frankenreich beauftragt wurde. Mehr als 30 Jahre lang verbreitete er den christlichen Glauben, wobei er nicht selten heidnische Bräuche in seine Lehre übernahm. Durch die Missionierung entstand im Raum des heutigen Deutschlands ein dichtes Netz von Pfarreien, Klöstern und Bistümern, das den fränkischen Herrschern bei der Durchsetzung ihrer Macht half und die Entstehung einer christlich-europäischen Kultur förderte.

Begriffe und Daten

Papst
(lat. papa = Vater); Oberhaupt der katholischen Kirche. Der Bischof von Rom, der sich als Nachfolger des Apostels Petrus sah, konnte bereits im Römischen Reich zunehmend mehr Macht erringen und einen Vorrang vor den anderen Bischöfen erreichen.

Missionierung
Allgemein die Verbreitung einer Religion, in der christlichen Religion zumeist durch Mitglieder von Mönchsorden, wie z. B. den Missionar Bonifatius.

M1 Missionsauftrag für Bonifatius

Am 15. Mai 719 schrieb Papst Gregor an Bonifatius:
Gregor an den frommen Priester Bonifatius. Es erfordert dein uns kundgetaner … Vorsatz und die … Kenntnis deines Glaubens, dass wir dich zum Mitdiener an der Verbreitung des Wortes Gottes
5 … erheben. … Deshalb … befehlen (wir), dass du in der Gnade Gottes … zu allen Völkern, die in dem Irrtum des Unglaubens befangen sind, schleunigst dich aufmachest und den Dienst des Reiches Gottes durch die Verbreitung des Na-
10 mens Christi … überzeugend ausdehnst und … die Predigt beider Testamente in die ungelehrten Gemüter zugleich mit der Vernunft hineingießest. … Was dir aber zu dem Unternehmen, das du nun beginnst, noch fehlt, das sollst du uns … mel-
15 den. Lebe wohl.
Zit. nach Geschichte in Quellen, Bd. 2, hg. und bearb. v. Wolfgang Lautemann, München (bsv) 1970, S. 42 f.

M2 Empfehlungsschreiben des Papstes an Karl Martell

Karl Martell war von 714 bis 741 fränkischer Hausmeier und errang in dieser Zeit große kriegerische Erfolge:
Da wir erfahren haben, dass du … bei vielen Gelegenheiten frommen Sinn bewiesen hast, so teilen wir … (dir) mit, dass wir … Bonifatius – im Glauben und im Lebenswandel erprobt, von uns zum
5 Bischof geweiht und wohl erfahren in den Anordnungen des (Papstes), … entsandt haben, um den Völkern vom germanischen Stamme und in verschiedenen Gegenden östlich des Rheins zu predigen, die in heidnische Irrlehren verfallen sind oder
10 bisher noch in der Finsternis der Unkenntnis stecken. Zu diesem Zwecke empfehlen wir ihn deinem … Wohlwollen, auf dass du ihn immer unterstützen mögest … und ihn gegen alle Feinde schützest.
Zit. nach Geschichte in Quellen, Bd. 2, hg. und bearb. v. Wolfgang Lautemann, München (bsv) 1970, S. 44.

M3 Bonifatius tauft einen Germanen, der von einem Helfer in ein Taufbecken eingetaucht wird (links). Bonifatius erleidet bei den Friesen den Märtyrertod (rechts), Buchmalerei aus dem Kloster Fulda, um 975.

Vom Frankenreich zum Deutschen Reich

Die Missionierung zur Zeit des Bonifatius

- ☩ Bistum aus der Zeit vor Bonifatius
- ● Kloster aus der Zeit vor Bonifatius (irische Mission)
- ☩ Von Bonifatius errichtetes oder neu geordnetes Bistum
- ● Von Bonifatius oder anderen angelsächsischen Missionaren gegründetes Kloster
- ● Klostergründungen der Agilolfinger (Bayern)

M5 Bonifatius fällt die Donareiche

Ein Bericht von 768 über die Missionsarbeit des Bonifatius:

Viele Hessen erhielten damals die Taufe. Andere opferten aber immer noch heimlich oder offen an Bäumen und Quellen, betrieben Weissagung, Zauberei und Beschwörung. Da beschloss Bonifa-
5 tius, eine Eiche seltener Größe, die den heidnischen Namen Donareiche[1] führte, im Beisein seiner Mönche zu fällen.
Als diese Absicht bekannt wurde, versammelten sich viele Heiden, die den Feind ihrer Götter heftig
10 verfluchten. Kaum aber hatte Bonifatius den Baum ein paarmal mit der Axt getroffen, da wurde die ungeheure Masse des Baumes durch göttliche Winde erschüttert. Die Enden der Äste brachen, und die Eiche stürzte krachend zu Boden.
15 Die Heiden aber, die kurz zuvor noch geflucht hatten, fingen an, den Herrn zu preisen und an ihn zu glauben.

Johannes Bühler, Das Frankenreich, Leipzig (Insel) 1923, S. 415.

[1] Donar hieß ein wichtiger germanischer Gott. In unserem Donnerstag hat sich sein Name bis heute erhalten.

M6 Harte Strafen für Sünder

Unter Karl dem Großen (768–814) erreichte das Frankenreich seine größte Ausdehnung. Die Sachsen wehrten sich jedoch über 30 Jahre lang dagegen, von den Franken beherrscht zu werden und den christlichen Glauben anzunehmen. Karl ging deswegen hart gegen sie vor: 4500 sächsische Adlige sollen getötet worden sein. Für die Überlebenden galten u. a. folgende Regeln:

– Wer mit Gewalt in eine Kirche eindringt und dort raubt oder stiehlt oder die Kirche anzündet, der sterbe des Todes.
– Wer die vierzigtägige Fastenzeit vor Ostern
5 nicht einhält und in dieser Zeit Fleisch isst, wird mit dem Tode bestraft.
– Wer einen Bischof oder Priester tötet, wird mit dem Tode bestraft.
– Wenn zukünftig im Sachsenvolk ein heimlich
10 noch Ungetaufter sich verbergen möchte und sich weigert, zur Taufe zu kommen, weil er Heide bleiben will, dann sterbe er des Todes.

Sondergesetzgebung für Sachsen, zit. nach Geschichte in Quellen, Bd. 2, hg. u. übers. v. Wolfgang Lautemann, 2. Aufl., München (bsv) 1978, S. 90.

---

1 Erarbeite aus M1, M2 und dem Darstellungstext die Gründe für die Missionierung.
2 Begründe, warum Papst Gregor den fränkischen Hausmeier um Schutz für Bonifatius bat (M2). Inwiefern konnte der Hausmeier seinerseits von der Missionierung profitieren?
3 Vergleiche und beurteile die verschiedenen Maßnahmen zur Bekehrung der Germanen in M5 und M6.
4 Beschreibe anhand von M4 die regionalen Schwerpunkte der Bistums- und Klostergründungen.
5 Erkläre, warum Bonifatius als „Apostel der Deutschen" verehrt wird.

Methode

Eine Sachquelle untersuchen

„Originale" als Sachquellen

Sachquellen, auch gegenständliche Quellen genannt, sind neben Text- und Bildquellen die wichtigste und größte Gruppe historischer Überreste. Zu unterscheiden sind bewegliche Objekte, wie Werkzeuge und Geräte, Einrichtungsgegenstände, Kleidung, Geld und Abzeichen, aber auch ortsfeste Objekte, wie Gebäude. Wie andere Quellenarten auch muss eine Sachquelle auf ihre Echtheit überprüft werden und kann wie Quellentext und Bildquelle interpretiert werden.

Sachquellen vermitteln anders als Beschreibungen oder Abbildungen einen Eindruck von der natürlichen Größe historischer Gegenstände und von ihrer Art, Beschaffenheit und Oberfläche. Sie können „im Original" betrachtet, angefasst, vermessen und gewogen werden. Weil Sachquellen noch nicht in den geschichtlichen Kontext eingeordnet sind, fordern sie zu Vermutungen und Fragen und zum Weiterforschen auf.

Spuren aus Siedlungen und Gräbern

Informationen über das alltägliche Leben der Menschen im Fränkischen Reich sind nicht leicht zu erhalten, da das bäuerliche Leben kaum Spuren hinterlassen hat und Abbildungen oft nur die weltlichen und geistlichen Fürsten zeigen, die nur ein kleiner Teil der fränkischen Gesellschaft waren. Die archäologische Siedlungs- und Gräberfelderforschung gibt jedoch einen Einblick in den Alltag der großen Mehrheit. Die folgenden Arbeitsschritte helfen dir bei der Untersuchung von Sachquellen.

Arbeitsschritte

1. Schritt: Die Sachquelle beschreiben
- Aus welchen Teilen (Elementen) besteht das Objekt?
- Wie sind sie miteinander verbunden?
- Aus welchen Materialien ist es hergestellt?
- Welchen Gesamteindruck macht das Objekt auf dich?

2. Schritt: Die Funktion der Sachquelle erkunden
- Wozu wurde das Objekt genutzt?
- Welche Hinweise ergeben sich aus ihm selbst?
- Welche liefert die Bildlegende (bzw. die Beschriftung im Museum)?
- Welche weiteren Informationen erhältst du (z. B. im Museum, aus Sachbüchern, Internet)?

3. Schritt: Die Sachquelle geschichtlich einordnen
- Welche Rückschlüsse lässt die Sachquelle zu, z. B. auf ihre Verbreitung und das Leben, Arbeiten, Wohnen der Menschen in jener Zeit?
- Wie ist sie zeitlich einzuordnen?
- Welche Bedeutung hat sie für die weitere Entwicklung, z. B. der Technik, Wirtschaft und Kunst?

M1 **Funde aus einem Frauengrab** (mit Urne), Friedhof von Lembeck/Kreis Recklinghausen, um 700. Die runde Pressblechfibel (Bildmitte) zeigt eine christliche Darstellung.

Methode

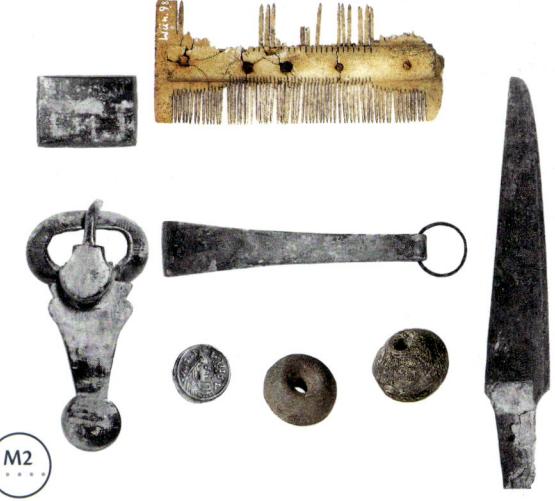

M4 **Bügelschere** aus Eisen (Länge 17,7 cm), gefunden bei Fritzlar, 8./9. Jh.

M2 Funde aus einem Männergrab, Wünnenberg-Fürstenberg/Kreis Paderborn, um 600. Messer (Eisen und Holz), Münze (Goldlegierung), Schilddornschnalle, Rechteckbeschlag (zum Teil verzinnt), Kamm (Knochen, Eisennieten), Spinnwirtel (roter Ton; „magischer" Schwertanhänger?), Pinzette (Buntmetall).

M3 Zimmermannshammer, Kesselhaken, Angelhaken, zweiteiliger Wirbel mit Schlaufe und Öse (Teil einer Hundeleine?), gefunden in Ostwestfalen/Kreis Warendorf, 9./10. Jh.

Vorschlag für eine Gruppenarbeit

1. Untersucht mithilfe der Arbeitsschritte die Sachquellen M1 bis M4. Bedenkt, dass sich nicht immer alle Fragen zu einer Sachquelle beantworten lassen.
2. Stellt eure Gruppenarbeitsergebnisse in der Klasse vor, vergleicht sie und haltet offene Fragen fest.
3. Erarbeitet in einer Gesprächsrunde, welche zusammenfassenden Ergebnisse über das Alltagsleben der bäuerlichen Bevölkerung sich aus den Sachquellen-Funden ziehen lassen. Legt eine Tabelle an.
4. Erörtert, was archäologische Funde nicht über das Leben der Menschen im Frankenreich aussagen können. Nehmt eure Ergebnisse aus den Aufgaben 1 bis 3 zu Hilfe.
5. Erkundet, wo in eurem Wohn- bzw. Schulort Sachquellen aus verschiedenen Epochen der Geschichte zu finden sind und informiert euch über Alter, Art, Funktion und geschichtliche Einordnung der Sachquellen. Wählt Beispiele für euren Bericht aus.

Karl: Ein König wird Kaiser

König Karl begrüßt Papst Leo III. (795–816), Illustration nach Annalen aus dem 9. und 10. Jahrhundert, 1999

Fußfall (Kniefall) Karls (768–814) vor Leo III., Illustration nach Annalen aus dem 9. und 10. Jahrhundert, 1999

König und Papst in Paderborn

Im Jahre 799 trafen sich im westfälischen Paderborn Papst Leo III. (795–816) und der fränkische König Karl (768–814). Darüber berichtete kurz nach 800 ein unbekannter Zeitgenosse im sogenannten „Karlsepos":

Karl erstrahlt inmitten des Heeres, frohgemut; golden deckt der Helm das Haupt, glanzvoll erscheint er in der Waffenrüstung … Vor dem Lager stehen die Scharen der Priester, eingeteilt in drei Chöre, an-
5 getan mit langen Gewändern; hoch erhoben tragen sie das heilige Banner des Kreuzes; die Ankunft des Papstes erwartet der gesamte Klerus und das festlich gekleidete Volk.
Schon sieht Vater Karl auf dem offenen Felde den
10 Heereszug, erkennt, dass Pippin [sein Sohn] und der oberste Hirte heranziehen. Da gebietet er dem Volk, in kreisförmiger Anordnung zu warten, und lässt das Heer in offenem Kreise sich aufstellen.
Er selbst begibt sich in die Mitte des Runds, froh die
15 Ankunft des Papstes erwartend, um Haupteslänge erhebt er sich über sein Gefolge, überragt er das ganze Volk. Nun kommt Papst Leo heran und tritt in den äußeren Kreis … Karl erweist ihm sogleich die Ehre des Fußfalls, umarmt den Hohepriester und
20 tauscht mit ihm den Kuss des Friedens. Sie reichen einander die Rechte und schreiten nebeneinander und wechseln freundliche Worte. Vor dem höchsten Priester wirft sich das ganze Heer dreimal zu Boden, dreimal erweist ihm die Menge demütig die Ehre des
25 Fußfalls. Und für das Volk spricht dreimal ein stilles Gebet der Bischof. Der König, der Vater Europas, und Leo, der oberste Hirte auf Erden, sind zusammengekommen und führen Gespräche über mancherlei Dinge … Die beiden Männer blicken einander fest in
30 die Augen, dann schreiten sie gemeinsam zur Höhe der Pfalz empor. Vor dem Tor des heiligen Tempels stehen die Priester und singen in wechselnden Chören Lobgesänge, bringen Dank und Preis dem Schöpfer dar … Lautes Rufen erhebt sich … Sowie der Got-
35 tesdienst … vollendet, bittet Karl Papst Leo zu sich in den hohen Palast.

De Karole rege et leone papa, hg. und übers. von Franz Brunhölzl, Paderborn (Bonifatius) 1999, S. 43 ff. Bearb. von C. Brehm.

1 Beschreibe anhand von M1 bis M3 den Verlauf der Begegnung zwischen Papst und König.
2 Erarbeite, in welchen Schritten die Begegnung in Paderborn ablief, und stelle Vermutungen an über das Machtverhältnis zwischen König und Papst.
3 Untersuche, ob der Verfasser von M3 einen bestimmten Standpunkt einnimmt.

Vom Frankenreich zum Deutschen Reich

Die Papstreise nach Paderborn – eine Flucht?
Warum war der Papst nach Paderborn gekommen? Fest steht, dass es im Adel der Stadt Rom und auch bei hohen päpstlichen Beamten Widerstand gegen Papst Leo III. gab. Auch beim Volk soll der Papst nicht beliebt gewesen sein, denn man warf ihm vor, dass er sich an fremdem Eigentum bereicherte und ein zweifelhaftes Privatleben führte. Am 25. April 799 kam es zum Ausbruch einer Verschwörung. Bei einer kirchlichen Prozession griffen Bewaffnete den Papst auf seinem Pferd an und versuchten, ihm die Augen auszustechen und die Zunge herauszureißen. Königsboten Karls des Großen erfuhren von dem Vorfall und nahmen den Schwerverletzten unter ihren Schutz. Bald darauf reiste Leo III. zum fränkischen König, der in Paderborn weilte.

Weihnachten 800: Kaiserkrönung in Rom
799 war König Karl auf dem Höhepunkt seiner Macht. Zeitgenössische Berichte nannten ihn „Herr über Gallien, Germanien, Italien und deren einst römische Grenzprovinzen". Ein enger Vertrauter Karls folgerte: „Siehe, du allein stützt noch das ganze Heil der Kirchen Christi." Aus der Sicht des fränkischen Königshauses war Karl oberster Schützer der römischen Kirche und Herr über das christliche Europa. Worüber Papst und König in Paderborn sprachen, ist den Quellen nicht eindeutig zu entnehmen. Geschichtsforscher vermuten, dass Karl sich zu diesem Zeitpunkt bemühte, seine Machtstellung mit dem Titel des römischen Kaisers* („Imperator") bestätigen zu lassen. Am 24. November 800 zog Karl in Rom ein, nachdem er zuvor vom Papst am 12. Meilenstein vor Rom begrüßt worden war. Am folgenden Tag erschien Karl hoch zu Pferde vor der Petersbasilika. Dort setzte ihm Leo III. wenig später, am Weihnachtstag 800, die kostbare Krone auf und legte ihm das purpurne Kaisergewand an. Danach leistete der Papst Karl den Kniefall.

M4 Wenn Papst und König sich treffen
Der Historiker Achim Thomas Hack schrieb 1999 über mittelalterliche Treffen von Papst und Kaiser:
Empfänge – und zu diesem Typus gehören auch sämtliche mittelalterlichen Papst-Kaiser-Treffen – [fanden] an einem möglichst repräsentativen Ort im Herrschaftsgebiet des Gastgebers statt, der …
5 dabei sogar bereit war, [seinem Gast] in zeremoniellen Fragen den Vorrang und damit eine symbolische Überordnung zuzugestehen. So gab Karl im Jahre 799 Leo III. persönlich ein Stück weit das Geleit und ehrte den Papst mit Kniefall und Fußkuss
10 – ein Verhalten, das sogar problemlos in einer Quelle berichtet werden konnte, die sich die Verherrlichung des Königs zum Ziel gesetzt hatte … Der Gastempfang war … insofern auf Gegenseitigkeit angelegt, als der fränkische König bei einem
15 Besuch in Rom erwarten konnte, mit einem vergleichbaren Ritual empfangen zu werden … Das Paderborner Empfangszeremoniell erweist sich somit als öffentliche Anerkennung der Papstwürde Leos III. seitens der Franken … Innerhalb … von
20 nur knapp anderthalb Jahren erhielt Leo III. … die Gelegenheit, nun seinerseits dem fränkischen König einen feierlichen Empfang zu bereiten.
Achim Th. Hack, Das Zeremoniell des Papstempfangs 799 in Paderborn. In: 799 – Kunst und Kultur der Karolingerzeit. Beitragsband zum Katalog der Ausstellung, Mainz (Zabern) 1999, S. 28 f.

M5 Silbermünze mit dem Kopf Kaiser Karls des Großen, 9. Jh. Die Münzumschrift lautet: Carolus Imp(erator) Aug(ustus).

4 Beschreibe anhand des Darstellungstextes den Krönungsaufenthalt in Rom und vergleiche mit dem Treffen in Paderborn 799. Welche Rückschlüsse auf das Verhältnis von weltlicher und geistlicher Macht kannst du ziehen?
5 Prüfe die folgende Behauptung: Kniefall und Fußkuss bedeuteten Unterwerfung.
6 Untersuche an M5, Darstellungstext S. 186 (rechte Spalte) und M3, S. 187 Zusammenhänge von römischem Kaisertum und Karls Kaisertum.

Vom Frankenreich zum Deutschen Reich

Wie wurde das Frankenreich verwaltet?

Das Frankenreich hatte keine Hauptstadt

Heute gibt es in fast jedem Staat der Welt eine Hauptstadt mit einem Regierungssitz und Behörden, die die Regierung „vor Ort" vertreten. Wie aber regierte Kaiser Karl das Reich der Franken, ein Reich, das keine Hauptstadt hatte? Wie erfuhren die Adligen und Bauern im Reich überhaupt von seiner Erhebung zum König? Wie setzte Karl Gesetze durch? Zu den ersten Aufgaben eines gewählten fränkischen Königs gehörte eine Reise durch das Reich*, um seinen Herrschaftsanspruch deutlich zu machen. Aber auch während seiner gesamten Regierungszeit waren der König und sein Gefolge auf Reisen. Im Jahre 775 legte der Königshof etwa 900 km zurück. Obwohl der König überall Anspruch darauf hatte, kostenlos verpflegt zu werden, plante er seine Reisewege nach der Lage der königlichen Güter. Oft nahm der Königshof Quartier in Pfalzen*: Das waren Fronhöfe* im Besitz des Königs. Karl der Große wählte z. B. die Pfalz in Aachen zu seinem bevorzugten Regierungssitz. Ab 794 kehrte er zumindest jeden Herbst dorthin zurück und verließ die Pfalz nach 806 nur noch kurzzeitig. Das Reisekönigtum bestand in Deutschland im ganzen Mittelalter fort, weil keine Stadt zum zentralen Regierungssitz erhoben wurde.

Von der Hofverwaltung zur Reichsverwaltung

Das Machtzentrum der fränkischen Könige lag seit dem frühen Mittelalter im Königshof. Zum Hof* gehörten neben der königlichen Familie die weltlichen und geistlichen Berater des Königs und eine große Zahl weiterer Gefolgsleute, bisweilen über 1000 Personen. Nach dem Vorbild der Hausämter an germanischen Königshöfen gab es wichtige Amtsträger:
- Der Kämmerer sorgte für Unterhalt und Unterbringung von Hof und Gefolge.
- Der Truchsess organisierte die Verpflegung.
- Der Mundschenk war für die Getränke zuständig.
- Der Marschall leitete den Stallbereich.
- Der Kanzler war der Vorsteher der Schreibstube.

Die Hofämter wurden unter den Karolingern zunehmend auf die Verwaltung des Reichs ausgedehnt. So übernahm der Kämmerer die Vermögensverwaltung des Königs, der Marschall konnte die Funktion des Heerführers ausüben. Um seine Herrschaft auch bei seiner Abwesenheit durchzusetzen, richtete Karl der Große Verwaltungsbezirke ein, die von einem Grafen* geleitet wurden, der meist aus einer örtlichen Adelsfamilie stammte. Der Graf übte die hohe Gerichtsbarkeit* aus und rief im Kriegsfall zur Heeresfolge auf.

M1 Aufenthaltsorte nach dem Itinerar Karls des Großen. Mittelalterliche Itinerare sind Aufzeichnungen über Reisewege der Könige. Sie geben Einblick in die Regierungstätigkeit eines mittelalterlichen Herrschers.

Vom Frankenreich zum Deutschen Reich

Die Pfalz zu Aachen, Rekonstruktionszeichnung.
1 Königshalle (47 m x 20 m), **2** Wohngebäude des Königs, **3** Torhalle mit Gerichtssaal, **4** achteckige Pfalzkapelle nach dem Vorbild der Kirche San Vitale in Ravenna, **5** Badehäuser und Schwimmbecken mit heißen Quellen, **6** Wohnhäuser für das Gesinde. Die Pfalzkapelle mit dem Thron Karls des Großen direkt gegenüber dem Hochaltar hat sich bis heute als Kern des Aachener Doms erhalten. In Aachen gab es bereits in der Antike eine Badeanlage für römische Legionäre.

Kontrolle ist besser: die Königsboten

Über die Einrichtung der Königsboten (lat. missi dominici) hieß es in einer königlichen Rechtsverordnung von 802:

Kaiser Karl hat aus der Reihe seiner klügsten Großen die weisesten Männer ausgewählt … und hat sie in sein gesamtes Reich abgeordnet, um allen Untertanen … die Möglichkeit zu geben, nach
5 Recht und Gesetz zu leben. Er befiehlt, dass sie sorgfältige Untersuchungen anstellen, falls irgendwo etwas anders als recht und gerecht verordnet sein sollte, und verlangt darüber Meldung.

Cap. reg. Franc. I. Nr. 33, zit. nach Geschichte in Quellen, Bd. 2, hg. und übers. von Wolfgang Lautemann, 3. Aufl., München (bsv) 1978, S. 73.

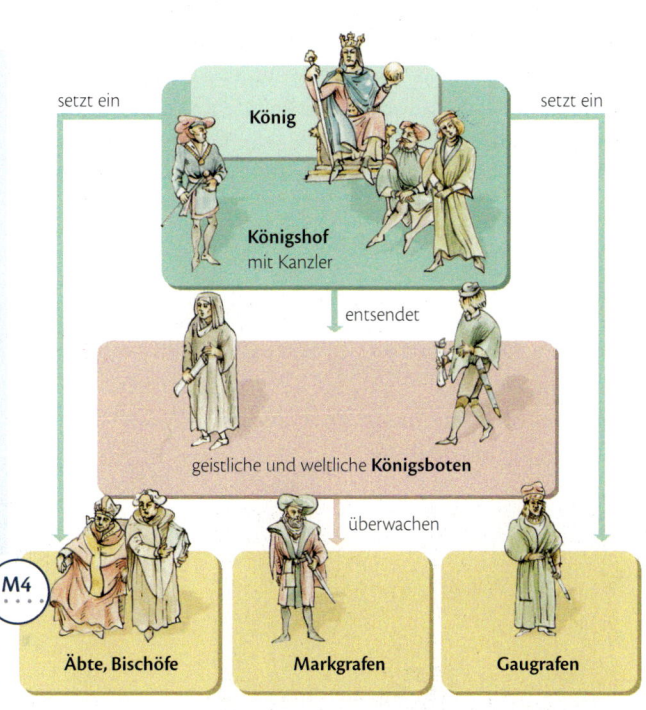

Die Verwaltung des fränkischen Großreichs

König → setzt ein → geistliche und weltliche Königsboten → überwachen → Äbte, Bischöfe / Markgrafen / Gaugrafen
Königshof mit Kanzler → entsendet

1 Erschließe anhand der Aufenthaltsorte Karls des Großen die Hauptregionen des Frankenreichs (M1).
2 Informiere dich im Darstellungstext über das Reisekönigtum und notiere Vor- und Nachteile, die daraus für den fränkischen Herrscher entstehen konnten.
3 Erarbeite aus M2 und dem Darstellungstext, welchen Zwecken die Pfalz von Aachen diente.
4 Erläutere mithilfe des Darstellungstextes, M3 und M4, wie das Karolingerreich verwaltet wurde.

Karl der Große fördert Bildung und Kunst

Die Wiederentdeckung der antiken Kultur
Karl der Große wollte nicht nur das römische Kaisertum aufleben lassen, sondern auch die Kultur der Antike erneuern und mit dem Christentum verbinden. Später wurde diese Rückbesinnung auf die Antike „karolingische Renaissance" (Wiedergeburt) genannt. Zu Karls Herrschaftsverständnis gehörte auch die Förderung der Religion, der Künste und der Wissenschaften. An seinem Hof lebten hervorragende Gelehrte wie der Angelsachse Alkuin und der langobardische Historiker Paulus Diaconus. Auch der Franke Einhard, der eine Lebensbeschreibung Karls verfasste, zählte zu diesem Kreis, dessen Anschauungen im ganzen Reich und über die Regierungszeit Karls hinaus Wirkung zeigten: Vor allem Bischofssitze und Klöster entwickelten sich zu Kulturzentren, wo das aus der Antike überlieferte Wissen gesammelt und so für die Nachwelt erhalten wurde.

Schule und Unterricht
Für Karl den Großen war es eine wichtige Herrscherpflicht, sich um das religiöse Leben der Menschen in seinem Reich zu kümmern. Er ließ daher in Bischofsstädten und an Klöstern Schulen gründen, in denen die Kinder erzogen wurden. Die Unterweisung im Glauben, das Lesen der Bibel und der Kirchengesang standen dabei im Vordergrund, aber auch Schreiben, Grammatik und Rechnen wurden gelehrt. Allerdings gab es noch keine Schulpflicht. Das Zentrum der Bildung war die Hofschule in Aachen, wo unter der Leitung von Alkuin die begabtesten Schüler des Reichs unterrichtet wurden, die später meist hohe Ämter in Kirche und Verwaltung übernahmen.

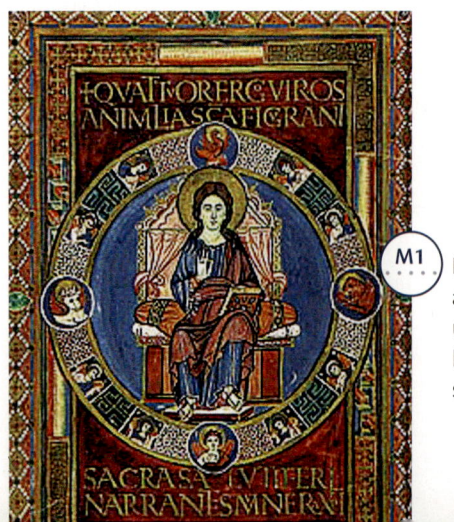

Zusammenleben in einem Vielvölkerreich
Die Förderung des Christentums und des Lateinischen als der Sprache der Gesetze, der Verwaltung, der Wissenschaften und der Kirche sollte auch dazu beitragen, die Einheit des Reichs zu vertiefen. Karl der Große herrschte nicht nur über die Franken, ihm unterstanden Teile Italiens, das nördliche Spanien, Friesen, Sachsen, Bayern – Menschen mit ganz unterschiedlichen Traditionen und Lebensweisen. Karl war der Meinung, dass diese Völker nicht völlig ihrer Eigenständigkeit und Geschichte beraubt werden sollten, wenn man auf Dauer friedlich zusammenleben wollte. So durften sie teilweise ihre eigenen Gesetze behalten. Daneben ließ Karl der Große die alten germanischen Heldenlieder und Sagen der Völkerwanderungszeit sammeln und eine deutsche Grammatik erarbeiten.

Mit seinem Bildungsprogramm legte Karl der Große einen wichtigen Grundstein für die kulturelle Einheit Europas.

M2

Bildung ist Chefsache
In einem Rundschreiben an die Geistlichen im Fränkischen Reich befahl Karl der Große:

Allen Christen ringsum befehlen wir, das Glaubensbekenntnis und das Gebot des Herrn zu lernen.

Niemand darf ein Kind oder einen Heiden aus der
5 Taufe heben, wenn er nicht seinem Priester das Glaubensbekenntnis oder das Gebet des Herrn hersagen kann.

Die Menschen müssen darüber belehrt werden, dass sie ... sich des Ehebruchs, des Mordes, des
10 Diebstahls, des Meineides, der Zauberei, ... des Kirchenraubes, der Trunkenheit, der Flüche, des Raubes, des Hasses, des Neides enthalten müssen und würdig die heilige Kommunion empfangen sollen.

Capitula de examinandis ecclesiasticis. Zit. nach Geschichte in Quellen Bd. 2, hg. u. übers. von Wolfgang Lautemann, München (bsv) 1970, S. 84.

M1 **Lorscher Evangeliar,** Darstellung Christi am Anfang des Matthäus-Evangeliums, um 810. Die in Goldtinte geschriebene Handschrift ist am Hof Kaiser Karls entstanden.

Vom Frankenreich zum Deutschen Reich

M3

Karl der Große als Herrscherpersönlichkeit

In seiner Lebensbeschreibung Karls berichtete Einhard:

Karl war kräftig und stark, dabei von hoher Gestalt, die aber das rechte Maß nicht überstieg ... Seine Erscheinung war immer imposant und würdevoll, ganz gleich, ob er stand oder saß ... Er kleidete sich nach der nationalen Tracht der Franken: auf dem Körper trug er ein Leinenhemd, die Oberschenkel bedeckten leinene Hosen; darüber trug er einen Rock, der mit Seide eingefasst war .... Auch gürtete er sich stets ein Schwert um, dessen Griff und Gehenk aus Gold oder Silber waren ... Karl war maßvoll im Essen und Trinken. Zumal im Trinken, da er die Trunkenheit bei jedem Menschen ... sehr verabscheute ...

Karl war ein begabter Redner, er sprach fließend und drückte alles, was er sagen wollte, mit äußerster Klarheit aus. Er beherrschte nicht nur seine Muttersprache, sondern er erlernte auch fleißig Fremdsprachen. Latein verstand und sprach er wie seine eigene Sprache. Griechisch konnte er allerdings besser verstehen als sprechen ... Die Geisteswissenschaften pflegte er mit großem Eifer, achtete seine Lehrer sehr und erwies ihnen große Ehrbezeigungen. Der Diakon Peter von Pisa lehrte ihn Grammatik ... Alkuin ..., der der größte Gelehrte seiner Zeit war, unterrichtete ihn in den übrigen Wissenschaften. Der König verwendete viel Zeit und Mühe auf das Studium der Rhetorik, Dialektik und besonders der Astronomie. Er lernte Rechnen und verfolgte mit großem Wissensdurst die Bewegungen der Himmelskörper. Auch versuchte er sich im Schreiben und hatte unter seinem Kopfkissen im Bett immer Tafeln und Blätter bereit, um in schlaflosen Stunden seine Hand im Schreiben zu üben. Aber da er erst recht spät damit begonnen hatte, brachte er es auf diesem Gebiet nicht sehr weit.

Die christliche Religion, mit der er seit seiner Kindheit vertraut war, hielt er gewissenhaft und fromm in höchsten Ehren ... Größte Aufmerksamkeit widmete er der Verbesserung des Lesens und des Singens im Gottesdienst ...

Für die Erziehung seiner Kinder fasste er den folgenden Plan: Sowohl die Knaben als auch die Mädchen sollten zunächst in den Wissenschaften unterrichtet werden, an denen er selbst interessiert war.

Einhard, Vita Karoli Magni, Stuttgart (Reclam) 1971, S. 43–55. Übers. von Evelyn Scherabon-Coleman.

M4

Karl der Große und Alkuin, Buchillustration, 12. Jh.

1. Nenne die Regeln, die Karl der Große in M2 für seine Untertanen aufstellte, und bewerte, ob der Herrscher das Recht hat, so die Lebensweise der Menschen zu bestimmen. Vergleiche mit heute.
2. Erarbeite aus M3, welche Bedeutung Bildung für Karl den Großen persönlich hatte. Warum hebt Einhard einige Eigenschaften Karls besonders hervor?
3. Betrachte M4 und überlege, warum diese Art der Darstellung ungewöhnlich ist. Was erfahren wir über das Verhältnis zwischen Karl und Alkuin?
4. Erarbeite die Beziehung zwischen antiker Kultur und dem Bildungsverständnis Karls (Darstellungstext, M1).

Die Sachsenkriege Karls des Großen

Christentum gegen Heidenglaube

Zwischen den christianisierten Franken und den als „heidnisch" bezeichneten sächsischen Stammesverbänden trafen zwei unterschiedliche religiöse Anschauungen aufeinander. Die Religion der Sachsen stammte aus der altgermanischen Jungsteinzeit und war geprägt vom Glauben an einen umfangreichen Götterhimmel mit Wodan als oberstem Gott und Frigg als Göttermutter sowie dem Donner- und Blitzgott Donar (Thor). Als Schmuck wurden die sogenannten Thorshämmer als Gegenstücke zum christlichen Kreuz getragen (siehe M4). Die Götter wurden an heiligen Plätzen in der Natur, wie See- oder Quellheiligtümern, verehrt. Hier wurde ein Kult für gute Ernten und die Vermehrung der Viehbestände betrieben. Um die Gunst der Götter zu erlangen, wurden von Priesterinnen und Priestern Sach- und Tieropfer, aber auch Menschenopfer dargebracht. Dem stand der Glaube an einen Gott (= Monotheismus) der christlichen Franken unter der Führung der Karolinger gegenüber. Sie glaubten, das Höchste für Gott tun zu können, wenn sie die „Heiden" zum christlichen Glauben bekehrten.

Reichseinheit gegen Selbstständigkeit

Gegen die Erweiterung des Frankenreiches durch Karl den Großen leisteten die Sachsen erbitterten Widerstand. Aus kleineren „Strafexpeditionen" Karls zur Grenzsicherung wurde der Plan zur völligen Unterwerfung der Sachsen. Es kam aber immer wieder zu Aufständen unter der Führung des Adligen Widukind, der sich auf die freien sächsischen Bauern stützen konnte, die die fränkische Lebensordnung als Unterdrückung empfanden.

Karl griff zu grausamen Unterdrückungsmaßnahmen. Bei Verden an der Aller sollen 4500 aufständische Sachsen hingerichtet worden sein. Der entkommene Widukind führte erneut Aufstände an. Das Heer Karls verwüstete das Land, der Widerstand brach schließlich zusammen. Widukind gab auf und ließ sich taufen. Alle Sachsen mussten künftig den Zehnten ihres Besitzes und ihres Arbeitsertrages an die Kirche geben. Die harten Rechtsbestimmungen (siehe M2) milderte Karl 802 ab und ließ Teile des sächsischen Rechts wieder gelten. Einhard (siehe M3) sprach später von einer „Volkseinheit" zwischen Franken und Sachsen.

M1 Die Unterwerfung der Sachsen, Federlithografie, um 1865

Vom Frankenreich zum Deutschen Reich

M2 „... der sterbe des Todes ..."

Aus den Bestimmungen Karls des Großen über die Sachsen um 785:

2. Wenn jemand in einer Kirche Zuflucht sucht, dann soll ihn niemand mit Gewalt aus dieser Kirche vertreiben, sondern er soll Frieden genießen, bis er dem Gericht vorgeführt wird ...
3. Wer gewaltsam in eine Kirche eindringt und aus ihr gewaltsam etwas wegnimmt oder stiehlt, oder wer die Kirche in Brand steckt, der sterbe des Todes ...
4. Wenn jemand das heilige vierzigtägige Fasten verachtet, um das Christentum verächtlich zu machen, und [in dieser Zeit] Fleisch isst, dann sterbe er des Todes ...
5. Wenn jemand einen Bischof oder Priester oder Diakon getötet hat, so werde er mit dem Tode bestraft ...
8. Wenn zukünftig im Sachsenvolk ein heimlich noch Ungetaufter sich verbergen möchte und sich weigert, zur Taufe zu kommen, weil er Heide bleiben will, dann sterbe er des Todes.
9. Wenn jemand einen Menschen dem Teufel geopfert hat und sein Schlachtopfer nach heidnischer Sitte den Dämonen [germanischen Göttern] darbietet, dann sterbe er des Todes.

Zit. nach Geschichte in Quellen, Bd. 2, hg. und übers. von Wolfgang Lautemann, 3. Aufl., München (bsv) 1978, S. 90.

M3 „... ein wildes Volk, das Götzen anbetete ..."

Einhard (770–840), der am Hof Karls des Großen lebte, schrieb um 833 über die Sachsenkriege:

Kein anderer Krieg ist von den Franken mit ähnlicher Ausdauer, Erbitterung und Mühe geführt worden wie dieser. Denn die Sachsen waren – wie fast alle germanischen Stämme – ein wildes Volk, das Götzen anbetete und dem Christentum feindlich gesinnt war; auch empfanden sie es nicht als ehrlos, alle göttlichen und menschlichen Gesetze zu verletzen und zu übertreten ... Schließlich waren die Franken derart verbittert, dass sie für richtig hielten, ... mit den Sachsen in offenen Kampf einzutreten. Der Krieg begann also und wurde ununterbrochen dreiunddreißig Jahre lang mit großer Erbitterung auf beiden Seiten geführt: aber die Sachsen erlitten im Laufe dieser Zeit viel größere Verluste als die Franken ... Einige Male waren sie schon so unterwürfig und schwach gemacht worden, dass sie gelobten, den Götzendienst aufzugeben und das Christentum anzunehmen ... Nachdem er [Karl der Große] dann alle, die ihm Widerstand geleistet hatten, besiegt und unter seine Herrschaft gebracht hatte, führte er zehntausend Sachsen, die an beiden Elbufern gewohnt hatten, mit Frauen und Kindern aus ihrer Heimat und siedelte sie in verschiedenen Gruppen zerstreut in Gallien und in Germanien an. Der lange Krieg wurde erst endgültig beendet, als die Sachsen die Bedingungen des Königs annahmen: Sie mussten ihren religiösen Bräuchen und dem Götzendienst abschwören, die christliche Religion und heiligen Sakramente[1] annehmen und sich mit den Franken zu einer Volkseinheit zusammenschließen.

Einhard, Vita Karoli Magni, Stuttgart (Reclam) 1971, S. 19 ff. Übers. von Evelyn Scherabon-Coleman.

[1] heilige Handlungen, wie Taufe und Firmung

---

1 Erläutere: Heidenglaube gegen Christentum (Darstellungstext linke Spalte). Ziehe M4 mit heran.
2 Beschreibe das Vorgehen Karls gegen die Sachsen (Darstellungstext rechte Spalte).
3 Liste anhand von M2 jeweils die Vergehen und die Strafen auf und bewerte sie im Einzelnen.
4 Erarbeite, wie Einhard die Sachsenkriege darstellt, und prüfe, welche Wertungen gegenüber den Sachsen bzw. Franken er vornimmt (M3).
5 Analysiere M1 mithilfe der Methode S. 86 f. Beachte, dass das Bild aus dem 19. Jahrhundert stammt.
6 Karl – ein großer Herrscher? Sammle Argumente, die für diesen Ehrentitel sprechen. Überlege, ob es auch Kritikpunkte an Karls Herrschaft gibt.

M4 **Christenkreuz** (Ansteckkreuz, Bronze mit Glaseinlage) und germanischer **Thorshammer** (Anhänger)

Der Adel – Verwandtschaft und Herrschaft

Leben ohne den Schutz des Staates?

In unserer heutigen Gesellschaft sind die Rechte jedes Einzelnen durch die Verfassung und die Gesetze des Staates* geschützt. Das bedeutet z. B., dass jeder Mensch, wenn er Opfer eines Diebstahls wird, auf die Hilfe der Polizei vertrauen und sein Recht vor einem Gericht einklagen kann. Viele Staaten unterstützen auch die Menschen, die nicht für ihren eigenen Unterhalt aufkommen können. Was aber taten die Menschen im Mittelalter, als es einen Staat im heutigen Sinne noch nicht gab? Um die Rechte und Bedürfnisse der eigenen Person geltend zu machen, zählten sie auf die Unterstützung der Gruppen, in denen sie lebten: ihre Verwandtschaft, aber auch die Angehörigen einer Pfarrei, einer Handwerker- oder Kaufmannsvereinigung. Die Verwandtschaft war eine Hilfsgemeinschaft, die aus mehreren Familien bestand. Wenn einem Familienmitglied Unrecht zugefügt wurde, traten die Verwandten auf und übten Rache. Oft beschworen sie auch die Unschuld einer beklagten Person aus ihrer Gruppe. Die Mehrheit der Verwandtengruppen bildete die bäuerliche Bevölkerung, der eine kleinere Anzahl adliger Familien gegenüberstand. Trotz ihrer geringen Zahl verfügten die adligen Familien über große Macht, denn sie waren die Grundherren. Sie besaßen den Boden, forderten Abgaben von den Bauern und sprachen Recht.

Adel und Herrschaft

Adlig zu sein bedeutete im Mittelalter, einer gegenüber den Bauern und später den Stadtbürgern hervorgehobenen Gruppe anzugehören. Ursprünglich hatte der König diese Gruppe aufgrund ihrer Verdienste im Krieg herausgehoben. Ihre Vormachtstellung untermauerte sie mit der Behauptung, göttlicher Abstammung (Geblütsadel) zu sein. In der fränkischen Zeit entstand aus der Königsgefolgschaft ein Dienstadel. Adlige und ihre Familien wurden mit Vorrechten ausgestattet: die Grundherrschaft, die Gerichtsbarkeit und die Vogteirechte (z. B. als königliche Verwalter über Grundherrschaften und königliche Bischofs- und Klosterkirchen). Die Herrschaft über „Land und Leute" bildete die Basis ihrer Macht.

Adelsfamilien waren im frühen Mittelalter noch sehr mobil, weil sie in allen Teilen des Reiches Verwaltungsaufgaben übernahmen. Etwa im 11. Jahrhundert gelang es einigen Adelsfamilien, eigene Herrschaftsgebiete wie z. B. Grafschaften und Herzogtümer aufzubauen. Damit wurden aus adligen Verwandtengruppen Herrschaftsgruppen, die ihre Macht nun von einem festen Wohnsitz ausübten und meist eine Stammburg erbauten. Zu dieser Zeit wurde es üblich, einen Familiennamen und ein Wappen zu führen und den Herrschaftssitz nach dem Ort ihrer Stammburg oder einem adligen Vorfahren zu benennen.

Vorschlag für eine Gruppenarbeit

– Erarbeitet in fünf Gruppen die Seiten 216 bis 220. Jede Gruppe übernimmt eine Seite und fertigt mithilfe der Arbeitsaufträge einen Bericht für die Klasse an.
– Mittelalterliche Herrschaft beruhte zu einem großen Teil auf personalen Bindungen (Lehnswesen, Personenverbandsstaat). Diskutiert gemeinsam Vor- und Nachteile dieser Herrschaftsform und vergleicht mit der modernen Demokratie.

M1 Neujahrsempfang beim Herzog von Berry,
Kalenderminiatur, Anfang des 15. Jh.
Der Gastgeber trägt eine blaue Robe und Pelzmütze. Der Bildteppich an den Wänden des Saales stellt Szenen aus dem Trojanischen Krieg (siehe S. 106 f.) dar.

Vom Frankenreich zum Deutschen Reich

M2 Der Niedergang der Klöster

Markward von Fulda berichtete über seine Zeit als Abt eines Klosters (1150–1165):

Seit der Zeit, als ich durch die Gnade Gottes und auf das eifrige Betreiben des Königs Konrad und nach der Wahl der Brüder und des ganzen Volkes mein Amt übernommen hatte, begann ich dar-
5 über nachzudenken, wie ich mit Gottes Beistand dies schon verwüstete und fast gänzlich zerstörte Kloster vor den Überfällen und den Plünderungen gewisser Menschen retten könnte. Es war nämlich wirklich ein Jammer zu sehen, wie eine so be-
10 rühmte Stätte … derart in Vernachlässigung geraten war … Kein Wunder, denn die Laien besaßen alle Meierhöfe des Klosters und gaben und behielten für sich, was sie wollten. Das ist, sage ich, die Hauptursache für den Niedergang des Klosters ge-
15 wesen. Denn wenn ein Laie einige Zeit einen Meierhof des Klosters in der Hand gehabt hatte, dann behielt er die besten Hufen für sich und vererbte sie seinen Söhnen … Die Großen der einzelnen Landschaften nahmen sich von den in ihrem Be-
20 reich liegenden Klostergütern, so viel ihnen gut schien.

Zit. nach Dieter Starke, Herrschaft und Genossenschaft im Mittelalter, Stuttgart (Klett) o. J., S. 45 f.

M3 Adlige Gesellschaft auf Falkenjagd, Kalenderminiatur, Anfang des 15. Jh.

Begriffe und Daten

Adel

(von althochdeutsch edili = die Edelsten). Bezeichnung für die Schicht mächtiger Familien, die im Mittelalter durch ihre Abstammung und durch Grundbesitz besondere Rechte gegenüber der übrigen Bevölkerung beanspruchten. Die Adligen genossen ein hohes Ansehen in der Gesellschaft und übernahmen oft militärische Dienste und Verwaltungsaufgaben für den König. Sie zahlten keine Steuern. Zum Adel zählten z. B. die Grafen, die Herzöge und später die Ritter. Die Vorrechte des Adels wurden in Europa schrittweise mit der Entwicklung der Demokratie in England und mit der Französischen Revolution (1789) eingeschränkt bzw. abgeschafft.

1 Erläutere anhand des Darstellungstextes (linke Spalte) die Stellung des Einzelnen in der mittelalterlichen Gesellschaft.
2 Erarbeite mithilfe des Darstellungstextes (rechte Spalte) den Zusammenhang von Verwandtschaft und Herrschaft bei den Adligen.
3 Beschreibe die Stellung des Adels in der mittelalterlichen Gesellschaft (M1, M3, Kasten).
4 Zeige anhand von M2, wie sich die Herrschaft des Adels auf die Klöster auswirkte.
5 Entwirf ein Interview mit einem Adligen mit der Ausgangsfrage: Warum ist Ihnen Ihre Verwandtschaft wichtig?
6 Erörtere, welche Rolle Verwandtschaftsbeziehungen heute spielen. Denke an die Schule, die Wohnungs- und Arbeitsplatzsuche, die Besetzung politischer Ämter usw.

Was war das Lehnswesen?

Bilder als Spuren mittelalterlicher Geschichte

Haben wir es auf der rechten Seite mit mittelalterlichen „Comic-Bildern" zu tun? Dieser Eindruck könnte beim Betrachten der Abbildungen entstehen. Tatsächlich aber handelt es sich um Illustrationen aus dem sogenannten Sachsenspiegel, einer Rechtssammlung, die im 13. Jahrhundert von dem Sachsen Eike von Repgow niedergeschrieben wurde. Der Sachsenspiegel ist eine wichtige Quelle für unser Verständnis der mittelalterlichen Königsherrschaft. Anschaulich zeigen die Bilder, an welche Regeln sich die Zeitgenossen zu halten hatten und wie sie sich die Beziehungen zwischen König und Adel, auch das Verhältnis zwischen Bauern und Grundherrn, vorstellten. Der Zeichner verwendete bestimmte Gegenstände immer wieder: Handelte es sich dabei um Symbole?

Herrschaft unter Adligen

Im Mittelalter rechtfertigte der Herrscher seine Macht mit der Wahl und Erhebung zum König durch die adlige Führungsschicht. Wie aber konnten die Könige sicherstellen, dass ihre Macht im ganzen Reich anerkannt wurde? Diese Frage war für die Gesellschaft im Mittelalter entscheidend, denn der König konnte seine Herrschaft eigentlich nur dort durchsetzen, wo er anwesend war, Entscheidungen traf und Recht sprach. Anders als in heutigen demokratischen Staaten gab es damals keine schriftliche Verfassung, die festlegte, wie die politische Macht verteilt war und wie Amtsträger ausgewählt wurden. Die karolingischen Königsboten übten zwar eine gewisse Kontrolle aus, aber sie konnten das Land nicht verwalten und die Anweisungen des Königs, z. B. gegenüber den Grafen, nicht dauerhaft durchsetzen. Denn meistens ließen sich die reichen Grundbesitzer nicht in ihre Grundherrschaft hineinreden. Eine Gruppenbindung, wie sie unter adligen Verwandten bestand, gab es unter fremden Herren nicht. Der König band die Adligen jeweils mittels eines Eides an seine Person und begründete so ein System „personaler Herrschaft". Seit dem 8. Jahrhundert entstand daraus das sogenannte Lehnswesen. Für dieses Herrschaftsverhältnis unter Adligen verwenden Historiker auch den Begriff Feudalismus (von lat. feudum = Lehen).

M1 Lehnsherr und Vasall – Szenen aus dem Sachsenspiegel

Mit folgenden Schilderungen erklärt der Schulbuchverfasser die Abbildungen in M2:

A Die Abbildung zeigt die Wegnahme des Grundstücks. Der Herr zündet das Haus des Vasallen mit einer Fackel an. Er zieht die Hand zurück und nimmt die Einkünfte an sich. Der Vasall
5 bietet Ähren an. Rechts: die grüne Gabel am Hals des Vasallen; der Herr übergibt einen Handschuh.

B Ein Lehnsmann bittet um Lehenserneuerung. Für die Mannschaft benötigt er beide Hände. Mit der vom Zeichner gemalten dritten Hand verweist
10 er auf die hinter ihm stehenden Zeugen.

C Innerhalb von Jahr und Tag muss der König das Fahnenlehen weitergeben. Die Frist ist bereits abgelaufen: ein Jahr = LII (52) + (IIIII) 6 Wochen + 3 Tage (die Sonnenscheibe steht unter dem 3.
15 Strich). Die beiden Fürsten versuchen, dem König die Lehnsfahne abzunehmen.

D Der sitzende König verleiht das Fahnenlehen und das Zepterlehen.

E Ein Geistlicher und eine Frau erhalten ein
20 Reichsgut als Zepterlehen. Sie werden damit heerschildfähig*. Links nehmen beide eine weitere Belehnung (Unterbelehnung) vor.

F Links und rechts sitzen zwei Fürsten, neben ihnen das Wappenschild. Der Vasall lehnt das
25 Lehnsangebot des Fürsten links ab und nimmt rechts das Fahnenlehen entgegen.

Verfassertext

---

1 Ordne die Erläuterungen A bis F aus M1 den Abbildungen in M2 zu.

2 Beschreibe die Vorgänge in M2 genau. Kläre dabei die folgenden Begriffe: Lehnsherr, Lehnsmann, Vasall, Fahnenlehen, Zepterlehen, Mannschaft, Treueid, Unterbelehnung. Nimm den Begriffskasten und das „Zeichensprache-Lexikon" (S. 221) zu Hilfe.

3 Erkläre mithilfe des Darstellungstextes und des Kastens, wie das Lehnswesen entstand.

Vom Frankenreich zum Deutschen Reich

Szenen aus dem Lehnsrecht, Illustrationen aus dem Sachsenspiegel, 13. Jh.

> **Begriffe und Daten**
>
> ### Lehnswesen
>
> Das Lehen war ein vom Herrn an den Lehnsmann (Vasall) lebenslang geliehenes Gut (lat. beneficium), für das der Vasall dem Herrn Dienste zu leisten hatte. Lehnsherr und Vasall begaben sich in ein gegenseitiges Pflicht- und Treueverhältnis: Der Herr nahm den Vasallen unter seinen Schutz, verlangte dafür aber im Frieden Rat (lat. consilium) und im Kriegsfall militärische Hilfe (lat. auxilium). Als Gegenleistung belohnte der Herr den Vasallen mit seinem Schutz und einem Lehen. Das Lehen konnte Land sein, aber auch ein Amt oder ein bestimmtes Recht. Grafen, Markgrafen, Herzöge, Bischöfe und Äbte waren Vasallen des Königs (Kronvasallen), die Ämter in der Reichsverwaltung ausübten.
>
> Die Übergabe des Lehens bestand aus zwei Teilen:
> 1. Mannschaft: Der Vasall gab seine zusammengelegten Hände in die Hände des Herrn; der umschloss sie.
> 2. Lehnseid des Vasallen: Der Vasall verpflichtete sich zu Treue und Hilfe.
>
> Danach wurde das eigentliche Lehen übergeben.
> Die Kronvasallen konnten Königsgüter, Ämter und Eigenbesitz an kleinere Vasallen weitergeben, die dann ihrem unmittelbaren Lehnsherrn, aber nicht mehr dem König zu Treue verpflichtet waren.

Der Wandel des Lehnswesens

Wie veränderte sich das Lehnswesen?

Das Lehen wurde dem Lehnsmann ursprünglich auf Lebenszeit verliehen. Nach seinem Tod fiel es an den Lehnsherrn zurück. Doch die Interessen waren oft entgegengesetzt: Während der Lehnsmann das Lehen auf Dauer für die eigene Familie gewinnen wollte, versuchte der Lehnsherr, die Verfügungsgewalt über das Lehen zu behalten, um es immer wieder vergeben zu können. Seit dem 9. Jahrhundert setzten die Kronvasallen und später auch die übrigen Adligen in Deutschland die Erblichkeit ihrer Lehen durch. So wurde aus geliehenem Landbesitz Eigentum.

Adlige Frauen konnten kein Lehnsverhältnis eingehen, weil sie als nicht waffenfähig galten und unter der Vormundschaft ihres Vaters oder Mannes standen. Sie durften auch keinen Eid leisten. Seit dem 12. Jahrhundert sind aber immer häufiger Lehnsverhältnisse von Frauen, z. B. von Reichsäbtissinnen, bezeugt. Frauen, die Lehnsgüter erhielten, mussten einen männlichen „Vertreter" einsetzen, der ihre Lehnspflichten erfüllte. Kinder durften selbst keine Lehen annehmen – ein Vormund übernahm bis zu ihrer Volljährigkeit das Amt des Lehnsmannes.

Im Gegensatz zum späteren Deutschen Reich, wo sich ein abgestuftes System von Lehnsbeziehungen entwickelte, blieben in Frankreich alle Vasallen durch Eid direkt an den König gebunden („Treuevorbehalt").

M1 Vereinfachtes Modell des mittelalterlichen Lehnswesens

Begriffe und Daten

Personenverbandsstaat

Mittelalterliche Herrschaft beruhte auf Rechtsbeziehungen zwischen Personen, z. B. zwischen Herren und Vasallen oder auch zwischen Grundherren und Bauern. Der König beteiligte Fürsten, Grafen und Bischöfe durch persönliche (Lehns-)Beziehungen an der Ausübung seiner Macht. Seit dem 13. Jahrhundert versuchte vor allem der hohe Adel, die auf persönlichen Bindungen beruhenden Herrschaftsrechte in seiner Hand zu vereinigen und mithilfe einer schriftlichen Verwaltung planmäßig zu erfassen. Das Lehen wurde „verdinglicht": Herzogtum, Grafschaft und Bistum entwickelten sich zu eigenständigen Territorien. In ihnen übten die Fürsten als „Territorialherren" weitgehend unabhängig vom König politische Macht aus.

1 Beschreibe mithilfe des Darstellungstextes, wer lehnsfähig bzw. nicht lehnsfähig war.
2 Wende deine Kenntnisse über die Herrschaftsstruktur im Mittelalter auf M1 an: Erläutere die Begriffe und beschreibe die Beziehungen zwischen den Personen.
3 Vergleiche die Entwicklung in Frankreich mit der im Deutschen Reich (Darstellungstext und M1).
4 Erläutere mithilfe des Kastens den Begriff „Verdinglichung" der Lehen. Welche Folgen hatte dieser Vorgang für Lehnsherr und Vasallen?
5 Gestaltet anhand der Informationen auf den Seiten 218 bis 221 in Gruppen die Übergabe eines Lehens. Wechselt die Rollen. Formuliert einen kurzen Dialog.

Methode

Symbole und Gesten deuten

Ohne Worte

Auf mittelalterlichen Bildern sind oft Wappen, Fahnen oder auch Schwerter zu sehen, die wir einfach als Gegenstände wahrnehmen; Menschen werden mit Gebärden und Gesten gezeigt, die uns heute nichts, zumindest nichts „Besonderes" sagen. Den mittelalterlichen Betrachtern vermittelten sie allerdings ganz bestimmte Bedeutungen und Botschaften. So steht die Fahne des Lehnsherrn hier für das Stück Land, das übergeben wird. Sie wird damit zum Symbol. Auch die Gesten sind Teil dieser Zeichensprache. Sie zu kennen hilft dir, die Aussagen mittelalterlicher Bilder zu erschließen. Viele haben sich bis in die Gegenwart hinein erhalten, z. B. der erhobene Zeigefinger.

M1 Die Belehnung geistlicher und weltlicher Fürsten, Abbildung aus dem Sachsenspiegel, 13. Jh.

1 Deute M1 mithilfe der Arbeitsschritte und M2.
2 Übe die Methode an M2 (S. 219).

Arbeitsschritte

1. Schritt: Einzelne Elemente beschreiben
– Was ist dargestellt (Personen, Gegenstände)? In welchen Positionen (Haltungen), in welchen Bewegungen sind sie zu sehen?
– Wie lässt sich die Situation beschreiben?
– Was erscheint merkwürdig?

2. Schritt: Zusätzliche Informationen heranziehen
– Welche Hinweise gibt die Bildunterschrift?
– Welche Abbildungen gibt es, die Vergleichbares, Ähnliches zeigen? Welche Aussagen werden ihnen zugeschrieben?
– Welche Bedeutung würdest du der entsprechenden Geste, Gebärde, Handlung oder auch dem Gegenstand heute zuordnen?

3. Schritt: Bedeutung der Bildelemente entschlüsseln
– Welche Gegenstände oder Handlungen „sprechen für sich selbst", kannst du also ohne Probleme erschließen? Was „sagen" sie aus?
– Welche scheinen wichtig zu sein für die Aussage des Bildes? Woran erkennst du es?
– Inwiefern passen sie zu der Gesamtsituation, oder wirken sie eher künstlich, aufgesetzt?

4. Schritt: Eine Gesamtdeutung formulieren
– Welche Einzelaussagen ergeben sich aus den Symbolen und Gesten?
– Welche Gesamtaussage lässt sich formulieren? Gibt es mehrere Deutungen?

M2 Kleines „Zeichensprache-Lexikon" des Mittelalters

Ähren anbieten: Bereitschaft, das Lehnsverhältnis fortzusetzen
Mit dem Zeigefinger auf jemanden zeigen: Geste der Ermahnung, des Benennens
Fahne (halten, übergeben): Herrschafts- und Lehnssymbol; Fahnenlehen: Lehen an einen Fürsten
Gabel am Hals: Drohung, das Lehen wegzunehmen
Hand schräg nach unten geführt: Geste der Erklärung
Handschuh: Eigentumsübertragung
Kniefall: Geste der Huldigung und Unterwerfung
Kreuz: Hauptsymbol des Christentums; als Zeichen der Weltherrschaft des Christentums gedeutet
Krone: Zeichen königlicher Macht
Kugel, Reichsapfel: Zeichen monarchischer Herrschaft, Kugel = Erde
lehen: Lehen an Geistliche
Schwert: Zeichen der Macht und der strafenden Gerechtigkeit
Wappen: schildförmiges, grafisch festgelegtes Symbol, zuerst während der Kreuzzüge verwendet; Zeichen für Erblichkeit der Lehen
Zeigefinger nach unten: Geste des Zeigens
Zepter: Herrschaftssymbol; Zepter

Die Grundherrschaft

Von der Grundherrschaft

Im Laufe des Mittelalters wurden immer mehr Bauern von einem Grundherrn abhängig. Grundherr konnte ein Adliger sein, z. B. ein Graf* oder ein Geistlicher, etwa ein Bischof oder der Abt eines Klosters. In der Grundherrschaft bestanden unterschiedliche Formen der Abhängigkeit: Es gab Knechte und Mägde, die auf dem Hof des Grundherrn, dem Herrenhof, lebten und arbeiteten. Diese Leibeigenen* gehörten zum persönlichen Besitz des Grundherrn. Andere Bauern, die Grundholden, lebten und wirtschafteten auf Hufen. Das waren kleine Hofstellen, die dem Grundherrn gehörten und abseits von Herrenhof und Herrenland zu Dörfern gehörten. Diese Bauern mussten dem Grundherrn Abgaben und Dienste leisten. Die Abgaben wurden auf Fronhöfen (mittelhochdeutsch fro = Herr) abgeliefert. Hier wohnte auch der Meier (= Verwalter), dem mehrere Hufen und die darauf lebenden Bauern unterstellt waren. Wenn der Grundherr sein Land verkaufte, gehörten die Grundholden dem neuen Eigentümer. Man nannte sie deshalb auch Hörige, da sie das Land ohne Zustimmung des Grundherrn nicht verlassen durften. Dafür standen sie unter seinem Schutz und mussten nicht in den Krieg ziehen. Für seine Leibeigenen und Hörigen war der Grundherr meist auch Richter. Allerdings überließ er kleinere Streitigkeiten zwischen den Dorfbewohnern dem Dorfgericht, das an Sonntagen unter der Leitung des Dorfvorstehers tagte.

Von Abgaben, Diensten und der Unfreiheit

Von den Erträgen der Landwirtschaft mussten die hörigen Bauern jährlich einen festgelegten Anteil, den sogenannten Zehnt, abliefern. Oft genug betrug der Zehnt mehr als den zehnten Teil, weil z. B. nicht jedes zehnte Huhn, sondern immer das erste von zehn Hühnern abzugeben war – Pech für den Bauern, der nur acht Hühner hatte! Die Grundholden waren zu bestimmten Arbeiten für den Herrn, den Frondiensten, verpflichtet. Dazu gehörten vor allem die landwirtschaftlichen Arbeiten. Die Frondienste der Frauen waren z. B. Schafe scheren, Wäsche waschen oder Stoffe weben. Im Laufe des Mittelalters wurden die Frondienste zunehmend durch Geldzahlungen der Grundholden ersetzt.

Historiker können nicht genau sagen, wie viele Bauern tatsächlich unfrei und wie viele frei waren. Fest steht nur, dass zwischen Früh- und Hochmittelalter die Zahl der freien Bauern immer mehr zurückging. Man vermutet vielfältige Gründe für diese Entwicklung: Neben gewaltsamer Unterdrückung durch einen mächtigen Grundherrn, gegen den sich die Bauern nicht wehren konnten, sind auch Fälle bezeugt, dass sich Bauern freiwillig in die Grundherrschaft begaben: z. B. nach Missernten oder um dem Heeresdienst und den Kosten für die militärische Ausrüstung zu entgehen. Mit der Entwicklung der Städte im 12. und 13. Jahrhundert lockerten die Grundherren die Belastungen, denn sie mussten fürchten, dass sich die Bauern durch Flucht in die Städte der Grundherrschaft entziehen würden. In dieser Zeit entstand der Spruch: „Stadtluft macht frei".

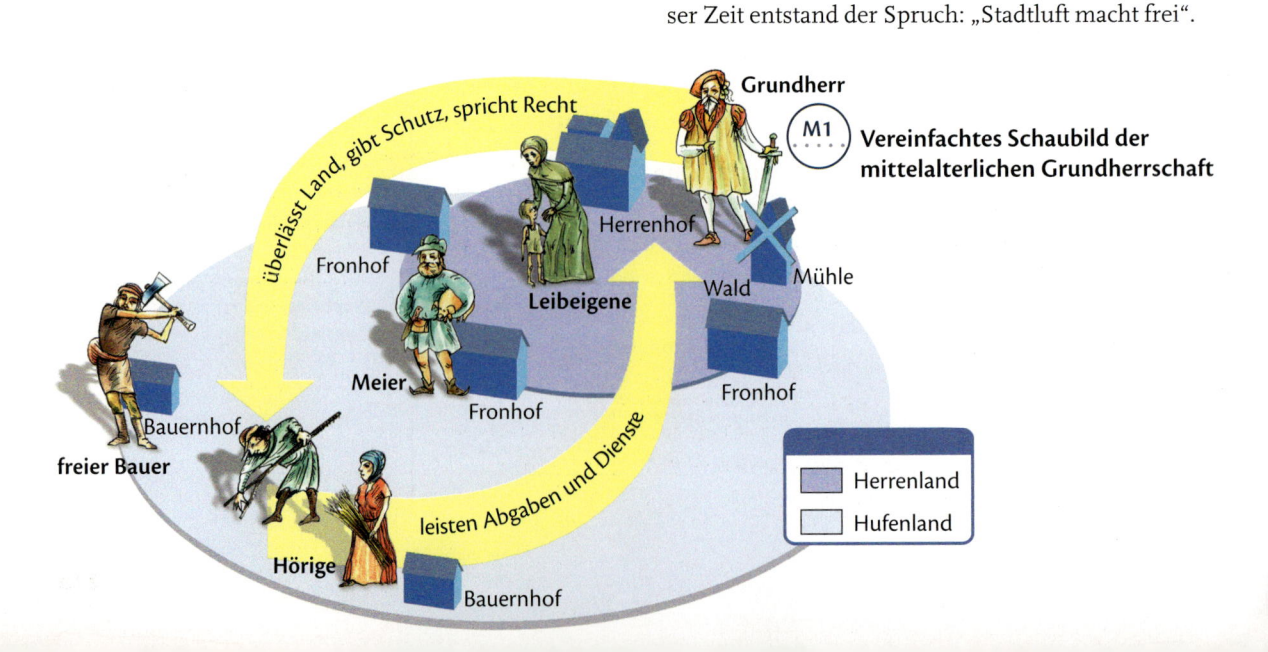

M1 Vereinfachtes Schaubild der mittelalterlichen Grundherrschaft

Vom Frankenreich zum Deutschen Reich

M2 **Die Geschichte von Bauer Jonas, Meier Sigibert und Graf Bodo – eine Erzählung**

Die Namen der Personen sind frei erfunden. Aber alles, was sie taten und erlebten, könnte sich so abgespielt haben:

Meier Sigibert war wieder einmal im Auftrag des Grundherrn Graf Bodo unterwegs, um die Bauern des Grafen zu überwachen. Nachdem er eine Stunde des Wegs geritten war, bog er plötzlich ab und galoppierte mit seinen Knechten über das Weizenfeld, das Bauer Jonas auf seiner Hufe bestellte. Als Jonas das sah, stürzte er aus seiner Hütte. Zornig griff er seine Mistgabel und ging auf das Pferd des Meiers los. Das Pferd bäumte sich auf, und Meier Sigibert wurde am Oberschenkel verletzt. Sofort fielen die Knechte über Jonas her und entrissen ihm die Mistgabel. Mit gefesselten Händen wurde Bauer Jonas vor den Grundherrn geführt. Der Meier berichtete, was vorgefallen war. Die Knechte bezeugten es. Mit kaum unterdrückter Wut, aber voller Ehrfurcht sagte Jonas: „Der Meier mag mich nicht. Immer wenn eine schwere Arbeit ansteht, holt er mich. Und als meine Frau letzte Woche am Zinstag dem Meier einen Korb Eier brachte – sie waren ganz frisch –, da hat er die Hälfte auf den Boden geworfen und gesagt: ‚Die sind ja gar nicht frisch.'" – „Waren sie auch nicht", rief Sigibert.

Der Grundherr befahl dem Meier, ruhig zu sein. Dann wandte er sich mit ernster Miene an Jonas: „Ich bin dein Herr und daher auch dein Richter. Du hast meinen Meier tätlich angegriffen. Darauf steht der Galgen. Weil ich dich aber als ordentlichen Mann kenne und weil der Meier durch dein Getreidefeld geritten ist, bist du vom Galgen frei." Den Knechten befahl er, Jonas bei Brot und Wasser in den Turm zu werfen. Dann sagte er zu Sigibert: „Du hast dein Amt missbraucht und dem Bauern Unrecht getan. Du bist von jetzt an kein Meier mehr. Geh als Bauer zurück in dein Dorf!"

In veränderter Form übernommen aus: Hans Heumann (Hg.), Problemorientierter Geschichtsunterricht, Bd. 1, Frankfurt/M. (Hirschgraben/Cornelsen) 1989, S. 263 f.

M3 **Bäuerlicher Abgabenkalender,** Buchmalerei, 14. Jh. Dargestellt sind Fleischzehnt (Johannistag, 24. Juni), Gänsezehnt (Mariä Himmelfahrt, 15. August), Geldzins für Eier/Getreide (Bartholomäustag – der heilige Bartholomäus wurde am 24. August gehäutet), Getreidezehnt (Margaretentag, 13. Juli), Obst- und Weinzehnt (Urbanstag, 25. Mai) und die Abgabe des Lämmerzehnten (Walpurgistag, 1. Mai).

> **Begriffe und Daten**
>
> **Grundherrschaft**
>
> Der Grundherr, z. B. ein Adliger, ein Kloster oder ein Bischof, verfügte über das Obereigentum an Grund und Boden. Er überließ abhängigen Bauern, den Grundholden (= Hörigen), Land zur Bewirtschaftung. Für den Schutz, den der Grundherr gewährte, waren die Hörigen zu Abgaben und Frondiensten verpflichtet. Gänzlich unfreie Bauern, die Leibeigenen, arbeiteten auf dem Herrenland bzw. auf Fronhöfen, die den Mittelpunkt einer Grundherrschaft bildeten.

1 Lies die Erzählung M2. Was empfindest du als gerecht und was als ungerecht?
2 Ordne in M3 die Abgabentermine den Abbildungen zu. Kläre: Bartholomäus.
3 Beschreibt mithilfe des Darstellungstextes und M1 in Partnerarbeit die mittelalterliche Grundherrschaft. Zieht die Methoden „Einen Lehrbuchtext erschließen" (S. 45) und „Schaubilder verstehen" (S.129) heran.
4 Erörtere, warum ein Meier für den Grundherrn wichtig war.

Vom Frankenreich zum Deutschen Reich

Die Auflösung des fränkischen Großreiches

Reichsteilung im unruhigen Europa

Europa um 1000 nach Christi Geburt – das war keine politische, kulturelle und wirtschaftliche Einheit. Im Osten und Süden des Kontinents gehörten wichtige Teile zu anderen Kulturkreisen wie dem Islam und dem Byzantinischen Reich. Außerhalb Europas befanden sich hoch entwickelte Kulturen: im Vorderen Orient und in Nordafrika, in China, Indien, Japan und in Mittelamerika.

In Europa stellte sich nach dem Tod Karls des Großen (814) immer stärker die Frage, ob die Einheit des fränkischen Großreiches künftig erhalten werden könnte. Seinem Sohn, Ludwig dem Frommen (813/814–840), gelang es als Nachfolger auf dem Thron nur unter großen Mühen, die Reichseinheit zu erhalten. Er war im Verlauf des Streits mit seinen Söhnen um die Macht nicht stark genug, eine von allen akzeptierte Nachfolgeordnung durchzusetzen. Als Ludwig I. 840 starb, kam es im folgenden Jahr zum blutigen kriegerischen Konflikt zwischen seinen drei Söhnen. Die Auseinandersetzung endete 843 im Vertrag von Verdun mit der Teilung des Reiches: Karl der Kahle erhielt das West-, Ludwig der Deutsche das Ostreich, und der älteste Sohn Lothar sicherte sich das Mittelreich und die Kaiserwürde. Nach Lothars Tod 855 zerfiel das Mittelreich, seine Brüder teilten es unter sich auf. Die fränkischen Teilreiche wurden in dieser Zeit auch von außen durch häufige Überfälle der Wikinger, Beutezüge der Madjaren (Ungarn) und Sarazenen (Araber) im Mittelmeerraum geschwächt.

M1 Aufgliederung oder Staatswerdung?

Aus einer zusammenfassenden Darstellung über die Auflösung des fränkischen Großreiches, 2004:

„Nationale" Momente spielten bei dieser Aufteilung überhaupt keine Rolle, und auch Deutschland oder Frankreich sind keinesfalls durch den Verduner Vertrag geschaffen worden. Wenn sich
5 Karl der Kahle und Ludwig der Deutsche 842 in Straßburg gegenseitig Eide[1] in der Volkssprache leisteten – Ludwig in romanischer, Karl in germanischer, um jeweils von der Gegenseite verstanden zu werden –, dann zeigt sich darin zwar die
10 sprachliche Vielfalt im Karolingerreich und die Mehrsprachigkeit der karolingischen Brüder, nicht jedoch das Werden der Nationen. Der Vertrag von Verdun [843] basierte auf einer dynastischen[2] Teilung und bedeutete lediglich eine Aufgliede-
15 rung des Großreiches in Zuständigkeitsbereiche ... Andererseits setzte mit Verdun eine Entwicklung ein, an deren Ende es ein französisches und ein deutsches Staatswesen gab ... Von Bedeutung war dabei zweifellos ... die Verfestigung eines poli-
20 tischen Rahmens, in dem unterschiedliche Bevölkerungsgruppen zusammenwachsen und ein Wir-Gefühl entwickeln konnten ... Herrschaftsbildung und Staatswerdung gehen der Volks- und Nationswerdung voraus.

Arnold Bühler, Harald Erhardt u. a., Das Mittelalter, Stuttgart (Theiss) 2004, S. 105.

[1] hier: Bündnisschwur Karls und Ludwigs gegen ihren Bruder Lothar
[2] Dynastie: Herrschergeschlecht, Herrscherhaus

M2 Das Frankenreich 843–887

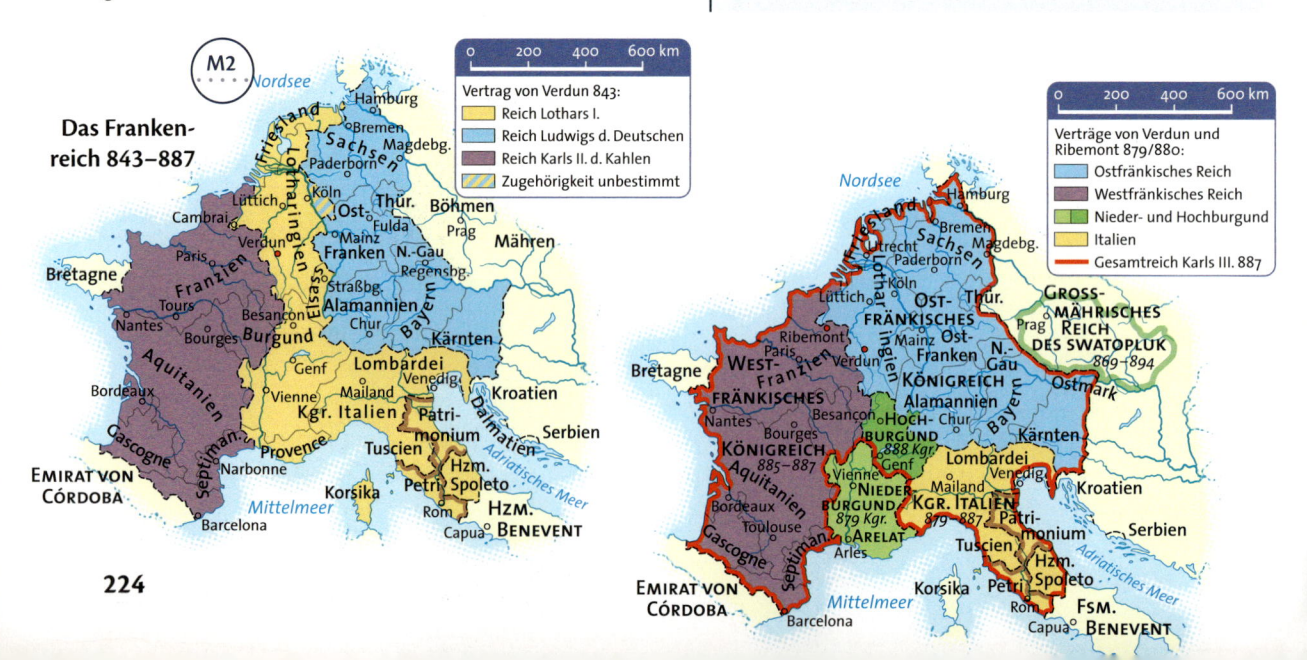

Vertrag von Verdun 843:
- Reich Lothars I.
- Reich Ludwigs d. Deutschen
- Reich Karls II. d. Kahlen
- Zugehörigkeit unbestimmt

Verträge von Verdun und Ribemont 879/880:
- Ostfränkisches Reich
- Westfränkisches Reich
- Nieder- und Hochburgund
- Italien
- Gesamtreich Karls III. 887

Vom Frankenreich zum Deutschen Reich

M3 Europa um 1000

M4 Ludwig I., der Fromme, in der nach 831 entstandenen Handschrift „Das Lob des Heiligen Kreuzes" von Hrabanus Maurus, Gelehrter und Abt des Klosters Fulda

1. Beschreibe anhand des Darstellungstextes und M2 die Teilung des fränkischen Großreiches und erläutere den Zusammenhang zwischen Nachfolgeregelung und Stabilität des Reiches.
2. Prüfe mithilfe von M1 die folgende Aussage: Die Aufteilung des fränkischen Großreiches führte unmittelbar zur Entstehung eines deutschen und eines französischen Staates.
3. Erläutere, wie in M1 die Entstehung eines Staates erklärt wird.
4. Untersuche, wie Ludwig der Fromme in M4 dargestellt wurde. Welche Aussage macht der Zeichner über das Verhältnis von geistlicher und weltlicher Herrschaft?
5. Beschreibe anhand von M3 die Herrschaftsverhältnisse in Europa um 1000 n. Chr. Gehe auch auf folgende Fragen ein: Hat sich das Fränkische Reich nach der Reichsteilung weiter verändert? Wo sind Königreiche bzw. Herzogtümer als Vorläufer heutiger Staaten zu finden?

Die Entstehung des Deutschen Reiches

König und Stammesherzöge – ein Machtkampf
Als der letzte Karolinger 911 starb, erlosch die ostfränkische Linie der Karolinger. Die Bedrohungen von außen hielten an, im Inneren wuchs die Macht der Stämme, wie der Franken und Sachsen. Obwohl das karolingische Herrscherhaus in Westfranken weiterbestand, wählten Sachsen, Franken, Bayern und Schwaben im November 911 den Franken Konrad zum neuen König. Damit gaben sie die Bindung an die karolingische Dynastie auf, denn Konrad I. war kein Karolinger. Mit dem Aufstieg der Stammesherzöge wurde die Königsmacht eingeschränkt. Als Konrad schließlich im Kampf gegen die Ungarn versagte und sich immer stärker in Machtkämpfe mit den Stammesherzögen verwickelte, zeigte sich der Kern des Konflikts: Es ging um die Machtverteilung zwischen Königtum und Stammesherzogtümern. Auch ein Bündnis mit der Kirche brachte Konrad nicht weiter. Schon bevor er 918 starb, hatten sich die Stammesherzöge in Sachsen, Bayern und Schwaben gegen den König durchgesetzt. Am Ende seines Lebens gab er noch den Anstoß, den Sachsenherzog Heinrich, den mächtigsten der Stammesherzöge, zum König zu wählen.

Die Insignien seit dem 12. Jahrhundert: Reichskrone, Reichsapfel und Reichsschwert. Der lateinische Spruch auf der Bildplatte der Krone lautet übersetzt: Durch mich regieren die Könige.

Vom Frankenreich zum „Reich der Deutschen"
Heinrich I. (919–936) beendete die Politik seiner beiden Vorgänger, zusammen mit der Kirche gegen die Stammesherzogtümer vorzugehen. Durch ein besseres Verhältnis zu den Stämmen hielt er den Niedergang des Reiches auf. Die Herzogtümer Schwaben und Bayern konnte er allerdings nur mit politischem und militärischem Druck einbinden.
Die Anerkennung der Herzogtümer als „Teilmächte" gab ihm den Spielraum, das Reich auch nach außen, z. B. gegen die Ungarn und gegen slawische Stämme, zu sichern. Ein gemeinsames Bewusstsein im „neuen" Reich kommt dadurch zum Ausdruck, dass aus seiner Regierungszeit der Begriff des „Reiches der Deutschen" statt der Bezeichung „Fränkisches Reich" in den Quellen überliefert ist. Als nach dem Tode Heinrichs I. sein Sohn Otto I. (936–973) zum deutschen König gekrönt wurde, stellte sich die Frage, wie der neue Herrscher die Reichsmacht auch gegenüber den Herzogtümern sichern würde.

Brun – Abt, Erzbischof und Herzog
Köln zu Pfingsten 965: In der Burg des Erzbischofs wird der Hoftag gefeiert. Die Großen des Reiches sind um die kaiserliche Familie versammelt. Otto I. hat Köln zum Ort des Hoftages gewählt, weil er die Leistungen seines Bruders, des Erzbischofs Bruno (in der germanischen Form: Brun), anerkennen möchte. Brun war ursprünglich Abt im Kloster Lorsch und hatte dann eine politische Karriere gemacht: 951 war ihm das Amt des Erzkanzlers verliehen worden, 953 wurde er Erzbischof von Köln und Herzog von Lothringen. Von 961 bis 964 schließlich hatte Brun die Geschäfte des Reiches verwaltet, während sein Bruder Otto in Italien weilte.
Otto I. hatte den politischen Aufstieg Bruns gefördert: Er selbst hatte ihn 953 zum Erzbischof ernannt – denn als gesalbter Herrscher machte er sein Recht geltend, höchste kirchliche Ämter zu vergeben. Das Verfügungsrecht über die Geistlichen, das Otto und seine Nachfolger (= „Ottonen") für sich in Anspruch nahmen, führte zu einer engen und dauerhaften Verknüpfung der Herrschaftsbeziehungen zwischen König und Kirche. Sowohl die geistliche als auch die weltliche Macht konnten daraus Nutzen ziehen.

Vom Frankenreich zum Deutschen Reich

Otto I. und seine Gemahlin Editha, Sandsteingruppe aus dem Magdeburger Dom, um 1250. Die runde Scheibe in der Hand Ottos zeigt den Erdkreis.

Wahl und Krönung Ottos I. zum König

Das Königtum war nicht erblich, sondern ein Wahlamt. Das sogenannte Geblütsrecht verschaffte dem Kandidaten allerdings einen entscheidenden Vorteil. So war Otto I. bereits von seinem Vater, König Heinrich I. (919–936), zum Nachfolger bestimmt worden. Obwohl Heinrich weitere Söhne besaß, wurde, abweichend vom fränkischen Brauch, nur ein Königssohn zum Nachfolger bestimmt. Der Ort des Geschehens (Aachen) und die fränkische Tracht Ottos für die feierlichen Handlungen knüpften an die Tradition Karls des Großen an. Über das Zeremoniell der Königskrönung Ottos I. am 7. August 936 in der Pfalz zu Aachen berichtete der Mönch und Geschichtsschreiber Widukind von Korvei (um 925–nach 973):

1. Herzöge und Erste der Grafen setzen den neuen Herrscher auf einen im Säulenvorhof errichteten Thron, reichen ihm die Hände und geloben Treue gegen alle Feinde. So machen sie ihn zum König.
2. Otto betritt die Kirche in fränkischer Kleidung und wird vom Erzbischof von Mainz bis zur Mitte der Kirche geleitet. Dort stellt der Erzbischof „den von Gott erwählten, vom Herrn Heinrich einst designierten [vorbestimmten] und nun von allen Fürsten zum König gemachten Otto" dem wartenden Volk vor mit der Aufforderung, der Wahl, wenn sie ihm gefalle, zuzustimmen. Das Volk antwortet mit erhobener Hand und lauten Heilrufen.
3. Vor dem Altar, auf dem die königlichen Insignien bereitliegen, werden die Salbung und die Krönung gemeinsam von den Erzbischöfen von Mainz und Köln ausgeführt.
4. An die Weihe schließt sich die zweite Thronsetzung an, jetzt auf den Marmorthron Karls des Großen.
5. Beim abschließenden Krönungsmahl leisten die Herzöge symbolisch die Hofdienste (als Kämmerer, Truchsess, Mundschenk und Marschall).

Zusammengefasst nach Widukind von Korvei, Sachsengeschichte, II, 1–2, 7. August 936.

Begriffe und Daten

Reichskirche
Die Reichskirche umfasste höhere Geistliche des Reiches mit ihrem Amt (Bischöfe und Erzbischöfe, Äbtissinnen und Äbte der Reichsklöster) und dem dazugehörigen Herrschaftsbereich. Otto I. und seine Nachfolger arbeiteten mit der Reichskirche zusammen und bauten ihre Herrschaft mit deren Hilfe aus.

Herzog
Bei den germanischen Stämmen war ein Herzog der erwählte Heerführer, später ein dauerhaftes Amt, z. B. der Anführer eines Stammes (Stammesherzogtum).

König
Adliger, der gegenüber den Herzögen über die höheren Herrschaftsrechte verfügte. Ursprünge des Königtums liegen im „Heerkönigtum" (Heerführer).

---

1 Erläutere anhand der Darstellungstexte S. 226 den Übergang vom Ostfränkischen Reich zum Deutschen Reich.
2 Erarbeite, welche Rolle Brun für Otto I. in der Reichsgeschichte spielte (Darstellungstext), und beurteile die Bedeutung der Reichskirche.
3 Kläre mithilfe von M1, M2 und M3 die Rolle des Königtums, des Adels und der Kirche bei der Krönung Ottos I. zum König.

Vom Frankenreich zum Deutschen Reich

Wie die Könige regierten

Der „Reisekönig"

Nach seiner Wahl und der feierlichen Einführung in das Amt wurde vom König erwartet, dass er seine Herrschaft antrat. Aber – es gab keine Hauptstadt, von der aus er regieren konnte. Damit seine Herrschaft Gültigkeit und Anerkennung erhielt, musste sie „vor Ort" ausgeübt werden. Deshalb reiste der König im ganzen Reich umher, um die Regierungsgeschäfte zu erledigen. Dabei bildeten sich gewisse Gewohnheiten heraus. So verbrachten die karolingischen Könige den Winter in ihrer Lieblingspfalz, z. B. Aachen, hielten dort zu Ostern eine Heeresversammlung ab, zogen in den Sommermonaten in den Krieg, erholten sich im Herbst bei der Jagd und kehrten zum Weihnachtsfest wieder in die Winterpfalz zurück. Obwohl sie als Könige bei ihren Reisen Anspruch darauf hatten, überall kostenlos verpflegt zu werden („Königsgastung"), nutzten sie je nach Lage meistens die königlichen Güter. Der König nahm mit seinem Gefolge Quartier auf den Königshöfen und Pfalzen. Dort lebten sie von den als Abgaben beanspruchten Lebensmitteln gleich vor Ort. Oft machten sie für mehrere Tage Station und legten an einem Reisetag nicht mehr als 30 Kilometer zurück. Das Leben dieser reisenden Könige, ihrer Frauen, Kinder und Bediensteten, oft mehrere hundert Personen, kann man sich als eine endlose Kette körperlicher Strapazen vorstellen.

Bereiste Herrschaftsgebiete und Aufenthalte Ottos I.
Rekonstruierte Wegebeschreibungen der ohne festen Regierungssitz lebenden mittelalterlichen Herrscher werden Itinerare (lat. Itinerarien: Wegebücher) genannt.

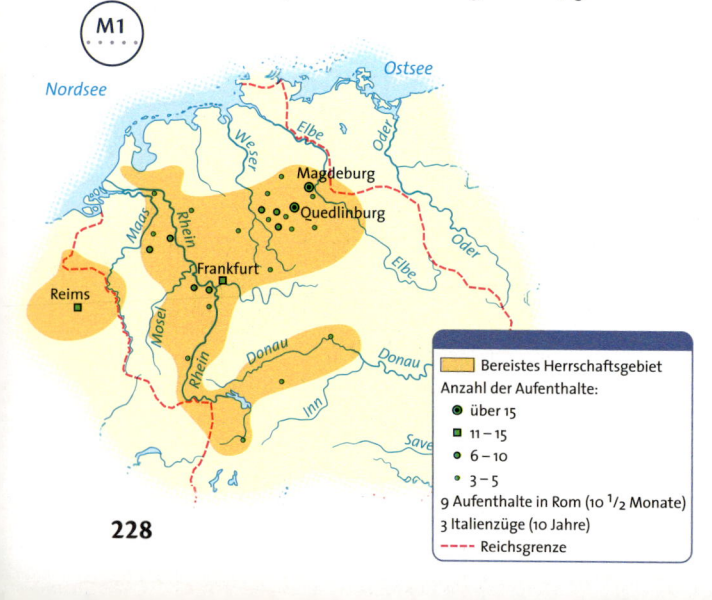

Die Aufgaben des Königs

Eine der wichtigsten Aufgaben des Königs war es, den Frieden zu bewahren. Er musste gegen äußere Feinde des Reiches das Heer anführen und den Schutz des Reiches sichern. Nur er durfte im Namen des Reiches Verträge schließen. Auch im Innern hatte er dafür zu sorgen, dass der Friede gewahrt wurde. Die ständigen Fehden erschwerten diese Aufgabe ungemein. Mit einem verkündeten Landfrieden und Fehdeverboten allein war es jedoch nicht getan. Erst der Aufbau einer Rechtsordnung mit funktionsfähigen Gerichten sorgte im Laufe der Jahrhunderte dafür, dass Geschädigte auf private Rache verzichteten, wenn sie auf Recht, Gesetz und Richterspruch vertrauen konnten.

In den von Geistlichen geschriebenen „Königsspiegeln" werden die folgenden Eigenschaften hervorgehoben: Der König sollte fromm, gerecht, mildtätig und gnädig sein. Als „Gesalbter des Herrn" hatte er die Aufgabe, die Kirche und das „Christenvolk" zu schützen.

Im Regierungsalltag wurde er von schriftkundigen Geistlichen und der königlichen Kanzlei unterstützt. Zwischen den Besuchen vor Ort verließen sich die Karolinger auf „Königsboten", die Ottonen setzten auf Bischöfe und Äbte, die sie mit weltlichen Rechten und Pflichten ausstatteten. Seit dem 11. Jahrhundert bildete sich eine neue Gruppe von Dienstleuten des Königs heraus: die Ministerialen*.

> **Biografie**
>
> **Otto I. (912–973)**
> Amtsantritt: König 936, Kaiser 962
> Vater: Heinrich I. (ca. 876–936), König: 919
> Mutter: Mathilde (Ende des 9. Jh.–968), Tochter eines westfälischen Grafen
> Erste Heirat: 929 Editha (?–946), Tochter des angelsächsischen Königs. 946 Tod Edithas. Zwei Kinder aus dieser Ehe.
> Zweite Heirat: 951 Adelheid (931?–999), Tochter des Königs von Hochburgund, Witwe König Lothars von Italien. Vier Kinder aus dieser Ehe.
> Familienpolitik: Durch Heiraten bzw. Einsetzung von Verwandten sind seit 949 alle deutschen Stammesherzogtümer fest mit der königlichen Familie verbunden.

M1

Legende:
- Bereistes Herrschaftsgebiet
- Anzahl der Aufenthalte:
  - über 15
  - 11 – 15
  - 6 – 10
  - 3 – 5
- 9 Aufenthalte in Rom (10 ½ Monate)
- 3 Italienzüge (10 Jahre)
- Reichsgrenze

Vom Frankenreich zum Deutschen Reich

M2 Lebensmittel für die Kaiserpfalz

Nahrungsbedarf Karls des Großen und seines Gefolges (etwa 1000 Mann) am Beispiel der Kaiserpfalz Ingelheim (geschätzte Werte nach Ergebnissen der Geschichtsforschung):

Zu den benötigten Nahrungsmitteln gehören vor allem Fleisch, Getreide, Wein und Bier:

	Fleisch	Getreide	Wein/Bier
je Mann und Tag	2 kg	2 kg	3 l
1000 Mann in 10 Tagen	20 000 kg	20 000 kg	30 000 l

Um 800 wurden aus den Schlachttieren (Schweine und Schafe) nur je 10 kg Fleisch gewonnen. Eine große Pfalz wie Ingelheim hatte wohl nicht mehr als 2000 Schlachttiere. Zur Pfalz gehörten etwa 1000 ha Ackerland. Für 20 000 kg Getreide mussten etwa 400 ha Getreide angebaut werden. Der Ernteertrag an Getreide betrug um 800 etwa das 1,5-Fache der Aussaatmenge (heute etwa das 25-Fache). Aussaatmenge 1 dz je ha: Erntemenge 1,5 dz je ha; verfügbares Getreide abzüglich der Aussaat fürs nächste Jahr je ha 0,5 dz = 50 kg. Maximal dürften 30 Fässer zu je 1000 l Wein/Bier zur Verfügung gestanden haben.

Nach Gustav A. Süß, Versorgung und Wirtschaften auf der Pfalz. In: Praxis Geschichte, H. 2, 1988, S. 20 f.

M3 König und Reich – wie Steuermann und Schiff?

Der Hofkaplan und Verfasser von Fürstenbiografien, Wipo (gestorben nach 1046), schrieb über den deutschen König Konrad II. (1024–1039), den Gesandte aus Pavia wegen einer Untat besänftigen wollten (6. Juni 1025):

Es war in der Stadt Pavia eine Pfalz ... Auf die Nachricht aber vom Tode Kaiser Heinrichs, des Vorgängers König Konrads, stürzten die Pavesen ... sofort unbedacht zu dem friedlichen Hof, bra-
5 chen, weit bekannt durch Frechheit, die Mauern des Königs und zerstörten die ganze Pfalz bis auf den letzten Grundstein, damit ferner kein König innerhalb dieser Stadt eine Pfalz zu bauen befehle. Wegen dieser Dreistigkeit gab es lange eine große
10 Auseinandersetzung zwischen dem König und den Pavesen. Die Pavesen sagten: „Wen haben wir denn beleidigt? Unserem Kaiser haben wir Treue und Ehre bis an sein Lebensende bewahrt; da wir nach seinem Tode keinen König hatten, werden
15 wir nicht mit Recht angeklagt werden können, das Haus unseres Königs zerstört zu haben." Dagegen sagte der König: „Ich weiß, dass ihr das Haus eures Königs nicht zerstört habt, weil ihr zu der Zeit keinen hattet. Aber ihr seid nicht imstande zu leug-
20 nen, das königliche Haus zerbrochen zu haben. Wenn der König stirbt, bleibt das Reich, so wie das Schiff bleibt, dessen Steuermann fällt. Es waren öffentliche Gebäude, keine privaten ..." Solchermaßen wurden mehrfach Worte heftig gewechselt.
25 Dann gaben die Gesandten den vergeblich gesuchten Frieden auf und gingen.

Zit. nach Joachim Leuschner, Das Reich des Mittelalters, Stuttgart (Klett) o. J., S. 12.

---

1 Erarbeite anhand des Darstellungstextes Der „Reisekönig" die Regierungsweise mittelalterlicher Könige.

2 Ziehe am Beispiel Ottos I. (M1) Schlüsse aus den bereisten Gebieten und Aufenthalten auf die Machtzentren bzw. „Randgebiete" im Reich. Vergleiche mit Karl dem Großen (S. 210, M1).

3 Prüfe die Lebensdaten unter der Frage nach dem Alter bei Heirat und Regierungsantritt (Personenkasten).

4 Berechne anhand von M2, wie lange die Vorräte für Karl und sein Gefolge reichten.

5 Formuliere, ausgehend von M4, Fragen, die durch die Ausgrabungen möglicherweise nicht beantwortet werden konnten.

6 Analysiere M3. Nimm die Methode „Schriftliche Quellen entschlüsseln" S. 115 zu Hilfe.

Die Kaiserpfalz Ingelheim, Rekonstruktionszeichnung nach Ausgrabungen von Christian Rauch. Die karolingische Pfalz am Rhein, unter Karl dem Großen 774–784 errichtet, gilt als eine der bedeutendsten fränkischen Königspfalzen, die von Gebäuden, Palatium und Kirche beherrscht wird. Die halbrunde Mauer war keine Wehranlage. Die erhaltenen geringen Reste lassen teilweise keine gültigen Aussagen zu.

M4

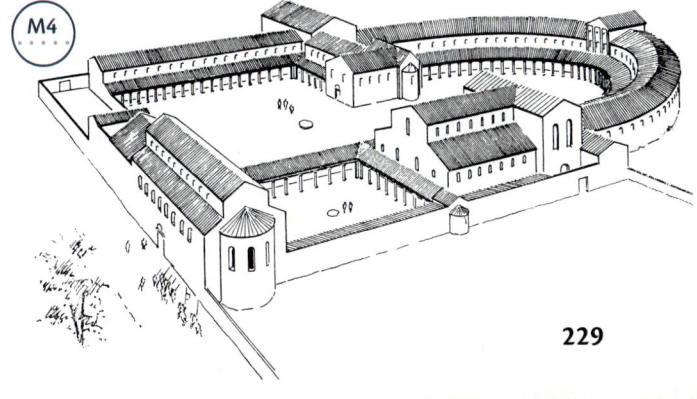

Die Kaiserpfalz in Goslar

Die Pfalz, die Stadt und das Reich

Kenntnisse über die Pfalzen gewinnt die Geschichtsforschung vor allem aus drei Quellen: 1. aus archäologischen Ausgrabungen, die Spuren der Pfalzen sichern, 2. aus Rekonstruktionen der Reisewege, des Itinerars, das den Aktivitätsbereich eines Herrschers und damit die Kernlandschaften des Reiches erkennen lässt, 3. aus der Untersuchung des Reichs- bzw. Königsgutes mit seinen Ansprüchen gegenüber den Fürsten des Reiches.

Eine Pfalz gehörte zum Reichsgut und war damit Königseigentum. Sie war Ort wichtiger Zusammenkünfte, z. B. der Reichsfürsten und Bischöfe. Dazu musste sie mit wichtigen Repräsentationsbauten ausgestattet sein, wie dem Thronsaal, Wohngebäuden, Wirtschaftshöfen und Kirchengebäuden. Die Pfalz von Goslar besaß unter Heinrich III. (1039–1056) diese von der Pfalzenforschung aufgestellten Merkmale. In ihrer Entstehung geht sie auf die Verlegung der Pfalz Werla im Landkreis Wolfenbüttel nach Goslar zurück, wo Heinrich II. ab 1015 Hoftage abhielt. Ein wichtiges Motiv für die Verlegung dürfte auch der Abbau der Rammelsberger Erze gewesen sein, die der Krone neue Einnahmen versprachen. Parallel zum Ausbau der Pfalz entstand demnach im 10./11. Jahrhundert eine Bergbau- und Marktsiedlung, in der die mercatores, die Kaufleute, schon in der ersten Hälfte des 11. Jahrhunderts nach eigenem, ihnen vom König gewährten Recht und Gesetz lebten, wahrscheinlich mit Zollfreiheit im ganzen Reich. Das mit der Pfalz entstandene Goslar war Reichsstadt, das heißt sie unterstand unmittelbar dem König bzw. Kaiser. Die wichtigsten wirtschaftlichen Kräfte für die Entwicklung Goslars waren der Bergbau, die Verhüttung der geförderten Erze (Silber, Blei und Kupfer) und der Metallhandel. Bedeutung erlangte im 14. Jahrhundert auch der Dachschieferbergbau.

Als letzter deutscher König des Mittelalters besuchte Wilhelm von Holland 1253 die Reichsstadt. Als sich im 14. und 15. Jahrhundert das königliche Herrschaftszentrum unter den Luxemburgern und Habsburgern nach Süden bzw. Südosten des Reiches verlagerte, verloren die Städte im ehemaligen sächsischen Stammesgebiet ihre Bedeutung.

M1

Der Pfalzbezirk der Kaiserpfalz in Goslar, Rekonstruktionszeichnung (1927) von Uvo Hoelscher, die auf archäologischen Ausgrabungen beruht. Die Rekonstruktion soll einen Eindruck von der gesamten Pfalzanlage zu Beginn des 13. Jahrhunderts vermitteln, stellt jedoch keine exakte Wiedergabe im Detail zu einem bestimmten Zeitpunkt dar.

Vom Frankenreich zum Deutschen Reich

Der Palas (das sogenannte Kaiserhaus) der Pfalz mit der Ulrichskapelle in Goslar, Wiederaufbau am Ende des 19. Jh., Foto, 2003

Kaiserpfalz Goslar, Kaisersaal, Foto, 2000. Die Westwand wurde von Hermann Wislicenus (1825–1899) mit Wandgemälden ausgestattet, u. a. mit dem Fresko „Die Wiedererstehung des Deutschen Reiches" (7,10 m x 7,20 m). Die Darstellung verknüpft das Kaiserreich der Hohenzollern, einem Fürstengeschlecht, das 1701 in Preußen die Königskrone und 1871 im Deutschen Reich die Kaiserwürde erlangte, mit der Geschichte des Reiches im Mittelalter.

1 Beschreibe anhand von M1 die Anlage der Pfalz Goslar und vergleiche mit M4, Seite 229.
2 Begründe, warum die Anlage in Goslar die in der Geschichtsforschung aufgestellten Merkmale einer Pfalz erfüllte. Nimm den Darstellungstext und M1 zu Hilfe.
3 Erläutere mithilfe des Darstellungstextes den Begriff „Reichsstadt".
4 Untersuche am Beispiel Goslars den Zusammenhang zwischen politischer Herrschaft und wirtschaftlicher Kraft.
5 Erörtere unter Rückgriff auf M2 und M3, welche Ziele die Hohenzollern mit dem Bezug zum mittelalterlichen Reich verbanden.

Krönung eines Kaisers

Kaiser und Papst – nicht ohne Konflikte

Das Kaisertum Karls des Großen war vor allem eine Vor- bzw. Oberherrschaft über andere Könige und Völker gewesen. Obwohl Karl noch im Jahr 813 ohne Mitwirkung des Papstes seinen Sohn Ludwig zum Mitkaiser erhoben hatte, blieb das Kaisertum dennoch von Rom und dem Papsttum abhängig. Ende des 9. Jahrhunderts beanspruchte der Papst die Kaiserkrönung als kirchliches Vorrecht.

Mit seiner Krönung zum Kaiser im Jahr 962 erneuerte Otto I. das karolingische Kaisertum. Der deutsche König besaß als Rechtsnachfolger des fränkischen Königs und als Herrscher über die drei Königreiche Deutschland, Italien und Burgund die Anwartschaft auf das Kaisertum. Dazu waren jedoch Salbung und Krönung durch den Papst erforderlich. Das erneuerte Kaisertum Ottos I. fand seinen Ausdruck in einem kaiserlichen Schutzprivileg für die römische Kirche und in einem Treueversprechen des Papstes Johannes XII. Als der Papst jedoch sah, dass sich Otto I. in Italien durchsetzte und seinen Einfluss festigen konnte, schloss er sich mit Ottos Gegnern zusammen. Deshalb ließ der Kaiser ihn im November 963 absetzen und setzte einen neuen Papst, Leo VII., ein. Den König von Italien, Berengar II., nahm er gefangen. Als Otto im Sommer 972 Italien verließ, stand er auf dem Höhepunkt seiner Macht. Kurz darauf, am 7. Mai 973, starb er.

Was das Kaisertum tatsächlich beinhaltete, ist nicht leicht zu bestimmen. Es brachte dem König keine unmittelbare Erhöhung der Macht, wohl aber einen Zuwachs an Ansehen und Würde. Die Oberherrschaft über das „Abendland" hatte er auch nie erreicht, erhob aber den Anspruch darauf. Einerseits war er als „Stellvertreter Christi" zum Schutz der Christenheit verpflichtet und setzte die Päpste und Bischöfe ein und ab. Andererseits leistete er als „Sohn der römischen Kirche" bei Zusammentreffen mit dem Papst den symbolischen Zügel- und Bügeldienst. Das heißt, er ordnete sich symbolisch dem Papst unter, indem er ihm den Steigbügel hielt und anschließend dessen Pferd am Zügel führte.

Doch die gegenseitigen Ansprüche, in weltlichen bzw. geistlichen Angelegenheiten mitzubestimmen, sollten im 11. Jahrhundert zu schweren Konflikten zwischen Päpsten und Kaisern führen.

M1 Himmel, Heilige und die Kaiserfamilie Ottos I. mit Christus, Elfenbeinschnitzerei, 10. Jh.
Christus in der Mitte, oben zwei Engel, rechts und links die beiden Heiligenfiguren Maria und Mauritius, Schutzpatron des von Otto I. gegründeten Erzbistums Magdeburg. Unten: der Kaiser, sein Sohn und die Kaiserin.

Vom Frankenreich zum Deutschen Reich

M2 **Eine Kaiserkrönung in Rom**

Der sogenannte Salische Kaiserordo aus der Mitte oder der zweiten Hälfte des 11. Jahrhunderts wurde in einer Handschrift des 14. Jahrhunderts überliefert. Er vermittelt – trotz mancher Ungenauigkeiten – einen Eindruck vom Zeremoniell der Kaiserkrönung in Rom:

(1) Zu gegebener Zeit der Kaiserkrönung in Rom wird der Kaiser in ein mit Gold und kostbaren Edelsteinen durchwirktes Seidengewand gekleidet und hat an den Händen zwei seidene Handschuhe; (er
5 trägt) das Schwert umgegürtet und die goldenen Sporen. Auf dem Haupt trägt er das Diadem, in der Rechten das Zepter und hat an einem Finger einen Bischofsring; in der Linken hat er den goldenen Reichsapfel.

10 (2) Dann stützt der Papst den Kaiser zur Rechten und den Erzbischof von Mailand zur Linken; und dann werden dem Kaiser das Kreuz mit dem Holz vom Kreuze Christi im Innern und die Lanze des hl. Mauritius vorangetragen, und so schreitet der Kai-
15 ser zur Kirche (St. Peter), wo er gekrönt werden soll. Und es wird die Messe begonnen, und vor dem Evangelium wird der Kaiser gesalbt und geweiht.
(3) Nach der Messe schreitet der Kaiser zu seinem Palast und speist. Nach dem Mahl wird der Kaiser
20 mit einem grünen Gewand bekleidet und ihm die weiße Mitra mit dem Reif des Patrizius darüber aufs Haupt gesetzt, und er schreitet zur Vesperzeit zur Kirche.
(4) Am anderen Tage nimmt der Papst vom Altar
25 des hl. Petrus die römische Krone und setzt sie dem Kaiser aufs Haupt, und dieser schreitet zu den Stufen der Treppe, wo der Senat steht (vor St. Peter).
(5) Danach besteigt er sein Pferd und reitet durch alle Straßen und wird von allen mit lauter Stimme
30 begrüßt, und wenn er vor der Constantinskirche angekommen ist, empfangen den Kaiser dort die 16 Scholen (Bezirke Roms), und er betritt mit wunderbarer Fröhlichkeit die Kirche und hört die Messe.
35 (6) Am dritten Tage begibt sich der Gekrönte zum hl. Paulus (Kirche S. Paolo fuori le mura).
(7) Am vierten Tage geht der Gekrönte von der Bethlehemkirche zur Jerusalemkirche.
(8) An den anderen drei Tagen feiert er mit dem
40 Papst eine Synode, um die Vernachlässigungen der heiligen Ordnungen zu verbessern; schließlich verhandelt er mit den Kundigen über die Ordnung der Res publica (öffentliche Angelegenheiten).

Zit. nach Joachim Leuschner, Das Reich des Mittelalters, Stuttgart (Klett) o. J., S. 13 f.

M3

Das Zeremoniell der Kaiserkrönung, dargestellt im „Buch zu Ehren des Kaisers" des Petrus von Eboli (1197). Der König reitet in Rom ein. Ohne Herrschaftszeichen wird er vom Papst empfangen. Danach folgen die Rituale der Handwaschung, der Salbung und die Verleihung von Schwert, Mantel, Zepter, Ring und Krone.

1 Beschreibe anhand des Darstellungstextes das Verhältnis zwischen Kaiser und Papst und halte fest, worin die „Interessenverflechtung" bestand.
2 Erarbeite an M1 und M3 die jeweilige Stellung des Kaisers aus der Sicht der Künstler.
3 Vergleiche die einzelnen Phasen des Rituals der Kaiserkrönung in M2 und M3. Lege eine Tabelle an.

Die mittelalterliche Gesellschaft

Was ist eine „Ständegesellschaft"?

Bis heute finden Wissenschaftler immer neue Begriffe, um die Unterschiede und Gemeinsamkeiten zwischen einzelnen Gruppen unserer Gesellschaft zu beschreiben. Schon im frühen Mittelalter, als die meisten Menschen entweder Bauern oder Adlige waren, versuchte man, den Aufbau der Gesellschaft zu erklären. Dabei herrschte zunächst die aus der Antike überlieferte Auffassung vor, dass die Gesellschaft in zwei Gruppen, die „Herren" und die „Knechte", geteilt sei. Aus dieser Vorstellung entwickelten die Gelehrten – meist Geistliche – seit dem 11. Jahrhundert ein neues Bild der Gesellschaft. Darin gab es drei sogenannte Stände: den Klerus* (= Geistliche), den Adel und die Bauern. Diese Dreiteilung der Gesellschaft in Stände blieb bis zum Ende des Mittelalters bestimmend. Was genau bedeutet das Wort „Ständegesellschaft"? Welche Gruppen der Gesellschaft gehörten dazu und welche nicht? Wie wurde die Lehre von den drei Ständen begründet?

M2 Stände von Natur aus?

In einer französischen Chronik zum Jahr 1381 fand sich folgender Aufruf eines Priesters an die Bauern: Ihr braven Leute, die Dinge können nicht gutgehen in England und werden nicht gutgehen, bis es so weit ist, dass aller Besitz gemeinsam wird und es weder Bauern noch Edelleute gibt und wir alle
5 eins sind. Aus welchem Grund sind die, die wir Herren nennen, größere Meister als wir? ... Warum halten sie uns in Knechtschaft? Und wenn wir alle von einem Vater und einer Mutter, Adam und Eva, abstammen, inwiefern können sie behaupten
10 und beweisen, dass sie mit besserem Grund als wir Herren sind? Höchstens damit, dass sie uns erbringen und erpflügen lassen, was sie ausgeben.
Jean Froissart, Chroniques II, 212, hg. v. Gaston Raynaud, Paris 1897, S. 94 ff. Übers. v. W. Schwartzkopff.

Begriffe und Daten

Ständegesellschaft

Im Mittelalter bestimmte die Geburt, zu welchem Stand ein Mensch gehörte. Seit dem 11. Jahrhundert wurde die Gesellschaft nach der „Dreiständelehre" eingeteilt. Zu keinem Stand gehörten z. B. Arme und Tagelöhner. Die Zugehörigkeit zu einem Stand bestimmte über die Rechte des Einzelnen, den Zugang zu Berufen und die Bildungsmöglichkeiten. Wichtigstes Merkmal einer ständischen Gesellschaft ist die große politische, soziale und rechtliche Ungleichheit zwischen den einzelnen Ständen.

M1 Dreiständebild, Holzschnitt, 1488. Die Kommentare lauten: Tu supplex ora (Du bete demütig!), Tu protege (Du schütze!) und Tuque labora (Und du arbeite!).

1 Beschreibe M1 und fasse die Bildaussage zusammen. Achte auf die Bildelemente, ihr Größenverhältnis, ihre Bedeutung und auf Inschriften.
2 Erläutere mithilfe des Darstellungstextes und des Kastens den Begriff „Ständegesellschaft".
3 Ordne den Ständen in M1 folgende Begriffe zu: Schutz, Arbeit, Wirtschaft, Gebet, Politik, Religion.
4 Arbeite die Kritikpunkte an der Ständegesellschaft in M2 heraus. Was fordert der Priester?

Kompetenz-Check

Vom Frankenreich zum Deutschen Reich

Überprüfe, was du kannst

Sachkompetenz

1. Kläre die folgenden Begriffe: Dreiteilung der Mittelmeerwelt (S. 199), Mittelalter (S. 201), Missionierung (S. 204 f.), Papst (S. 204), König (S. 227), Reisekönigtum (S. 210), Pfalz (S. 210 f.), Graf (S. 210 f.), Grundherrschaft (S. 223), Ständegesellschaft (S. 234).
2. Stelle dar, wie Karl der Große seine Herrschaft im Frankenreich sicherte und ausübte (S. 212 f.).

Methodenkompetenz

3. Untersuche M1 mithilfe der Methode „Eine Sachquelle untersuchen" (S. 206 f.). Lest auf den Seiten 186 f., 200 f. und 204 f. nach.

Urteilskompetenz

4. Prüfe, in welcher Beziehung die Begriffe „personale Herrschaft", „Lehnswesen" und „Grundherrschaft" zueinander stehen (S. 216 f., S. 218 f., S. 222 f.).
5. Beurteile die folgende Aussage: Der Begriff des „Reiches der Deutschen" stammt aus der Zeit Karls des Großen.

Handlungs- und Kommunikationskompetenz

6. Recherchiert in Partnerarbeit die genauen Vorgänge und den Ablauf der Kaiserkrönung Karls in Rom zu Weihnachten 800 (Lexika, Schulgeschichtsbücher, Internet). Spielt die „symbolischen Handlungen" zwischen Kaiser und Papst in der Klasse nach. Nehmt die Methode „Ein Rollenspiel gestalten" (S. 64 f.) zu Hilfe.

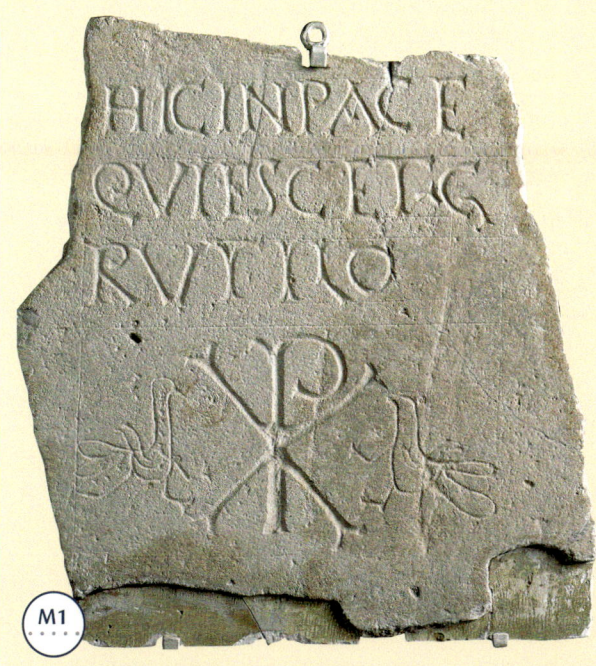

M1

Grabstein des Grutilo. Ende 5./Anfang 6. Jahrhundert, Worms. Kalkstein, Höhe 33 cm, Breite 31 cm, Tiefe 4 cm. Die Inschrift lautet: HIC IN PACE/QUIESCET G/RUTILO (Hier ruht in Frieden Grutilo); darunter ein Christusmonogramm (gebildet aus den griechischen Anfangsbuchstaben X (Chi) und P (Rho), ergänzt häufig durch Alpha (A) und Omega (Ω), Sinnbild, Symbol für Christus als Anfang und Ende der Welt) und zwei Tauben.

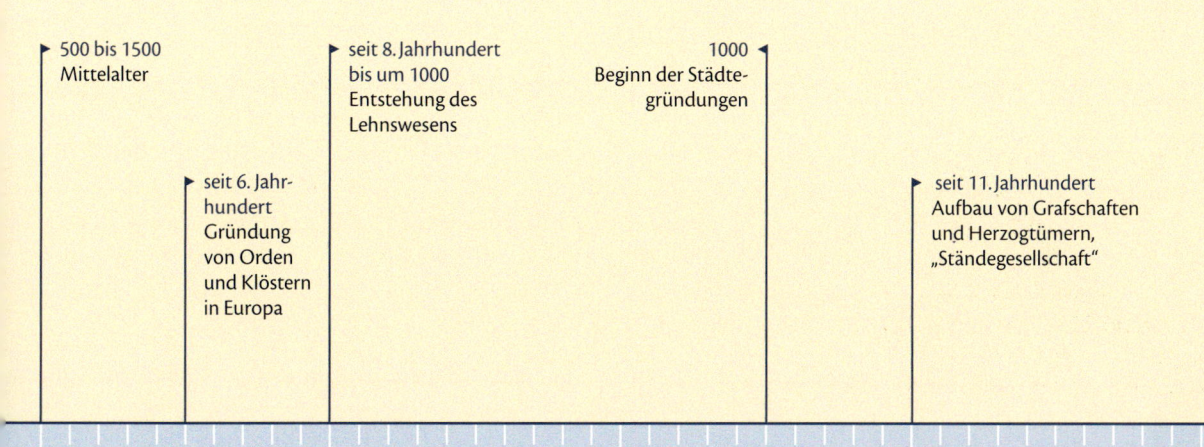

- 500 bis 1500 Mittelalter
- seit 6. Jahrhundert Gründung von Orden und Klöstern in Europa
- seit 8. Jahrhundert bis um 1000 Entstehung des Lehnswesens
- 1000 Beginn der Städtegründungen
- seit 11. Jahrhundert Aufbau von Grafschaften und Herzogtümern, „Ständegesellschaft"

500 — 700 — 900 — 1100 — 1300

Von der Antike zum Mittelalter

Die Dreiteilung der Mittelmeerwelt
Nach dem Ende des Römischen Reiches um 500 n. Chr. veränderte sich die Mittelmeerwelt grundlegend. Es bildeten sich drei neue Machtzentren heraus: 1. Das Oströmische Reich entwickelte sich zu einem eigenständigen Reich, in dem die Tradition der griechischen und römischen Antike weiterlebte. 2. Ausgehend von Arabien, verbreitete sich im 7. Jahrhundert mit dem Islam nicht nur eine neue monotheistische Religion, sondern auch eine neue kulturelle und politische Kraft im Mittelmeerraum. 3. Im Westen schufen die Franken eine dauerhafte politische Ordnung. Nach der Ausschaltung verschiedener „Kleinkönige" und der Einigung der fränkischen Stämme legte Chlodwig (482–511) mit seinem „Großkönigtum" die Grundlage für das Frankenreich.

Vom Frankenreich zum „Reich der Deutschen"
Eng verbunden mit der fränkischen Reichsgründung ist die christliche Missionierung mit der Gründung von Klöstern. Um 497/498 ließ sich Chlodwig taufen. Seitdem entwickelte sich zwischen den fränkischen Königen und der Kirche ein enges Verhältnis: Die Geistlichen unterstützten den königlichen Herrschaftsanspruch, die Könige traten als Schutzherren der Kirche auf. Als der Hausmeier Pippin aus der Familie der Karolinger von den Merowingern die Königswürde übernahm, geschah dies mit dem Einverständnis des Papstes. Pippins Sohn Karl der Große (768–814) gilt als einer der bedeutendsten Herrscher des Mittelalters. Im Jahre 800 wurde er in Rom von Papst Leo III. zum Kaiser gekrönt. Er erneuerte damit das antike Kaisertum, verstand sich aber zugleich als christlicher Herrscher mit einem besonderen Schutzauftrag für die Kirche.
Karl und seine Nachfolger regierten ihr Reich als „Reisekönige", indem sie mit ihrem Hof von Pfalz zu Pfalz zogen. Grafen und Königsboten sollten die Herrschaft sichern, wenn der König selbst abwesend war.
Vor allem aus Grabfunden können wir auch Informationen über das alltägliche Leben der Menschen gewinnen: Während die große Masse in einfachen Verhältnissen, immer bedroht von Krankheit und Hunger, leben musste, nahmen die adligen Grundbesitzer eine bevorzugte Stellung ein. Dies spiegelt sich auch in der reichen Ausstattung ihrer Gräber wider.
Zwischen den „heidnischen" Sachsen und den christlichen Franken kam es unter Karl dem Großen zu jahrzehntelangen kriegerischen Auseinandersetzungen um die Vormacht in religiösen Fragen und den Machteinfluss im heutigen nordwest- und mitteldeutschen Raum. Mit militärischer Gewalt gliederte Karl die Sachsen schließlich in das Frankenreich ein.

Herrschaft im mittelalterlichen Reich
Die Einheit des karolingischen Großreiches konnten die Nachfolger Karls des Großen nicht aufrechterhalten. Nach teilweise kriegerischen Auseinandersetzungen wurde im Vertrag von Verdun (843) die Teilung des Reiches besiegelt und zugleich eine Entwicklung in Gang gesetzt, die später zur Entstehung eines französischen und eines deutschen Staates führte.
Der Weg vom Frankenreich zum „Reich der Deutschen" ist eng mit der Frage verbunden, wie die Reichsmacht gegenüber den Herzogtümern gesichert werden konnte. Im 10./11. Jahrhundert festigten Otto I. (936–973), der Sohn Heinrichs, und seine Nachfolger die königliche Macht im Reich mithilfe der Reichskirche.
In ihrem „Reich ohne Hauptstadt" übten die Könige bzw. Kaiser – wie Karl der Große vor ihnen auch – ihre Herrschaft als „Reisekönige" aus. Der von Pfalz zu Pfalz reisende Königshof war das jeweilige Herrschaftszentrum.
Die wichtigsten Aufgaben des Königs waren, den Frieden im Innern zu bewahren, das Reich gegen äußere Feinde zu verteidigen und das „Christenvolk" zu schützen.
König Otto I. erneuerte 962 mit seiner Krönung zum Kaiser das karolingische Kaisertum. Das Verhältnis zwischen Papst und Kaiser blieb nicht ohne Konflikte, da es immer auch um die Abgrenzung und Durchsetzung von gegenseitigen Interessen in geistigen bzw. weltlichen Dingen ging. Die Krönung zum König in Aachen und die Kaiserkrönung in Rom liefen jeweils nach „Krönungsordnungen" ab, die anschaulich überliefert sind.

Zusammenfassung

Das Lehnswesen
Seit dem 8. Jahrhundert bildete sich das Lehnswesen heraus: Die karolingischen Herrscher banden mit der Belehnung von Land und Ämtern die Großen des Reiches persönlich an sich und übten so ihre Herrschaft aus. Lehnsherr und Vasall begaben sich in ein gegenseitiges Pflicht- und Treueverhältnis. Im Verlauf des Mittelalters entstand durch Unterbelehnungen ein abgestuftes System von rechtlichen Beziehungen. Historiker bezeichnen diese Form des staatlichen Aufbaus als „Personenverbandsstaat".

Die Grundherrschaft
Im Mittelalter lebten fast alle Menschen auf dem Lande, und die Landwirtschaft war die bestimmende Wirtschaftsweise. Um 800 gab es noch viele freie Bauern – schon zweihundert Jahre später waren fast alle Bauern von einem Grundherrn abhängig, d. h. sie waren Hörige. Die Bauern mussten in der Grundherrschaft dem Grundherrn Abgaben und Dienste leisten. Für den Rückgang der freien Bauern werden viele Gründe vermutet, z. B. Unterdrückung durch einen mächtigen Grundherrn, Aufgabe des Hofes nach Missernten oder erdrückende Lasten durch den Heeresdienst.

Die Ständegesellschaft
Die mittelalterliche Gesellschaft bestand nach der Auffassung von Gelehrten – meist Geistliche – aus drei Ständen („Dreiständelehre"): den Betenden (Klerus), den Kämpfenden (Adel) und den Arbeitenden (Bauern).

Die Adligen verfügten trotz ihrer geringen Zahl über große Macht. Aus adligen Verwandtengruppen wurden im Laufe des Mittelalters Herrschaftsgruppen: Ämter und Posten wurden vorrangig mit eigenen Verwandten besetzt und Adlige versuchten z. B. als Herzöge Einfluss auf die Reichspolitik zu nehmen – oft zugunsten der eigenen Macht bzw. des eigenen Herrschaftsgebiets.

Die Dreiteilung der Gesellschaft blieb bis zum Ende des Mittelalters vorherrschend. Die Zugehörigkeit zu einem Stand wurde durch die Geburt bestimmt. Die ständische Ordnung galt als gottgewollt. Sie entschied meistens über den Zugang zu Bildungsmöglichkeiten und Berufen. Sie legte auch fest, welche Rechte jemand in der Ständegesellschaft hatte. Ein Standeswechsel blieb die Ausnahme. Ein wesentliches Merkmal der Ständegesellschaft ist die große Ungleichheit zwischen den Ständen.

Herrschaftsformen im Mittelalter

Grundherrschaft
- Rechtsbeziehung zwischen Grundherr (Adliger) und Bauer (Grundhold, Höriger)
- Abgaben und Dienste des Bauern; Schutz als Gegenleistung
- persönliches Abhängigkeitsverhältnis

Lehnswesen
- Rechtsbeziehung unter Adligen zwischen Lehnsherrn und Lehnsmann (Vasall)
- Treue- und Schutzverhältnis
- Lehen: Land, Amt oder Recht
- Übergabe als symbolische Handlung

Königsherrschaft
- Reichsbildung als Königtum aus dem Heerkönigtum (Frankenreich)
- Verschmelzung germanischer und christlicher Ursprünge
- „Reisekönigtum"
- Bindung an den Königshof durch Ämter

Kaisertum
- kein Machtzuwachs, aber mehr Ansehen und Würde
- Beschützer der Christenheit, gegen Treue des Papstes
- offenes Machtverhältnis zwischen Kaiser und Papst (Dualismus, Konflikte)

Operatoren

Erläuterungen und Beispiele (Auswahl)

OPERATOREN	ERLÄUTERUNGEN	BEISPIELE
nennen	bestimmte Informationen zusammentragen, ohne sie zu erläutern	– Nenne die EU-Beitrittsländer von 2007 (Bulgarien, Rumänien).
beschreiben **schildern**	geschichtliche Aussagen und Probleme erkennen und zutreffend formulieren	– Beschreibe anhand von M … Bau und Technik eines Großsteingrabes (Transport der Steinblöcke wie Trag- und Decksteine mit Roll- und Stemmhölzern, Seilen; Aufbau, Abdecken mit Erde). – Schildere deinen Eindruck von M … (Pharao Tutanchamun, z. B. Reichtum, Macht, Ausdruck: Herrschaftszeichen …).
zusammenfassen **wiedergeben**	das Erfragte aus geschichtlichen Aussagen in Quellen oder Darstellungen erkennen und nennen bzw. aufschreiben	– Fasse mithilfe des Darstellungstextes zusammen, wie die Griechen ihr „staatliches" Zusammenleben organisierten (kleine Stadtstaaten, poleis; König, reiche Familien an der Spitze; Burg, Tempel, Zusammenhalt durch Sprache und Kultur …). – Gib M… mit deinen Worten wieder (z. B. Athen als Vorbild: Bürger sollten sich nicht nur um das eigene Hauswesen kümmern, sondern auch um das Wohl des Staates).
analysieren **untersuchen**	Materialien nach bestimmten Methoden oder Kriterien (Merkmalen) erschließen	– Analysiere mithilfe der Methode „Sachquellen untersuchen" M… (Vorgehen nach den Arbeitsschritten und auf die Gegenstände bezogen Antworten zu den Schritten formulieren). – Untersuche am Beispiel Goslars den Zusammenhang zwischen politischer Herrschaft und wirtschaftlicher Kraft (Pfalz als Königsgut, Regierungs- und Repräsentationsort; Verlegung von Werla nach Goslar wahrscheinlich aus wirtschaftlichen Gründen [Metallfunde!]).
erklären	geschichtliche Sachverhalte in einen Zusammenhang einordnen und ggf. begründen	– Erkläre, welche Bedeutung Schrift und Sprache für den Zusammenhalt der Griechen hatten (verstreute Lage der Dörfer, gemeinsame Sprache als Verbindungsglied der Menschen; Verständigung in der Politik, bei Handel und Verkehr möglich).
erläutern	wie erklären (s. o.), aber durch zusätzliche Informationen und Beispiele verdeutlichen	– Erläutere mithilfe von M… die Ursachen für den Untergang des Römischen Reiches (z. B. Teilung des Reiches 395 n. Chr.: Schwächung, Machtverlust; Völkerwanderung: Bedrohung von außen durch andere Völker, z. B. Germanen, Hunnen).

Operatoren

OPERATOREN	ERLÄUTERUNGEN	BEISPIELE
vergleichen	Aussagen, Sachverhalte und Probleme erkennen und im einfachen Vergleich Übereinstimmungen und Unterschiede feststellen	– Vergleiche den Gründungsmythos Roms mit den historischen Befunden über die Entstehung der Stadt (Mythos ist wissenschaftlich nicht nachweisbar; Bedeutung des Mythos liegt im späteren Zusammengehörigkeitsgefühl und im höheren Ansehen durch den behaupteten Bezug zu den Göttern).
beurteilen	ein Sachurteil zu geschichtlichen Sachverhalten formulieren – ohne persönliches Werturteil	– Beurteile die folgende Aussage: Augustus hat die Republik wiederhergestellt. (Sachverhalt klären: Rückgabe der Vollmacht zurück an Volk und Senat, äußerliche Wiederherstellung der Republik; errichtete aber neue Form der Vorherrschaft: Prinzipat, monarchieähnliche Herrschaft; Aussage ist zu widerlegen.)
bewerten, Stellung nehmen	wie „beurteilen" (s. o.), zusätzlich wird aber ein persönliches Werturteil formuliert	– Bewerte die Darstellung der römischen Baukunst (Wasserleitung) in einer Comic-Zeichnung (übertrieben, witzig; fraglich, ob Menschen dagegen waren; aber auch wahrer Kern: Ablehnung, Widerspruch gegen Neues; eigene Bewertung der Abb.).
diskutieren	zu einer These oder einem Problem Argumente entwickeln und zu einer begründeten Bewertung gelangen	– Diskutiert in einer Gesprächsrunde, warum die Jagdgruppe ihre Speere am Jagd- und Zerlegungsplatz zurückließ (Argumente zum Problem formulieren: absichtliches Liegenlassen, vergessen, Ritual: Ehrfurcht vor den getöteten Tieren …; Ergebnis kann auch offen bleiben …).
prüfen, überprüfen	Aussagen wie Vermutungen, Behauptungen, Urteile daraufhin überprüfen, ob sie zutreffend oder einsichtig sind	– Überprüfe die folgende Aussage: Die ersten Menschen entwickelten sich zeitgleich in verschiedenen Erdteilen. (Aufgrund der bisherigen Funde die Behauptung überprüfen: älteste Funde stammen aus Afrika (Out-of-Africa-Hypothese): These von der Auswanderung aus Afrika, Gegenthese: multiregionales Modell; überwiegende Meinung der Forschung: Africa-These …; These also in dieser Aussage nicht haltbar)
erörtern	zu einer These oder einem Problem Für-und-gegen- bzw. Sowohl-als-auch-Argumente finden und eine eigene Stellungnahme formulieren	– Erörtere, ob Karl den Ehrentitel „der Große" verdient hat. (Argumente dafür: z. B. dauerhaftes Reich geschaffen; wirtschaftliche, kulturelle Leistungen; Unterstützung des Christentums; dagegen: Unterwerfung schwächerer Stämme mit brutalen Machtmitteln. Eigenes Urteil ist auch vom eigenen Standpunkt abhängig, z. B. Einstellung gegen kriegerische Eroberungen oder Betonung der Leistung für Bildung und Kultur …)

Lexikon

Im Lexikon werden Fremdwörter, historische Begriffe und Ereignisse erläutert, die in den Darstellungstexten dieses Buches vorkommen und mit einem * versehen sind. Die Begriffe, die auf den Themenseiten in Kästen erklärt sind, haben einen Verweis auf die entsprechende Seite.

A

Adel, siehe S. 119; zum Adel im Mittelalter siehe S. 217.

Ädile, hatten in der römischen Republik die Aufsicht über Ordnung und Sauberkeit auf Straßen und Märkten und richteten Spiele wie z. B. Gladiatorenkämpfe und Wagenrennen aus.

Altsteinzeit, siehe S. 44

Altsteinzeitliche Lebensweise, siehe S. 48

Annuität, Bezeichnung für feste Traditionen römischer Ämter. Von alters her galt bei den Römern, dass ein Magistrat sein Amt immer nur für ein Jahr ausüben durfte.

Antike, siehe S. 119

Archäologie, siehe S. 38

Areopag (= griech. „der Areshügel"), Bezeichnung für die Versammlung, die in der griechischen Adelszeit alle Staatsgeschäfte leitete und das höchste Gericht war. Seit der Einführung der Demokratie und des → Volksgerichts verlor der Areopag an Einfluss und behielt nur noch die Entscheidung bei Mord. Noch heute heißt der höchste Gerichtshof in Athen so.

Aristokratie, siehe S. 107

Augustus, siehe S. 168

B

Berufsheer, ein Heer ist die Streitmacht eines Staates. Die Mitglieder eines Berufsheeres üben ihre Tätigkeit hauptberuflich aus.

Bürger, waren in der Antike alle Personen, die am politischen Leben aktiv teilnahmen und das → Bürgerrecht besaßen.

Bürgerrecht, war in Griechenland erblich; es konnte aber auch an auswärtige Personen verliehen werden. Außer diesen Vollbürgern (in Sparta z. B. den Spartiaten) gab es in den griechischen Staaten minderberechtigte Personen, z. B. Frauen oder Metöken, die keine Ämter bekleiden durften. Pflichten der Bürger waren der Schutz des Staates gegen äußere und innere Feinde und die Teilnahme an Kult und Religion. Römischer Bürger konnte man durch Geburt werden, d. h. wenn beide Eltern römische Bürger waren, durch Verleihung des Bürgerrechts oder Freilassung. Zunächst waren nur die Bewohner Roms römische Bürger, später wurde das Bürgerrecht auch anderen Bewohnern des Reiches verliehen. Römische Bürger trugen die Toga, waren zu Wehrdienst und Steuern verpflichtet, hatten Stimmrecht in der Volksversammlung, konnten gewählt werden und gegen Strafen Berufung einlegen. Nur römische Bürger konnten nach römischem Recht anerkannte Geschäftsverträge und gültige Ehen schließen. Im Mittelalter hatten Bürger der Stadt das Recht, Grundbesitz frei zu verkaufen und zu vererben. Auch konnten sie ihren Wohnsitz frei wechseln. Alle Bürger wurden in Rechtsstreitigkeiten nach dem Stadtrecht behandelt. Dies galt für Männer und Frauen. Nur die männlichen Vollbürger waren berechtigt, den Rat der Stadt zu wählen und Ämter zu besetzen. Juden waren meist vom Bürgerrecht ausgeschlossen, meist auch Gesellen, Mägde und Tagelöhner. Heute umfasst das Bürgerrecht die Rechte als Staatsbürger, zum Beispiel das Wahlrecht und den Schutz im Ausland durch den eigenen Staat.

Bundesgenossen, waren mit Rom durch einen Vertrag (Bündnis) verbunden. Darin versprachen sich die Bündnispartner gegenseitige Waffenhilfe bei Angriffen und Frieden für ewige Zeit. Die Bundesgenossen Roms gaben ihre militärische und außenpolitische Selbstständigkeit auf, waren in der inneren Verwaltung aber selbstständig. Viele Gemeinden schlossen gegen äußere Bedrohung freiwillig mit Rom Bündnisse und erkannten dessen Vormachtstellung an.

C

Christentum, siehe S. 186

D

Demagogen, Bezeichnung für die Redner in der Athener Volksversammlung. Bereits in der Antike wurde das Wort Demagoge in der Bedeutung „Volksverführer" benutzt.

Demokratie, siehe S. 128

Diktator, in der römischen Republik konnte für besondere Krisensituationen auf Vorschlag des Senats einer der beiden Konsuln einen Diktator als außerordentlichen Beamten ernennen. Dieser bekam große Vollmachten. Seine Amtszeit (die Diktatur) war auf höchstens sechs Monate beschränkt. Die übrigen Magistrate (Beamten) blieben während dieser Zeit im Amt, waren jedoch dem Diktator untergeordnet. Die Diktatoren der späten Republik, z. B. Sulla und Caesar, haben nichts mehr mit dem ursprünglichen Amt zu tun; denn Amtsdauer und Machtfülle waren nicht mehr beschränkt, sie waren Alleinherrscher.

E

Epos, in einem Epos werden sagenhafte oder geschichtliche Ereignisse in dichterisch überhöhter Sprache, z. B. in Versen, dargestellt. Ältere Epen schildern häufig das Leben in adligen Gesellschaftsschichten, verbunden mit Götter- und Heldensagen. Die ältesten europäischen Epen sind die „Ilias" und die „Odyssee" (Ende des 8. Jh. v. Chr.), die dem griechischen Dichter Homer zugeschrieben werden.

Export, die Lieferung von im Inland hergestellten Waren in andere Länder.

F

Familie, im Mittelalter hatte das Wort Familie eine andere Bedeutung als heute: Es bezeichnete die Gemeinschaft aller Menschen eines Fronhofes (vom Grundherrn bis zum unfreien Bauern); eine „familia" konnte also über 100 Menschen umfassen. In der Stadt sprach man vom „ganzen Haus" und meinte damit alle in einem Haushalt zusammenlebenden Menschen, z. B. den Handwerksmeister, seine Frau, seine Kinder, sein Gesinde, seine Gesellen und seine Lehrlinge. Die Familie bezeichnete also eine Gemeinschaft, die durch Leben und Arbeiten entstanden war. Für Familie in unserem heutigen Sinn gab es im Mittelalter keinen Begriff, sondern Umschreibungen (z. B. „Weib und Kind"). Der Adel und die reichen Bürger legten auf

die Abstammung von einem bedeutenden Ahnherrn sowie auf die weiteren verwandtschaftlichen Beziehungen Wert, da sie für das Ansehen, die Geschäftsverbindungen und die Wahl des Heiratspartners entscheidend waren.
Fronhof, war Haupthof und Mittelpunkt einer Grundherrschaft. Er umfasste das Herrenhaus, die Wirtschaftsgebäude sowie Äcker, Wiesen und Wälder. Auf dem Fronhof tagte das Hofgericht des Grundherrn, dem alle Angehörigen des Fronhofes unterworfen waren. Vom 12. Jh. an wurden die Fronhöfe meist aufgelöst und das Land an die Bauern verpachtet.

G

Gerichtsbarkeit, bedeutete das Recht, Gerichte zu halten. Sie war im Mittelalter häufig auf verschiedene Herren aufgeteilt. Die hohe Gerichtsbarkeit (Blutgerichtsbarkeit), die Totschlag, Brandstiftung, Raub und Notzucht umfasste, wurde vom König, vom Herzog und Grafen ausgeübt. Sie ging im Laufe des Mittelalters an die → Landesherren und Reichsstädte über. Die niedere Gerichtsbarkeit (bei leichteren Vergehen) besaßen auch andere Herren (Grundherrschaft).
Germanen, Sammelname für viele einzelne Völker und Stämme in Nord- und Mitteleuropa. Besonders in den letzten beiden Jahrhunderten v. Chr. versuchten germanische Stämme, sich nach Westen und Süden auszubreiten. Sie wurden jedoch von den Römern an Rhein und Donau aufgehalten. Von den Römern wurden die Germanen wegen ihres Aussehens bewundert. Im Rom der Kaiserzeit war es sogar Mode, blonde Perücken aus Germanenhaar zu tragen.
Graf, hieß im frühen Mittelalter der königliche Amtsträger, der in seinem Bereich (Grafschaft) die hohe → Gerichtsbarkeit ausübte, zur Heeresfolge aufrief und den Frieden im Inneren sicherte. Das Amt wurde im 9. Jh. erblich und vom örtlichen → Adel übernommen, der selbst neue Grafschaften gründete. Einige Grafen bauten ihre Herrschaftsbereiche seit dem 12. Jh. zu eigenständigen Gebieten aus und wurden damit zu Landesherren. Vom 14. Jh. an wurde die Grafenwürde als bloßer Titel ohne Rechte vom Kaiser verliehen.
Gründung Roms, siehe S. 148
Grundherrschaft, siehe S. 223

H

Heerschildfähig, Personen, die in der Lage waren, für ihren Herrn ein Heeresaufgebot zu stellen, waren heerschildfähig und damit in der Lage, ein Lehen zu vergeben (aktive Lehnsfähigkeit) oder zu erhalten (passive Lehnsfähigkeit).
Hellenismus, siehe S. 139
Heloten, während der Eroberung Lakoniens durch die Dorier wurde die dort lebende Bevölkerung unterworfen und versklavt. Diese Heloten unterschieden sich von Sklaven in anderen antiken Staaten dadurch, dass sie dem spartanischen Staat gehörten, in Familien weiterleben und auch ihren alten Bräuchen und ihrer Religion nachgehen konnten. Sie bearbeiteten das Land für die spartanische Oberschicht, die Spartiaten.
Herzog(tum), siehe S. 227
Hieroglyphen, siehe S. 97
Hochkulturen, siehe S. 97

Hof, ist der Haushalt und Regierungssitz eines Herrschers. Im frühen und hohen Mittelalter bildeten die Adligen, die den König auf seinen Reisen begleiteten, seinen Hof. Es entstanden feste Hofämter (z. B. Mundschenk) heraus; besonders wichtig war der Kanzler, der für das „Büro" des Königs verantwortlich war. Seit dem Spätmittelalter wurde der Hof einerseits immer mehr zum Zentrum einer ausgedehnten, von Beamten getragenen → Verwaltung; andererseits wurde das Hofleben zum gesellschaftlichen Mittelpunkt für die adlige Oberschicht. Feste wurden häufig und prunkvoll gefeiert. Manche Höfe wurden zu Zentren der Kultur, an denen bedeutende Musiker und Dichter wirkten.
Hopliten, Bezeichnung für schwer bewaffnete griechische Soldaten. Ihre Ausrüstung bestand aus einem Messinghelm, einem Panzer aus Leder mit Metallplatten, der bis zur Hüfte reichte, und Beinschienen. Zur Verteidigung trugen sie einen großen runden Schild und als Waffe einen übermannslangen Speer.

I

Import, Einfuhr von im Ausland hergestellten Waren.

K

Kaiser, der höchste weltliche Herrschertitel in Europa entstand aus dem Namen Caesars. Mit der Kaiserkrönung Karls des Großen 800 lebte die römische Kaiseridee wieder auf. Seit 962 erhielten alle deutschen Könige auch den Kaisertitel. Das Krönungsrecht lag beim Papst, der damit auch auf den weltlichen Bereich Einfluss nahm. Die mittelalterlichen deutschen Kaiser verbanden mit der Kaiserkrone den Herrschaftsanspruch über Italien und die Einflussnahme auf die Kirche (→ Reich).
Kalender, siehe S. 11
Kaufkraft, die Menge an Geld, die eine Person in einer bestimmten Zeit zum Ausgeben zur Verfügung hat. Die Menge an Gütern, die man für dieses Geld kaufen kann, wird als Kaufkraft bezeichnet. Die Kaufkraft ist abhängig von der Höhe der Güterpreise: Werden die Güter teurer, kann man sich für sein Geld weniger leisten, werden sie billiger, reicht das Geld für eine größere Gütermenge aus.
Kelten, in Europa lebende vorgeschichtliche Völkergruppe. Die Urheimat der Kelten lag im Gebiet des heutigen Bayern und Böhmen. Dort wurden die Kelten im 7. Jahrhundert v. Chr. zum ersten Mal geschichtlich fassbar. In den folgenden Jahrhunderten breiteten sie sich besonders nach Nordwesten und Südwesten aus. Bis zum 3. Jahrhundert v. Chr. hatten die Kelten in Mittel- und Westeuropa einen großen Kulturraum geschaffen. Die Kelten lebten in kleinen, befestigten Städten oder in burgähnlichen Siedlungen vorwiegend auf Hügeln. Ihre Kultur, insbesondere ihre künstlerischen Fertigkeiten, war sehr stark entwickelt. Seit dem 2. Jahrhundert v. Chr. wurden die Kelten von den Germanen aus den Gebieten östlich des Rheins verdrängt. Im Zuge der Ausdehnung des Römischen Reiches in Westeuropa seit dem 1. Jahrhundert v. Chr. wurde die keltische Kultur von der römischen weitgehend überlagert.
Klerus, zu ihm gehören alle Personen, die durch eine kirchliche Weihe in den Dienst der Kirche getreten sind (= Geistliche).

Lexikon

Die Geistlichen besaßen als eigener → Stand bis ins 19. Jh. den Nichtklerikern (Laien) gegenüber Vorrechte. Sie unterstanden eigenen Richtern (→ Gerichtsbarkeit), zahlten meist keine Steuern und erhielten den Kirchenzehnt. An der Spitze des katholischen Klerus stehen der Papst mit weltweiter Amtsgewalt und die Bischöfe als Vorsteher eines begrenzten Amtsbezirks (= Diözese). Die Diözese ist aufgeteilt in einzelne Pfarrbezirke unter je einem Priester. Die hohen wie die niederen Kleriker nennt man Weltgeistliche, weil sie – im Gegensatz zu den zurückgezogen im Kloster lebenden Mönchen und Nonnen – in der Welt der Laien leben.

Klientel, nicht-adlige Römer und ihre Angehörigen waren häufig Abhängige (= Klienten) eines adligen Patrons. Der Patron half in Notlagen (Überfälle, Feuer). Solche Hilfsleistungen übernimmt bei uns heute der Staat. Die Klienten unterstützten den Patron bei Versammlungen und Wahlen. Sie gehörten zur „familia". Die Beziehungen zwischen Patron und Klient wurden vererbt. Ihre Ursprünge sind unklar: Vielleicht waren es landlose Siedler.

Kollegialität, jedes Amt musste mit mindestens zwei Personen besetzt und Entscheidungen gemeinsam getroffen werden: Wenn zum Beispiel einer der beiden Zensoren einen neuen Senator bestellen wollte, konnte er das nicht ohne die Zustimmung des anderen tun.

Kolonisation, siehe S. 109

König, siehe S. 227

Kulturen, menschliche Gruppen (Völker) unterscheiden sich in ihren Lebensformen. Es gibt bei ihnen z. B. ganz unterschiedliche Geräte, Werkzeuge, Waffen, Häuser und Siedlungen, Kleidung, Schmuckstücke, Kunstwerke, Musik und Tänze, Ernährungsweisen, Religionen und Ordnungen des Zusammenlebens. Sie haben damit unterschiedliche Kulturen. Bei schriftlosen Kulturen erkennen wir nur die Eigenarten der Lebensbereiche, die Spuren im Boden hinterlassen konnten. Bei schriftlicher Überlieferung wissen wir auch etwas darüber, was die Menschen gedacht und geglaubt haben.

L

Latinerbund, Latiner waren die Bewohner Latiums, einer Landschaft im westlichen Mittelitalien. Der Städtebund der Latiner wurde 338 v. Chr. von Rom besiegt. Die Bürger dieser Städte hatten in Rom kein Wahlrecht, ansonsten waren sie den römischen Bürgern weitgehend gleichgestellt. Das latinische Bürgerrecht konnten auch andere Reichsbewohner oder ganze Gemeinden erhalten.

Lehnswesen, siehe S. 219

Leibeigene, waren persönlich abhängig von ihrem Herrn (Leibherrn). Die Leibeigenen konnten ohne Zustimmung des Herrn nicht heiraten; sie mussten an ihn eine jährliche Kopfsteuer (vielfach 1 Huhn) entrichten. Nach dem Tod hatten die Erben eine beträchtliche Vermögensabgabe zu leisten: das beste Stück Vieh oder das beste Kleidungsstück oder sogar die Hälfte der beweglichen Habe. In Deutschland begann die Abschaffung der Leibeigenschaft im 18. Jh.

M

Metallzeit, siehe S. 67

Metöken (= griech. „Mitbewohner"), lebten als Freie in Athen, ohne attische Bürger zu sein. Sie durften kein Land in Attika besitzen und waren vor allem in Handwerk und Handel tätig. Ähnliche Gruppen gab es in vielen antiken Städten.

Ministerialen (= Dienstmannen), waren ursprüngl. Unfreie. Seit dem 10. Jh. wurden sie von ihren Herren mit Verwaltungs- und Kriegsdiensten beauftragt. Sie waren für Könige, Fürsten, Bischöfe oder Äbte unentbehrlich. Seit dem 12. Jh. verbanden sie sich mit dem → Adel zum Ritterstand. Im Spätmittelalter verloren sie die Unfreiheit und gehörten zum niederen Adel.

Missionierung, siehe S. 204

Mittelalter, siehe S. 201

Monarch, ein durch Vorrechte der Geburt wie z. B. Abstammung aus dem Adel ausgezeichnete Person, die an der Spitze eines Staates steht (König, Kaiser).

Monarchie, siehe S. 107

Monotheismus, siehe S. 91

N

Neolithische Revolution, siehe S. 39

O

Oikos (= griech. Haus), umfasste in Griechenland nicht nur das Haus als Gebäude, sondern die ganze Hausgemeinschaft: die Familie, Gäste und Sklaven, das dazugehörige Land und das Vieh. Alles dies stand unter der Gewalt des Herrn des Oikos („Kyrios"). Von dem Wort Oikos ist auch der Begriff Ökonomie = Hauswirtschaft abgeleitet. In Rom entsprach dem Oikos die familia, die ebenfalls alle Personen und Güter umfasste, die unter der Gewalt des pater familias standen.

Opferherr, wachte über die häuslichen Kulte innerhalb der römischen „familia".

Ostblock, nach dem Zweiten Weltkrieg in der westlichen Welt üblich gewordene Bezeichnung für die Gesamtheit der kommunistisch regierten Staaten.

Otto I., siehe S. 228

P

Papst, siehe S. 204

Patrizier, siehe S. 153

Perikles, siehe S. 128

Periöken (= griech. „Umwohnende"), d. h. die Bewohner der Städte, die auf spartanischem Staatsgebiet „um Sparta herum" lagen. Deren Einwohner waren nicht → Sklaven, aber auch nicht spartanische Bürger. Sie waren meist Handwerker und stellten die Dinge her, welche die Spartaner brauchten. Den spartanischen Bürgern war jegliche Arbeit verboten.

Personenverbandsstaat, siehe S. 220

Pfalz, von lat. palatium = Palast. Wohnsitz der mittelalterlichen Könige. Da die Könige nicht in einer Hauptstadt residierten, sondern umherreisten („Reisekönigtum"), gab es an mehreren Orten des Reiches Pfalzen. Der König hielt sich zeitweise dort auf, um Recht zu sprechen. Wichtige Pfalzen waren in Aachen, Ingelheim, Gelnhausen und Goslar.

Pharao, siehe S. 81
Plebejer, siehe S. 153
Polis, siehe S. 107
Polis Athen, siehe S. 128
Polytheismus, siehe S. 91
Prinzipat, siehe S. 167
Proletarier, siehe S. 153
Provinz, siehe S. 156
Pyramide, siehe S. 89

Q
Quelle, siehe S. 19

R
Republik, siehe S. 153
Reich, war im Mittelalter das Herrschaftsgebiet eines Königs. Von anderen Reichen unterschied sich das Deutsche Reich dadurch, dass es den Anspruch erhob, als Kaiserreich den europäischen Königreichen übergeordnet zu sein. Die Kaiser, die auch in besonderer Weise zum Schutz der Kirche verpflichtet waren, sahen sich als Nachfolger der römischen Kaiser, weswegen ihr Reich „Heiliges Römisches Reich" genannt wurde. Es ging weit über die heutigen Grenzen Deutschlands hinaus und umfasste z. B. auch Burgund und Oberitalien.
Reichsacht, bei schweren Verbrechen (z. B. Mord) konnten der König oder ein von ihm beauftragter Richter den Täter ächten. Das bedeutete, dass der Verurteilte aus der Gemeinschaft ausgestoßen wurde und seinen ganzen Besitz verlor. Jeder hatte das Recht, ihn zu töten. Wer den Geächteten aufnahm, musste die gleiche Strafe befürchten. Die Reichsacht konnte nur zurückgenommen werden, wenn der Geächtete sich dem Gericht stellte.
Reichsbildung der Franken, siehe S. 201
Reichskirche, siehe S. 227
Spartiaten, Bezeichnung für die wenigen tausend Bürger Spartas, deren Leben nur dem Krieg und dem Staat gewidmet war. Für den Unterhalt der Familien der Spartiaten mussten die → Heloten sorgen.

S
Schuldknechtschaft, im frühen Griechenland (8. und 7. Jahrhundert v. Chr.) und im frühen Rom (bis 326 v. Chr.) konnte sich jemand, der von einem anderen etwas lieh, in die Schuldknechtschaft des Gläubigers begeben. Das heißt, dass der Gläubiger dann, wenn der Schuldner seine Schuld nicht zurückzahlen konnte, nicht nur Zugriff auf das Land und den Besitz, sondern auch auf die Person des Schuldners nehmen konnte. Der Schuldknecht verlor einen Teil seiner persönlichen Freiheit und musste seine Schulden abarbeiten, was praktisch nie gelang. Für den Gläubiger war die Schuldknechtschaft ein Mittel, Arbeitskräfte zu bekommen.
Sklaven, siehe S. 131
Staat, ist ein Gebiet mit festgelegter Grenze, in dem die Ausübung von Gewalt ausschließlich der Regierung und Verwaltung übertragen ist und in dem der Träger der Souveränität Recht setzen kann. Im Mittelalter gab es noch keinen Staat in diesem Sinne, da noch keine klaren Grenzlinien vorhanden waren und bestimmte Bevölkerungsgruppen das Recht hatten, Unrecht selbst zu rächen (Fehde). Der moderne Staat entstand in Deutschland am Ende des Mittelalters mit der Stärkung der Landesherren und mit der Aufhebung des Fehderechts.
Staatsland, war im Besitz des römischen Staates. Zur Zeit der Gracchen hatten sich viele Grundbesitzer Staatsland, das durch die Eroberungen in römischen Besitz gekommen war, privat angeeignet.
Staatsreligion, siehe S. 186
Stände, siehe S. 153
Ständegesellschaft, siehe S. 234
Statthalter, Vertreter eines politisch Höhergestellten, zum Beispiel Vorsteher einer römischen Provinz als Vertreter eines Konsuls, Prätors oder Kaisers.

T
Theten, bei Homer sind Theten diejenigen, die keinen eigenen → Oikos haben und deshalb um Lohn für andere arbeiten müssen. Seit Solon bilden die Theten in Athen die unterste Vermögensklasse. Sie haben zwar Zugang zur → Volksversammlung und zum Volksgericht, dürfen aber nicht als → Hopliten dienen und können keine höheren Ämter bekleiden. Nach der Gründung des Delisch-Attischen Seebundes (478/77 v. Chr.) gewannen die Theten als Ruderer auf der Flotte politisches Gewicht und waren mitentscheidend für die Entstehung der attischen Demokratie.
Tyrann/Tyrannis, der Begriff bezeichnet ursprünglich eine Herrschaftsform der Griechen, die dadurch gekennzeichnet war, dass ein Adliger die alleinige Machtausübung in einer Polis erlangt hatte (Tyrann). Heute versteht man darunter eine uneingeschränkte Gewaltherrschaft von einzelnen Machthabern ohne eine gesetzliche Grundlage (Missbrauch übertragener oder erlangter Macht).

V
Volksgericht, in Athen führte der Politiker Solon 594 v. Chr. das Volksgericht ein. Jeder attische Bürger über 30 Jahre konnte Richter werden. In der attischen → Demokratie wurden 6000 Richter ausgelost. Für ihre Tätigkeit bekamen sie Tagegelder („Diäten"). Vor ihrer Richtertätigkeit mussten sie einen Eid leisten, in dem sie sich zur Wahrung der Gesetze verpflichteten.

Z
Zensor, in der römischen Republik wurden alle fünf Jahre zwei Zensoren mit eineinhalbjähriger Amtszeit gewählt. Sie hatten das Vermögen der Bürger zu schätzen und damit die Höhe ihrer Steuerschuld festzusetzen. Sie mussten auch überwachen, ob die Bürger die geltenden Sitten beachteten.
Zoll, eine Steuer, die im Zusammenhang mit einer Ware steht. Sie muss entrichtet werden, wenn bestimmte Waren über eine Zollgrenze – meistens eine Landesgrenze – gebracht werden.

Register

Die mit einem * versehenen Begriffe werden im Lexikon näher erklärt.

A

Aachen 196, 210 ff., 227 f., 236
Abgaben 80, 156, 159, 188 f., 223, 228, 237
Abt/Äbte 211, 217, 219, 222, 225 ff.
Achill 107
Ackerbau 57 ff., 64, 72, 194 f.
Adel*/Adlige 107, 112 f., 126, 128, 139, 143, 150, 152 f., 170, 172 ff., 197, 202, 205, 209 f., 216 ff., 227, 234, 237
Ädil(e)* 152 f., 176
Afrika 36, 38, 40 f., 44, 50 f., 53, 71 ff., 144, 156, 171
Agora 126 f., 140
Agrippa (64–12 v. Chr.) 182
Ägypten 16, 74, 76 ff., 84 f., 89, 92 ff., 99 f., 101, 105 f., 115, 131, 138 f., 142, 147
Akropolis 8, 102, 105, 113, 126
Alamannen 201
Alexander der Große (356–323 v. Chr.) 124, 138 f., 141 ff.
Alexandria 140
Alleinherrschaft 113, 123, 162 f., 167, 194
Alltag(sleben) 82 ff., 86, 101, 120, 130, 206
Alpen 44, 62, 156
Altsteinzeit* 34, 36, 44, 46, 48, 50 f., 53, 55, 58, 70 ff., 93
Altsteinzeitliche Lebensweise* 48
Amerika(ner) 45, 51, 201
Amphitheater 172, 178, 190
Amphore 120, 131, 136
Annalen 208
Annuität* 152, 163
Antike 16, 31, 36, 42, 53, 95, 122, 125, 141, 148, 158, 173, 186, 190 f., 193, 196, 198 f., 201, 211 f., 234, 236
Aquädukt 176 f., 183, 190
Araber/Arabien 196, 199, 224, 236
Arbeit 42, 50, 72 f., 78, 82 f., 86, 97, 107, 130, 132, 136, 151, 159 ff., 174 f., 188, 193, 196, 206, 223, 234
Arbeiter 80 f., 87 f., 97, 100
Arbeitsteilung 80 f., 84, 97, 100 f.
Archäologen/Archäologie 38, 41 ff., 46, 48, 50 f., 56, 59 ff., 66, 72, 92, 106, 122, 172, 184
Archäologisches Zentrum Hitzacker 68 f.
Architektur 97, 193
Archonten 129
Areopag* 112, 126, 129
Aristokratie* 107, 123
Aristoteles (384–322 v. Chr.) 119, 123, 137
Asien 36, 40, 51, 73, 138 f., 162
Asterix 177
Athen 102, 104 f., 108, 112 ff., 118 f., 121, 124, 126 ff., 132 ff., 139 ff.
Athene 8, 102, 118, 126, 137, 140
Attika 112, 130 ff., 139
Astronomie 61
Atomuhr 13, 31 f.
Augustus* (27 v. Chr.–14 n. Chr.) 166 ff., 172, 178, 182, 190 f., 193 ff.
Ausgrabung(en) 36, 38, 42 f., 46 f., 54 f., 66, 68, 72, 82, 95, 184 f., 229 f.
Australien 36, 39, 52
Azteken 91

B

Babylon 115, 138
Barbaren 105, 133, 178, 188
Bauern/bäuerlich 19, 23, 54, 56, 58 ff., 64 ff., 71 ff., 78 ff., 100 f., 105 ff., 112 f., 130, 134 f., 147, 151, 154, 160, 174, 188, 190, 194, 196 f., 210, 214, 216, 218, 220, 222 f., 234, 237

Beamte 74, 80 f., 83 f., 86 f., 96 f., 100, 126 ff., 132, 150, 152, 156, 163, 172, 182, 209
Berlin 8, 15, 29
Berufsheer* 180, 194
Besiedlung 45
Bevölkerung 82, 100, 107, 110, 132, 134, 139, 142, 153, 155, 160, 177, 184, 186, 207, 216 f.
Bibel 37, 186 f., 212
Bibliothek 20 f.
Bildung(swesen) 126, 174, 212 f., 234, 237
Bilzingsleben 48 f.
Biografie 14
Bischof 186, 188, 201 f., 204 f., 208, 211 f., 215, 219 f., 222 f., 227 f., 230, 232
Bistum 26
Blutgerichtsbarkeit 129
Bräuche 19, 24 ff.
Bronze(zeit) 61, 66 ff., 70 ff., 95, 194, 215
Brot und Spiele 168, 195
Bruno, Erzbischof (um 925–965 n. Chr.) 226
Bürger* 107, 113, 123, 126 ff., 137, 142 f., 153 ff., 160 f., 180, 190
Bürgerkrieg 112, 158, 162, 165, 168
Bürgerrecht* 155 f., 160, 162, 178, 194 f.
Bundesgenossen* 115, 154, 158, 160, 162
Bundesland 31 f.
Bundesrepublik Deutschland 130
Byzanz 189

C

Caesar, Gaius Julius (100–44 v. Chr.) 162 ff., 167, 170, 182, 192, 194 f.
Cheopspyramide 88 f.
Chlodwig I. (König 482–511 n. Chr.) 199, 201, 204, 236
China/Chinesen 76
Christen(tum)* 37, 91, 186 f., 189, 199, 201, 204, 212, 215, 221
Christianisierung 27, 204
Cicero, Marcus Tullius (106–43 v. Chr) 115, 158, 164, 174 f.
Circus Maximus 170, 172, 186

D

Dareios I. (522-486 v. Chr.) 114
Delisch-Attischer Seebund 142
Demagogen* 126
Demokratie 27, 104, 124, 126 ff., 141 ff., 216 f.
Dendrochronologie 42, 55
Deutsche Demokratische Republik 29
Deutsches Reich 29, 196, 198, 226 f., 231, 235, 237
Deutschland 201
Diadochen 139, 142 f.
Dialekt 24 f.
Diäten 127
Dichter 80, 126, 176
Diener 84, 107
Diktator/Diktatur* 152 f., 162 f., 169
Dorf 58, 65, 96, 105, 172, 194, 222
Dorfvorsteher 58, 65, 222

E

Elbe 44, 178
Ehe(paar) 85, 131, 150
Eigentum 58, 220
Eisen(zeit) 66 f., 70 ff., 133, 181, 194, 207
Eiszeitalter 44
England 144, 184, 217, 234
Entdeckungen 42, 201
Epoche 10, 16, 31 f., 44, 52, 54, 57, 70 ff., 139, 142
Epos*/Epen 106, 118 f.
Erdaltertum 10
Erdmittelalter 10
Erdneuzeit 10
Erfindungen 58, 201

Erz(bergbau) 66, 72
Etrusker 147, 152, 165, 194
Euphrat 100
Europa 16, 29 ff., 36, 40, 44, 48, 50 f., 53, 55, 61, 67, 71, 180, 188, 190, 208 f., 212, 217, 224, 235
Europäische Gemeinschaft (EG) 30
Europäische Union (EU) 30, 190 f.
Europäische Wirtschaftsgemeinschaft (EWG) 30
Evolution 39
Expansion 110 ff., 113 ff., 142, 156, 159, 161, 192, 194
Expedition 38, 84
Export* 132, 142

F

Fabrik 95
Familia/Familie* 14 f., 32, 58, 63, 83 f., 87, 105 ff., 112, 118, 130 f., 139, 146, 148, 150 f., 159 ff., 176, 178, 193, 195, 201 ff., 210, 216 f., 219, 228
Faustkeil 34, 38 ff., 45, 48, 53, 71, 73
Feddersen Wierde 184 f., 194 f.
Fehde 228
Feldherr 114, 126, 129, 148, 156, 159, 168, 179
Felsmalerei 50, 52, 71, 73, 86
Feudalismus 218
Feuer 37 ff., 45, 68, 72
Feuerstein 48 f.
Flotte 114, 128, 142, 156
Forum Romanum 144, 147, 150, 172, 183, 187, 193, 195
Fossil 39
Franken(reich) 196, 198 ff., 203 ff., 209 ff., 224, 226, 235 f.
Frankreich 52, 197, 199 ff., 220, 224
Französische Revolution 217
Frau/Frauen 14, 25, 48, 59, 65, 72, 76, 82, 84, 87, 101, 107, 109, 116 f., 128 f., 136, 138, 141 ff., 149 ff., 159, 165, 169, 174 f., 181, 186, 195, 206, 215, 220, 222 f., 228
Freistaat 27
Frieden 80, 101, 116, 134, 155, 157 f., 168 f., 178, 187, 195, 201, 203, 208, 215, 219, 228 f., 236
Friesen 26
Frondienst* 222 f.
Fronhof* 222
Frühmenschen 40 f.
Fund(e)/Fundstücke 16, 32, 38, 42 f., 46, 48, 50 f., 55, 57, 61 ff., 68, 72, 185, 194, 202, 206 f.
Fürsten 66, 72, 206, 218, 220 f., 227, 230, 237

G

Gallier/Gallien 154, 162 f., 171, 177 f., 201, 209, 215
Gaufürst 74
Gaugraf 211
Geld 142, 170, 176, 206
Genealogie 14
Generation 14 f., 37
Geometrie 78, 80, 101
Gericht(sbarkeit)* 84, 126, 152, 210
Germanen*/Germanien 66, 162, 181, 189, 194, 196, 200 ff., 209, 215
Geschichtskarte 110
Geschichtsschreiber 84, 89, 94
Gesetze 89, 112 f., 119, 127, 129, 131, 150, 152, 160, 162, 164 f., 169, 187, 210, 212, 215 f., 228, 230
Gladiatoren(kämpfe) 168
Gleichberechtigung 84, 127 f., 130
Gletscher 44, 55, 62
Gold 67, 84, 165, 191, 202, 207, 213, 233
Gott 37, 74, 80 f., 91, 100, 109, 139, 142, 151, 167, 178, 186, 76, 189, 201, 203, 217
Götter/Göttinnen 37, 49 f., 88 f., 100, 105, 108, 115, 118 f., 122 f., 142 f., 148 ff., 155, 158, 168 ff., 180 f., 189, 195, 200, 204 f., 214 f.

Register

Gracchus, Gaius (154/153–121 v. Chr.) 160
Gracchus, Tiberius (163/162–133 v. Chr.) 159 f.
Graf* 210, 217 ff., 222 f., 227, 235 f.
Gregor von Tours (um 540–594 n. Chr.) 201
Grenze(n) 27, 162, 178, 180, 189, 194
Griechen/Griechenland 30, 37, 78, 84, 91, 96, 102, 104 ff., 114 ff., 120 ff., 125 ff., 133, 136, 139 ff., 147, 150, 161
Großkönigtum 199 f.
Gründung Roms* 148
Gründungsmythos 148, 192
Grundbesitz(er) 217 f., 236
Grundgesetz 129 f.
Grundherr(schaft) 216, 222 f., 235, 237
Gymnasion 117, 140

H

Hakenpflug 58
Handel/Händler 73, 80, 100 f., 105, 131 ff., 136, 139, 143, 159, 172, 189 ff., 194 f.
Handwerk(er) 80 f., 95, 100 f., 105, 116, 132, 134, 147, 150, 170, 172 ff., 183 f., 188, 190, 193 ff., 216
Hannibal (247/246–183 v. Chr.) 156
Hannover 8, 22 ff., 27, 31
Hatschepsut 84 f.
Hausgewalt 150 f.
Hausmeier 203 f.
Heer 114, 128 f., 138, 152, 155 f., 159, 162, 167 ff., 189, 201, 208, 228
Heerkönigtum 201, 227
heerschildfähig* 218
heidnisch 116, 186, 204 f., 214, 236
Heiliges Römisches Reich 220
Heinrich der Löwe (Herzog 1142–1180) 23, 27
Heinrich I. (König des Ostfrankenreiches 919–936) 226 ff.
Heinrich III. (König 1039–1056 n. Chr.; Kaiser ab 1046 n. Chr.) 230
Hellenismus* 124, 139, 141 ff.
Heloten* 134 f., 142 f.
Herodot (um 490–430 v. Chr.) 84, 89, 94, 109, 115, 131
Herrschaft/Herrscher 80 f., 83, 89, 96, 99, 101, 105, 144, 152, 154, 158, 163 f., 167 ff., 173, 178 ff., 186, 192 ff., 201, 210 ff., 215 f., 220 f., 226 f., 235 ff.
Hesiod (um 700 v. Chr.) 107
Herzog(tum)* 24, 26 f., 216, 219, 226 f., 235
Hethiter(reich) 76
Hierarchie 73, 80, 82 f., 91, 100 f.
Hieroglyphen* 96 f., 100 f.
Hildesheim 21
Himmelsscheibe von Nebra 61
Hochkultur* 54, 74, 76, 80, 91, 97, 99 f., 101 f.
Hof* 210, 222
Hohenzollern 231
Höhlenmalerei 40
Homer (750–650 v. Chr.) 106 f., 118 f.
Homo erectus 38 ff., 44 f., 48, 53, 73
Homo sapiens 38, 40, 50, 53, 73
Hopliten* 120 f., 135
Hörige 222 f., 237
Hufen(land) 222 f.
Hunnen 188 f.
Hypothese 41

I

Imperator 178, 209
Imperium 144, 166, 172 f., 193
Import* 132 f.
Inder/Indien 76, 139, 224
Inka 91
Insignien 226 f.
Islam/Islamisches Reich 16, 37, 91, 198 ff., 224, 236
Isokrates (436–338 v. Chr.) 116

Italien 147, 149, 154, 156, 159 f., 192, 194 f., 203, 209, 212, 226, 228, 232
Itinerar 210, 228, 230

J

Jäger 23, 48, 54, 58, 64 f.
Jerusalem 186
Jesus Christus 16, 186 f., 201, 232
Jetztzeitmensch 40 f., 50, 53, 71 ff.
Judäa 186, 189
Juden(tum) 37, 91, 186
Jungsteinzeit 36 ff., 46, 48 f., 54 ff., 63, 67 f., 70 ff., 93, 214

K

Kaiser* 167 ff., 172, 178 f., 186, 189, 193, 196, 199, 208 ff., 228 ff., 235 f.
Kaiserreich 172, 191
Kaisertum/Kaiserzeit 166, 170, 172, 176, 178 ff., 194 f., 212, 236 f.
Kalender* 11, 32, 78 f., 96, 100 f., 116, 196
Kalif 199
Kaltzeit(en) 44, 55, 57, 72
Kämmerer 210, 227
Kanzler 210 f.
Kapitol 148, 172, 183, 192
Karl der Große, Kaiser (768–814 n. Chr.) 27, 196 f., 205, 209 ff., 224, 227, 229, 232, 235 ff.
Karl IV., dt. Kaiser (1347–1378 n. Chr.) 234
Karolinger 203, 210 f., 214, 224, 226, 228, 236
Karlsepos 208
Karthago 149, 156, 160 f., 194
Katalog 20 f.
Kaufleute/Kaufkraft* 81, 147, 188, 216, 230
Kelten* 66 ff., 72 f.
Kenia 38
Kinder/Kindheit 14, 18, 25, 48, 59, 65, 72, 84, 96 f., 106 f., 122, 130 f., 135, 143, 150 f., 159, 181, 187, 203, 212 f., 215, 220, 228
Kirche(n) 60, 186, 189, 193, 197, 199, 201 ff., 209, 211 f., 214 f., 226 f., 229, 232, 236
Kleinasien 106, 114 f., 139
Kleopatra (69–30 v. Chr.) 84
Klerus* 208, 234, 237
Klientel*/Klienten 150 f.
Klima 40 f., 50, 63, 72
Kloster/Klöster 13, 26, 199, 202 ff., 212, 217, 222 f., 225 f., 235 f.
Knechte 107, 112, 222 f., 234
Köln 181 ff., 191, 202, 226
Kollegialität* 152 f.
Kolonie(n) 107, 109 ff., 118, 125, 134, 142 f., 154, Kolonisation* 104, 107, 109 ff., 123, 134
Kolosseum 31, 172
Komitien 152
Komödien 137, 142
König(e)* 27, 72, 80, 89 f., 105, 107, 109, 117, 138, 140, 148 f., 152 f., 162 ff., 172, 194, 196, 198, 200 ff., 208 ff., 221 ff., 230 f., 234 ff.
Königreich(e) 23, 27, 32, 114, 225
Königsboten 211, 218, 228, 236
Königsgastung 228
Königsherrschaft/Königtum 27, 143, 152, 194, 200, 226 f.
Konrad II. (König 1024–1039 n. Chr.) 229
Konstantin d. Große, Kaiser (306–337 n. Chr.) 179, 186 f., 189 f.
Konstantinopel 189, 196, 199
Konsul 150 f., 155, 159, 162 ff., 169
Kreta 76, 105
Kreuzzüge 221
Krieg(e)/Krieger 30, 72, 80, 84, 100, 112, 114, 118, 128, 134, 142, 152, 154 ff., 161 f., 174, 178, 180, 194, 201, 203, 215 f., 219, 222, 228
Kriegsgefangene 130 f.

Kultstätten 80
Kultur(en)* 16, 30, 37, 50, 54, 56, 60, 66, 70 f., 73, 101 f., 109, 138 f., 142 f., 161, 172, 201, 204, 212 f.
Kunst 51, 97, 120, 136, 139, 147, 190, 206, 212
Kunsthistoriker 120
Kupfer 66 f., 72 f., 133, 230
Kurfürsten 27
Kuros 121, 136

L

Lager 59
Landbesitzer 106, 112
Landfrieden 218, 228
Landwirtschaft 80, 83, 100 f., 110, 127, 130, 134, 149, 174, 182 f., 189, 194 f., 222, 237
Latiner 147, 155, 165, 194
Latinerbund* 154 f.
Latrine 177
Legionen/Legionäre 162, 169, 179 ff., 195, 211
Lehen/Lehnswesen* 216, 218 ff., 235, 237
Leibeigener* 222 f.
Lendenschurz 86, 95
Leo III., Papst (795–816 n. Chr.) 170, 173, 208 f., 236
Limes 181, 193 f.
Livius (59 v. Chr.–17 n. Chr.) 155, 165
Ludwig d. Fromme (813/814–840 n. Chr.) 224 f.
Luftbildarchäologie 42

M

Maat 88, 90 f., 100 f.
Macht 37, 81, 83, 86, 100, 107, 112, 126 ff., 146, 150, 152 f., 155, 158, 162, 164 f., 168 f., 180 f., 189, 203 f., 209, 216, 218, 220 f., 237
Magd/Mägde 107, 222
Magistrate 150, 152 f., 194
Makedonien 139, 161
Mann/Männer 14, 18, 25, 48, 59 f., 62, 72, 84, 86, 95, 97, 102, 107, 117, 126 ff., 142, 150 f., 159, 162, 164, 170 ff., 174, 178, 180 f., 202, 207, 211, 220
Marathon 114
Marius (156–86 v. Chr.) 162, 181
Markgraf(en) 211, 219
Markt/Märkte 23, 191
Marschall 210, 227
Megalithgrab 60
Mekka 16
Menschenaffen 40 f.
Merowinger 200 ff., 236
Mesopotamien 76, 97, 139, 142
Metall 66, 95, 174, 183, 194, 230
Metallzeit* 66, 70 ff.
Metöken* 129 f., 142
Mindmap 192
Ministerialen* 228
Mission(are) 60, 204
Missionierung* 168, 204 ff., 235 f.
Mittelalter* 16, 30 ff., 53, 68, 148, 196, 198, 200 f., 210, 216 ff., 220 ff., 230 f., 234 ff.
Mitteleuropa 55 f., 66 f., 72
Mittelmeer 105, 109, 114, 139, 156, 191, 194
Mittelsteinzeit 48
Mohammed (570–632 n. Chr.) 16, 199
Monarch(ie)* 107, 123, 139, 153, 162, 167
Monotheismus*/monotheistisch 91, 214, 236
Mumie 90, 94
Mundart 24 ff.
Mundschenk 210, 227
Münzen 139, 162, 187, 190 f., 202, 207, 209
Museum/Museen 17, 23, 25, 42, 56, 68 f., 92, 206
Mykene 76, 104, 106, 123
Mythos/Mythen 37, 60, 146, 148 f., 195

Register

N
Nation(en) 224
Nationalhymne 29
Natur 34, 50, 55, 58, 63, 72, 90, 118, 169, 214, 234
Neandertaler 39 f., 50, 53
Neolithische Revolution* 57 ff., 71 f.
Neolithisierung 59
Neuzeit 16, 31 f., 53, 201
Niedersachsen 23 f., 26 f., 24 ff., 31 f., 46
Nil 33, 74, 76, 78 f., 83, 88 ff., 95 f., 99 f., 138 f.
Nobilität 159, 194
Nomaden(tum) 58, 78
Nordamerika 36

O
Observatorium 61
Odysseus 106 f.
Oikos* 106, 123, 143
Okzident 138
Oldenburg 24, 27
Olymp 105
Olympiade 116, 123
Olympische Spiele 116, 118, 123, 125, 137, 142 f.
Opferherr* 150
Optimaten 116 f., 162 f., 165
Orakel von Delphi 109
Ostafrika 40 f.
Ostfränkisches Reich 198, 227
Oströmisches Reich 188, 193, 196, 199, 236
Ostblock* 29
Otto I.* (der Große), dt. Kaiser (936–973) 226 ff., 232, 236
Ötzi 62 f.
Out-of-Africa-Hypothese 41, 72
Ozeanien 51

P
Pacht/Pächter 107
Palatium 229
Palästina 139
Papst(tum)* 196, 203 ff., 208 f., 232 f., 235 f.
Papyrus 90 f., 97 f., 164
Paradies 37
Parlament 128
Parthenon 102, 136
Pater familias 150 f.
Patriachat 150
Patrizier* 152 f., 156, 159, 165, 194 f.
Patron 150
Pax Romana 168 f., 193, 195
Peloponnesischer Krieg 128, 142
Pelops 117
Perikles* (um 490–429 v. Chr.) 115, 128 ff., 137, 141 ff.
Periöken* 134 f.
Perser/Persien/Persisches Reich 114 f., 126, 138 f., 142, 189
Personenverbandsstaat* 220, 237
Pfalz* 203, 208, 210 f., 228 ff., 235 f.
Phalanx 112, 134 f.
Pharao* 74, 76 f., 80 f., 83 f., 88 ff., 91, 95, 99 ff., 138
Philosophie/Philosophen 115, 118 f., 123, 125, 131 f., 137, 139, 142 f.
Phyle(n) 129
Pippin der Jüngere (714–768 n. Chr.) 203
Piräus 112, 126, 132
Platon (428/427–348/347 v. Chr.) 119, 131
Plebejer* 152 f., 159, 165, 194 f.
Plutarch (um 45–125 n. Chr.) 135, 159
Pnyx 126
Polis/Poleis* 105, 107 f., 111 ff., 116, 118 f., 123, 126 ff., 134 f., 139, 142 f., 165
Polis Athen* 128
Politik/Politiker 102, 112, 120, 127 ff., 137, 142, 151 f., 163, 172, 174, 190, 234

Polizei/Polizisten 130, 168, 190, 216
Polytheismus* 91, 101
Pompeji 172 ff.
Popularen 162 f., 165, 192
Prätor(en) 152 f., 156
Preußen 23 f., 27, 29
Priester(in) 81, 84, 96, 109, 116 f., 150 f., 165, 167, 169, 186, 205, 208, 212, 214 f., 234
Prinzipat* 166 f., 193, 195
Proletarier* 153
Proskynese 138
Provinz* 23, 27, 156, 159 f., 165, 167 f., 172, 178, 180, 182, 186, 189, 194 f.
Ptolemäer 139 f.
Punische Kriege 156 f., 165, 192
Pyramiden* 74, 76 f., 80, 82 f., 88 f., 99 ff.
Pyrenäen 44, 52

Q
Quästor(en) 152 f.
Quellen* 10, 17 ff., 31 f., 53 f., 71, 76, 83, 86, 92, 99, 102, 104, 107, 111, 113, 115, 120, 123, 130 f., 158, 169, 174, 177, 204, 206, 209, 211, 218, 226, 230

R
Radiocarbonmethode 42
Ramses II. (Pharao 1290–1224 v. Chr.) 89, 95
Rat der Fünfhundert 126 f., 129
Reform(en) 113, 143, 160, 162, 165, 192, 195
Reformation 201
Regenzeit 78
Regierung 30, 97, 158, 178, 210
Region(en) 24 f., 32, 41, 44, 194
Reichsbildung der Franken* 201
Reichskirche* 227, 236
Reichsstädte 230 f.
Reisekönigtum 210 f., 228 f., 235
Religion(en) 37, 49, 70, 74, 76, 88, 90 f., 97, 101 f., 143, 150, 186 f., 189 f., 193, 199, 201, 204, 212 ff., 234
Republik* 146, 152 f., 159, 162, 164 f., 167 ff., 176, 178, 192, 194 f.
Rhein(land) 178, 181 ff., 193 f., 204
Rhetorik 122, 213
Ritus/Riten 49
Ritter 159 f., 160, 168, 176, 182, 217
Ritzzeichnungen 50
Rom/Römer 30 f., 139, 142, 144, 146 ff., 187, 189 ff., 203 f., 209, 232 f., 236
Romanisierung 180 ff., 193, 195
Römisches Reich* 84, 99, 101, 144, 157, 161, 166, 168, 174 f., 181, 184, 186 f., 189 ff., 204, 236
Romulus und Remus 148 f.

S
Sabiner 147, 165, 194
Sachsen 24, 26 f., 31, 205, 212, 214 f., 226, 236
Sachsenspiegel 218 f., 221
Sage(n) 19, 60, 119, 148 f.
Sammler 23, 48, 54, 58, 64 f.
Sarkophag 56, 67, 80, 91
Scheidung 150
Scherbengericht 102, 113, 129, 137
Schöningen 46
Schöpfung 37
Schreiber 80 ff., 87, 90, 96 f., 100
Schrift 96 f., 105 f., 141 f., 180, 190, 195
Schuldknechtschaft* 113
Schwarzes Meer 109, 191
Seele 90, 94
Selbstständigkeit 108, 154
Senat(oren) 152 f., 155, 160, 162 ff., 167 ff., 173, 176, 182, 192, 194
sesshaft 11, 48, 57 f., 60, 64, 72 f.

Siedlung(en) 16, 23, 26, 55 ff., 64, 67, 72 f., 105 f., 108, 144, 147, 180, 182 ff., 195, 206
Sippe 58
Sizilien 156
Skarabäus 77, 90, 100
Sklave(n)* 83, 100, 106 f., 112, 129 ff., 134, 136, 142 f., 150 f., 153, 159 ff., 164 f., 171 f., 174, 182, 186, 194
Sklavenaufstände 160
Sokrates (469–399 v. Chr.) 108, 119, 137
Soldaten 74, 86 f., 112, 121, 135, 138, 155 f., 159 f., 167 f., 178, 180, 186, 194
Solon (634–560 v. Chr.) 112 f., 137, 142 f.
Sommersonnenwende 61
Sonnenuhr 11, 53
Spanien 44, 144, 156, 171, 212
Sparta/Spartaner 104 f., 108, 115, 118, 124, 134 f., 141 ff.
Spartiaten* 134 f., 142
Speer(e) 46 f., 73
Sprache 96, 105, 108, 139 f., 142 f., 180, 190 f., 193 ff., 212, 224
Staat/Staaten* 24, 26, 29 f., 32, 74, 80 f., 83, 96 f., 99 f., 105, 119, 123, 128 f., 135, 142, 146, 148, 150, 152, 158 ff., 167 ff., 186 ff., 199, 210, 216, 218, 225
Staatsreligion* 186, 189
Stadion 140
Stadtbürger 216
Stadtmauer 17, 22
Stadtrat 182
Stadtstaat 102, 104 f., 108 f., 113, 123, 127 f., 138 f., 142, 144, 165
Stände(gesellschaft)* 153, 159, 192, 195, 234 f., 237
Ständekämpfe 119, 142, 165, 194
Statthalter* 138, 156, 161, 168, 183, 186
Steinkreise 12, 31, 53
Steinwerkzeuge 38 ff., 48, 73
Steinzeit 51, 59, 67
Stephan II. (III.), Papst (752–757 n. Chr.) 203
Steuer(n) 80, 83, 101, 153, 156, 168, 182, 189, 217
Stonehenge 11 f., 31, 53, 61
Stoßlanze 46
Straßburg 224
Strategen 128 f.
Südafrika 52
Südamerika 36
Sulla (138–78 v. Chr.) 162
Symbole 96
Syrien 139, 161, 171

T
Tacitus (55–120 n. Chr.) 169, 181
Technik(en) 34, 38 f., 57, 68, 70 f., 89 f., 94 f., 97, 100 f., 190, 194 f., 206
Tempel 74, 80, 82 f., 96, 98, 102, 105, 117 f., 120 f., 126, 139, 164, 168 f., 178, 183, 186, 193, 208
Territorium/Territorien 24 f., 27
Tetrarchie 189
Theater 137, 142, 168, 183, 193, 195
Theben 87, 95
Thermolumineszenz-Methode 42
Theten* 106, 126
Thukydides (um 460–400 v. Chr.) 128
Tiber 147, 149, 154, 172
Tigris 100
Toga 151, 171, 187
Totengericht 88, 90 f., 100
Tradition 19, 30
Tragödien 142
Tribut 114, 156, 194
Triumphator 162
Triumvirat 162
Troja 106 f., 118, 148 f.

Truchsess 210, 227
Tschechien 44
Turkanasee 38 f., 44, 53
Tutanchamun (um 1347–1339 v. Chr.) 80
Tyrann/Tyrannis* 113, 123, 164

U
Ubier 136 f., 182 f.
Überreste 17, 19, 34, 38 f., 42, 206
Umwelt 34, 44, 49
Unfreie 116
Ungarn 224, 226
UNO 158
Urbanisierung 182
Urkunde 15, 18 f., 26
Urmensch 38 ff., 44, 46 ff., 50, 53, 73

V
Varusschlacht 181
Vasall(en) 218 ff., 237
Verdinglichung 220
Verfassung 26 f., 129, 142 f., 162, 216, 218
Verschwörer/Verschwörung 115, 162, 164, 186, 209
Vertrag von Verdun 224, 236
Verwaltung 74, 83, 97, 114, 138, 154, 174, 176, 178, 182 f., 190, 193, 195, 210 ff., 216, 219 f.
Verwandtschaft 216 ff., 237
Veteranen 121 ff., 134 ff., 167, 169, 180, 182
Veto(recht) 152 f., 162
Viehzucht 57 ff., 72 f., 151, 195
Visbeker Braut 60
Volk/Völker 41, 64, 84 f., 88 f., 94, 105, 114 f., 128 f., 138, 140, 142 153 ff., 158, 167, 169 f., 172, 189 f., 194, 200 ff., 208 f., 212, 215, 217, 227, 232, 237
Völkerwanderung 27, 189, 199, 201, 212
Volksgericht 127, 129
Volkstribun 152 f., 159 f., 162, 165, 167
Volksversammlung* 107, 112, 126 ff., 142, 152, 160, 162, 167, 194
Vorderer Orient 34, 55 f., 66, 72 f., 224
Vorgeschichte 16, 32, 36, 42, 53, 59, 66, 68
Vormensch 40 f.,

W
Waffen 40, 60, 67, 72, 106, 152, 180 f., 208
Wappen 27, 216, 218, 221
Warmzeiten 44, 72, 78, 100
Wasser 55, 96, 100, 105, 176 ff., 183
Weimarer Republik 27
Weltwunder 89
Werkzeug(e) 34, 38, 40, 43, 45, 48, 58 f., 67, 70, 72 f., 79
Wesir 80 f., 85, 87, 100
Weströmisches Reich 166, 189, 193, 201
Wildbeuter/wildbeuterisch 23, 48, 55, 59 f., 64, 71, 73
Wintersonnenwende 61
Wirtschaft 101, 111, 120, 128, 132, 180, 183 f., 188, 191, 193 f., 206, 234
Wissenschaft(ler) 37, 42, 60 f., 71, 80, 94, 97, 101, 139 f., 142 f., 152, 174, 182, 190, 212 f.
Wohnen 82, 100 f., 193, 206
Wurte(n) 184 f., 194

Z
Zehnt 214, 222
Zeichensprache 50
Zeitrechnung 16
Zensor(en)* 152 f., 176
Zeus 37, 116 ff., 137
Zinn 66 f., 72
Zivilisation 190
Zoll/Zölle* 132, 191, 230
Zwölf-Tafel-Gesetze 152

Bildquellen

akg-images: 3, 19, 22/M4, 31 (7, 9), 50, 88/M2, 90/M1, 103 u. r., 121/M4136 1. r., 136 3. l., 137 1./4, 2./1, 2./2, 144/145, 163, 165, 186, 197 o. r., 199/M1, M2, M3, 201, 204, 219, 221, 223, 227, 233, 234, 237 (1., 2.); Anthony Verlag: 105; Archaeological Receipts Fund, Athen: 120, 136 2. l.; Archäologische Staatssammlung/Foto: Manfred Eberlein: 167/M2; Archäologisches Zentrum Hitzacker – Fotoarchiv (© Dr. Arne Lucke): 68, 69/M2, M3; Architektur Bilderservice Kandula, Witten: 231/M2; Archivio Servicio Fotografico dei Musei Vaticani: 137 2./4, 4./4; Artothek: 18/M1; Bayerische Staatsbibliothek München: 137 (3.); Biblioteca Apostolica Vaticana: 212; Bilderberg/Thomas Ernsting: 40/M1; Boston Museum of Fine Arts, Francis Barthelt Donation, Inv. Nr. 03.802: 130; bpk: 14 u. (1., 2., 3.), 25, 37, 74/75, 79/M2, 82/M1, 85/M4, 87/M2, 94, 99 o. r., 101 (2.), 103 u. l., 109, 119/2A, 2B, 2C, 128, 131, 136 2. r., 1./1, 137 2./2, 3./1, 3./3, 4./1, 4./3, 143 M., 148, 172, 174, 195 o., 214, 232; Braunschweigisches Landesmuseum, Braunschweig: 215; Bridgeman Giraudon: 202; Burda Verlag, Offenburg: 39; Christoph & Friends. Das Fotoarchiv: 38 (M. Matzel); Continental AG, Hannover: 22/M1; CORBIS: 12/M2 (© Jonathan Blair), 12/M4 (© Bettmann), 31/6 (Neil Beer), 52/M1 (Archivio Iconografico S. A.), 158 (Archivio Iconografico S. A.); Corel-Library: 40/M1 u.; aus: Das waren Zeiten 1, C. C. Buchner Verlag: 160; Destime Museum, Rockford, Illinois: 13/M6 l.; Deutsches Archäologisches Institut, Athen: 106; Deutsches Archäologisches Institut, Rom: 175/M3, 179/M1 (Foto: Faraglia); Deutsches Technik-Museum, Berlin: 71; Die Illustratoren corinna hein GmbH/Zeichnung: Tom Ungemach: 47; aus: Die Zeit 15/1996: 95; © Domkapitel Aachen (Foto Münchow): 196/197; Donabauer, Möckenlohe: 42; Todd Eberle, 4/1992, United Colors of Benetton: 41/M3; Europa-Farbbildarchiv Waltraud Klammet: 17/M5; © Nach der Faksimile-Edition des Faksimile Verlages Luzern/www.faksimile.ch: 217; © Faksimile Verlag Luzern. Wiedergabe aus der vollständigen und originalgetreuen Faksimile-Edition „Les tres riches du Duc Berry" mit freundlicher Genehmigung des Faksimile Verlages Luzern: 217; FOCUS/John Reader/Science Photo Library: 34/35; Förderverein Schöninger Speere – Erbe der Menschheit e. V.: 46/M1; Olaf Franke, Berlin: 33 o.; Gerd/CCC, www.c5.net: 191; Gesamtdeutsches Institut, Bonn: 15 u. (4.); Getty-Images: 8/9; Elke Häußler, Neuenstein: 125; Hirmer-Verlag, München: 107, 121/M2, 135, 136 4. l.; Oswald Huber: 33 u.; IFA-Bilderteam: 20/M2; Institut für Ur- und Frühgeschichte: 43/M3; IST DESIGN GmbH, Hannover: 23; Jürgens Ost- und Europa-Photo: 9 (2.), 29/M5; Volker Junker: 15 u. (2.); Heinz Jürgen Kartenberg, Gladbeck: 9 (4.); Christine Keitz, Berlin: 16/M2, 176/M1; Kestner-Museum, Hannover: 213, 237 (4.); Foto und © Urs F. Kluyve/Focus: 134; Königliches Kunst- und Geschichtsmuseum Brüssel: 122; Jo Kotula: 32; Kunsthistorisches Museum, Wien: 168, 226; Länderpress Düsseldorf: 75 u.; Landesamt für Archäologie Sachsen, Dresden: 52/M2; Landesmuseum für Vorgeschichte, Dresden: 66/M2; Landesmuseum Mainz: 62/M1, 235/M1 (Ursula Rudischer); Hero Lang, Bremerhaven: 185/M3; Andrew Langley und Philip de Souza, Die Römische Zeitung, Text © 1996 by Andrew Langley, © 1996 by Walker Books, London. © 1998 der deutschsprachigen Ausgabe by Kinderbuchverlag Luzern: 171/M2; Les Editions, Albert René, Paris: 177/M3; Lotos-Film, Kaufbeuren: 187/M5; Mauritius-Images: 177/M4; Max-Planck-Institut, Göttingen: 17/M6; Metropolitan Museum of Arts, New York: 117/M5, 132/M1, 143 o.; Münzkabinett der Staatlichen Museen, Berlin: 209; Musei Capitalini, Rom: 169; Museo Nazionale di Villa Giulia: 149; Museum Burg Bederkeesa – Kreisarchäologie Cuxhaven: 60/M2; Niedersächsisches Institut für historische Küstenforschung, Wilhelmshaven: 184/M1, 185/M7; Niedersächsisches Landesamt für Denkmalpflege: 46/M2; Niedersächsisches Landesamt für Denkmalpflege (NLD) – Archäologisches Archiv - Diathek/Gemarkung Wildeshausen, F st Nr 602: 60/M1; Österreichische Nationalbibliothek, Wien: 17/M3, 196 u.; Orléans Bibliothèque municipale, ms 45, p1, cliché CNRS-IRHT: 225/M4; Pelizaeus-Museum, Hildesheim: 82/M3; Photo Archive Jürgen Liepe: 4, 80, 84, 85/M2, 99 u. r., 101 (1.), 101 (4.); Photo RMN – Hervé Lewandowski: 96; Photo Scala, Florenz: 137 1./3, 157/M2, 175/M4, 197 u. r. (Warrior. Malles Venosta, San Benedetto © 1990); picture-alliance/dpa: 9 (1.), 15 u. (5.), 102/103; picture-alliance/dpa/© dpa-Bildarchiv: 14/M2, 31/1, 5, 61/M5; picture-alliance/dpa/© dpa-Fotoreport: 13/M7, 61/M4; picture-alliance/dpa/© dpa-Sportreport: 29/M4; picture-alliance/KPA/Hoffmann, Klaus: 22/M2; picture-alliance/OKAPIA KG: 11 (© A. & H.-F. Richter), 15 u. (1.) (© Dorit Bremermann); picture-alliance/Sven Simon: 29/M3; picture-alliance/ZB/© ZB-Fotoreport: 31 (3, 8); aus: Praxis Geschichte, Heft 4/1995: 97; Privatsammlung Raymond Waringo: 14/M1; Rheinisches Landesmuseum, Trier: 175/M5 (Foto: H. Thöring), 180, 195 u.; Römisch-Germanisches Museum, Köln: 151; Foto: Caroline Schmidt: 15/M5; A. G. Shedid, München: 82/M2, 87/M4, 90 o., 91, 99 o. l., o. M., 101 u.; Staatliche Antikensammlung und Glyptothek München, Aufnahme Christa Koppermann: 118; Staatliche Münzsammlung, München: 162, 187/M3; Staatliche Museen, Kassel: 207/M4; B. Steckenreuter/Helga Lade: 15/M4; Alle Rechte bei Severin Stille, Frankfurt a. M.: 18/M2; H. Storck, Stuttgart: 79/M4, 89 r.; Südtiroler Archäologiemuseum – www.iceman.it: 63/M3, M4; Friederike Terpitz, Berlin: 200/M1; The Ashmolean Museum, Oxford: 132/M3; The British Museum, London: 43/M4, 136 4. r., 155; Thüringer Landesamt für Archäologische Denkmalpflege Weimar: 16/M1; ullstein bild: 190/M2; Ulmer Museum, Foto: Thomas Stephan: 51/M4; Vatikanisches Museum, Rom: 167/M1, 195 M.; Verlag C. H. Beck, München: 41/M2; Verlag Larousse-Bordas, Paris: 51/M3; Verlagsarchiv: 92; Verlag Schadach, Goslar: 231/M3; Norbert Vogel: 9 (3.), 22/M3; Westermann Bildarchiv, Braunschweig: 14 u. (5.); Westfälisches Museum für Archäologie, Amt für Bodendenkmalpflege, Münster, Foto: Stefan Breutführer: 206, 207/M2, M3; © Roger Wood/CORBIS: Umschlagbild; Ernst Wrba: 31/2; Württembergisches Landesmuseum Stuttgart: 35 r., 99 u. M.; Norbert Zwölfer, Freiburg-Munzingen: 171/M1